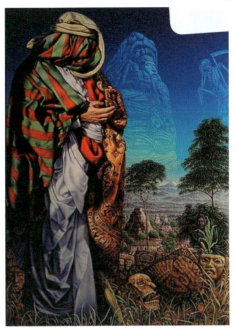

Mensch in Veränderung
Teil 1

Was (wie) uns die neuen Kinder lehren (leeren)!

Prozessbegleitung für einen harmonischen Aufstieg

Stephan Hafiz Kugel

Das vorliegende Buch ist sorgfältig erarbeitet worden. Dennoch erfolgen alle Angaben ohne Gewähr. Weder Autor noch Herausgeber können für eventuelle Nachteile oder Schäden, die aus den im Buch gemachten praktischen Hinweisen resultieren, eine Haftung übernehmen.

Alle Rechte – auch die des auszugsweisen Nachdrucks, der fotomechanischen Wiedergabe, der Übersetzung und Einspeicherung und Verarbeitung in elektronischen Systemen – nur nach vorheriger Genehmigung durch den Herausgeber.
Die Texte und „Werkzeuge" der Lebens-Werkzeuge sind geschützt, können aber gegen einer Lizenzgebühr erworben werden. Dieses Buch ist ein spirituelles Kursbuch und kein medizinisches Sachbuch. Besprechen Sie deshalb grundsätzlich therapeutische Maß-nahmen mit Ihrem Arzt, Heilpraktiker oder Lebens-Energie-Berater.

© 2015

3. Auflage 2015

Gestaltung: Stephan Hafiz Kugel

Herausgeber: CreateSpace

Herstellung: CreateSpace

Inhaltsverzeichnis   Seite

Inhaltsverzeichnis	3
Widmung	12
Prolog	13
Wohlwollender Rat aus dem Stegreif eigenhändig vom Autor geschrieben, als er das Buch in Druck gab	14
„Wie man wird, was man ist!" Friedrich Nietzsche	15
Vorwort	16
Die Lebens-Werkstatt in Buchform	17
Check Liste 2012	18
Prozessanweisungen	19
Was sind Indigo und Kristall-Kinder	19

1. Motivation — **22**
Semesterarbeit — 22
Vorstellung — 22

2. Was ist ein neues Kind? — **25**
Erziehung ist verfassungswidrig — 25
Tabula Rasa — 26
„Gott ist die Liebe – aber nicht die körperliche!" — 26
Systemtherapie — 27
Sozial-integrative Erziehungsstil — 27
„Fehlverhalten" und NLP — 28
Das Phänomen der neuen Kinder — 29
Bin kein Lichtarbeiter!!!   ! — 32
Begriffsbestimmung — 33
Ritalin — 36
Was aber ist ein Indigo-Kind? — 37
Katalogisierte Indigos
43
Sendboten des Himmels — 43
Falsche Beurteilung — 47

Die Kinder von heute sind anders	48
Der „Liebe Gott" steht unter Zeitdruck	49
Lösungen	50

3. Qualitäten einer neuen Zeit — 52

1. Der natürliche Mensch schafft sich seine Wirklichkeit selber und verantwortet sie auch! — 53

Freude !?	53
Opferdasein	54
Karma	55
Monster	56
Selbstverantwortung	58
Monastische Seuche	59
Selbstverantwortung 2	64
Rückkehr und Wiedererkennung	65
Zusammenfassung	66

2. Der natürliche Mensch liebt die Wahrheit und leidet unter Lüge, Dummheit, Verdrängung und Ziellosigkeit seiner Umgebung! — 68

Dunkelheit	69
Ekstase und Rausch	70
Was ist Wahrheit?	70
Umgang mit Konsumwelt	72
Zusammenfassung	72

3. Der natürliche Mensch ist in seiner Klarheit und Reinheit der Spiegel seiner Umgebung! — 75

Befreiung von Fundamentalismus	75
Verordnung von Ritalin	77
Hyperaktivität	78
Aufmerksamkeit	80
Allergiker und ihre Heilung	81
Bienenstich	82

Zusammenfassung	84

4. Der natürliche Mensch denkt mythisch - archaisch! 86
Natürliches Denken	86
Adoleszenzprozesse	87
„Hacker"	88
Natürliche Ethik und Moral	89
Erfahrungen mit Indigos	90
Aus den Herzen lernen	91
Quantenphysik	92
Langhaarige Alchemisten	92
Rhythmus	93
Archetypen	93
World of Warcraft	94
Andere Helden	96
„Aschenzeit"	96
Natürliche Ernährung	97
Aspartam	98
Märchenspiel	102
Kinder brauchen Märchen und Geschichten	104
Die Angst der Pharmaindustrie	105
Der große Plan	107
Zusammenfassung	108

5. Eine natürlicher Mensch fordert alles und ist dankbar, wenn er das bekommt, was er will! 109
Wer etwas aus dem Herzen heraus will, tut es mit Dankbarkeit!	109
Zusammenfassung	110

6. Ein natürlicher Mensch liebt seinen Körper! 111
The Future of the Body	111
Kunst des Kochens und Genießens	112
Die Erste	113
Ihre Nachfolger	114

Boys in Town	115
Parkour und Snakeboarding	115
Exzesse	117
Wahrheit über Ernährung	118
(Das Mund-After-Rohrsystem)	118
Zusammenfassung	122

7. Ein natürlicher Mensch urteilt nicht, sondern sucht den Sinn! — **123**

Kinder wollen Antworten	124
Bitte selber denken	125
Zusammenfassung	126

4. Weitere Hilfestellung zum Verständnis von neuen Kindern — **127**

Beratung	127
Mentorische Erziehung®	128
Geniegedanke	129
Neue Kinder, Kristallkinder und Sternenkinder	129
Moderner Genpool	132
Reinkarnationsklub	132
Wiedererinnerung 1	134
Akasha-Chronik	135
Zurück zum Genpool: die verschiedenen Seelenanteile	136
Das mystische Konzept der Jahrsiebte	138
„Die Lernzyklen oder die Lebensuhr"	139
Verlorene Traditionen	141
Verständnis einer alten Tradition	141
Definition	141
Lebens-Zeit-Beginn	141
Wassertaufe	175
Karmalehre 2	142
Stillen	143

Impfen	143
Ursprung der Homöopathie	144
Konstitutionsmittel für Kinder	146
Kein Aspartam, kein jodiertes Salz und kein Glutamat	147
Meditationsplätze und Tragetücher	147
Sprache	148
Erfahrungsfeld zur Entfaltung der Sinne	149
„Die Welt, die schon immer dagewesen..."	149
„Was ist zu tun?"	150
Unterstützung in den Jahrsiebten	152
Das erste Jahrsiebt: **0 -7 Jahre**	152
Gefahren	153
Spiegeltechnik	155
Das zweite Jahrsiebt: **7 - 14 Jahre**	157
Das dritte Jahrsiebt : **14 - 21 Jahre**	160
Mythischer Ursprung von Jugendbands	161
Das vierte Jahrsiebt : **21 - 28 Jahre**	163
Powerindigos	164
Wertschätzung	164
Tipps für allein erziehende Väter und Mütter	
Patchworkfamilien und Singles	166
Alleinerzieher	166
5.	
Handbuch für Menschen im Wassermann – Zeitalter	**169**
Die Voraussetzungen	169
Elternschule	169
Meine Erfahrungen sind ähnlich	171
Wozu Berater?	172
Nicht die neuen Kinder sind das Problem!	173
1. Übung: Selbst-Reflexion	**173**
Re-ligion	173
Erste Schritte	**175**
Neue Formen der Kommunikation	175
2. Übung: Die Vulkanübung	**176**
Die Vulkan-Übung (kommentiert)	177

Neue Formen der Wertschätzung	179
3. Übung: Die Vorenthaltungen	**181**
Heilung der Gefühle	184
Wasser statt Fett	185
Problemverdunstung	186
Reinigungsrituale	187
4. Übung: Die Wasserreinigung	**188**
Indigo-Kinder wollen uns(er) Selbst erleben!	189
Persönlichkeit	189
Keine Schale	190
5. Übung: Das Löwespiel	**191**
Mama hat Pause	193
Was ist das Wesen?	195
5. Übung: Die Lebenswunde	**196**
Umgang mit der Lebenswunde	198
Erkenne Dich Selbst!	202
Bedeutung und Selbst	203
Selbstfindung	204
Problemlösung für Single und Alleinerziehende Väter oder Mütter	205
7. Übung: Das Eleuthonomie-Wunsch-Gebet©	**206**
Patchwork-Familien	208
Exweiber und Exmonar!	209
8. Übung: Das Entankerungs – Ritual©	**211**
Zusammenfassung	213
Anhang	**215**
1. Ursache von Krankheiten wie Krebs oder Ähnlichem	**215**
Krankheits-Konflikt-Analyse	215
Vorbereitung	216
Tower of pain	216
a. Fastenmond	216
b. Übelriechende Dinge	217

c. Krisen	220
d. Fastenmanagement	220
e. Fastenzeit	221
9. Übung: Die Liebes-Massage	221
2. Heil-Raum-Gestaltung	**223**
Besonderer Hinweis	223
Kurzer Exkurs	223
Die Arbeit der Lebens-Werkstatt	223
Beobachtung : Graue Augen	230
Beispiele	231
Veränderungen	231
Zusammenfassung	232
Geschichtliche Tatsachen	233
Ein neues Zeitalter	233
Was bedeutet das für uns?	234
Transformationsprozesse	234
Ein energetischer Erklärungsversuch	235
Beobachtungen: Graue Augen	236
Lösungsangebot	236
Heil-Raum-Gestaltung –	
eine neue ganzheitliche Radiästhesie.	**236**
Engel der Mutter Erde	236
Ereignisstrahlung	237
Elektro-Biologie	238
Dienstleistung	239
Do-it-Your-Self	240
Die Einrichtung der Elektrobiologie	240
Ki – Pulsing - Metamorphosis©	**244**
Meine Lehrer	
Der Photonengürtel	**251**
Biopantholos	**273**
Der Medigetiker	**278**

Der Mutteratem 7-1-7-1-7	**284**
Der Beginn einer neuen Zeit?	**286**
Wer fühlt, sagt es!	286
Der Vulkan	288
Moderne Probleme	289
Der Beginn des Wassermann-Zeitalters	290
„Gschichtln"	291
Veränderungen	292
Mittelalter	293
Die Essener	295
Liebensmagie	297
Das Ende der Verleumdung des Weiblichen!	301
Erinnerungen	304
Starke Jungfrauen	304
Wasser als Heilmittel	305
Das Helle Wasser System	308
Abschied	311
Epilog und Teaser	**313**
„das Zipfi"	313
Die Lebens-Werkstatt, Workshop for life	316
Arbeitserfolge	**317**
Literaturverzeichnis	**319**

> „Kultur ist das Vergnügen,
> die Welt zu verändern!"
> Bert Brecht

Widmung

Diese Seiten widme ich meinen Eltern Elisabeth und Wolfgang, meinen Lehrern Franz Benoit, Frau Wilms, Hans Menne, Hugo Kükelhaus, Albert Stüttgen,, Josef Pieper, Jabrane Sebnat, Arnold Keyserling, Mellie Uyldert, Joseph Beuys, Bhagwan Shri Rashnish (Osho), Assim, Uruc Güvenc, Pir Vilaya Iniat Khan, Daisaku Ikeda, Irina Tweedy, Joan Camargo und Joachim Roedelius. Als Dank für ihre Worte, Werke und Visionsarbeit widme ich diese Seiten Wilhelm Reich und G.I. Gurdjieff

Weiters widme ich sie all den Indigo-/Kristallkindern, mit denen ich in den letzten zwanzig Jahren zusammen leben durfte und die mich lehrten, mich zu verändern und lebendig, offenherzig und glücklich zu sein und zu werden.

Prolog

Lieber Leser, sei Dir bitte bewusst, dass die Themen dieses Buches sehr intim sind und vielleicht auch Dein Bewusstsein verändern können. Ich will hier zu Anfang davor warnen, dass der Inhalt dieses Buches nur für Erwachsene ab 18 Jahren oder Eltern von Indigo-/Kristallkindern bestimmt ist, da er im Sinne einer öffentlichen Meinungsauffassung pornographisch, subversiv, anarchistisch, demokratiefeindlich und Dummheit verachtend sein kann. Ich verantworte den Inhalt vollständig. Doch DU hast DIR das Buch geschaffen, DU hast es jetzt in die Hand genommen! Wenn es Dich verändert, bist DU selber verantwortlich dafür - ich habe Dich hiermit gewarnt! Es ist kein anderer daran schuld.

Mein Text ist wie folgt zu lesen: Er ist sowohl sachlich (siehe unten) als auch als Erfahrungsroman zu lesen. Ein kursiver Text ist ein Zitat, das gleich belegt ist. Da ich Sachliteratur und Belletristik mische, dann, wenn´s zu literarisch wird, bis zur nächsten Überschrift weiterblättern. Wenn Du beim Lesen das Gefühl hast, es wird Dir zu viel, bitte sofort aufhören, tief durchatmen und die „Mutteratemübung" (im Anhang) machen. Lege das Buch dann zu Seite und gib Deinem Leib die Möglichkeit, die neuen und unbekannten Informationen zu verarbeiten. Suche Dir einen Liebsten, mit dem DU eine Vulkanübung (siehe unten) machen kannst. Wenn Du dann wieder Lust auf Weiterlesen hast, dann beginne langsam. Ihr solltet gut gegessen und immer gutes Wasser in Griffweite haben, wenn Ihr mein Buch lest. Wenn ich den Begriff „Indigo-Kinder" allein stehen habe und damit etwas erkläre, dann bezieht es sich natürlich immer auch auf die Kristall-Kinder, die nur eine intensivere Form der Indigo-Kinder darstellen.

Also, viel Spaß, viele Ahas und viele neue Gefühle wünsch ich Euch!

Wohlwollender Rat aus dem Stegreif eigenhändig vom Autor geschrieben, als er das Buch in Druck gab.

Den Zahlreichen Folgerungen und Schlüssen nach, zu denen ich in meinen experimentellen Forschungen über die Art kam, wie der moderne Mensch neue Eindrücke, Gehörtes oder Gelesenes, verwertete, und auch dem Sinn einer Volksweisheit nach, deren ich mich soeben erinnerte und die aus sehr alten Zeiten auf unsere Tage kam und besagt:

„Jedes Gebet kann von den Höheren Mächten nur dann erhört und eine entsprechende Antwort nur dann erlangt werden, wenn es dreimal gesagt wird:

- *Erstens – für das Wohlergehen oder den Seelenfrieden unser Eltern.*
- *Zweitens – zum Wohle unseres Nachbarn*
- *Und erst Drittens – zu unserem eigenen",* halte ich es für nötig, auf der ersten Seite dieses ersten, jetzt ganz beendeten und schon in Druck gegebenen Buches folgenden Rat zu erteilen:

„*Lies` jede meiner Schriften dreimal:*

- *Erstens – wenigstens so mechanisch, wie du gewöhnt bist, alle Deine modernen Bücher und Zeitungen zu lesen;*
- *Zweitens – so als ob du einer anderen Person vorläsest;*
- *Und erst Drittens – versuche in das Wesen meiner Schriften einzudringen."*

Erst dann kannst du dir deine dir allein eigene Meinung über meine Schriften bilden. Und nur dann kann sich meine Hoffnung verwirklichen, dass je nach deinem Verständnis du den besonderen Nutzen für dich daraus gewinnen wirst, den ich dir mit meinem ganzen Sein wünsche.

DER AUTOR
Aus G.I. Gurdjieff: Beelzebubs Erzählungen für seinen Enkel. Kreuzlingen München Hugendubel 2000,

"Wie man wird, was man ist!"

.......Ich bin zum Beispiel durchaus kein Popanz, kein Moral-Ungeheuer, – ich bin sogar eine Gegensatz-Natur zu der Art Mensch, die man bisher als tugendhaft verehrt hat. Unter uns, es scheint mir, dass gerade Das zu meinem Stolz gehört. Ich bin ein Jünger des Philosophen Dionysos, ich zöge vor, eher noch ein Satyr zu sein als ein Heiliger. Aber man lese nur diese Schrift. Vielleicht gelang es mir, vielleicht hatte diese Schrift gar keinen andren Sinn, als diesen Gegensatz in einer heitren und menschenfreundlichen Weise zum Ausdruck zu bringen. Das Letzte, was ich versprechen würde, wäre, die Menschheit zu "verbessern". Von mir werden keine neuen Götzen aufgerichtet; die alten mögen lernen, was es mit thönernen Beinen auf sich hat. Götzen (mein Wort für "Ideale") umwerfen – das gehört schon eher zu meinem Handwerk. Man hat die Realität in dem Grade um ihren Werth, ihren Sinn, ihre Wahrhaftigkeit gebracht, als man eine ideale Welt erlog... Die "wahre Welt" und die "scheinbare Welt" – auf deutsch: die erlogne Welt und die Realität... Die Lüge des Ideals war bisher der Fluch über der Realität, die Menschheit selbst ist durch sie bis in ihre untersten Instinkte hinein verlogen und falsch geworden bis zur Anbetung der umgekehrten Werthe, als die sind, mit denen ihr erst das Gedeihen, die Zukunft, das hohe Recht auf Zukunft verbürgt wäre."

Von Friedrich Nietzsche aus seinem Vorwort zu:

Ecce homo: Wie man wird, was man ist!
in „Kritischen Gesamtausgabe",
Abteilung VI,
Band 3,
ISBN 978-3-11-002554-5

Vorwort

Vor nunmehr dreizehn Jahren habe ich begonnen, dieses Buch über meine damals über 20-jährige Energetiker-Forschung zu schreiben: *Mensch in Veränderung! Indigo-/Kristallkinder, das neue Zeitalter, Lebens-energie und die Kunst der Beziehung,* so war der ursprüngliche Titel.

Doch dann, Anfang 2012 zerbrach alles, was ich mir aufgebaut hatte, ich verlor mein Zuhause und geliebte Menschen gingen von mir.

Ich befand mich in Einsamkeit, Verzweiflung und Lebensmüdigkeit.

Doch dann sprach eine neue innere Stimme zu mir und forderte mich auf, mein Werk zu vervollständigt, damit es viele und nicht nur die Auserwählten erreichen könne.

Ich erwachte und war „ein Anderer". Hier ist nun ein Buch für alle Menschen, die auch erwachen, und nicht gleich verstehen, was mit ihnen passiert. Wenn Ihr Euch als „anders" erkennt, dann seid Ihr Lehrer und leerer als andere und könnt sie mit diesen Worten und Werkzeugen, mit großem Mitgefühl und Freude begleiten, ich wünsche mir, dass jetzt viele Menschen erwachen, um Mutter Erde zu helfen, einen harmonischen Aufstieg zu bewältigen.

Bitte, bevor ihr die nächsten Seiten aufschlägt, schaut Euch das Interview-Video von Alpenparlament.tv an : Dein Beitrag zum harmonischen Aufstieg in 2012 vom 20.06.2012 mit Michael Elrahim Amira und Michael Vogt über «Deinen Prozeß» 2012 bis 2032. http://www.alpenparlament.tv/playlist/602-dein-beitrag-zum-harmonischen-aufstieg-in-2012, viel Spaß und Freude wünscht

Stephan Hafiz Kugel　　　　　　　　Z. im August 2015

Die Lebens-Werkstatt in Buchform

Ich habe vor, mit diesem Werk die Arbeit der „Lebens-Werkstatt" in Buchform in drei Teilen vorzustellen.

Im ersten Band spreche ich von den neuen Kindern, die das Wassermannzeitalter einleiten und biete eine praxisorientierte stufenweise Prozessbegleitung für den Aufstieg an.
Ich biete die Arbeit der Heil-Raum-Gestaltung und andere Werkzeugen der „Lebens-Werkstatt"an.

Im zweiten Band werde ich die Entdeckung und Anwendung der Eleuthonomie beschreiben, das wichtigste Werkzeug zur Auflösung von Verletzungen und Behinderungen in der Liebe und durch die Liebe zwischen Mann und Frau im Wassermannzeitalter.

Im dritten Band werde ich die Heilung von R. „Krebs" beschreiben und beweisen, dass die Natur vollkommen ist, wenn der Mensch wieder natür-lich wird.

Check Liste 2012

Dieter Broers ist eines der wichtigsten Bio-Wissenschaftler der Welt. Doch er hat noch viele andere Aufgaben für die Menschheit zu realisieren. Das tut er mit seinen Bewusstseins- Büchern, die uns auf den Aufstieg vorbereiten. Anbei möchte ich die erste Seite seines Buches: **Check Liste 2012, Berlin, München 2009 im Trinity-Verlag** zitieren (das bitte jeder lesen sollte, wenn er mein Buch verstehen will), um ein Verständnis zu schaffen, was ich mit meinem Buch erreichen will, als Weiterführung seiner Vorbereitungslisten:

...Einleitung
Das Jahr 2012 wird ein Schicksalsjahr für unseren Planeten werden, Alles spricht dafür, dass sich in diesem Jahr Dinge ereignen werden, die für uns noch unvorstellbar sind. Mittlerweile beschäftigen sie die Fantasie unzähliger Menschen. Hollywoodfilme inszenieren schon jetzt das Grauen eines Weltunterganges. Gerüchte sind im Umlauf, dass sich eine Katastrophe ungeahnten Ausmaßes ereignen könnte. Wissenschaftler warnen vor kosmischen Ereignissen, die uns Menschen und alles leben auf der Erde bedrohen. Szenarien werden entworfen, die wahrhaft beängstigend sind: Erdbeben, Tsunamis, Stromausfälle, Chaos – der finale Zusammenbruch unserer Zivilisation.

Weniger Aufmerksamkeit dagegen erhalten Prophezeiungen, die das Schicksalsjahr 2012 als rettende Chance für die Menschheit beschreiben. Als eine Krise, die in sich Perspektiven für einen umfassenden positiven Wandel trägt. Doch welche Vorhersagen kann man Glauben schenken? Was hat es auf sich mit all den verwirrenden und teilweise widersprüchlichen Theorien, die so viele verunsichern? Gibt es Grund zur Panik Oder haben wir tatsächlich Anlass, mit großer Hoffnung auf das Jahr 2012 zu blicken? Was können wir konkret tun?.....

Das oben Gesagte hat Dieter Broers 2009 geschrieben Jetzt haben wir 2015, und das Wetter spielt verrückt, Angela Merkel hat Anfang 2011 der Presse eine Sperre für Katastrophennachrichten auferlegt und jeder ist „am Rotieren!" Doch keine Angst, „ alles ist guth, dass es ist, wie es ist!" (siehe unten).

Prozessanweisungen

Achtung! Das ist ein spirituelles Kursbuch (für meine Schüler der Lebens-Werkstatt) Wenn Ihr mit dieser Arbeit, und es ist dies eine Arbeitsanleitung, beginnen wollt, dann bitte ich Euch, ein Tagebuch zu kaufen, womit Ihr den Prozess, Euren Prozess, beschreibt und begleitet.

Ich bitte Euch, das Gelesene mit Euren eigenen Erfahrungen zu verbinden und Eure eigenen Erkenntnisse nieder zu schreiben. Hierbei unterscheide ich drei Ziel-Gruppen:

1. Eltern von Indigo-Kinder
2. Eltern von Kristall-Kinder, also Indigo-Kinder
3. Alleinerziehende und Singles

Beginnen will ich jetzt mit dem Thema der neuen Kinder. Wenn Ihr aber gleich in Euren eigenen Veränderungsprozess gehen wollt, dann überschlägt das Kapitel und beginnt mit dem ersten Werkzeug , siehe S. 169

Was sind Indigo und Kristall-Kinder?

von Manuela Eder, siehe: http://www.neueszeitalter.tv/indigo-und-kristall-kinder/

Die Begriffe „Indigo"- und „Kristall-Kinder" werden benutzt, um das Konzept zu beschreiben, dass Kinder, die in den letzten zwei oder drei Generationen geboren wurden, eine neue Art von Licht in die menschliche Erfahrung gebracht haben. Das ist etwas, was vor 40 Jahren neu war. Für Tausende von Jahren wurden Menschen mit dem gleichen Basis-Vertrag dafür geboren worden, zu erfahren was es bedeutet, menschlich zu sein. Eine bestimmte Person bringt einen Teil der Energie ihrer Seele und Erfahrung mit sich, um Teil

ihrer/seiner Persönlichkeit und Lebensmission zu werden ~ dennoch vergesst ihr das meiste der Weisheit eurer Seele.
Um menschlich zu werden war es notwendig, zu vergessen wer ihr wirklich seid. Diese Dynamik des sich an ein wenig eurer Seele zu erinnern, aber das meiste dessen, wer ihr wirklich seid, zu vergessen, ist relativ stabil über Tausende von Jahren geblieben. In den Anfängen der 1960ern und 1980ern, hat es Babys gegeben, die mit einer anderen Art von Vertrag eingetreten sind. Ihre Zustimmung war, sich an mehr von dem wer sie sind zu erinnern, und dieses Licht in ihre menschlichen Erfahrungen zu bringen.

Dies hilft der ganzen Menschheit dabei sich daran zu erinnern, wer sie wirklich sind. Aber es ist schwierig einer zu sein, mehr Licht zu halten, als alle um ihn, und das ist es, was ein Indigo- oder Kristallkind von euresgleichen unterscheidet.

In den 1960ern könntet ihr sagen, dass jedes Tausendste Kind einen Indigo-Vertrag hatte. In den 1970ern wurde die Rate auf etwa jedes einhundertste Kind angehoben. Seit den 1990 kamen ungefähr 70 bis 80 % der Babys, die einen Vertrag hatten, dem Planeten Erde Licht zu bringen und es zu tragen. Und dieses Licht ist kristalline Energie ~ es ist das reine Licht der Liebe, die alles im Universum schafft. Als mehr Kinder diesen Vertrag hatten, begann ihr Wege zu finden, um unter ihnen zu unterscheiden, daher kamt ihr auf den Namen „Indigos", um sie zu beschreiben. All diese Namen weisen auf die gleiche basische Dynamik hin und bieten Unterscheidungen zum Verständnis an.

Da die Menschheit sich auf die kristallinen Energien eingestellt hat, die von diesen Generationen gebracht wird, gibt es jetzt Raum im Basisvertrag der Menschheit. Es ist jetzt für jeden einzelnen möglich, sich an mehr zu erinnern, wer sie wirklich sind, und das Licht ihrer Seele während ihrer menschlichen Lebensdauer bewusst zu tragen. Während der 1980er trat eine Folge harmonischer Ausrichtung ein, einschließlich der Harmonischen Konvergenz, die einen noch expan-siveren und erleuchtenden Vertrag für die

Menschheit öffnete. Es war nach dieser Zeit, dass die Kristallkinder geboren wurden.

Dies alles ist Teil der Entwicklung der Menschheit. Die Menschheit hat sich genug entwickelt, sodass es jetzt wahr ist, dass, wenn ihr auf dem Planeten Erde zu dieser Zeit lebt, mit der kristallinen Energie verbunden werdet. Es gibt genug von euch, die sich zu dieser Zeit durch Aufklärung in die kristalline Energie bewegen. Euch durch Aufklärung zu bewegen bedeutet, einen neuen Vertrag abzuschließen, um mehr Licht anzunehmen und euch mehr daran zu erinnern, wer ihr wirklich seid. Es ist nicht mehr wichtig, ob ihr mit Indigo- oder Kristall-Vertrag geboren wurdet. Ihr könnt ein Indigo- oder Kristall-Erwachsener durch euren eigenen Aufklärungsprozess werden. Es war wichtig, dass ihr die Indigo- und Kristallkinder erkanntet und ihr sie unterstützt, doch jetzt ist es wichtiger, dass ihr einseht, dass ihr ALLE besonders seid. Ihr alle seid Göttlich. Jeder einzelne von euch hat gewählt auf dem Planeten Erde zu dieser Zeit zu leben, weil die Menschheit sich zum Licht entwickelt, und ihr spielt eine wesentliche Rolle in dieser Entwicklung.

Es kann sehr nützlich sein zurückzublicken und zu erkennen, dass ihr ein Indigokind wart. Es kann nützlich sein, die Kinder in eurem Leben mit ihren speziellen Verträgen und besonderen Bedürfnissen anzuerkennen, weil sie Indigo, Kristall oder sonst besondere sind. Aber letztendlich ist die wichtigste Sache, die ihr machen könnt, einzusehen, dass die kristalline Energie einfach eine Verschiebung ist, wie ihr euch seht und wie viel Licht ihr in euer Leben und euren Körper bringt.

Dieses Licht wird heller während ihr die Dinge heilt, die euch zurück halten, loslassen eurer eigenen Dunkelheit und Schatten, und der Schritt in mehr Liebe in eurem Alltag bringt Heilung. Ihr ~ jeder einzelne von euch ~ können Indigo oder Kristallkinder sein. Tatsächlich werdet ihr es jeden Tag, während ihr euch durch die Aufklärung bewegt. Und genauso wie ihr euch um ein besonderes Kind sorgt, ist es an der Zeit euch selbst in die Sorgfalt zu nehmen. **Ihr seid kostbar!"**

1. Motivation

Semesterarbeit

Ich war im zweiten Semester einer Erziehungsberaterausbildung und sollte eine Arbeit über ein Seminarthema schreiben. Die Ausbildung war als Lebens- und Sozialberater mit Schwerpunkt Erziehungsberatung und Elternbildung konzipiert und schafft die Möglichkeit, einem großen Problem unserer Gesellschaft entgegen zu wirken, dass in der letzten Zeit immer akuter wird.
Auch wenn die Ausbildung sehr innovativ angekündigt worden war, war es überraschend, wie mit wissenschaftlicher Weise ein Thema bearbeitet wurde, dass zu sensibel ist, als dass es noch mit Werkzeugen des Fischezeitalters behandelt wird. Da ich mich seit über 30 Jahren mit dem Thema Erziehung und Kinder befasst habe, versuche ich jetzt mit meiner ganz persönlichen Art und Weise, damit umzugehen. Ich bin bewusst subjektiv, um den Leser frei zu halten, seine Wahrheit durch die Anregung meiner „Gschichtln" zu finden und meine Erfahrung als Aufforderung zu sehen, seine Wirklichkeit dementsprechend zu erforschen. Gerade in den Bereichen der Pädagogik, Philosophie und Psychologie muss man heute davon ausgehen, dass etwas in der Richtung Gesagtes immer den Erfahrungen des Verkünders entspricht und Objektivität nur in den Signaturen zu erwarten ist, die jeder einzelne in gleicher Weise nachvollziehen kann. Es gibt Naturgesetze, die dem Menschen erst auf Grund seiner Reife geoffenbart werden. So kann ich einem 6-Jährigen nicht vorwerfen, dass er die Infinitesimalrechnung nicht versteht. Da jeder Mensch eine andere Reife hat, gibt es nur Wieder-Erkennen, Verstehen und Begreifen und keine Objektivität.

Vorstellung

Zu Beginn meiner Vorträge mache ich immer nach einer Einstimmung eine Vorstellung. „ Stellen Sie sich vor, Sie wären ein Kameramann und haben eine besondere Kamera, die auf einer Achse installiert ist, die in den Himmel führt. Die Kamera ist so installiert, dass man die Umgebung betrachten kann. Wir fahren jetzt in die

Höhe und betrachten die Welt von oben. Wir stoßen durch die Decke unseres Hauses und erhöhen die Fluggeschwindigkeit. Wir sehen unser Dorf, unser Land, unseren Kontinent unter uns und verlassen durch alle Sphären die Erde und sausen in den Kosmos hinein. Die Erde wird zur Kugel und verliert sich in der Galaxis. Irgendwann einmal sind wir im All umgeben vom „Atem Gottes", wie die Mystiker sagen. Mit einem feinen Gefühl spüren wir irgendwelche Energiepunkte um uns herumwirbeln und in der Ferne irgendwelche Materiepunkte.

Wir sind im luftleeren Raum All-Eins mit dem Kosmos – in vollkommener Harmonie. Jetzt kehren wir zurück (nicht zu schnell, dass uns nicht schlecht wird) und gehen einen anderen Weg. Unsere Kamera ist jetzt wie in einem Science-Fiction-Film in eine radioaktive Wolke geraten und wird immer kleiner. Sie tritt in einen menschlichen Körper ein und sieht die Körperwelt aus dieser Perspektive. Erst erkennen wir ein Organ, dann eine Zelle, dann ein Molekül. Plötzlich, je kleiner wir werden, reißt die Materie auseinander und wieder ist dort dieser luftleere Raum. Irgendwo spüren wir einen Lichtpunkt und irgendwo einen Materiepunkt und wieder ist unsere Erfahrung diese Harmonie im All-Eins-Sein."

Die Achse, auf der wir unsere Reise gemacht haben und die uns jeweils eine neue Perspektive geoffenbart hat, habe ich mit einem Satz aus unserer griechisch-lateinischen Kultur benannt:

„ALLES IST GUTH, DASS ES IST, WIE ES IST,
es kommt nur auf die richtige Perspektive an."

Die Griechen der Antike hatten eine polytheistische (Vielgötter) Religionspraxis. Sie benannten ihre Götter nach den Aspekten des Lebens und der Welt und versuchten durch ihre tägliche Opferpraxis, diese verschiedenen Bereiche des Lebens zu integrieren. Jeder Tag des Jahres war einer Gottheit gewidmet, die einen bestimmten Teilaspekt des Lebens repräsentierte und einen Tempel besaß. Es gab nur einen Tag im Jahr, an der die Sonne durch eine gläserne Kachel schien und das Gesicht der Gottheit erhellte. Nur einmal im Jahr zur Mittagszeit an dem Tag der Gottheit; welch geniale Architektur hat solche Wunder erschaffen. Wenn der antike Mensch einen Gottesdienst (griechisch: therapeuo) vollzog, musste er in das Heiligtum des Tagesgottes gehen und ein Opfer bringen. Dieses Opfer war die Bejahung der Wirklichkeit der Gottheit. „Ja, was Du als Aspekt des Lebens repräsentierst, Gott der Liebe, Gott des Todes, Gott des Geldes und Gott der Schönheit. Ja, diesen Teil des Lebens bejahe ich sowohl als Teil des Lebens in Dir, wie auch in mir."

Diese Praxis führte zur Kalo(s)kagathia, der Begriff für die Vollkommenheit, wörtlich übersetzt mit dem SchönGuthen. Die antiken Griechen glaubten, dass, wenn die Menschen das Guthe in ihrem Leben verwirklichen, sie das Schöne erhalten würden. Das Guthe war nicht das Gegenteil vom Bösen, das hat die Katholische Kirche erst 800 Jahre später so definiert. **Agathe, das Guthe, kann man auch mit „an sich Selbst sein" übersetzen.**

Der antike Grieche hat durch die Praxis des täglichen Opfers im Heiligtum der Tagesgottheit eine Bejahung der Wirklichkeit vollzogen, die dazu führte, dass er alles, was ist, als Teil des Ganzen, des Selbst, erkennen sollte. Wenn ich in allen Dingen des Lebens, den guten und den nicht so guten einen Sinn erkenne, so erkenne ich das Selbst, so erkenne ich Gott, die Vollkommenheit.

Durch diesen Prozess, der Leben heißt, werde ich meiner Fähigkeiten und Unbewusstheiten gewahr und erkenne meinen Platz im Leben ohne Ablehnung. Ich erkenne mich Selbst. Dadurch werde ich ein Teil des Ganzen, was so viel wie kalos (kai allos) „schön sein" heißt. Diese Erkenntnis macht mich schön, weil ich das Sinnvolle in allem und auch in mir erkenne. Wenn man heute in eine Tageszeitung schaut, ist dieser Anspruch schon sehr hoch, doch immer noch gegeben.

In diesem Sinne gibt es auch keine Negativität, da ich meine Wirklichkeit selbst verantworte und unterschiedliche Reifestufen nicht verglichen werden können. **Nebenbei gesagt heißt Ne-agere soviel wie = *nicht tun, nicht denken, nicht urteilen*, also entspricht es dem WuWei der Taoisten, dem NICHT-TUN, was nicht NIXTUN heißt.**

2. Was ist ein neues Kind?

Erziehung ist verfassungswidrig

Was heißt denn das?
Darf ein Mensch einen anderen erziehen? Darf er das Lebendige in einem Kind kritisieren? Was ist Kindheit? Was ist Erziehung?
Sobald ein Mensch in seiner *Lebendigkeit, Natürlichkeit und Dunkelheit* eingeschränkt, runter gemacht, verleumdet, verlacht oder missverstanden wird, wird seine Würde verletzt. „Die Würde des Menschen ist unantastbar", so steht es in unserer EU-Verfassung. Aus Unwissenheit, Ungeduld und Unaufmerksamkeit werden täglich tausende Verfassungsbrüche vollzogen – an Kindern.
Meine Arbeit will dazu beitragen, dem ein Ende zu bereiten, um Verständnis für ein Zeitgeschehen zu schaffen, dass schon lange in unserer Welt ist, aber noch nicht wirklich verstanden wird. Die Verabreichung von Ritalin an hyperaktive Kinder ist nur ein Beispiel der Unwürdigkeiten, die seitens vieler Menschen täglich geschehen.
Doch was ist los in der Welt?
Da gibt es Kinder, die mit drei Jahren ihren Eltern erklären, dass sie von einem Ort in Italien geträumt haben, den sie früher immer besucht haben. Auf die Frage der verdutzten Eltern, wann denn früher war, kommt dann meist die Antwort: „... als ich noch ein alter Mann war!"
Da gibt es Kinder, die den ganzen Tag herumtoben und keine Ruhe geben mit einer Energie, die unbegrenzt ist. Ihre Eltern kommen mit der Situation nicht zurecht, weil sie selber ziellos sind und nicht erkennen, was ihnen die Kinder mit ihrer Art zeigen wollen.
Da gibt es Kinder, die sich nicht mehr auf die Welt einlassen wollen, die ihnen von den Erwachsenen vorgelebt wird, weil sie ihr nicht glauben.
Mit den alten Erziehungsmodellen ist kein Verständnis zu finden, wie man diesen Kindern von heute begegnen soll.

"Über alle Epochen hinweg verbindet alle… Eltern der gemeinsame unveränderte Erziehungsauftrag: Ihre Kinder für ein eigenes Leben in der jeweiligen Gesellschaft bereit zu machen – fit for life", heißt die Devise. *(ARGE Erziehungsberatung Dr. Martina Leibovici-Mühlberger)*

Tabula Rasa

Anfang des 19. Jahrhunderts prägte der Entwicklungsroman *"Judenbuche" von Annette von Droste-Hülshoff* ein Bild im Bewusstsein der klassischen Pädagogik, das sich bis heute noch immer festgefressen hat.

Das Kind kommt als „tabula rasa" zur Welt, auf gut Österreichisch als „gmate Wiesn", das je nach Einfluss seiner Umgebung geformt wird und deshalb in seinem Opferstadium und seiner Reinheit geformt werden muss – je besser der Einfluss desto funktionsfähiger der Mensch. Es geht bei dem Fit-for-life-Gedanken grundsätzlich darum, dass bei dieser Produktion (nichts anderes ist es) in diesem Erziehungsprozess ein funktionierendes *Menschlein* herauskommt, das ein guter *Steuerzahler* wird, das sich von der Pharmaindustrie versorgt fühlt, von Politikern geführt, vom Fernsehen informiert und von den Medien seine Einstellung korrigiert bekommt. Ob dieses System jetzt Kommunismus, Sozialismus, Maoismus, Katholizismus, Anarchismus, Kulturrevolution oder Spiritualismus heißt, ist egal. Jedes System arbeitet mit autoritären, dialektischen, manipulativen (antiautoritären) oder spirituellen Werkzeugen, mit Angst, Scheinfreiheit, Schuld- und Minderwertigkeitsgefühlen, weil eine herrschende Struktur immer Angst hat vor Machtverlust durch die *Lebendigkeit, Natürlichkeit und Dunkelheit der Kinder*, die durch ihre Natur jedes autoritäre Gesellschaftskonstrukt a priori in Frage stellen. Wird ein Kind geimpft, entweder mit (Anti)Giftstoffen, mit „gsunder Watschn", irrationale Freiheiten, unwirkliche Ideale oder mit Ablehnungen, ist es in seiner Natürlichkeit gebrochen, weil es, bevor es eine Frage stellen kann, schon mit Wertungen kämpfen muss, die es verwirren.

„Gott ist die Liebe – aber nicht die körperliche!"

Diese Formel hat Jahrhunderte lang Menschen verwirrt und psychisiert und somit in Schuldgefühle geworfen.
„Warum?"
Ganz einfach! Sobald ein Mensch bei dem Thema „Liebe" körperliche Gefühle bekommt, schon war der Finger da, pfui!!
Diese von Scham und Selbstekel geprägten Generationen wurden unpolitisch, widerstandslos und ängstlich und waren durch die Spaltung von Körper, Geist und Seele offen für Polarisierung und Einflussnahme. Eine Gesellschaft, die auf Einseitigkeiten aufgebaut ist, braucht Verwirrung und Macht, um ihre Einseitigkeit zu untermauern. Jede Zivilisation hat bis jetzt so funktioniert, doch jetzt taucht eine Generation von „Harry Potters" auf der Bühne des Lebens auf und zerstört alles.

Systemtherapie

Der wichtigste und in der Psychologie modernste Grundgedanke unsere Gesellschaftsstruktur ist der Gedanke des Systems. Jeder Mensch lebt in einem System, das von der Vergangenheit geprägt ist und somit alle Mitglieder des Familiensystems bestimmt. Dieser Hauptgedanke, der schon seit Voltaire und Droste-Hülshoff unsere Einstellung zum Leben prägt, ist auch in der Systemtherapie von *Hellinger,* noch immer prägend: Wir sind Opfer unserer Gesellschaft, unseres Systems und unserer Umgebung. Somit hat sich aus der schwarzen, autoritären Erziehung die antiautoritäre Soziologie entwickelt, die aber nur das Gegenteil geschaffen hat. Hier a gsunde Watschn, dort die Freiheit des (nicht vorhandenen) Geistes.

Sozial-integrative Erziehungsstil

Die neuste Prägung dieser noch immer hierarchischen Erziehung der Kinder durch Eltern ist der sozial-integrative Erziehungsstil, der in der Demokratisierung unsere Zivilisation eine dialektische Synthese beider anderen Formen sucht. Es gibt jetzt keine Watschn mehr und auch keine Kommune. Man sorgt dafür, dass „die Affen" vollklimatisierte Kindergärten und Schulen bekommen, wo sie sich aufführen können, um in Grenzsetzungsspielen und versteckter Moral das demokratische Denken eingetrichtert zu bekommen: Dass die Masse immer Recht hat und der Einzelne, der halt anders ist, eben halt böse ist, wenn er den Engeln der Freiheit widerspricht, dass die allgemeine Meinung Recht hat, und Gefühle wegoperiert werden sollten. Naja, schreien darf man/frau/kind schon, aber nicht so laut; das Schuld-gefühl regelt die Nebenwirkung der Pillen.

„Fehlverhalten" und NLP

Diese Erziehung ist eine *Eltern-orientierte Erziehung*, die das Individuum zum Objekt macht, um es in guten „Einrichtungen" zu halten und zu beobachten. Wer ein Problemkind mit *Fehlverhalten* ist, bekommt Ritalin. Gerade der Begriff „Fehlverhalten", der in der letzten Zeit wieder den Grundtenor moderner Pädagogen widerspiegelt, ist Ausdruck der wahren Einstellung der Pädagogik von heute. Dieser Begriff kommt aus der Psychologie der Naziforscher um Mengele, die in den 40er-Jahren ein Programm entwickelten, womit sie die Juden gehirnwaschen wollten. Diese Techniken der Manipulation von Menschen sind nach dem Krieg über Umwege nach Amerika gekommen und wurden seit den 70er-Jahren in moderner Form als *NLP* verbreitet. *Neuro-Linguistische-Programmierung* ist das Zauberwort der modernen Pädagogik, wo durch pseudowissenschaftlichen Methoden über die Sprache der Mensch zum Scheinaktiven wird, der seine Gefühle so verbalisiert, dass er nicht merkt, dass es nach einem Machtprinzip funktioniert, dass ihn immer schwach und minderwertig bleiben lässt. Die letzte Chance der Erwachsenen, ihre Macht als „Erwachtere" zu behalten. Doch damit ist auch bald Schluss. Die Kinder verlassen den Käfig schon bei der Geburt, weil sie erwachter sind; doch dazu später.

Ich habe von Ritalin gesprochen, wussten Sie, dass das …

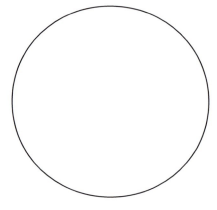
Oh, oh, ich glaube, jetzt brechen wieder meine Gefühle durch. Ich werde jetzt mal aufstehen und einen Kaffee trinken und dann gehen wir die Sache mal, naja, langsamer an.

Die Endphase des Fischzeitalters hat doch einige Strukturwerkzeuge für das Verfassen von Texten entwickelt, um ein Thema langsam und frei aufzubauen. Also wollen wir das Gute nutzen und erstmals einen Kaffeefleck (siehe oben) entwickeln.

Das Phänomen der neuen Kinder

So beginnen wir strukturiert. Im Juli 2001 bekam ich ein Mail von einer Dame aus Deutschland, das ich hier in Auszügen wiedergeben will (Caroline Hehenkamp, siehe http://www.Indigo-Kinder.de):

!!Hurra, das Buch „Kinder einer neuen Zeit" ist beim Drucker und erscheint bald!!
Der Juli ist da und ich freue mich, dass mein Buch jetzt bald erscheinen wird. Das Buch ist sicherlich eine große Hilfe für Eltern, Lehrer, Therapeuten usw. und beantwortet viele Fragen, die mir seit Jahren gestellt werden. Es richtet sich vor allem auf das Thema Neue Kinder in Deutschland und im deutschsprachigen Raum. Ich habe das Thema „Indigo Kinder, Geschenk oder Defizit-Problem?" in unserer Kultur versucht auf viele Arten zu beleuchten. Da viele Eltern große Schuldgefühle haben, was den Umgang mit ihren Kinder sehr beeinflusst, war es einer meiner Prioritäten in dem Buch zu vermitteln, wie wir mit dieser neuen Generation und ihren „so genannten Defiziten", die eigentlich „Potentiale" sind, umgehen können, und wie Eltern lernen können auch mit sich anders umzugehen.

Diese Kinder kommen nicht nur mit der vielleicht größten Herausforderung, die wir je erlebt haben. Sie tragen auch die Antworten und Lösungen in sich. Sie sind wahre Kinder des Lichts und haben wirklich sehr reife ganzheitliche Antworten für uns.
Sie sind gekommen um Neues zu schaffen und dies auf die Erde zu bringen. Die Kinder sind anders, aber das ist eine total natürliche Folge unsere Gesellschaft. Sie bringen Veränderungen in ihre Familie und in ihre Umgebung und fordern von ihren Eltern Aufmerksamkeit und Flexibilität. Sie zeigen oft ganz deutlich, dass sie ganz bewusst diese Eltern ausgewählt haben und genau ihre Probleme, Schwächen und emotionalen Fallen kennen. Sie kommen mit einer hohen Schwingung in unsere Welt. Ihre Aufgabe ist diese zu transformieren und allen Erwachsenen zu helfen, dasselbe zu tun. Eigentlich sind die Kinder völlig normal und auch in Ordnung, obwohl sie es nicht leicht haben. So vieles wird falsch verstanden und aus alter Gewohnheit oder Überzeugung falsch „behandelt".
Es gibt viele Anregungen in meinem Buch, die Ihnen helfen Ihr Kind (vielleicht erkennen Sie sich selbst auch, viele haben schon ein geistiges Zuhause beim Lesen des Skriptes gefunden!) als Indigo Kind zu „erkennen".
Auch bietet das Buch viele Möglichkeiten, die zum Umdenken einladen. Es gibt Tipps, wie Sie Ihren Kindern mit einfachen Selbsthilfemethoden helfen könnten und vermittelt verschiedene alternative Behandlungsmethoden, die helfen, die Kinder wieder in Harmonie und Gleichgewicht zu bringen.
Da mich einige nicht kennen werden, füge ich eine Darstellung über meiner Person hinzu:
Ich bin Lichtarbeiterin, Farbtherapeutin, Lebensberaterin sowie Autorin des Buches: KINDER EINER NEUEN ZEIT, das Indigo Phänomen, das Geschenk der Indigo Kinder (Schirner Verlag / ISBN 3-89767-089-5, erscheint Juli 2001) und ich bin Holländerin von Geburt. Meine Fähigkeiten, hinter die Realität zu schauen und meine Sensibilität Energien bewusst wahrzunehmen, waren Anlass dafür, die Wahrheit über das Leben finden zu wollen. Ich habe in Paris und Barcelona Modedesign studiert und in vielen Ländern Europas gearbeitet. Vor dreizehn Jahren habe ich mein Leben als Journalist/Designer abgeschlossen und mich dem inneren Weg der Farben gewidmet.

Ich bin Aura-Soma Lehrerin der ersten Stunde (Mike Booth /England), Lightbody Teacher (Sanaya Roman, Lumin Essence/ USA), ausgebildet in schamanistischer Ritualarbeit (Don Eduardo de Calderon/Peru), Kristallheilkunde (John Scott/England), sowie spirituellem Heilen. Ausbildungen in verschiedenen Farbtherapien, Lebens- und Traumaberatung, Flower of Life (u.a. Donna Kleipool/NL), Huna, alternative Heilmethoden, Reiki, EMF und transformativer Energiearbeit bilden wichtigen Grundelemente meiner Arbeit mit Menschen. Die Radionik und verschiedene Nullpunkt-Energie-Hilfsmittel unterstützen meine Arbeit. Ich biete eine jährliche Lichtarbeiter/Lebenslehrer-Ausbildung an, die eine Synthese ist aus meinen Erfahrungen & praktischen Heilmethoden, die mir von verschiedenen Lehrern vermittelt wurden. In Einzel sitzungen begleite ich Kinder und Erwachsene, um einen emo tionalen und physischen Ausgleich zu finden und Verhaltensweisen zu ändern. Energie, Essenzen und Radionik-Transmissions unter stützen diesen Prozess.

Mehr über mein Buch, erst zeige ich Euch mal das Titelbild, das vom Verlag in Auftrag gemacht wurde ohne das ich davon wusste. Als es per Email total unerwartet bei mir eintraf, war ich tief berührt. In dem Bild finde ich viel Symbolik und entdecke immer wieder etwas Neues. Da ich seit Jahren Delphinreisen organisiere und begleite, liebe ich den schönen Delphin, der das Bild über dem Kinderkopf schmückt. Und die weiße Aura die das Kind umgibt ist wunderbar! Aber am besten schauen Sie selbst

Buchbeschreibung Rückseite:
In diesem Buch wird der Blick in kreativer, offener Weise auf die Lebensaufgaben der neuen Kinder, der Indigo Kinder, gerichtet. Diese Kinder scheinen einen Evolutions-sprung gemacht zu haben, ihr Leben und Denken wird hauptsächlich von der Intuition bestimmt und im Vergleich zu „normalen" Kindern verfügen viele von Ihnen über paranormale Fähigkeiten. Indigo Kinder lassen sich zu nichts zwingen und nicht beherrschen, sie passen nicht in unsere altgewohnten Denkmuster, ja sie widersetzen sich ihnen, wenn auch eher sehr passiv, und leben konsequent gemäß ihren eigenen Gesetzen. Ihr Widerstand äußert sich häufig über Lern- und

Verhaltensstörungen in der Schule, und es geschieht sogar, dass sie mit so genannten Defizit- Erscheinungen, wie ADD/ADS (Aufmerksamkeitsstörung), Hyperaktivität, Legasthenie, Überempfindlichkeit gegen Nahrungsmittel oder Allergien bei Psychiatern oder Therapeuten landen. Die Autorin erklärt in diesem Buch allgemein verständlich und praxisnah Hintergründe und Bedeutung des Indigo-Phänomens, will den Leser mit ihren Lösungen, andere Sichtweisen und Erfahrungen zum Umdenken anregen und eröffnet faszinierende neue Einsichten in die komplexe Beziehung zwischen den Indigo-Kinder, ihren Eltern und der Gesellschaft ... .

News:
In Holland gibt es inzwischen einige (3) Schulen, die für die Neuen Kinder kreiert wurden. Ich werde versuchen sie im Juli zu besuchen und mehr im nächsten Newsletter darüber melden. Es gibt aber auch Schulen, die geschlossen wurden, da es keine Lehrer mehr gibt. Die Kinder können nicht ausweichen auf andere Schulen, da die schon überfüllt sind. Was macht eine Mutter dann? Es gibt dort nicht die Möglichkeit wie in der USA oder Österreich das Kind zuhause zu halten und „homeschooling" zu machen.

News:
In Holland lief gerade im Fernsehen eine kleine Serie über paranormale Kinder, wirklich toll. Verschiedene Kinder zwischen 8 und 12 wurden vorgestellt. Ein Mädchen, das Geister oder Lichtwesen sieht, ein hellfühliger Jungen und zwei Kinder, die Auras sehen und deuten können. Wir haben solche Kurzberichte in Bearbeitung und werden sie fürs Fernsehen und für privat drehen. (Sollten sie Kinder zwischen 8 und 12 Jahren kennen, die außergewöhnliche Begabungen haben und darüber erzählen möchten, rufen Sie uns bitte an)."

………So, ich hoffe, ich habe Euch genauso erfreuen können, wie ich damals erfreut wurde. Ich hatte das Gefühl, das Jesus bald erscheinen wird und uns alle mit dem Heer der neuen Kinder entweder töten oder erleuchten wird.

Bin kein Lichtarbeiter!!!!

Ich muss hier sofort klarstellen, dass ich *Lichtarbeitern* distanziert gegenüber stehe. Sie sind eine typische Erscheinung des Untergangs des Fischzeitalters. Da alle Menschen durch die Auswirkungen der Apokalypse 2012, die sich seit dem Sommer 2011 als Energiewelle über die Erde ausbreitet, merken, dass sie Jahrhunderte lang einseitig gelebt und sich jahrelang dazu verblödet haben lassen, versuchen sie jetzt ganz brav und lieb und Licht zu sein. Doch das hat nichts mit der neuen Zeit zu tun. Es ist wieder nur eine einseitige, männlich orientierte Reaktion (Mann= Licht, Frau = Dunkelheit) und entspricht dem Denken z.B. des Papstes, der sich auch als Lichtbringer (lat. Luzifer) sieht. Es wird auch in keiner Weise den Kindern gerecht, die *Dunkelheit* fordern und durch die Glorifikation ihrer Natur wieder einseitig stilisiert werden, was sich sehr fatal in Grenzenlosigkeit äußert, wenn die Kinder plötzlich wie Prinzen und Prinzessinnen behandelt und egoistische Tyrannen werden.

Begriffsbestimmung

Aber ich wollte erstmals einen Einstieg schaffen. Doch woher kommt der Begriff „neue Kinder"? Als Grundlage der Begriffsbestimmung bediene ich mich des Buches *„Die Indigo Kinder"* von *Lee Carroll und Jan Tober,* die oben im E-Mail erwähnt werden sowie des Buches „Die Kinder des neuen Jahrtausends" von Jan Udo Holey, der auch unter dem Pseudonym Jan van Helsing sehr bekannt wurde.

Ich zitiere von *Khalil Gibran, Der Prophet*:

Von den Kindern

Eure Kinder sind nicht eure Kinder.
Sie sind die Söhne und Töchter der Sehnsucht
des Lebens nach sich selbst.
Sie kommen durch euch, aber nicht von euch.
Und obwohl sie mit euch sind, gehören sie euch doch nicht.
Ihr dürft ihnen eure Liebe geben, aber nicht eure Gedanken.
Denn sie haben ihre eigenen Gedanken.
Ihr dürft ihren Körpern ein Haus geben,
aber nicht ihren Seelen,
denn ihre Seelen wohnen im Haus von morgen,
das ihr nicht besuchen könnt,
nicht einmal in euren Träumen.
Ihr dürft euch bemühen, wie sie zu sein,
aber versucht nicht, sie euch ähnlich zu machen.
Denn das Leben läuft nicht rückwärts,
noch verweilt es im Gestern.
Ihr seid die Bogen, von denen eure Kinder als lebende Pfeile ausgeschickt werden.
Der Schütze sieht das Ziel auf dem Pfad der Unendlichkeit,
und Er spannt euch mit Seiner Macht, damit Seine Pfeile schnell und weit fliegen.
Lasst euren Bogen von der Hand des Schützen auf Freude gerichtet sein.

Natasha Kern, Mutter, zitiert von Nancy Gibbs im Time-Magazin, sagt über die neuen Kinder:

Diese Kinder können äußerst helle Köpfe sein, absolut bezaubernd - aber mit ihnen zusammenleben? Unmöglich. Jede Sekunde lassen sie sich zehn Sachen einfallen, die Superspaß machen und kreativ sind bis zum Abwinken. Du bist gerade noch damit beschäftigt, den Brand zu löschen, den sie beim Marshmallowsrösten auf der Herdplatte gelegt haben, da sind sie auch schon in der Badewanne und probieren aus, ob Goldfische heißes Wasser vertragen.

Jan Udo Holey (Jan van Helsing) schreibt in seinem Buch „Die Kinder des neuen Jahrtausends", Amadeus-Verlag, Fichtenau, 2001:
………… Vor ein paar Jahren waren da mit einem Mal immer wieder Leute, die von ganz bestimmten Problemen mit ihren Kindern sprachen. Nun ja, nichts Neues, oder? Kinder sind eben oft der größte Segen im Leben, und auch die größte Zerreißprobe. Es sind eine Menge Elternratgeber und Bücher über Entwicklungspsychologie geschrieben worden, aber was uns damals auffiel, war anders geartet.
Wir hörten zunehmend mehr über eine neue Art von Kind, oder zumindest über eine neue Art elterliches Problem. Es waren Schwierigkeiten ganz merkwürdiger Natur - von daher, dass aus ihnen ein Miteinander zwischen Erwachsenem und Kind sprach, das unerwartet und scheinbar untypisch war für das, was unsere Generation erfahren hatte. Wir ignorierten diese Berichte, bis wir von Menschen, die beruflich mit Kindern umgehen, exakt das gleiche hörten. Auch sie berichteten über ähnliche Herausforderungen. Viele waren verzweifelt und mit ihrer Weisheit am Ende. Die Mitarbeiterinnen und Mitarbeiter von Kindertagesstätten aus allen Gegenden des Landes, Manche von ihnen schon über dreißig Jahre in ihrem Beruf, erzählten uns die gleiche Art von Geschichten, bei denen es immer wieder darum ging, dass diese Kinder irgendwie anders waren. Dann beobachteten wir etwas Haarsträubendes: Als diese »neuen« Probleme akut wurden, zeigte man sich überwältigend stark geneigt, das Problem zu lösen, indem das Kind und das völlig legal - unter Medikamente gesetzt wurde! Anfangs nahmen wir an, das Ganze sei nur unserer Kultur zuzuschreiben und spiegle eben die Umbrüche im heutigen Amerika. Fragen Sie heute einen x- beliebigen Lehrer in unserem Land, und er wird Ihnen

sagen, dass unser Bildungssystem wirklich reformbedürftig ist. Wahrscheinlich ist es an der Zeit, dass hier etwas geschieht, aber das ist keine revolutionäre Neuigkeit, und das war es nicht, was uns bewegte, dieses Buch zu schreiben ...

..........Wie Sie meinen Worten entnehmen können, waren es also gleich mehrere Faktoren, durch die dieses Buch zustande kam und die Sie kennen sollten, bevor Sie blind unsere Erklärungen für etwas akzeptieren, das in die Kategorie von Dingen fällt, »die wir zwar überall um uns herum beobachten können, die aber dennoch unerklärlich sind.« **Uns ist mittlerweile Folgendes klar geworden:**
1. *Dies ist kein amerikanisches Phänomen. Wir haben es in der Zwischenzeit auf drei Kontinenten selbst beobachtet.*
2. *Es scheint keine kulturelle Schranken zu kennen (findet sich in vielerlei Sprachräumen).*
3. *Es ist der Aufmerksamkeit der breiten Masse bislang entgangen, und zwar aufgrund der Tatsache, dass es einfach zu »abstrus« wirkt, um es im Rahmen des Paradigmas der Humanpsychologie auch nur in Erwägung zu ziehen, geht man doch dort selbstgefällig davon aus, dass das Menschsein ein statisches, unveränderliches Modell sei. In der Regel glaubt die Gesellschaft an die Evolution, doch nur in der Vergangenheitsform. Der Gedanke, dass wir womöglich heute erleben, wie sich langsam ein neues menschliches Bewusstsein auf dem Planeten zeigt – Gestalt geworden in unseren Kindern –, geht weit über das eingefahrene Denken hinaus.*
4. *Das Phänomen nimmt zu – es wird immer mehr davon berichtet.*
5. *Es existiert mittlerweile lange genug, dass man es in Fachkreisen zur Kenntnis zu nehmen beginnt.*
6. *Es tauchen einige Antworten auf die Herausforderungen auf ...*
   ...

Als Eltern eines ruhig gestellten Kindes haben Sie vielleicht das Gefühl, dass Ritalin eine wirkliche Lösung des Problems ist. Das Kind benimmt sich besser, wirkt ruhiger, und in der Familie und Schule läuft alles wieder glatter - uff! Bei Ritalin jedoch ist es so, dass das Kind verhaltensmäßig gebremst wird – und es kann gut sein, dass das Kind das sogar mag. Doch später, wenn der Korken aus der Flasche kommt (sprich: wenn das Medikament abgesetzt wird), können die Bläschen, die ja noch immer in der Flasche sind, eine Art Explosion auslösen. Diese Kinder könnten als Erwachsene rückblickend irgendwann einmal das Gefühl haben, einen Teil ihrer Kindheit in einem dumpfen Dämmerzustand vertan zu haben, in dem sie keine Verbindung zu ihrem tatsächlichen Ich hatten. Ritalin zögert das eigentliche Erwachsenwerden und die zunehmende Weisheit, die damit einhergeht, oft hinaus: zu lernen, wie die Gesellschaft funktioniert. Soviel ist belegt...

Ritalin

Hier muss ich eine Anmerkung machen, damit der Leser versteht, wovon wir reden. Ich bin zur Apotheke gegangen und habe mir den Beipacktext zu Ritalin besorgt.

Werner Stangl sagt im Internet auf Seite
http:// arbeitsblätter.stangl-taller.at/ Sucht/Ritalin.shtml:

„Ritalin gehört zur Gruppe der Amphetamine und unterliegt dem Betäubungsmittelgesetz, daher ist jede Verschreibung meldepflichtig. Es ist anregend und produziert pharmakologische Effekte, die denen von Kokain und anderen Amphetaminen ähnlich sind. Methyl-phenidat, der Hauptbestandteil von Ritalin, wird auch für die Be-handlung der Narkolepsie (eine Schlaf-Wach-Störung mit Symp-tomen wie Tagesschläfrigkeit, Kataplexie, fraktioniertem Nacht-schlaf, auch übersetzt als „unerholsamer Schlaf") eingesetzt. Die Zunahme der Produktion und Verwendung dieser Droge in den letzten Jahren kann jedoch im Wesentlichen auf die Behandlung von ADD-Kindern zurückgeführt werden. Eine zunehmende Anzahl von Missbräuchen ist in neuerer Zeit auf Jugendliche zurückzuführen, die Methylphenidate wegen ihrer anregenden Wirkung nehmen: zur Verbreitung von Müdigkeit, zur Aufmerksamkeitssteigerung, um nächtelang studieren zu können oder um die euphorisierende Wirkung zu erleben. Pharmazeutische Tabletten werden zumeist oral eingenommen oder pulverisiert nasal. Einige Abhängige lösen die

Tabletten in Wasser und spritzen, wobei die unlöslichen Füllmittel der Tablette kleine Blutgefäße verstopfen und ernsthafte Schäden in der Lunge und der Augennetzhaut verursachen können. Mitte der 90er- Jahre wurde in den USA das Medikament zur Party-Droge, das Schulkinder in pulverisierter Form wie Kokain schnupfen."

Ritalin, kurz gesagt ein künstliches Kokain, wird aber sowohl in Deutschland als auch bei uns in Österreich gerne mit wissenschaftlichem Verständnis verschrieben, an z.B. 5 jährige.

Doch weiter im Text von *Jan Udo Holey (Jan van Helsing)*
„Die Kinder des neuen Jahrtausends":

Was aber ist ein Indigo Kind?

In der gesamten Geschichte der Psychologie gab es Systeme, nach denen man menschliches Verhalten einstufte. Mit Hilfe dieser Zuordnungen versucht man, menschliches Verhalten und Handeln zu benennen und Korrelationen herzustellen (anders ausgedrückt: ein Schubladensystem).
So gibt es aber neben den herkömmlichen psychologischen Zuordnungs-Systemen auch spirituell-metaphysische, wie zum Beispiel die Astrologie mit der Benennung des Sternzeichens. Im Jahre 1982 veröffentlichte die amerikanische Farbtherapeutin Nancy Ann Tappe ein Buch mit dem Titel Understanding your life through color (Verstehe Dein Leben durch Farbe), in der die Autorin verschiedene menschliche Verhaltensweisen bestimmten Farb-gruppen zuordnet. Frau Tappe schuf, von ihrer Intuition geleitet, ein präzises und aufschlussreiches System, in dem man seine eigenen Wesenszüge leicht wieder finden kann. Dabei ist ihr Konzept, dass jeder Mensch seine Lebensfarbe hat, manchmal sind es auch zwei oder mehr Farben.
Ihrer Ansicht nach sind diese Lebensfarben wie Farbüberzüge, die auch in der Aura eines Menschen sichtbar sind. Deshalb definiert sie ähnliche Persönlichkeitszüge in Farbgruppen. Jeder Farbgruppe kann auch ein entsprechendes Verhaltensmuster zugeordnet werden, das bei den Menschen erkennbar ist, wenn man weiß, worauf hier zu achten ist. Über die Jahre hat sich dieses System in der Praxis

bewährt. Und eine der Farbkategorien in dem Buch ist - Indigoblau. Diese Farbkategorie offenbart sehr genau, was es mit diesem neuen Typus Kind auf sich hat. Ein Indigo-Kind ist daher ein Kind mit der Lebensfarbe Indigo und den entsprechenden Persönlichkeitsmerkmalen der Farbe Indigo. Im Gegensatz zu den bisher bekannten Lebensfarben wie Gelb, Blau, Grün oder Rot und Kombinationen aus diesen, sind bei den Indigo-Kindern auffällig, dass sie neue und für uns ungewohnte und teilweise auch sehr schwierige Persönlichkeits-merkmale aufweisen, die eben nicht in unsere in klare Strukturen und Normen aufgeteilte Gesellschaft hineinpassen. Daher ist den Eltern als auch den Erziehern und Lehrern hier noch mehr Feingefühl abverlangt.
Lee Carroll und Jan Tober erklären uns nun etwas detaillierter, welche Kinder sie als neues Kinder bezeichnen und woran man diese erkennen kann:

1. **Sie kommen mit dem Gefühl,** königliche Hoheiten zu sein, auf die Welt (und verhalten sich oft dementsprechend).
2. **Sie haben das Gefühl,** dass sie es „verdienen, auf der Welt zu sein", und sind überrascht, wenn andere diese Ansicht nicht teilen.
3. **Selbstwertgefühl ist für sie** kein großes Thema. Sie sagen ihren Eltern oft schon sehr deutlich, „wer sie sind".
4. **Sie haben Probleme mit absoluter Autorität**
   (Autorität ohne Erklärung oder Wahlmöglichkeit).
5. **Sie tun bestimmte Dinge partout nicht,** so zum Beispiel fällt es ihnen schwer, Schlange zu stehen.
6. **Sie werden frustriert,** wenn Systeme rationalisiert sind und kein kreatives Denken erfordern.
7. **Sie sehen oft bessere Möglichkeiten,** wie man etwas angehen könnte, ob zu Hause oder in der Schule, und so werden sie oft als Kinder gesehen, die gegen bestehende Systeme rebellieren   (mit keinem System konform gehen).
8. **Sie wirken unsozial**, es sei denn, sie bewegen sich unter ihres gleichen. Sind keine anderen in ihrem Umfeld, deren Bewusstsein ähnlich strukturiert ist, so verkriechen sie sich oft in sich selbst und haben das Gefühl, von niemandem

verstanden zu werden. Schule ist für sie sozial gesehen oft außerordentlich schwierig.
9. **Sie sprechen nicht auf „Disziplin aus Schuldgefühlen" an** („Na warte, bis dein Vater nach Hause kommt und herauskriegt, was du angestellt hast").
10. **Sie sind nicht zurückhaltend**, wenn es darum geht, deutlich zu machen, was sie brauchen.

Caroline Hehenkamp hat noch etwas tiefer gegraben und folgende zusätzliche Wesensmerkmale aufgelistet:

• inneres Gewahr sein über die Wahrheit des Lebens;
• leben nach höheren Prinzipien;
• sie wissen, dass wir in Kooperation mit uns und unserer Umwelt leben sollten; sie vereinen oft männliche und weibliche Aspekte in sich selbst (Androgynität);
sie wissen, dass mehr existiert, als das, was wir sehen; sie glauben, dass die Materie und das physische Leben Illusionen sind. Sie wissen, dass das Leben aus Energie oder lebendigem Bewusstsein besteht; sie wissen, dass alles im Universum miteinander verbunden ist. Zeit, Raum, Abstand und Form sind für sie keine getrennten Dinge, so wie wir sie sehen; sie spüren, dass alles Leben geachtet und mit Integrität, Liebe und Mitgefühl behandelt werden sollte;
sie verstehen spirituelle Konzepte besser als physische; sie lassen sich nicht eingrenzen durch überalterte Ideale oder Glaubenssätze; sie können nicht gezwungen werden, etwas zu tun, an was sie nicht glauben;
sie akzeptieren keine Führung von Menschen, die nicht die gleichen ethischen Ansichten haben wie sie selbst; sogar sozialer Druck zwingt sie nicht zur Unterordnung; sie glauben nicht an Schuld- oder Strafkonzepte, lassen sich also schwer bestrafen;
sie möchten nicht in irgendeine Form oder Schublade hineingezwängt werden; sie müssen ihr Leben nach den höchsten Prinzipien orientiert leben können, so wie sie sie verstehen, sonst werden sie depressiv, selbstzerstörerisch und ängstlich; sie sind ehrlich, aufrichtig und unabhängig; sie haben oft kein richtiges Körpergefühl; ihre fünf Sinne sind sehr verfeinert, dadurch können sie leicht überreizt und überfordert werden; sie sind überempfindlich

Nahrung gegenüber; am besten ist für sie natürliche und organisch gewachsene Nahrung; sie kommunizieren mit Leichtigkeit mit Tieren, Pflanzen, anderen Kindern und mit der Natur; man erlebt sie oft, wenn sie mit „unsichtbaren" Freunden sprechen. Sie werden darum oft als Kinder mit einer zu lebendigen Phantasie oder sogar als „psychisch auffällig" eingestuft.
Nancy Ann Tappe, die den Indigo-Begriff prägte und auch als erste auf die Indigo-Kinder aufmerksam wurde, stellte Mitte der achtziger Jahre die vermehrte Ankunft solcher Kinder fest und begann damit, diese zu studieren. Die Hauptsache, die sie dabei lernte, war, dass die Kinder im Alter von sechs, sieben und acht Jahren noch keinen Plan darüber haben, was sie in ihrem Leben einmal machen möchten – und auch lange Zeit keinen haben werden. Doch im Alter von sechsundzwanzig, siebenundzwanzig Jahren wird man bei den Indigo-Kindern einen großen Wandel erleben können. Der Wandel wird darin bestehen, dass mit einem Mal ihr Daseinszweck präsent sein wird. Die älteren werden sich dann wirklich festlegen, was sie tun werden, und bei den jüngeren wird schon beim Eintritt in dieses Leben klar sein, was sie mit ihrem Leben anfangen werden.
Die Indigo-Kinder haben fast durchgängig einen Intelligenzquotienten (IQ) von 130 und 140. Doch es gibt auch welche, die bei 160 und höher liegen. (Ein IQ von 69 und darunter gilt als geistig behindert, 70-79 ist grenzwertig, 80-89 ist unterer Durchschnitt, 90-109 durchschnittlich, 110-119 gehobener Durchschnitt, 120-129 überdurchschnittlich und 130 und mehr gilt als herausragend.) Vor zehn Jahren hatte vielleicht ein Kind unter 10.000 einen IQ von 130, aber heute wird das fast schon zur Normalität. Das bedeutet, dass die Intelligenz des Menschen dramatisch zunimmt. Daher verwundert es auch nicht, dass immer mehr Erfindungen gemacht werden oder ein Computerprogramm das nächste überholt. Die Geschwindigkeit der Entwicklung in technischer Hinsicht nimmt rasant zu, und die Entwicklungen kommen aus menschlichen Köpfen (und Seelen natürlich). Daher zeigt das auch, was mit der Menschheit passiert. Und vor allem, dass etwas mit ihr passiert.
Generell unterteilt Nancy Ann Tappe die Indigo-Kinder in vier Untergruppen, die sie folgendermaßen beschreibt:

1. Der humanistische Typ: Es sind die Ärzte, Anwälte, Heiler, Lehrer und Politiker von morgen. Sie werden der breiten Masse dienen, und sie sind hyperaktiv. Sie sind außerordentlich gesellig, unterhalten sich mit jedem, jederzeit - und sind immer freundlich. Sie haben sehr ausgeprägte Meinungen, stellen sich aber oft sehr ungeschickt an, was ihren Körper betrifft - eben hyperaktiv. Es sind die Kinder, die nicht mit einem einzigen Spielzeug spielen können, vielmehr müssen sie alles heraus räumen, alles liegt dann da, und vielleicht spielen sie dann damit oder auch nicht. Es sind die Kinder, die Sie ständig daran erinnern müssen, ihr Zimmer aufzuräumen, da sie schon wieder durch etwas anderes abgelenkt worden sind.

2. Der ideenorientierte Typ: Indigo-Kindern mit dieser Veranlagung liegt mehr an Projektionen als an Menschen. Es sind die Ingenieure, Designer, Architekten, Astronauten, Piloten und Offiziere von morgen. Körperlich sind sie eher sportlich und haben ein Problem mit Kontrolle. Die kleinen Indigos versuchen auch immer wieder, ihre Eltern zu Manipulieren. Bei den Jungen ist es die Mutter, bei den Indigo-Mädchen der Vater. Lässt man bei diesen einmal etwas durchgehen, hat man ein großes Problem. Es ist auch dieser Typ Indigos, der in der Jugend zu Suchterkrankungen neigt, vor allem durch Drogen.

3. Der künstlerische Typ: Dieser Typ ist viel sensibler und oft kleinwüchsiger als die vorherigen, wenn auch nicht immer. Diese Kinder begeistern sich eher für Künste und sind kreativ. Was auch immer sie einmal beruflich ausüben werden, es wird die kreative Seite davon sein. Im Alter zwischen vier und zehn Jahren kann es sein, dass sie die verschiedensten Künste aufgreifen - am besten zehn auf einmal -, sich fünf Minuten damit befassen und es dann wieder sein lassen. Bei diesen Kindern empfiehlt es sich, Instrumente zu mieten, anstatt zu kaufen, da sie sich bereits morgen wieder anders entscheiden könnten. Es kann aber auch sein, dass künstlerische Indigos an fünf oder sechs Instrumenten zur gleichen Zeit arbeiten, und wenn sie dann zu Jugendlichen heranwachsen, greifen sie einfach ein Feld oder ein Bestreben auf und werden Virtuosen auf diesem Gebiet.

4. Der interdimensionale Typ: *Diese sind größer als alle anderen Indigo-Kinder, und im Alter von ein, zwei Jahren können Sie ihnen schon nichts mehr sagen. Sie kontern dann: „Das weiß ich doch, ich kann das alles, lass mich!" Es sind diejenigen, die in Zukunft neue Philosophien und Religionen entwickeln und etablieren werden. Im negativen können sie aber auch sehr grob sein, da sie eben größer sind als andere Kinder gleichen Alters und weil sie sich nicht eingliedern lassen, wie die anderen drei Typen. Nancy Ann Tappe nennt diesen letzten Typus deswegen interdimensional, weil sie glaubt, dass diese Wesen von anderen Planeten gekommen sind, also nicht, wie die anderen, bereits zuvor auf der Erde inkarniert waren. Natürlich gibt es auch hellsichtige oder auf andere Weise mediale Indigo-Kinder. Doch ist eben das Markante an dieser Gruppierung der starke Intellekt und das ausgeprägte Selbstwertgefühl. Die Indigo-Kinder „wissen" bei ihrer Ankunft auf der Erde ganz genau, wer sie sind und wollen auch als das erkannt und auch dementsprechend behandelt werden. Sie haben das Selbstwertgefühl eines Dreißigjährigen und lassen sich nur schwer, wenn überhaupt, von einer gefassten Meinung abbringen. Diese Kinder wollen anders erzogen werden. Auf Befehle wie "Jetzt setz dich hin, jetzt wird gegessen!" kontern sie gelassen. Die Kinder wollen alles erklärt bekommen, wollen gefragt werden. Sie akzeptieren Befehle nicht und auf Kontrolle reagieren sie mit Sturheit, obwohl sie selbst gerne kontrollieren.*
Aus: Jan Udo Holey (Jan van Helsing), Die Kinder des neuen Jahrtausends, Amadeus-Verlag, Fichtenau, 2001

(Dies ist eine Beschreibung der Indigo-Kinder, die es seit, wie gesagt, 1975 auf der Erde gibt. Doch sie sind auch schon Eltern von Kristallkindern, so gilt das oben Gesagte noch viel mehr auf die neuen Wesen zu, die schon in Volks- und Hauptschulen sitzen und ein neues Bewusstsein schaffen.)

Katalogisierte Indigos

Es tut mir leid, ich kann mich mit der oben beschriebenen Beurteilung nicht ganz zufrieden geben. Wir reden hier von Kindern, unseren menschlichen Nachkommen, die doch unserem Leib und unserem Herzen ent-springen. Muss man die *so* katalogisieren?

Als man in den 70er-Jahren die neuen *Hackergenies*, die heute in keinem Softwarekonzern mehr fehlen, als neue evolutionäre Generation akzeptierte, untersuchte man ihre Gehirnstruktur und fand heraus, dass diese Generation einen viel größeren Neocortex hat, als wir „Normale". So berichtet es Johannes Holler in seinem Buch „Power für die grauen Zellen."

Wenn ich mit der Typisierung der Wissenschaft an die Sache herangehe, bin ich immer auf Distanz und bin nie in Gefahr, mich einlassen zu müssen. Was hilft einer Mutter die Erkenntnis, dass ihr Monster (kleiner Körper- Riesen Geist), ein humanistischer Indigo ist, wenn sie einfach nicht mehr weiß, was sie tun soll?

Gar nix!!

Jetzt möchte ich die Zitate aus den Büchern mit einem Bericht eines betroffenen Vaters beenden, bevor ich zu meiner eigenen Arbeit zurückkehre, um den Leser auf seinen Aufstiegsprozess vorzubereiten.

„Sendboten des Himmels
Von Robert Gerard, Ph. D.

Vater meiner siebeneinhalbjährigen Tochter zu sein, ist für mich ein Segen gewesen, da sie eine Vielzahl von subtilen, doch sehr tiefgehenden Erfahrungen für mich Gestalt annehmen ließ. Ich betrachte jedes Ereignis als ein Geschenk des Lebens, ein Wachwerden für etwas Neues. Viele Male hat man mir gesagt, sie sei eines der vielen Indigo-Kinder, die auf diesem Planeten gesandt wurden. Als jemand vom Fach sowie auch als Vater kann ich wahrlich sagen, dass Indigo-Kinder real und etwas ganz Besonderes sind. Man muss sie verstehen. Liebende Eltern mit gütigem Blick und einem offenen Herzen sehen sehr leicht, dass diese Kinder große Geschenke in sich tragen, wenn es darum geht, aufzuwachen und uns zu erinnern. Diese kleinen Menschen sorgen dafür, dass wir uns auf den Augenblick konzentrieren und erinnern uns daran, zu spielen, zu lachen und frei zu sein. Sie blicken uns in die Augen, damit wir uns wieder so sehen, als befänden wir uns in unserer eigenen Kindheit. Sie scheinen zu wissen, was sich in unserem Leben tut, und rufen uns knallhart in Erinnerung, wo wir spirituell stehen. Solange man ihnen durch elterliche Macht und gesellschaftliche Ablenkungen keinen Knüppel zwischen die Beine wirft, treten sie vor und sagen, was sie zu sagen haben.

Mein Tochter Samara Rose hat das Talent, meine Frau und mich immer dann mit unserem Zustand zu konfrontieren, wenn wir uns nicht an einem Ort des Friedens und der Harmonie befinden. Wie viele in den späten achtziger Jahren geborenen Kinder ist Samara (was »von Gott« bedeutet) mit einer ganz bestimmten Zielsetzung auf diesen Planeten gekommen und bringt Tag für Tag komplexe Botschaften ans Licht. Indigos kommen, um dem Planeten, ihren Eltern sowie ihren Freundinnen und Freunden als Sendboten des Himmels zu dienen – als Trägerinnen und Träger großer Weisheit, wenn man ihnen zuhört. Was der Begriff Indigo-Kind für mich bedeutet? Die einfachste Antwort ist vielleicht die, dass es einfach ist, mit meiner Tochter zusammenzuleben. Nachdem ich drei andere Kinder großgezogen habe, die mittlerweile alle erwachsen sind, kann ich ehrlich sagen, dass Samara andere Töne und ein anderes Wissen ins Spiel bringt. Indigo-Kinder können unproblematisch und liebevoll sein; viele von ihnen haben etwas Weises und ausdrucksstarke Augen. Sie leben zutiefst im Jetzt. Sie scheinen glücklich zu bleiben, sind sehr lebhaft und haben ihre eigenen Pläne. Für mich bezieht sich der Begriff Indigo-Kinder auf besondere Gesandte, die der Vater-Mutter-Schöpfer aus dem Himmel geschickt hat und die Weitreichendes vorhaben. Indigo-Kinder bringen subtile Botschaften, die all unser Wissen übersteigen. Schauen Sie sich diese Kinder genau an, hören Sie auf das, was sie sagen, und wenden Sie sich nach innen. So helfen uns diese Kinder dabei, unsere Wahrheit zu finden, unseren Daseinszweck und unseren

Frieden. Schauen Sie ihnen in die Augen. Gesegnet sind unsere Indigo-Kinder. Sie wissen genau, was sie erreichen wollten, als sie auf diesen Planeten kamen. Ich unterstütze die Existenz dieses Phänomens voll und ganz – nicht nur als Vater, sondern auch als psychologischer Berater – und ich weiß es wirklich zu schätzen, dass mir diese Erkenntnis gekommen ist. In meinen Tagen als Verleger hatte mein Zuhause oft etwas von einer Fremdenpension, und alle Autorinnen und Autoren, alle Künstlerinnen und Künstler und Geschäftspartner, die zu uns kamen, wurden unweigerlich von Samara unterhalten. Sie gingen hinauf in ihr Zimmer, um zu spielen und sich über Gott und die Welt zu unterhalten. Wenn die Leute wieder herunterkamen, wirkten sie friedvoller und fröhlicher. Bis es soweit war, dass ich mit ihnen über Geschäftliches reden wollte, waren sie gewöhnlich müde! Samara bleibt allen in Erinnerung – sie fragen später immer nach ihr. Das Muster wird jedes Mal klarer: Wenn sie mit Erwachsenen umgeht, bringt sie das Kind in ihnen und die Einfachheit in ihrem Wesen zum Vorschein. Andererseits ist sie etwas hart zu Gleichaltrigen, und sie wird von ihnen entweder abgewiesen oder vergöttert. Ich muss ihr oft Hilfestellung dabei geben, wie sie sich ihnen gegenüber auf eine liebevolle Weise ausdrücken kann. Die meisten Indigos sehen Engel und sonstige ätherische Wesen. Von Zeit zu Zeit beschreiben sie ausführlich, was sie sehen. Das ist keine Phantasie – es ist ein Erklären. Wenn sie unter sich sind, sprechen Indigo-Kinder offen über das, was sie sehen, bis sie von anderen davon abgebracht werden. Zum Glück werden immer mehr Menschen offen dafür und hören diesen Sendboten zu. An die Stelle unserer Phantasien im Hinblick auf Kinder treten Neugier und Vertrauen. Indigos faszinieren Genauigkeit und die Beziehungen zwischen Menschen. Sie lassen sich leicht verstören, wenn etwas, insbesondere eine Unterhaltung, asynchron wird. Sie haben ihre Freude an Spontaneität und sind ohne offensichtlichen Grund ganz aufgeregt. Viele Menschen tun sich schwer damit, etwas mit diesen Sendboten anfangen zu können, weil sie sich ihnen mit fest verwurzelten Überzeugungen und Regeln nähern, die diese Kinder nicht teilen.
Wie oft haben Sie als Kind die berüchtigte Frage gehört: »Was willst du werden, wenn du groß bist? « Dabei haben Sie sich unverzüglich in einen Beruf oder eine Beschäftigung irgendwann in der Zukunft

projiziert. Brachte Sie das nicht aus dem Jetzt heraus? Zu fragen: »Was willst du einmal werden?«, ist eine Verletzung des Seins und Verweilens im gegebenen Augenblick, ein Zertrümmern, ein Sich-Einmischen. Kinder sind bereits alles, was sie sein müssen; sie sind sie selbst. Lassen wir sie in Ruhe, damit sie genau das sein können, was sie sind.
Ich bin hier nun auf einige der positiven Kennzeichen des Indigo-Kindes eingegangen, hier jedoch drei Komplikationen, die mir – im Rahmen meiner Arbeit wie auch privat – bei Indigo-Kindern aufgefallen sind:
Sie verlangen mehr Aufmerksamkeit und haben das Gefühl, dass das Leben zu kostbar ist, um es einfach so
verstreichen zu lassen. Sie wollen, dass verstreichen zu lassen. Sie wollen, dass bestimmte Dinge geschehen und erzwingen oft eine Situation, damit sie so wird wie von ihnen erwartet. Eltern tappen hierbei leicht in die Falle, für das Kind etwas zu »machen«, statt als Vorbild zu dienen oder sich die Aufgabe mit ihm zu teilen. Kommt es erst einmal so weit, so können Sie darauf wetten, dass das Kind Ihnen an den Fersen klebt, als käme es gar nicht wieder los.
Der Gefühlshaushalt dieser kleinen Sendboten kann durch Gleichaltrige, die das Indigo-Phänomen nicht verstehen, ziemlich in Aufruhr gebracht werden. Sie können sich nicht vorstellen, warum andere aus anderen Motiven als aus Liebe handeln. Sie sind jedoch äußerst widerstandsfähig und in der Lage, bedürftigen Kindern zu helfen, wenn ihre Hilfe auch oft abgelehnt wird. Solange sie noch klein sind, können die Indigos Schwierigkeiten haben, sich an diese anderen Kinder anzupassen.
Indigo-Kindern wird oft das Etikett »ADD« oder eine andere Form von Hyperaktivität angehängt. Natürlich sind viele legitim als ADD diagnostizierte Fälle bekannt geworden, die chemische und genetische Ursachen haben. Doch was ist mit den Fällen, die falsch diagnostiziert werden, da die Wissenschaft die Beschäftigung des Kindes mit Dingen, die dem Bereich des Spirituellen und Ätherischen angehören, nicht als therapeutisch bedeutsam akzeptieren kann?
Ich habe mich mit scheinbar »hyperaktiven« Kindern wie auch Erwachsenen oder Menschen, die von sich sagen, sie hätten ADD, unterhalten, an denen ich jedoch Gedankenmuster wahrnehme, die

auf ätherische und spirituelle Sphären ausgerichtet sind. Diese als unter ADD leidend klassifizierten Indigos können keine dauerhafte Verbindung zum linearen Denken oder linearen Zielen aufrechterhalten. Das ist nicht etwa ein Defizit, sondern ein wertvolles Charakteristikum. Für einen schöpferischen Dialog mit diesen Kindern zu sorgen und es ihnen dabei zu ermöglichen, sich sicher zu fühlen, während sie ihre Aktivitäten und ihre Ausrichtung auf Spirituelles und Kreatives zum Ausdruck bringen, könnte der Schlüssel sein, wenn es um den Umgang mit ADD geht.

Sich selbst als hyperaktiv zu bezeichnen oder von sich zu sagen, man hätte ADD, kann dem einzelnen abträglicher sein als das Symptom selbst. Es kann diese Person nämlich leicht dazu bringen, ihre innere Meisterschaft zu leugnen und ihr Licht unter den Scheffel zu stellen. Es verlangt schon große Sorgsamkeit, ehe man jemanden als etwas kategorisiert oder behandelt, das noch nicht gründlich erforscht ist.

Wird eine nachfolgende Generation von Indigo-Kindern auf diesem Planeten eintreffen? Wissen wir als Eltern und Lehrer die Sendboten zu schätzen, die uns der Vater-Mutter-Schöpfer geschickt hat? Sind wir bereit, ihnen zuzuhören?

Es kann kein Zweifel bestehen, dass sie mit einem Bewusstsein hier angekommen sind, das besser ausgestattet ist dafür, mit der Wirklichkeit umzugehen, die wir alle miteinander teilen. Möge jeder und jede Einzelne von uns sich ein reines Herz und geistige Offenheit bewahren und diese persönlich zugestellten Geschenke der Sendboten des Himmels annehmen."

Falsche Beurteilung

In allen Büchern, in denen ich über die „neue Kinder" etwas gelesen habe, versuchten die Autoren mit Hilfe der Werkzeuge des *Fischezeitalters*, sprich also mit der rational-objektiven Art der Wissenschaft, ein Phänomen zu beurteilen, das nicht mehr unter diesem Paradigma funktioniert. Wenn ich streng rational an das Phänomen der „neuen Kinder" herantreten sollte, dann müsste ich jede Maßnahme unterstützen, die diese subversive, unkontrollierbare, systemgefährdende Rasse von „ Monstern" sofort im Keim erstickt.

Wäre das Phänomen in den 30er-Jahren aufgetaucht, gäbe es jetzt Wiedergutmachungszahlungen an Eltern, die keine Kinder mehr haben und die Menschheit wäre ausgestorben. Sobald ich aber wissenschaftlich an die Sache herangehe, benutzte ich die gleiche Grundlage, die Nazis berechtigten, eine ihrer Meinung nach minderwertige Rasse wie die Juden, Romas oder Homosexuelle einfach auszurotten.

Ich weiß, dass ich jetzt Gefühle verletze, aber eine wissenschaftliche Herangehensweise ist immer *dialektisch* und grenzt das *Systemgefährdende* aus. Die meisten Bücher gehen davon aus, dass die Eltern Hilfe brauchen, wie sie ihrer Kinder er-ziehen sollen. *Im Wassermannzeitalter gibt es keine Erziehung mehr*, weil es keine Hierarchie von besseren und schlechteren, von Gut und Böse, von normal und anderssein mehr gibt.

Die Kinder von heute sind anders

Ich habe gerade Johann Kössner angerufen. Er ist Pädagoge, Gastwirt und Philosoph und im europäischen Raum der bekannteste Übersetzer des *Mayakalenders*. Er sagte mir, dass es damals der 21. August 1987 war, als ich meine Arbeit der Lebens-Werkstatt begann. Es war der Zeitpunkt, zu dem - wie ich es am Ende des Buches beschreibe – ich in die Burgmühle gekommen bin. Damals machte der Maya-Kalender darauf aufmerksam, dass die letzten 25 Jahre des alten Zeitalters begonnen haben, um dann in eine kosmische Harmonie überzugehen, die dann 2012 beginnen soll, wo der Mayakalender in der alten Form endet, (damals begann sich die Schumann-Konstante, also die Grundfrequenz der Erde nach oben hin zu verändern, doch darüber werde ich noch später reden!"

Hier ein Zitat aus seinem Buch :

„Der letzte Akt der Dunkelmächte",

Seite 19, Originalausgabe 26. Juli 1993:
„Die Erde – Unser schöner blauer Planet – befindet sich mit Uns und mit all ihren Reichen (Elementarreich – Pflanzenreich – Tierreich – Menschenreich) am Kulminationspunkt zu einem großartigen Wandel. Ein großer Evolutionsprozess, getragen von Uns als

diese spezielle Gattung Homo Sapiens, beendet einen großen Zyklus von nicht ganz 26.000 Jahren. Dieser Zeitraum entspricht der Begriffsdefinition des Platonischen Jahres oder eines fünffachen Großen Mayazyklus´ von 5125 Jahren. In der Astronomie ist ein solcher Zeitraum bekannt als eine Rückkehr des Gyroskop Erde zum Ausgangspunkt, die durch die Kreisbewegung – ausgelöst durch die um 23 Grad verschobene Erdachse zur Sonne – bewirkt wird.

Nach Beendigung dieses Evolutionszyklusses – wobei hier nicht nur ein materiell biologischer gemeint ist – ist die Möglichkeit veranlagt, in eine Neue Dimension des Seins aufzuschließen, wieder Anschluss zu finden an das Hohe Bewusstseinsniveau der Galaktischen Dimension! Die Reduktion unseres Denkens auf eine begrenzte, eindimensionale Kategorie des materiellen Seins hat uns verhängnisvoll den ganzen Blick zu Uns Selbst verstellt. So ist natürlich der materiell physiologische Evolutionsprozess nur ein Teil des Ganzen. Selbstverständlich betrifft die Evolution auch die anderen drei Erscheinungswirklichkeiten unseres Wesens, den Gefühls- oder Emotionalkörper, den Mentalkörper, wo ein Aspekt als Ratio (Summe aller Verstandesleistungen des kortikalen Teiles unseres Gehirns) uns gut bekannt ist – sind Wir doch so stolz auf unsere „G´scheitheit" gewesen – den bedeutenderen Teil vom Mentalkörper beginnen Wir erst kennen zu lernen, nämlich den ganzen Komplex der telepathischen Kräfte; ...."

Der „Liebe Gott" steht unter Zeitdruck

So, wenn es also einen Sinn gibt – ich nenne es „den lieben Gott" – und der sieht sich die Welt jetzt an, dann muss er also bis , wie die Mayas sagen, bis zum 21.12.2012 eine neue Welt schaffen.
Also, der sieht sich jetzt die Welt an, zappt mit seinem kosmischen Großbildfernseher durch die TV-Sender der Welt und sieht den Mist, der schon fast in jedem Land produziert wird. Wenn er sieht, was aus der Menschheit geworden ist, dann könnte er verzweifeln.

Wenn er erkennt, dass die Erde von *Wenigen* beherrscht wird, die *Alles* besitzen und mit *ihrer Macht* alle anderen versklavt haben; wenn er erkennt, dass die Idee, die Menschen auf der Erde reich, gesund und glücklich zu machen, als er den Indogermanen vor

Jahrtausenden die heilige Pflanze (Hanf) gegeben hatte, korrumpiert wurde durch die (Je-)Hovas, die eine andere Pflanze (Koka) und Steinöl durchsetzten (der Hanf erfüllt beides, Rausch und Einsicht, Nahrung und Benzingewinnung, alles in einem), indem sie mit einer Weltmacht die heilige Pflanze verbieten ließen, sodass jetzt alle Menschen am Untergang der Erde beteiligt und mitschuldig sind. Wenn er Umweltverschmutzung, Attentate der Bösen gegen die Guten auf öffentlichen Plätzen, Treibhauseffekt, Moslemhass und Kriege sieht, die vollkommen nutzlos sind, aber einigen nützen; wenn er sieht, dass ein ganzer Kontinent über Impfungen mit Aids verseucht wurde und jetzt langsam zugrunde geht, dann….

Dann muss der sich doch was überlegen, damit er seine Ziele bis 2012 erreichen kann. Da hat er sich dann in der galaktischen Konferenz mit allen kosmischen Kollegen besprochen, was zu machen ist. Und da ja die fünf Wurzelrassen auf der Erde von anderen Planeten kommen, hat man sich drauf geeinigt, dass man das Problem gemeinsam löst.

Lösungen

Man hat also eine kosmische Pfeife gestopft und als die Mannschaft in guter Stimmung war, phhuh, kam der Vorschlag von den Bewohnern von Sirius, dass man da doch zusammenhalten sollte, um das Problem zu lösen.

Vor Jahrtausenden kamen die Freunde aus sirianischen Galaxien auf die Erde, um Gold und Kupfer abbauen zu lassen., da sie mit ihrer Atomtechnik schon sehr beängstigend ihre Ozon-Schicht zerstört hatten und nur Gold oder Edelmetallstaub die Ozonlöcher wieder schließen konnten. Die Erde, die aus dem Zusammenprall eines Mondes von Nibiru mit Tiamat (babylonisch) aus seinen Reststücken entstanden ist, (der Asteroidengürtel sind die anderen Reststücke dieses riesigen Planeten, der so groß war, dass er das Licht der Sonne verdeckte und deshalb Luzifer (in anderen Kulturen) genannt wurde) hatte durch ihre Entstehung Goldspuren auf ihrer Oberfläche, die von sehr weit im All gesichtet werden konnten. Deshalb landeten die

Sirianer vor Urzeiten, als die Erde noch in der Urzeit war, auf ihr und gruben nach Edelmetallen. Sie schufen mit den haarigen Wesen der Erde und ihrer damals schon entwickelten Gen-Technik eine Rasse, die den Freunden ähnlich war, sorgten aber dafür, dass sie sich nur langsam entwickeln konnten, damit sie gute Arbeiter für den Abbau der Rohstoffe werden. (Einige sind sicherlich im Burgenland gelandet, lol...). Doch jetzt sollten sie doch auch die Reife erhalten, die in der Galaktischen Konferenz Standard ist. (= die Gier nach Spiritualität der Österreicher!)
So beschlossen die Schöpfer, dass sie sich um die Erde kümmern würden. Sie entschlossen sich, Seelenenergie auf die Erde zu schicken, um mit Hilfe der neugeborenen Kinder dem Meister der Erdenwelt zur Hand zu gehen. Man wartete ab, bis sich die Energie der Erde angehoben hatte, da die Seelen, die dienen wollten, auf dem Planeten, von dem sie kamen, eine andere Grundfrequenz (Schumann-Resonanz) haben als auf Good Old Terra. Seit der Anhebung der Lebensenergie der Erde (durch Sonnenwinde, die das Magnetfeld der Erde verändern, und die „Wasseradern" zu Transformationswerkzeugen macht) mit Anfang der 70er-Jahre tauchten neue Kräfte auf der Erde auf, die den Auftrag der Galaktischen Konferenz erfüllen.

Oh, Leute, habe ich schon wieder zu viel *Babylon 5* gesehen? Aber ich kann einfach nicht anders. *Raumschiff Orion* in den 60er-, (Dietmar Schönherr, wir lieben Dich), *Gamma Gamma* und *Raumschiff Enterprise* in den 70er-, *Starwars* und *ET* in den 80er-Jahren und jetzt alles auf einmal innerhalb einer Woche. Jedes Kind kennt *Captain Kirk, Teal´c, Londo Mollari* oder *Obi Wan*!
Habt Ihr es jetzt endlich geschnallt?

Die Erwachsenen, die Eltern, die Er-Zieher und die Lehrer
sind das Problem, nicht die Kinder!!!
Also sorgen wir jetzt dafür, dass alle, wirklich alle, glücklich werden!

3. Qualitäten einer neuen Zeit

Kinder   von Bettina Wegner

Hier sollte der Songtext von B.W. stehen, doch sie war nicht einverstanden damit, also bitte suchen Sie ihn im Youtube oder im Google und erfreuen sie sich, wie ich, daran.

Die Kinder von heute kommen mit dem Gedanken der Vollkommenheit und Natürlichkeit zur Welt. Sie bringen eine Lebendigkeit mit ins Leben, die von ihren Eltern und Großeltern nicht gleich verstanden wird. Sie zwingen uns, all das, was wir von unseren Eltern und Großeltern unbewusst übernommen haben, nicht ungeklärt an sie weiter zu vererben, sondern es jetzt und hier füreinander und miteinander aufzulösen. Ihre Klarheit, Reinheit, Natürlichkeit, Lebendigkeit, Dunkelheit (Gefühle leben) und Teleologie (Zieldenken) sind das Maß für die Zukunft der Menschheit.

1. Der natürliche Mensch schafft sich seine Wirklichkeit selber und verantwortet sie auch!

Bevor ich aber jetzt auf die einzelnen Eigenschaften der Kinder von heute eingehe, muss ich eine Geschichte erzählen, damit der Leser versteht, was diese Kinder verändern und welche Einstellungen zerstört, verwandelt und transformiert werden.

Freude!?

Vor hundert Jahren lebte ein Mann in Wien, der den Menschen *Freud(e) (wie sein Name schon sagt!)* bringen wollte. Als Wissenschaftler alter Schule und Arzt entdeckte *Sigmund*, dass die

Menschen immer kränker werden. Er bemerkte aber auch, dass ihre Krankheit nicht mit Medizin zu heilen ist, dass diese Krankheit nicht nur in ihrem Körper steckte, sondern auch ihre Seele ergriffen hatte. Und da die Seele sehr tief im Körper steckt, erreichten die Ärzte mit ihren Skalpellen, Tinkturen und Essigwickeln nur das Fleisch und den Leib, die Seele konnte aber nicht erreicht werden. So glaubte er, er muss die Ursache der Krankheit in dem falschen Denken der Menschen suchen, das zu einem falschen Verhalten führt, das dann die Seele verletzt. Der Ort der Seelenkrankheit ist nach Freuds Auffassung die *Libido*, also die *Triebstruktur*, der persönliche Umgang mit Sexualität und die damit zusammenhängenden Schuldgefühle. Er benannte *die Libido* als den *Grundtrieb des Lebens*, aber vor allem die das Unbewusste durchwirkende psychische Energie, die von rein sexuellem Charakter ist. Seiner Auffassung nach konnte man diese Energie nur durch eine Art Gehirnwäsche befreien, die er Psychoanalyse nannte. Mann/Frau legte sich dafür auf ein Sofa und suchte mit Hilfe eines *Seelenklempners* stundenlang nach einem psychischen *Rohrkrepierer oder Täter*, der Schuld an allem hat und, um sein Opferdasein zu erkennen und zu verstehen. Da gab es den *bösen Vater und die böse Mutter*, die mit inzestuösen Spielen und seinen Ödipuskomplexen das *arme Menschlein* geschädigt hatten, so dass es jetzt tief in seiner Libido und Liebesfähigkeit gestört war. Mann/Frau war halt Opfer und gezeichnet fürs Leben. Diese Auffassung war der *größte Fehler der postmodernen Welt*, den die Psychologie und Psychoanalyse hervorgebracht hat. Aber sie sicherte sich damit ihre Existenz. Solange ein Mensch *Opfer* ist, braucht er den Therapeuten, der ihm die ganze Zeit klar macht, wie „oarm" er doch ist.

Woody Allen, ein bekannter Vertreter und wohlhabender Förderer dieser Opfertheorie, bezahlte teilweise 16 Therapeuten gleichzeitig und kam doch nicht von seinen Krankheiten los, wie mann/frau das in seiner genialen Filmkunst beobachten kann.

Opferdasein

Mit dieser Geschichte wollte ich auf *das* aufmerksam machen, was das *Denken der Wissenschaft* beherrscht und jede persönliche Entwicklung unmöglich macht: *Das Opferdasein*. Jeder ist Opfer seines Vaters, seiner Mutter, seiner Nachbarn, seiner Mitschüler und Lehrer oder seiner Behinderung und, wenn sonst keiner Schuld hat, dann ist er Opfer der Gesellschaft, der bösen Umwelt und letztendlich der und seiner Natur. An allem hat Gott und vor allem seine andere Seite, der Teufel, Schuld und der Mensch ist einfach nur „oarm".

So, diese Einstellung stirbt (endlich) mit den neuen Kindern.

Diese Kinder kommen mit einer Klarheit zur Welt, die das alte Opferdasein beerdigt und somit jahrzehntelanges Leiden beendet. Das erwachtes Kind schafft sich seine Wirklichkeit selbst. Es ist stärker als die Eltern, stärker als die böse Gesellschaft. Es schafft sich die Reaktionen seiner Umgebung und steht zu seiner Verantwortung. Das heißt, es gibt kein armes Kind – mehr, nie mehr, für immer.
Immer wieder erinnere ich mich an Gespräche mit meinem Stiefsohn M., wo er sein Unverständnis für Diskriminierung, Rassenhass, Ungleichheit und Ablehnung anders denkender Menschen ausdrückte.
Für seine Natur waren alle Menschen gleich und und lebten gemeinsam, (einer ist gemein, die anderen sind einsam), nein, miteinander auf der gleichen Mutter Erde. Doch zurück zum Text:
Das Wesen des Neugeborenen ist stärker als die Persönlichkeit der Eltern. Sooft habe ich schuldigen Müttern gesagt, dass SIE nicht abgetrieben haben, sondern, dass das Kind noch nicht kommen wollte und sich seinen vorzeitigen Abgang selbst geschaffen hat.

Karma

Was Sie glauben mir nicht? Ich spreche aus „Erfahrungen". Ich habe meiner Mutter zwei Fehlgeburten geschaffen, bevor ich endlich blieb.
Woher ich das weiß? Ich habe mich als Student zum Reinkarnations-Therapeuten ausbilden lassen, und in der Ausbildung lernt man zuerst, seine Geburt wahr zu nehmen.
Ich hatte mir gedacht, dass ich neben Jesus, Buddha oder wenigstens Elvis wieder erwachen werde. Als ich dann einer Hebamme (mit

Augenleiden, habe meine Mutter gefragt, und sie hat es bestätigt) ins Gesicht schauen musste, mit so viel hellem Licht, hatte ich wirklich keine Lust, hier anzukommen. Wirklich Ja zum Leben habe ich erst Stunden später gesagt und mein Leben fing dann erst an. Doch darüber werde ich später noch ausführlich sprechen, (wenn ich die Lebens-Beginn-Zeit-Bestimmung erkläre.)

Viele Hebammen, die mit mir zusammen gearbeitet haben, bestätigen mir, dass die Schwangerschaften in den letzten Jahren immer beschwerlicher werden. Wenn wir davon ausgehen, dass Leid und Anstrengungen Karma löst, dann wissen sich diese Kinder schon in der Schwangerschaft zu entwickeln – gleichsam für alle Beteiligten. (Karma="***Karma** (Sanskrit: n.,* कर्म *karman, Pali: kamma, Wirken, Tat) bezeichnet ein spirituelles Konzept, nach dem jede Handlung – physisch wie geistig – unweigerlich eine Folge hat. Diese muss nicht unbedingt im aktuellen Leben wirksam werden, sondern kann sich möglicherweise erst in einem der nächsten Leben manifestieren,"* laut wiki) Diese neuen Kinder, ich nenne sie liebevoll „Monster"= kleiner Körper – riesiger Geist, haben teilweise schon bei der Geburt eine energetische Reife, die ihre Eltern und Großeltern nicht haben und verzaubern mit Augen, aus denen Weisheit und Reife sprechen.

Woher habe ich das wieder? Ich habe in den 90ger Jahren das *Biometer nach Bovis* studiert und eine Methode gefunden, wie man die Reife, also Grundfrequenz eines Lebewesens, also auch eines Menschen numerisch zuordnen kann(!?) Anfang 2010 habe ich das *Bovismeter nach Kugel* © definiert und ins Internet gestellt, wo man es jetzt über meine Homepage in Lizenz erwerben kann.

Die „Monster" puschen uns mit ihrer Kraft und zwingen uns, all das, was wir von unseren Eltern ungeklärt vererbt bekommen haben, nicht an sie ungelöst weiter zu geben, sondern es als Eltern miteinander aufzulösen. (Bitte wundern Sie sich nicht, lieber Leser, über die vielen Wiederholungen im Buch, manche Dinge entfalten sich erst in ihrer Entwick(e)lung und vor allem Wieder-holung.)

Monster

Zum Begriff *Monster*: Immer wenn ich diesen Begriff bei jungen Eltern fallen lasse, sind sie vollkommen entsetzt und lehnen meine Ausführungen ab.

Einer Mutter antwortete ich einmal: *"Ich habe das Wort „Monster" gewählt, weil ich damit folgendes ausdrücken wollte: Kleiner Körper - riesiger Geist. Jetzt kann Deine Tamara noch nicht reden, um Ihren riesigen Geist zu offenbaren. Doch bald wird Sie Dich fragen, warum der Papa nicht mehr bei Ihr wohnt, warum die Mama es nicht versucht hat, ihr Problem mit ihm zu lösen, sondern ihn einfach weggeschickt hat. Sie wird Dinge wissen wollen, die Du ihr nicht beantworten kannst oder willst und Dich in Deiner Weltsicht erschüttern. Das ist gut so, weil die "Monster" gekommen sind, um eine neue Welt zu schaffen. Da ich mit der Sesamstraße aufgewachsen bin, ist für mich der Begriff "Monster" nicht so schlimm. Doch ich habe in meinem Leben erlebt, wie „meine Monster", also meine Tochter und die 4 „anderen" Kinder, mein Leben durcheinander gebracht haben und es noch immer tun. Das ist gut so, doch bitte sei nicht erschrocken, wenn Du Deine Erfahrungen machen wirst. Diese Kinder verändern die Welt, auch Deine Welt. Da hilft es nicht, den Bösewicht einfach raus zu werfen, weil ohne ihn auch ein Monster nicht wachsen kann. Ich habe Euch neue Werkzeuge in die Hand gegeben und ich bin von Euren Monstern gerufen worden. Meine Arbeit dient ihnen, damit sie mit dieser Hilfe eine neue freie Welt schaffen können. Vielleicht wirst Du mich bald verstehen. Ich habe ziemlichen Respekt vor den kleinen Süßen, die mein Leben in ihrer Hand halten!"*

Ein natürliches Kind schafft sich die Reaktionen von Vater und Mutter und ist kein Opfer mehr. Ich weiß, dass ich mit dieser Aussage die Missbrauchsdiskussion auf den Kopf stelle und mich *die Gerechten (!?)* verdammen werden. Doch bitte, bitte, lassen Sie mich Ihnen eine andere Sichtweise anbieten, damit sie die Sichtweise Ihrer Kinder besser verstehen können und werden.

Jedes Kind von heute kommt mit dem Wiedergeburtsgedanken auf die Welt und kann sich teilweise sehr real an seine „Vergangenheit" erinnern. (Auch wenn uns die Kirche von solchen heidnischen Gedanken befreit hat, so gibt es diese Wirklichkeit, nur wird sie erst zu Deiner Wahrheit, wenn DU Deine Erfahrungen mit dieser neuen Theorie gemacht hast.) Wenn ein Mensch in seinem alten Leben das Thema der Gier nicht gelöst hat, dann ist diese Energie noch und wiederum schon mit der Geburt vorhanden.
Wer sagt uns, dass das etwas mit sich langsam entwickelter Intellektualität zu tun hat?
So schafft es sich schon früh Situationen, um sich Verletzungen und ungeklärte Dinge im letzten Leben aufzufrischen , um jetzt endlich das Thema zu lösen. Ich will damit keinen pädophilen Vater oder eine übergreifende Mutter entschuldigen. Ich will nur klarmachen, dass Libido keine Erziehungssache ist, die man durch die Erziehenden unterdrücken oder befreien kann. Das hat der Mensch selber zu lösen.
Hier wieder ein Beispiel „ausn Lebn":
Ich wollte in der Schwangerschaft meiner Tochter ein guter Vater werden und meiner Frau ein hilfreicher Ehemann sein. Und was war die Realität? Ich war das größte Monster im negativen Sinne. Laura wollte zu früh kommen und schockte uns mit Abwehrkräftereaktionen gegen das Blut der Mutter. Ich massierte ihre Mutter jeden Abend ihrer Schwangerschaft. Nachher legte ich die Hände auf den runden Bauch und spürte, wie das werdende Kind sich über meine „Heilerhände" entstörte.
Bei der Geburt, es war eine Hausgeburt, erlebte ich Unglaubliches. Wir hatten das Gefühl, dass Laura aus einer islamischen Kultur kam; das sagte mir m-„eine" innere Stimme. Ich kaufte ein sündhaft teures Rosenöl und das Wohnzimmer, in dem Laura zur Welt kam, roch wie in einem arabischen Harem. Als mir Laura von der Hebamme in die Arme gelegt wurde, spürte ich nach einer Zeit, wie sie sich wieder entstörte. Sie richtete sich plötzlich in ihrer Geburtskraft auf und schaute mir in die Augen, mit einem Blick: „Ach, Du bist das!". Ich konnte vor Tränen nichts sehen, doch spürte ich ihre Dankbarkeit, sich von dem Geburtsstress entstören zu können.
Obwohl ich mich total bemühte, liebevoll und rücksichtsvoll in ihrer Erziehung zu sein, ertappte ich mich oft, dass sie mich unbewusst

dazu brachte, mit ihr zu ringen und zu kämpfen, so wie ich es vorher noch nie mit einem anderen Menschen getan hatte. Da sie vom Sternzeichen her ein starkes Feuerzeichen hat (Geboren im Widder), ließ ich mich oft auf ihre Energie ein und spielte „Ihr" Spiel. Wir erfanden „das Löwespiel", ein Kampfspiel zum Entstören und Auflösen von belasteten Emotionen. Ich werde später noch darauf eingehen.

Ich will damit sagen: Laura hat sich ihren Vater geschaffen, so wie sie ihn haben wollte, in absoluter Selbstverantwortung und ich spielte würdevoll aber fremdbestimmt, also bedingungslos, mit.

Doch ich will mit meiner These noch tiefer gehen, um endlich mit diesem einseitigen Opfersein-Blödsinn abzurechnen.

Selbstverantwortung

Wenn ich davon ausgehe, dass ein Mensch, der eine unheilbare Krankheit oder Behinderung hat, Opfer seines Schicksals ist, gibt es keine Lösung, außer der Reinigung der Wunden oder der Integration von Behinderung in die Gesellschaft. Das ist die stärkste Form von Opferdasein in unserer Gesellschaft.

Ich drehe diese Anschauung jetzt aber um und auf den Kopf!

Wenn ich davon ausgehe, dass sich der Mensch seine Situation selbst geschaffen hat, dann kann ich annehmen, dass er sie auch selbst lösen kann, und nur er allein.

Wie kann ich aber davon ausgehen, dass ein Kind, das mit einer unheilbaren (laut Wissenschaft) Krankheit zur Welt kommt, sich seine Wirklichkeit selbst geschaffen hat? (Der Begriff „unheilbar" ist dann gegeben, wenn die Wissenschaft zugeben will, dass sie keine Ahnung hat, was der Mensch gerade erlebt, wenn er „unheilbar" krank ist)

Wenn ich das Leben so sehe, dass es mit der Geburt beginnt und mit dem Tod endet, finde ich kein Verständnis für den Gedanken der Selbstverantwortlichkeit.

Sehe ich aber das Leben als ein Kontinuum, das in der Vergangenheit beginnt, um sich in der Zukunft zu vervollständigen, dann gibt es etwas, das ich aus der Vergangenheit mitbringe, um es im jetzigen Leben zu verbessern und das ewig ist und ewig lebt und nie sterben kann.

Monastische Seuche

Durch die Veränderung der Welt wird jeder Mensch erschreckt und verwirrt. Wenn die Seele oder das Wesen in Bedrängnis kommt, erinnert es sich an die alten Zeiten im „Schutz der Mauer!". Alle spirituellen Erfahrungen, die wir im Fischezeitalter erlebt haben, waren meist mit einem monastischen Weg verbunden. Das Kloster, das Stift oder der Ashram waren im Mittelalter der Ort für jede Art innerer Einkehr, Möglichkeit der Stille, spiritueller Schulung oder religiöser Verwirklichung. Um in ein Kloster eintreten zu können, musste mann/frau eine hohe Mitgift zahlen und ein Gelübde ablegen. Das Gelübde bestand aus drei Teilen:
   1. Absoluter Gehorsam gegenüber dem Orden,
      also dem Abt oder der Oberin
   2. vollkommene Besitzlosigkeit
   3. Ehelosigkeit

Bei den Jesuiten kam noch der absolute Gehorsam gegenüber dem Papst dazu.

Keiner hat uns gesagt, dass dieses Gelübde über den Tod hinauswirkt. Wir hatten ja den absoluten Glauben, dass wir, wenn wir recht brav beten und heilig leben, nach unserem frommen Leben in den Himmel kommen." (Das war auch Jahrhunderte lang meine Auffassung)

Doch bitte richtig hingehört, heute wirken diese Gelöbnisse und Gelübde noch immer, also über den Tod hinaus, das bringen wir sozusagen ins Leben mit!

Auffallend ist, dass das Verhalten vieler „Lichtarbeiter" immer noch geprägt ist von ihren einstigen Gelübden, das Jahrhunderte lang Körper und Geist getrennt hat.
   1. Immer brav sein wollen, (die Männer sind Weicheier, die Frauen scheinheilige Engel)

2. Keine Kohle, (wer das Geld nicht wertschätzt, wird den Körper nicht wertschätzen, verleugnet den Leib und damit auch Mutter Erde und ihre Gaben, kann sich selbst somit nicht wertschätzen und hat dadurch immer Geldprobleme)
3. Keine Beziehung (was zur Folge hat, dass der Leib austrocknet und der Mensch unter Candida-Pilz-Vergiftung = Über - oder Untergewicht leidet, der Körper sagt dann, „wir sind auf der Flucht oder verloren!")

Die Signaturenlehren aller Traditionen und große Lebenslehrer auf der ganzen Erde sehen als Ursache von Behinderung eine Geist-Körper-Problematik, die als geistige Einstellung den Körper und das Bewusstsein formt. Wenn der Geist sich verändert und eine andere Anschauung erfährt, kann der Körper daraufhin geöffnet, im Sinne Wilhelm Reichs, sich von der „Ver-Panzerung" befreien und geheilt werden. Dieses Wissen wird seit Jahrhunderten von Schamanen und traditionellen Heilern alter Religionen und Traditionen auf der ganzen Erde erfahren und angewendet.

Wenn das Wesen eines Menschen mit einem bestimmten Glaubenssatz ins Leben kommt, sucht es sich eine Familie, in der es ähnliche Situationen gibt, damit es seine Disposition etablieren und seine Verletzungen und Ängste aus dem alten Leben auffrischen kann.
Im Klartext: Wenn ich Verletzungen der Nichtanerkennung, den Mangel an Aufmerksamkeit, das Gefühl der Unwissenheit in Ekstase, Rausch und Hingabe des Leibes in meiner Matrix trage, somit in meinem Herzen, (creare= von cr=cordis und agere, also mit dem Herzen handeln) dann suche ich mir ständig Situationen, wo ich diese Verletzungen nochmal erlebe, und nochmal, und nochmal, bis ich es nicht mehr aushalte, und beginne, sie aufzulösen, was jetzt gerade auf der ganzen Welt in Millionen von Herzen passiert; Lösungsvorschläge finden Sie im späteren Teil des Buches.

Diese Vorstellung einer Lebenssituation gegenüber ist das Gegenteil der Systempsychologie von *Hellinger*, der den Menschen wohl aufzeigt, was sie an unnötigen und ungeklärten Ballast ihrer Eltern, und Großeltern und Verwandten, also des Systems, mit sich schleppen, sie aber immer noch als Opfer ihres Systems sieht. Seine

Arbeit hilft den Menschen zu erkennen, dass es einen höheren Sinn gibt, doch ohne Zielsetzung findet der Mensch keine Befreiung – doch dazu später in ausführliche Erörterung. Also hat der Familienaufsteller und Systempsychologe Hellinger eine unvollständige Betrachtungsweise, wenn er uns als Opfer unseres „Systems" sieht. Ganz im Gegenteil – ich suche mir ein System, das meinen Glaubenssätzen, meinen Ein-Stellungen und Vor-Stellungen entspricht.

Ich habe durch die, wie oben erwähnte Reinkarnationstherapie erfahren, dass ich mindestens fünf Leben lang in einem Kloster oder Ähnlichem verbracht habe. Und wie sah mein System aus: Meine Tante und Großtante waren Nonnen, der beste Freund meines Großvater war Mönch und mein Vater suchte jahrzehntelang Erfüllung in Religion und Katholizismus.
Und…
Ich war in der Oberstufe der beste in Latein und habe Altgriechisch in nur zwei Semestern gelernt.
In meinem ganzen Leben war ich vielen Frauen nahe, ich war ein Frauen - Flüsterer, doch ich konnte mich erst über 40 auf <u>eine</u> Frau ganz einlassen, und litt unter ständigen Potenzschwierigkeiten., (und das als Tantralehrer!?!)
Geld war mir immer unwichtig. So hatte ich auch niemals eines und als ich endlich aufwachte, hatte ich 60.000 Euro Schulden, ohne jemals von dem geliehenen Geld etwas gehabt zu haben.
Und brav konnte ich sehr gut sein, aber oft auch das absolute Gegenteil, also keine Mitte. Mein ganzes Leben war also immer noch geprägt von meinen Gelübden aus der Vergangenheit und eine ständige Pubertät (ich definierte mich darüber, gegen etwas zu sein.)

Scheiße das! Das war meine Realität!

Meine größte Lebenserkenntnis, die auch ein großes Missverständnis auflöste, erlebte ich am „falschen Platz". Nachdem ich auf der Suche nach Stille, Hingabe, Einkehr, Einsicht, Ekstase oder Trance ca. 20 Meditationstechniken erlernt hatte, erlebte ich das alles und noch viel mehr, so tief und intensiv,

wie nie zuvor – im Bett,

bei einem Liebeserlebnis mit meiner Frau.
Ihr könnt euch vorstellen, wie „verarscht" ich mich gefühlt habe von der jahrhundertelangen Einflüsterung von Schein-Heiligkeit und Er-Leuchtung.

Jede Behinderung oder chronische Krankheit schafft Leid. Doch das ist auch die Grundvoraussetzung, um Offenheit für die Auflösung einseitiger oder falscher Auffassungen zu schaffen.

Logische Voraussetzung für eine Behinderung oder Krankheit ist die Anhäufung von Giftstoffen im Körper, der sich nicht mehr auf natürliche Weise entgiften kann. Interessanterweise haben wir, (ich meine damit eine Arbeitsgruppe von befreundeten Kinesiologen in den 90ger Jahren, mit Hilfe der Remote Reviewing Methode, die wir schon beherrschten, bevor dieser Begriff im Standard der Psychologie auftauchte) entdeckt, dass Behinderte und chronisch Kranke schon im Kindesalter eine hochgradige Darmverschleimung aufweisen, auf die niemand hinweist. Aber irgendwoher müssen die Giftstoffe ja kommen. Es gibt also eine Kongruenz von falschen Glaubenssätzen und Giftstoffen im Darm.

So, das war eine kurze Abhandlung zum Thema Behinderung. Ich werde dazu später noch einiges sagen. Das Wichtigste für jetzt ist die Erkenntnis, dass die neuen Kinder selbstverantwortlich sind. Ich habe noch nie von einem Kind unserer Zeit gehört, dass es nicht zu sich selbst steht und die Schuld bei anderen sucht. Diese Auffassung verändert sehr viel und schafft vor allem Freiheit im Denken und Handeln. Sehen Sie sich die Werke über Harry Potter im Film oder im Buch an, dort finden Sie genug Verständnis über die Selbstverantwortung von neuen Kindern.

Selbstverantwortung 2

Ich will das nochmals betonen. Ein neues Kind schafft sich seine Wirklichkeit und steht zu seiner Selbstverantwortung. Es hat vor allem auch eine Vorstellung von Ewigkeit, die uns durch die eifrigen Bemühungen der katholischen Kirche in den letzten Jahrhunderten verloren gegangen ist.

Johann Wolfgang von Goethe

Vermächtnis
Kein Wesen kann zu Nichts zerfallen!
Das Ew´ge regt sich fort in allen,
Am Sein erhalte dich beglückt!
Das Sein ist ewig; denn Gesetze
Bewahren die lebend´gen Schätze,
Aus welchen sich das All geschmückt.

Das Wahre war schon längst gefunden,
Hat edle Geisterschaft verbunden,
Das alte Wahre, faß es an !
Verdank es , Erdensohn, dem Weisen,
Der ihr die Sonne zu umkreisen
Und dem Geschwister wies die Bahn.

Sofort nun wende dich nach innen,
Das Zentrum findest du da drinnen,
Woran kein Edler zweifeln mag.
Wirst keine Regel da vermissen,
Denn das selbstständige Gewissen
Ist Sonne deinem Sittentag.

Den Sinnen hast du dann zu trauen,
Kein Falsches lassen sie dich schauen,
Wenn dein Verstand dich wach erhält.
Mit frischem Blick bemerke freudig,
Und wandle sicher wie geschmeidig
Durch Auen reichbegabter Welt.

Genieße mäßig Füll' und Segen,
Vernunft sei überall zugegen,
Wo Lebens sich des Lebens freut.
Dann ist Vergangenheit beständig,
Das Künftige voraus lebendig,
Der Augenblick ist Ewigkeit.

Und war es endlich dir gelungen,
Und bist du vom Gefühl durchdrungen:
Was fruchtbar ist, allein ist wahr,
Du prüfst das allgemeine Walten,
Es wird nach seiner Weise schalten,
Geselle dich zur kleinsten Schar.

Und wie von alters her im stillen
Ein Liebewerk nach eignem Willen
Der Philosoph, der Dichter schuf,
So wirst du schönste Gunst erzielen:
Denn edlen Seelen vorzufühlen
Ist wünschenswertester Beruf.

*„Kein Wesen kann zu Nichts zerfallen!
Das Ew'ge regt sich fort in allen,..."* sagt Goethe am Ende seines Lebens im Gedicht *„Vermächtnis"*, das die Quintessenz seines Lebens ausdrückt.
Die Vorstellung, dass das Leben mit der Geburt beginnt und mit dem Tod endet, lässt den Menschen in seiner Lebenseinstellung an unausweichliche Dinge glauben und macht ihn zum Konsumenten einer Machtkultur, die der katholischen Kirche Glauben und Vertrauen in einen bösen Gott gibt, der dem Menschen erst nach seinem Tod bzw. beim jüngsten Gericht Verantwortung für seine Taten zuspricht.
Wenn ich aber mein Leben als eine ständige Weiterentwickelung sehe, dann kann ich auch jede Veränderung schaffen, die mein Potential vergrößert. Viele der neuen Kinder haben in ihrem Babyalter Erinnerungen an frühere Leben und sehen sich in einem konti-nuierlichen Lebensprozess. Ihre Eltern sind nur die „Jetzigen", sie abstrahieren und relativieren sie. Sie wissen, dass das Leben

größer ist als ihre Umgebung und reifen unabhängig von Umgebung, Status, Environment und Gesellschaft. Doch sie wissen auch, dass sie größer, stärker und freier sind als die von Dummheit, Ärger und Gier geprägte Umgebung und verlassen sich auf ihren Körper.

Ich weiß, dass meine Ausführungen manchmal ungewöhnlich und unkonventionell sind. Ich will jedoch, dass Sie, lieber Leser/liebe Leserin, meine Worte nicht nur mit dem Kopf aufnehmen. Eine Bekannte von mir, eine Rastafari aus Jamaika, die hier bei uns lebt, sagte mir einmal, dass sie mit ihrem Unterleib denkt („I´m thinking with my c.....!") und auf diesem Weg sofort mitbekommt, wenn es einem Verwandten in der Heimat schlecht geht.

Rückkehr und Wiedererkennung

Ich möchte hier eine Geschichte erzählen, die ich selber erlebt habe, um durch ein Beispiel das Leben als Kontinuum zu beschreiben.

Als Student lernte ich einen Maler kennen, der heute ein weltweit bekannter Kunstmaler aus Österreich ist. Er kommt aus einer Südtiroler Malerfamilie und gehört der Gruppe der magischen Realisten an. Als wir uns kennen lernten, lebte er in einer kleinen Wohnung am Urban-Loritz-Platz in Wien und hatte sein Atelier zwei Stockwerke über seiner Wohnung. Oft besuchte ich ihn auch in seinem Atelier auf der Saualpe in Kärnten und hatte schöne Erlebnisse neben und mit seiner fleißigen Kreativität.

Sein Vater war ein berühmter Maler in Südtirol und hatte die Familie schon früh verlassen, um in Meran zu leben und zu malen. Mein Freund litt sehr unter dieser Trennung und war deshalb nicht fähig, selbst Vater zu werden, da seine Beziehung zum eigenen Vater ungeklärt war.

Als Student besuchte ich einmal seinen Vater, da ich auch eine Ausstellung seiner Söhne in Meran ansehen wollte. Er lebte in einem alten Haus mitten in Meran und entsprach dem Klischee eines mystischen Malers. Er war in seiner Heimat sehr berühmt, sodass seine Werke in vielen Museen Norditaliens ausgestellt wurden. Seine Bilder hatte eine Ruhe und Spiritualität, wie ich es vorher noch nie in Natura (und ich kannte mich aus und besuchte in meinem Leben schon viele Museen) gesehen hatte und die Begegnung mit ihm war

beeindruckend. Auf meine Frage, wo in aller Welt seine Bilder hängen, sagte er mir mit einem Lächeln: „Im Keller". Dieser Prophet war still, selbstbewusst und nach innen gekehrt. Ich schenkte ihm ein Buch über die Essener, worauf er in sein „Sackerl" griff und mir spontan einen großen Lirabetrag in die Hand drückte.
Jahre später hatte ich eines Tages das Bedürfnis, ihn anzurufen. Ich wählte seine Nummer, die ich wie ein Heiligtum in meinem Telefonbuch hütete. Sein anderer Sohn kam ans Telefon und sagte mir, dass der Vater im Sterben liegt. Ich hatte seinen Abschied gespürt, doch gleichzeitig war in mir ein anderes ungewöhnliches Gefühl, so, als ob ich ihn wieder sehen werde. Mein Gefühl über seinen Tod war das der Freude und nicht der Trauer.
Als ich meinen Freund vor wenigen Jahren wieder anrief, um mich nach ihm und seiner Familie zu erkundigen, erzählte er mir stolz, dass er Vater geworden war und ich hatte plötzlich wieder so ein komisches Gefühl.
Bei unserem zwanzigjährigen Freundschaftsjubiläum besuchte ich ihn in Ungarn, wo er ein Haus renoviert und sich somit eine Sommerresidenz geschaffen hatte.
Seine Familie war nicht da. Stolz zeigte er mir Bilder von seinem Sohn, die dieser gemalt hatte und in mir war wieder dieses alte Gefühl.
Ein bekannter Kunstgeschichtler, den ich auch von meinem Studium her kannte, hatte ein Werkbuch über meinen Freund und seine Kunst geschrieben, worin alle seine Kunstwerke enthalten sind. Bei diesem Treffen machte ich mit meinem Freund aus, dass ich ihn in Wien treffen werde, um zwei Ausgaben zu kaufen.
Als ich dann in der Wohnung meines Freundes stand, ging plötzlich die Tür auf und Mutter und Sohn kamen vom Einkaufen. Der Bub, der jetzt schon 5 Jahre alt war, sah mich, lief spontan auf mich zu, warf sich mir in die Arme und lachte. Ich hob ihn auf und sagte nur verwundert: „ Da bist DU ja wieder!". Ich ließ ihn wieder hinunter, er drehte sich um und lief zu seinen Eltern zurück, die vor Staunen die Augen aufgerissen hatten, denn die Situation war schon sehr ungewöhnlich.
Naja, hat sich der alte Mann hier wieder inkarniert, um jetzt befreit mit dem Sohn/Vater gemeinsam wachsen zu können?

Zusammenfassung

Wenn ich hier von Selbstverantwortung und Wiedererinnerung spreche, dann sollten wir das bitte ganz ernst nehmen. Hören Sie Ihren „Monstern" einfach mehr zu. Nutzen Sie jeden Augenblick, wo Ihr Kind Ihnen etwas sagen will.

Meine Tochter Laura hatte als Baby, als sie noch nicht mit Worten sprechen konnte, diesen „philosophischen" Blick; da schaute sie uns an und durch uns durch, wie eine Hypnotiseurin; Ihr Blick war dann meist nicht von dieser Welt. Oft wollte sie uns dann schon etwas sagen, doch hatte noch keine Worte dafür und ärgerte sich darüber.

Als ich begann, sie telepathisch zu erfassen, sie war mir dabei eine große Lehrerin, erwuchs aus unseren „Gespräche" eine Verbundenheit, die bis heute anhält und oft wenn wie heute reden miteinander, weiß ich oft nachher nicht, ob unsere Kommunikation einen verbalen Ausdruck hatte.

Die Kinder sind reine Wesen, ausgestattet mit Werkzeugen der Ethik, der Hingabe und Erkenntnisfähigkeit und vor allem mit Naivität, eine Qualität, die als Voraussetzung für die Aufnahme in ein mittelalterliches Kloster im Orient unentbehrlich war.

Nutzen Sie Ihre Kinder! Ja, sie haben richtig gehört. Kinder haben eine natürliche Vorstellung von Wertschätzung, was ich später noch vertiefen werde. Sie sind sich immer der Dinge bewusst, die sie von Ihren Eltern bekommen und können Aufmerksamkeit, Güte und Wohlstand wirklich wertschätzen, doch sie wissen auch, dass sie dadurch in der Schuld Ihrer Eltern stehen, Geben=Geben, Nehmen=Nehmen, Geben= Nehmen, Nehmen= Geben. Sie wollen auch „Geben"!

Fragen Sie Ihre Kinder, was sie Ihnen gerne geben möchten und dann hören sie genau zu.

Sei es, dass die Laura *dem Papa sein „Kopfistreicheln" geben will*, dann bekommt er es aber auch. Unermüdlich streicheln dann stundenlang Kinderhände seine Glatze, (er hält es eh nur 20 Min. aus), und siehe da, seine Haare wachsen wieder.

Und die Mama darf stundenlang über die Oma reden, wie die Mama noch klein war und so alt war wie die Kinder jetzt sind; und die Kinder erkennen, was ihre Eltern NICHT alles hatten, als sie klein waren, und was jetzt anders ist: das ist Psychotherapie vom Feinsten, und absolut befreiend (siehe Vulkanübung). Und das gibt's dann alles ZU HAUSE, jeden Tag, so oft wir wollen.

CARPE TUOS LIBEROS!

2. Der natürliche Mensch liebt die Wahrheit und leidet unter Lüge, Dummheit, Verdrängung und Ziellosigkeit seiner Umgebung!

Für ein neues Kind gibt es in seinem Babyalter ein klassisches Schockerlebnis. Wenn es die Sprache der Eltern lernt, muss es bald feststellen, dass das, was die Erwachsenen sagen, meist nicht mit dem übereinstimmt, was es an Gefühlen von dem Sagenden empfängt. Dieser Umstand führt oft zu Unverständnis, da das Kind sich betrogen fühlt, weil das, was der Erwachsene sagt, nicht mit dem übereinstimmt, was er für das Kind damit ausdrückt. Die neuen Kinder lieben die Wahrheit und fühlen sich so oft belogen. Ich habe oft erlebt, dass Kinder, zu denen ich ehrlich und authentisch bin, sofort Sympathie empfinden und meine Nähe suchen. Wenn sie traurig sind, dann sind sie traurig und stehen zu ihren Gefühlen. Ihnen ist jede Art von Verdrängung fremd und sie stehen zu sich selbst, verlangen das aber auch von ihrer Umgebung.

Sie spüren sehr schnell, ob jemand natürlich ist und lehnen Unehrlichkeit ab. Wenn eine Mutter ihre Gefühle nicht äußert, sie aus Angst hinunterschluckt, reagieren sie mit Unverständnis und Trotz. Da sie einen natürlichen Zugang zu ihren Gefühlen haben, die sie mehr wertschätzen als geistige Prinzipien und Regeln, reagieren sie oft unverständlich, wenn die Erwachsenen ihnen mit so dummen Sprüchen wie „ wenn Du brav bist, liebe ich Dich mehr!" oder „ wenn Du gehorchst, dann bekommst Du einen Schlecker!" entgegen kommen.

Das Sprachschockerlebnis führt oft dazu, dass die Kinder sehr vorsichtig mit Äußerungen von Erwachsenen umgehen, die in ihrer Auffassung nichts mit ihrem Leben und ihrer natürlichen Wertvorstellung zu tun haben. Jede irrationale Erziehung wird natürlicherweise abgelehnt und unnötige Lerninhalte missachtet. Oft erlebe ich, dass Kinder die Gehirnwäsche in der Schule schnell erkennen und gegen Manipulationsversuche immun werden.

Da sie ein mythisch-archaisches, also natürliches Denken besitzen, suchen sie Wahrheit auf allen Gebieten.

Dunkelheit

Ein neues Kind versteht intuitiv den Unterschied zwischen hell und dunkel, zwischen Tag und Nacht, zwischen Yin und Yang. Da unsere einseitig orientierte Kultur die Dunkelheit verdrängt hat, suchen die Kinder schon sehr früh den Ausgleich. Die Dunkelheit war in vorchristlichen Zeiten das Recht auf Gefühlsäußerungen, körperlichen Sensationen, Hingabe, Ekstase und psychedelische, (heißt: Öffnung der Seele) Rauscherfahrungen, die durch unsere einseitig katholische Kultur mit Schuldgefühlen verdrängt wurde. Sie wird von ihnen schon sehr früh gesucht. Wahrheit bedeutet für sie die Erfahrung der Ausgeglichenheit aller Ebenen. Wenn es das Licht gibt, so sucht die Wahrheit auch die Dunkelheit. Der Körper ist nicht „des Teufels", sondern das Reich der Sinne, der Er-leb-nisse und Sensationen. Wenn die herrschende Kultur den Körper ablehnt und nur das Extreme akzeptiert, dann ist für das natürliche Kind der Körper das Tor. Sie leben ihre Gefühle vollständig und rationalisieren sie nicht. Sie vertrauen ihrer inneren Stimme wie die Naturvölker und genießen Kraft, Freude, körperliche Liebe und physischen Genuss. Forschungen haben ergeben, dass neue Kinder sehr früh sexuelle Höhepunkte haben, weil sie sich erforschen und keine Hemmungen haben, ihren Körper zu genießen und ihre Grenzen zu überwinden.

Ekstase und Rausch

Hier möchte ich ein sehr schwieriges Thema ansprechen. Bei den Naturvölkern gab es den natürlichen Wunsch nach Wahrhaftigkeit. Dies wurde durch ihre Jahrtausend lange Tradition im Umgang mit Rauschzuständen etabliert.
Oft habe ich bei meiner Tochter Laura erlebt, dass sie „gewisse Stunden" hatte, da war sie nicht ganz bei uns , doch eher bei sich Selbst. Sie konnte stundenlang in der Hängematte schaukeln und sang dabei Melodien, die wir ihr nicht beigebracht hatten. Wenn wir an einem Wasser waren, hörte sie uns meist nicht mehr, sondern war mit ihrem Wesen im Wasser (zu einer Zeit, wo sie noch nicht

Schwimmen konnte), oder wenn ich mit Ihr im Tragetuch in der Früh am See spazieren ging und Kinderlieder sang, (da war sie noch sehr klein), waren ihre Augen nach innen gekehrt und durchdrangen mich wie Butter! Für mich waren das besonderer Bewusstseinszustände, wo sie in anderen Welten war, im wachen, quasi wachen Zustand, ihre Geschwister sagten dann immer: „Laura sitzt in ihrem Ufo!" Viele Eltern erzählen mir von ähnlichen Erfahrungen mit Ihren Kindern.

Da ich mich seit meiner Jugend mit Schamanismus befasst habe, so kannte ich durch Beobachtung und Selbststudium verschiedene Zustände von Ekstase oder Rausch, wodurch andere Bewusstseinsebenen erreicht werden sollten, vor allem bei mir durch Zustände erzeugt durch Musikerfahrungen aller Art: die Ekstase meines Bruders in einer Wagner Oper, der Rauschzustand bei eine Pink Floyd Konzert, oder eben in neuster Zeit, die Arbeit mit dem Leibmonochord. Doch wenn man von Rausch und Ekstase spricht, denkt man an die Hexen des Mittelalters oder ekstatisch herumtanzende Technofreaks. Meist waren deren Zustände aber mit Hilfe von Rauschdrogen erreicht worden. Wer in solcher Traditionen, wenn z.B. Sadhus in Indien heilige Pflanzen rauchen oder auf andere Art und Weise Ekstasen konsumieren, sucht im Einklang mit der Kraft der Natur Wahrhaftigkeit und Wahrheit. Der Rausch durch diese schamanischen Werkzeuge schafft Zugang zu einem anderen Wissen, das in Märchen, Mythen, Magie, Philosophie und Weisheit der Kulturen über Jahrhunderte dargestellt ist.

Bei den neuen Kindern ist es aber vollkommen anders. Sie erreichen sicherlich auch andere Bewusstseinzustände, aber dass vollständig aus sich heraus, und vor allem **ohne** Naturdrogen, (obwohl ich manchmal da nicht so sicher bin, ob nicht ihr Computerspiele ähnliche Wirkungen haben). Ob es durch Skateboardfahren, oder Musikmachen, oder Schaukeln ist, sie können sich in jeder Sekunde in eine andere Welt begeben und sich darin bewegen, aus sich heraus, in sich hinein.

Dabei eröffnen sich Ihnen Zusammenhänge und sie erkennt Einseitigkeiten, Dummheit und Unwahrheit.

Als Erziehungsberater habe ich oft Jugendliche gesprochen, die mir von ihrer Wahrheit (und Ihren Reisen) erzählten, die frei von

Machtgefühlen ist, weil sie die Einheit allen Seins schon erlebt haben, auch wenn sie keine Drogen nahmen.

In jahrelanger Erfahrung habe ich aber auch beobachten müssen, wie Kinder, sobald sie zu „kiffen" beginnen, also Hanf rauchten, was verboten ist, mit der Welt da draußen nicht mehr kooperieren wollen – und dann auch nicht mehr mit dem "normalen" Leben klar kamen. Ich sehe darin eine große Gefahr, wenn die Kinder nicht von reifen Erwachsenen aufgeklärt werden, indem man ihnen mit Atemübungen oder Meditationen den Zugang zu ihrer Innenwelt eröffnet und lehne jeden Konsum von Hanf vor dem 20. Lebensjahr ab. Bevor ein Kind nicht seine Ausbildung beendet hat, ist es durch jede Art von Drogenkonsum, vor allem durch legalen Alkoholexzess, gefährdet, seine Ausbildung abzubrechen, weil die Kinder bald keinen Sinn mehr sehen, eine Arbeit zu machen, die ein System unterstützt, das für sie nicht wahrhaftig ist.

Was ist Wahrheit?

Aber wie soll man mit folgender Situation umgehen? Ein Fünfzehnjähriger erzählte mir, dass er in einem Buch gelesen habe, dass es eine Lösung für alle Probleme in der Welt gibt. Hätten in den 40er-Jahren nicht Macht- und Profit-hungrige Industrielle das Hanfverbot, also auch die industrielle Nutzung von Hanffasern, weltweit durchgesetzt, also alles verteufelt, was mit Hanf zu tun hat, gäbe es keine Umweltprobleme, keinen Treibhauseffekt, keine Energieprobleme, für die sogar Kriege ange-zettelt werden; keine Umweltgifte, die noch Jahrhunderte unsere Natur belasten. Es gäbe keine chemischen Gifte, die schwer abbaubar sind, keine Hungerkatastrophen wie in Bangladesh *(„der Name leitet sich von bhang = Cannabis, la = Land und desch = Menschen her")*, das in früheren Zeiten das reichste Land seiner Region war und keinen Lebensmittel- und Nahrungsmittelmangel kannte, so wie es heute in jedem Dritte Welt Land vorhanden ist. Wenn alle Länder auf der Welt diese Pflanze, die uns die Indogermanen gegeben haben und die auf der Erde überall wachsen kann, frei anbauen dürfte, könnte sich damit jedes Land autark machen und seine Wirtschaft von Großmächten unabhängig entwickeln. Da mit dem Anbau von Hanf,

aus dem alles hergestellt werden kann, was durch Holz oder Öl geschaffen ist, z.B. Farben oder Schmiermittel, ist Rohstoff für Biodiesel, selbst Glasersatz oder Kunststoff, wird jedes Land von Importen von Steinöl oder Holz unabhängig. (siehe *Jack Herer: Die Wiederentdeckung der Nutzpflanze Cannabis Marihuana Hanf, Frankfurt a. M. 1993, bei Verlag Zweitausendeins*)
Nebenbei erzählte mir der junge Mann, dass Henri Ford sein erstes Auto aus Hanf-Kunststoff baute, der durch einen Hammerschlag nicht zerstört werden kann und mit Hanf-Diesel betrieb. Nebenbei gesagt sind nur 10 % aller Hanfsorten psychoaktiv, also ein generelles Verbot von Marihuana, als Bezeichnung für alle Hanfsorten ist absurd.

Als ich die Wahrheit dieses Jugendlichen begriffen hatte, konnte ich ihm <u>nichts</u> entgegnen, weil er absolut Recht hatte. Wie soll ein junger Mensch, der diese große Menschheitsverarschung begriffen hat, noch Glauben in eine Regierung oder Gesellschaft haben, die die Chemieindustrie unterstützen und stundenlang über die unvermeidliche Naturverschmutzung diskutieren. Das Kyoto-Abkommen wird zur Farce und diese Jugendlichen zu natürlichen Verblödungsgegnern – und, sagen Sie doch selbst – sie haben Recht.

(Mich berührt das sehr stark und ich weiß, dass sich die Welt jetzt ohne Revolution, Aggression oder Kometeneinschlag ändern wird.)
Dieser Wunsch nach Wahrheit, nach Erfüllung aller Aspekte des Lebens, sowohl der dunklen als auch der hellen Seiten ist das natürliche Bestreben dieser Kinder, Ehrlichkeit und Wahrhaftigkeit in einer neuen Welt zu schaffen.

Umgang mit Konsumwelt

Es gibt noch eine andere Wahrhaftigkeit, die ich bei neues Kindern beobachtet habe und die mir sehr bemerkenswert erscheint. Diese Kinder haben einen natürlichen Umgang mit unserer Konsumwelt. Ich kann mich noch gut erinnern, wie meine Tochter, die 1993 geboren ist, und schon zu den Kristallkindern zugerechnet werden kann, mir eines Tages erklärte, dass sie den Fraß einer Fast-Food-Kette und die blöden Spielzeuge (Geschenke) nicht mehr haben will.

Nachdem sie jahrelang das Zeug extensiv in sich reingestopft hatte, kam plötzlich von einem Tag auf den anderen diese Kehrtwendung. Obwohl ich selber jahrelang fanatischer Ernährungswissenschaftler war, verweigerte ich dem Kind nicht den Fastfood-Mist, weil ich sehr früh wusste, dass meine Tochter eigenverantwortlich damit umgehen wird. Trotzdem überraschte mich ihre dann doch plötzliche Entscheidung, die aus ihr selber heraus kam und mir wieder bewies, dass mein Kind ein wahrhaft selbstbewusstes Urteilsvermögen hat.

Oft habe ich beobachtet, dass Kinder die Konsumwelt sehr extensiv leben, um sich dann plötzlich von ihr abzuwenden. Sie stehen eigentlich ständig in einem spirituellen Prozess, auf den ich später noch eingehen werde.

Zusammenfassung

Die neuen Kinder suchen Wahrhaftigkeit und Wahrheit und verabscheuen Dummheit in jeder Form. Sie spüren immer genau, wenn ihr Umgebung lügt oder sich nicht auskennt, aber so tut, als ob sie die „Erwachteren" sind. Für sie ist Wahrheit der Wunsch nach Vollkommenheit und keine abstrakter Begriff. Eines der wichtigsten Wahrheiten nämlich, die für Kinder absolut ist, ist das Grundrecht auf „Kuscheln".

Jeder Mensch hat das Recht darauf, täglich mindestens 1 Stunde gekuschelt zu werden. Kuscheln erfüllt alle Bedürfnisse nach Nähe, Berührung, Hingabe, Dunkelheit und Ekstase -und offenbart Wahrhaftigkeit. Kuscheln ist Nahrung für Leib und Seele, und ein Kind findet ganz schnell heraus, wer davon zu wenig in seiner Jugend bekommen hat und heilt es, ganz einfach, es heilt den Mangel in den Erwachsenen, weil es rein ist und beim Kuscheln wahrhaftig und frei von sexuellen Gefühlen ist, obwohl es sich absolut bewusst ist, dass dabei immer auch ein energethischer Austausch passiert und Leib-Energien ausgeglichen werden (vielleicht die einfachste Form der Sexualität, frei und natürlich).

Später werde ich noch über das Löwespiel sprechen. Schauen Sie sich den Film „Kokowääh"von Til Schweiger an. Ein Kuschel-Meisterwerk. Til Schweiger, der als Brechstange der Nation, sozusagen als Un-Schauspieler wie Schwarzenegger der Deutschen gilt, schafft es wie *Arni*, seine Härte zu verlieren durch die Kraft seiner Kristallkinder. Apropos, das Mädchen, dass im Film seine Tochter spielt, ist im wirklichen Leben auch seine Tochter. Da kommt soviel Kuschelgefühl herüber, da ist soviel Aufmerksamkeit, Wahrhaftigkeit und gegenseitiger Respekt vor dem anderen, dass jeder Zuschauer, der noch keine Kinder hat, nur ein billige Komödie sieht, „ohne Tiefgang", so wie es einige Kritiker gemeint haben, aber eben nur die, die noch nicht die Macht der „Monster" erlitten und dann genießen gelernt haben.

Es lebe das Recht auf Kuscheln. Liebe Mütter, lassen sie Ihre Männer täglich mit den Kindern toben und spielen und kuscheln, und sie werden neue Sensibilitäten an ihnen entdecken, die Ihre Beziehung und vor allem auch ihr Liebesleben verbessern werden und vor allem auch den Glauben an Wahrhaftigkeit, Natürlichkeit und Würde stärken wird.

Wenn die Kids dann in die Pubertät kommen, hört der körperliche Kontakt meist auf, doch als Energieaustausch wird er nie vergessen und auf neue Art und Weise weitergeführt.

Wenn dann Nachbarn, die keine Kinder haben, Väter, die einen natürlichen Umgang mit Ihren Kindern haben, mit dieser Verbundenheit konfrontiert werden, kommen sehr starke Eifersuchtsgefühle auf in den einsamen Egos, dass dann Missbrauchsbeschuldigungen oft die niedrigste Art ist, diese nicht gelebte Verbundenheit zu ver-leumden.

Deshalb gibt es das Thema auch so oft jetzt in der Presse und zeugt von dem kranken und unausgeglichenen Gefühlen der Urteiler mehr als von der Sache und den „Opfern" selbst.

3. Der natürliche Mensch ist in seiner Klarheit und Reinheit der Spiegel seiner Umgebung

Ich mache meine Arbeit als Lebens-Energie-Berater schon seit 20 Jahren und habe hunderte von Familien mit neuen Kindern besucht. Ich wurde mit allen möglichen Problemen konfrontiert, die die Kinder mit ihrer Art und Weise ausgelöst haben. Doch wenn man die Dinge mit einfachen und vor allem bei mir mit „naiven" Augen sieht, so haben die Kinder mit ihren Problemen meistens nur die ungelösten Konflikte ihrer Umgebung nur widergespiegelt. Wilhelm Reich, der österreichische Psychologe, Sexualforscher und Erfinder der Orgontechnik, sagte oft, dass ein reiner Mensch wie Christus ein Spiegel für seine Umgebung ist. Nichts anderes habe ich bei den Kindern erlebt. Wenn es irgendwelche Unausgeglichenheiten in einer Familie gab, so war das neues Kind der Spiegel, der dies offenbarte. Es gibt immer einen Grund dafür, dass ein Kind nervt, aggressiv, unaufmerksam oder launisch ist, ob es nun Neurodermitis hat, hyperaktiv ist oder Allergiker. Und die Antwort ist immer viel einfacher, als man denkt. Hat ein Kind Neurodermitis, dann gibt es ein Kontakt- und Trennungsproblem (Verlust von Nähe und die Auflösung des Trennungskonfliktes) in der Familie und das Kind lebt es nur aus.

Befreiung von Fundamentalismus

Ich wurde von einem Arzt zu einer Familie in Wien geschickt. Der Vater war Moslem und kam aus Ägypten. Die Mutter war eine orthodoxe Katholikin aus Polen. Der Vater erzählte mir stundenlang von Halal und Haram, den islamischen Begriffen für Was-erlaubt-ist und Was-nicht-erlaubt ist.
Als Mohammed vor ca. 1400 Jahren im Orient erschien, war das islamische Volk von Krieg und Unruhen bestimmt. Durch das Abschlachten der Krieger gab es immer weniger Männer und immer mehr unverheiratete Jungfrauen. Da entwickelte er Gesetze, die dafür

sorgten, dass die Frauen geschützt und bewacht wurden. Dass wir heute noch immer diese alten Regeln haben, liegt an der Macht des Fundamentalismus, der seinen Anhängern uneingeschränkte Macht verleiht. Man braucht nur überholten Regeln folgen, am besten so brav wie möglich und das Denken ist nicht mehr notwendig. Taucht ein Problem auf, dann schlägt man einfach die Bibel, den Koran oder die Bhagavad-Gita auf und findet sofort eine Regel, die man mit dem Problem als Wirkung verletzt hat, und das Problem wird durch Bravsein wieder gelöst. Dass diese Bücher vor 1000, 2000 oder 4000 Jahren aktuell waren und heute vollkommen überholt sind, darf man nicht sagen, weil man dann ja des Teufels und somit makruh = verabscheuungswürdig ist.

Die Eltern des Kindes hatten hundert Gründe, warum sie sich nicht mehr anfassten und der Kleine litt darunter. Als ich sie besuchte, war der 6-jährige Bub mir gegenüber anfangs sehr skeptisch, und wollte mir nicht gleich seinen roten mit großen Flecken bedeckten Oberkörper zeigen. Doch bald wurde er zutraulich und begann mit mir zu plaudern. Plötzlich schaute er mich ganz ernst an und sagte: „Kannst Du bitte dafür sorgen, das Mama und Papa wieder mehr kuscheln!"

Ich gab ihnen die Arbeit der Heil-Raum-Gestaltung und der Bub trank auch das Helle Wasser. Nach 7 Wochen waren seine Geschwüre verheilt und seine Haut die eines gesunden 6-jährigen Kindes und ich der große Heiler.

Was hatte ich getan? Ich habe die Situation sofort erkannt und gab den Eltern Werkzeuge, die sie ermuntern sollten, wieder an ihrer Beziehung zu arbeiten: Massageöle für Kuschelabende, Aromaöle für die Lampe und Entspannungsmusik.

In dem Moment, in dem die Eltern lernten, sich und vor allem ihren Körper wieder wertzuschätzen und ihre Liebe zu kultivieren, begannen sie wieder, sich regelmäßig zu berühren und begannen natürlich auch, ihren Sohn zu berühren – und der Konflikt war gelöst. Das Kind hat einfach dieses Problem offenbart und war mit seiner Haut ein Spiegel für den verborgenen Konflikt der Eltern. Da hilft kein Kortison, keine besondere Diät oder irgendein pharmazeutischer „Heilmittel", sondern die klare Erkenntnis, dass die Kinder Spiegel ihrer Umgebung sind und die Konflikte an ihrem Körper aufzeigen – Konflikt gelöst, Kind gesund.

Verordnung von Ritalin

Jetzt möchte ich in diesen Zusammenhang ein Thema ansprechen, wobei ich den Leser warnen muss. Ich bin dabei sehr in der Gefahr, emotional zu werden, und deshalb soll er mir verzeihen.
Vor kurzem war ich in Deutschland bei einer Familie. Die Eltern waren Mitte dreißig und hatten zwei kleine Töchter im Alter von 7 und 8 Jahren. Die Eltern waren kinderorientiert und die Kinder hatten diese vollkommen eigenständige Ausstrahlung von Naturkindern. Sie lebten auf dem Land und ihr Garten führte in einen großen Wald, der zum Grund gehörte. Die Eltern lebten alternativ und naturverbunden, doch ihr Haus war schön eingerichtet und kultiviert aus einem alten Bauernhaus renoviert worden.
Der entsetzte Vater erzählte mir, dass seine Tochter von der Schulleiterin in der Volksschule als ADS-Kind eingestuft worden war und man ihr Ritalin geben wollte. ADS heißt Aufmerksamkeits-Defizit-Syndrom. Wie weise doch der Erfinder dieses Begriffes, aber dazu später.

Ich schaute mir das Kind an und stellte weder übertriebene Hyperaktivität noch Lethargie fest. Das Mädchen war anmutig schön, in sich gefestigt, natürlich lebendig und offenherzig interessiert für seine Umgebung und Mitmenschen. Die Mutter erzählte mir, dass sie in der Schule permanent lethargisch wird und den Unterricht verweigert.
Und weil da ein natürliches „Menscherl" die Gehirnwäsche der Schule verweigert, darf doch wirklich heutzutage eine sich davon kritisierte Schulleiterin hingehen, das Kind zum psychiatrischen Fall machen und ihm eine Chemikalie verabreichen lassen, die nachweislich synthetisches Kokain ist.

Also lieber Leser, ich bin Vater einer Tochter und von vier Stiefkindern. Als ich das hörte, bin ich einfach ausgeflippt. Welcher noch natürliche Mensch kann so einen Wahnwitz ertragen oder billigen? Und die heutigen Pädagogen, Psychologen und Ärzte haben einfach keine andere Lösung. Jedes dritte Kind in Deutschland mit auffälligen Verhalten wird nachweislich auf ADS diagnostiziert und mit Ritalin behandelt. Wie soll man da nicht zum Ärztehasser werden, wenn man diesem Schwachsinn zuschauen muss. Die Eltern des Kindes hatten keine andere Wahl, als ihre Tochter aus der Pflichtschule zu nehmen und sie in einer teuren Privatschule unterzubringen.

Bevor ich zu einer einfachen Erklärung und Lösung des Problems komme, will ich noch schnell eine andere Geschichte erzählen.

Hyperaktivität

Mein erstes Kind mit auffälliger Hyperaktivität habe ich vor ca. 18 Jahren kennen gelernt. Ich kam damals zu einer Familie, die einen Demeterhof hatte und organisch-dynamische Landwirtschaft betrieb. Die Arbeit war sehr interessant. Ich hatte mich in meinem Studium sehr viel mit den Lehren von Rudolf Steiner auseinandergesetzt und freute mich über ihre Umsetzung. Doch diese Leute waren einfach schrecklich. Sie waren orthodoxe Anthroposophen und Steiner-hat-gesagt hier und Steiner-hat-gesagt dort beeinflusste ständig unser Gespräch. Obwohl ihre Arbeit sehr innovativ war, gab es aber keine wirkliche Dynamik in ihrem Leben, außer ständigem „Hackeln" (Hochdeutsch= „Malochen", ist in Österreich, speziell auf dem Land eine sehr verbreitete Seuche). Die Eltern waren sehr körperfeindlich und machten den Eindruck, dass Steiner noch nie was von Sex mit Liebe gesagt hatte.

Bei einem anderen Kind, das hyperaktiv war, waren die Eltern eingeschlafen. Ja ich mein es so – richtig eingeschlafen. Man machte nur einen Job wegen der Kohle, Frau vertrocknete zu Hause und lebte ihre Ziellosigkeit mit ewigen Putzen und Leiden aus und das Kind turnte wie ein kleiner Kobold zwischen grauen Möbeln und schmucklosen Zimmern herum. Außer dem Kinderzimmer gab es keine Farben, Lebendigkeit oder Freude im Haus. *Wilhelm Reich* beschreibt diese für ihn so schreckliche Krankheit als die große Kluft in seinem Werk *Christusmord*:

„Indem wir unsere Hoffnung auf eine ferne Zukunft richten und damit jede Verpflichtung von uns weisen, auch nur das Geringste zu tun, um die Hoffnung in jedem einzelnen Schritt unseres Lebens zu erkennen, die Hoffnung in unserem tatsächlichen, gegenwärtigen

Leben umzusetzen, können wir uns damit begnügen, da sitzen zu bleiben, wo wir schon seit zwanzig, dreißig oder auch fünftausend Jahren gesessen haben.

Dieses AUF-DER-STELLE-SITZEN ergibt sich logischerweise aus der Immobilisierung der Menschen. Jeder bereitet sich schon in jungen Jahren auf das Sitzen vor, und zwar so bequem wie möglich. In einer rasch durchlaufenden Phase akuter Träumereien fantasiert das Mädchen vom blonden Helden, der auf seinem weißen Ross daher geritten kommt und sie aus der Sklaverei befreit oder aus tausendjährigem Schlaf wachküsst und heiratet – und glücklich macht bis an das Ende ihres Lebens. In jedem Film wird uns die Suche nach einem solchen sicheren Ort vorgeführt, an dem man dann sitzen bleiben kann. Nie erfahren wir darin, was geschieht, nachdem der Junge das Mädchen bekommen hat. Niemals. Das würde starke Emotionen in uns aufwühlen und uns in Bewegung bringen.

Wir bleiben sitzen wie ein Büroangestellter, wie ein Landarzt oder ein Finanzbeamter, oder wie ein chinesischer Wäschereibetreiber, selbst wenn wir dazu eigens von China nach Amerika gekommen wären, oder wie ein jüdischer Wirt, der seinen „ge- filten Fisch" in New York verkauft, wie er es zuvor in Minsk getan hat. Das Sitzen beschert uns Kompetenz und Meisterschaft bei dem, was wir tun, und das wiederum bringt uns mehr Sicherheit. Daran ist ganz und gar nichts auszusetzen; es ist in höchstem Maße notwendig. Ohne das Aussitzen könnte unter den gegebenen Bedingungen kein Mensch leben und seine Familie ernähren. Ohne das Aussitzen im Leben könnte es kein Mensch zu einem hervorragenden Brückenbauer oder Architekten bringen. Niemand könnte es aushalten, ein Leben lang als Bergmann, Totengräber, Zementmischer oder Stahlarbeiter zu schuften, hätte er sich nicht beizeiten daran gewöhnt, auf dem Fleck zu sitzen. Die Arbeit eines Fensterputzers in New York zeigt ebenso deutlich wie das Dasein eines rikschaziehenden Kulis in China, wie notwendig und vernünftig er ist, ein Leben lang auf dem Fleck zu sitzen.

Darum ist es auch folgerichtig, dass alle sozialen Entwicklungen bis zum heutigen Tage durch äußere Anstöße, durch Kriege oder Revolutionen ausgelöst wurden, die die Menschen von ihren bequemen Sitzen rissen. Keine einzige Entwicklung ist bisher aus einem inneren Antrieb heraus vom Volk ausgegangen. Alle gesellschaftlichen Entwicklungen waren bisher politischer Natur, das heißt künstlich von außen übergestülpt und nicht aus sich selbst heraus entstanden. Um eine äußere Bewegung zu bewirken, müsste der Mensch sich zuerst ohne spürbare Resonanz nach außen im Inneren regen. Der Impuls, sich weiterzubewegen, etwas zu verändern, das endlose Aussitzen zu beenden, müsste vom ersten Tag an in der Charakterstruktur des Menschen verankert und geschickt als Grundzug seines Wesens entwickelt werden, wie es bei den Pionieren in Nordamerika oder den alten Nomadenvölkern zwangsläufig der Fall ist."

Lieber Wilhelm Reich, ich kann Dir ca. 60 Jahre, nachdem Du das oben gesagt hast, versichern, es gibt diese Menschen mit dieser Charakterstruktur und sie sind nicht nur die Pioniere in Nordamerika, sondern auf der ganzen Welt. Ich hoffe, Dein Wesen ist auf die Erde zurückgekehrt und erlebt die von Dir vorausgesehene und erhoffte Zeit jetzt mit und genießt die lebendigen Künstler im MTV wie ich.

Die Kids wollen nicht sitzen. Sie wollen Springen, Radschlagen, Rappen, Dancen, lebendig sein. Und wenn ihre Umgebung eingeschlafen ist, dann wollen sie sie einfach nur wecken. Das ist der einzige wahre Grund für die Hyperaktivität der ADS-Kinder. Ihr Verhalten ist wiederum nur der Spiegel ihrer Umgebung. Und das Heilmittel ist nicht Ritalin, Starmania, neue Handys oder McDonalds-Besuche. Das Heilmittel ist viel einfacher.
„Eltern bewegt doch endlich Euren A.... !". Das Leben besteht doch nicht nur darin, jeden Tag den Müll aus der Nachrichtensendung oder Tageszeitung in sich reinzukübeln, oder nur aus Fraß vom Billigdiskonter und Steuernzahlen. Das Leben hat doch noch andere Ziele, als Hackeln gehen, Urlaub in Phuket (dabei dann ersaufen), Hausbauen, am Abend herum zippen und an Krebs sterben.
Die Kinder von heute haben Ziele, wirkliche Ziele, die etwas mit ihrer Bestimmung zu tun haben und das bedeutet: Lebendig zu sein.

Aufmerksamkeit

Ich habe den Eltern immer empfohlen, das ADS ernst zu nehmen. ADS heißt wohlwissend Aufmerksamkeits-Defizit-Syndrom. Ja, wenn die Kinder ein Defizit an Aufmerksamkeit haben, dann gibt es nur ein Heilmittel, das in diesem Wortbegriff implizit vorhanden ist.

„GEBT IHNEN DIE AUFMERKSAMKEIT, DIE SIE BRAUCHEN!".

Seid doch endlich mal still mit eurem Mist Erziehungsmethoden und hört ihnen einfach mal zu. Vielleicht wissen die Kinder selber und besser, was sie brauchen und was sie von uns wollen. Gebt ihnen die Aufmerksamkeit, die ihnen als lebendiges, offenherziges, Liebe brauchendes und Liebe gebendes Wesen zusteht und allen geht es gut.
Wenn man diese Kunst gelernt hat, werdet ihr stolz sein auf sie und darauf, welch wunderbare Kinder ihr habt.
Nach durchschnittlich 3-4 Wochen dieser Behandlung war ein ADS-Kind von seiner Stigmatisierung befreit und alle waren glücklich. Und ich war mal wieder der große Heiler.
Auch hier zeigt sich wieder, dass die Kinder nur die Unausgeglichenheit ihrer Umgebung widergespiegelt haben. Da die Erwachsenen das nicht sehen, gehen sie auf die Kinder los, machen sie zu Psychofällen mit genetischen Krankheiten und versuchen den Spiegel zu zerschlagen. Doch alles hat einen Sinn. Es gibt bei Kindern kein „Fehlverhalten", nur bei nicht verständlichen, unaufmerksamen Eltern, die ich mit dem AMS oder VLS bezeichne: Aufmerksamkeits-Mangel-Syndrom oder Verantwortungs – Losigkeit - Syndrom. Die besten Medikamente dagegen sind Geduld, Gefühls- und Herzöffnung. In radikalen Fällen reicht schon das Lesen dieses Buches für Auflösung aller Symptome und Nebenwirkungen.
Nebenbei gesagt, das Wort „Fehlverhalten" kommt immer noch aus der Nazi-Literatur und war auf eine bestimmte Volksgruppe bezogen. Wenn ein Pädagoge heutzutage von Fehlverhalten spricht,

dann immer von seiner eigenen an seinem eigenen Körper erfahrenen Erziehung, die er mit seinen Methoden verbessern will. Doch die heutige Zeit braucht andere Ansichten und kein Fehlverhalten oder Beurteilungen mit diesem Begriff.

Allergiker und ihre Heilung

Zuletzt will ich noch kurz auf andere „Probleme" mit „Problemkindern" eingehen und zwar die Allergiker.
Gerade bei dieser Problemstellung hat mich die große Weisheit und Erfahrungsarbeit von Naturheilern von vielen falschen Schlussfolgerungen befreit. Sie erklären Krankheiten. Und gerade bei Allergien und Asthma gibt es eine wunderbare Auflösungsarbeit von Schocks, die die Kinder täglich erfahren müssen, wodurch sie dann diese Krankheiten als Indikator benutzen. So funktioniert es bei jedem natürlichen Menschen, und gerade jemand, der krank wird, funktioniert richtig. Aber so ist es auch vollkommen einfach, diese Indikatoren zu verstehen und ihre Botschaft auszudrücken (im wahrsten Sinne des Wortes).
Allergien sind SCHIENEN. Sobald ein Kind einen Schock in einer Situation erlebt, auf das es nicht vorbereitet war, dann nimmt das Gehirn des Kindes einen Geruch oder eine Substanz wahr, die zu dem Zeitpunkt, als das Geschehen sich zuträgt, im Raum oder in der unmittelbaren Umgebung ist. Zum Beispiel grünende duftende Gräser. Wenn der Winter dann vorbei ist und die frischen Gräser wieder wachsen und das Kind sie riecht, kommt der Schock wieder in das Bewusstsein und das Kind schützt sich mit einer roten Haut. Wenn man aber mit dem Kind mit Hilfe der Vulkan-Übung über die Schocksituation redet und ihm die Möglichkeit gibt, alle Gefühle auszusprechen und das Schockerlebnis in seinem Herzen auflösen kann, dann braucht das Kind keine rote Schutzhaut mehr, und die Allergie ist überwunden. Dabei hilft vor allem auch die Ki-Pulsing-Metamorphosis – Arbeit©, die ich jetzt vereinfacht habe und in einem Training weitergebe.

Bienenstich

Hier ein anderes gutes Beispiel. Als ich die Technik von Körbler an Bienenstichen bei Kindern anwendete, erlebte ich Wunder. Erich Körbler, der Wiener Lebens-Energie-Forscher, war Radiästhesist und Geomant und hat sich viel mit feinstofflichen Wechselwirkungen in der Natur befasst. Er hatte herausgefunden, dass die Tätowierungen an Urzeitmenschen die Aufgabe hatten, Narben zu entstören und entdeckte, dass es bestimmte archetypische Zeichen für bestimmte Situationsheilungen gibt.

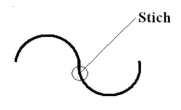

Wenn man von einem Insekt gestochen wird und eine Sinuskurve so auf den Stich mit Kugelschreiber schreibt, dass der Stichpunkt auf den Durchgang der Kurve durch die X-Achse fällt, löst sich der Stich innerhalb von Minuten wieder auf. Als meine Tochter Laura an einem heißen Sommertag von einer Wespe gestochen worden war, schwoll ihr Arm recht schnell an. Ich machte ihr klar, dass die Wespe nur erschrocken war und sie sicher nicht absichtlich gestochen hatte. Ich malte ihr an diesem Nachmittag zweimal die Sinuskurve über den Stichpunkt und am anderen Morgen nach Einnahme von Apis C30 war alles vollkommen vergessen.

Es gibt natürlich auch die Allergiker, die einfach nur auf Gifte reagieren, die ihre natürliche Struktur nicht verträgt und sofort ausscheidet. Als Kind war ich immer wieder krank, weil meine Eltern mich Kraft der Gewohnheit und Umgebung mit gutem Ruhrgebietsessen ernährten: Kassler (Schweinskotelette) mit Kartoffelbrei (aus der Tüte), Fleischwurst mit Milch und Brot, usw.. Gegen meine Dauergrippe gab es für den Hausarzt als einziges Gegenmittel nur Penicillin. Als die Dosen dann dem eines Pferdes entsprachen, reagierte mein Körper allergisch und lehnt seitdem Penicillin ab. Als ich mit 16 Jahren zu Hause eine fleischlose Kost forderte, grüßte mich seit damals der Fleischhacker von gegenüber nicht mehr. Doch meine Dauerkrankheiten lösten sich in Luft auf und meine Eltern halten sich immer noch daran.

Vor kurzem gab es den Film „ Supersize me – Macht Junk-Food krank?" Der New Yorker Filmemacher Morgan Spurlock ging in „Michael-Moore-Manier" dieser tiefschürfenden Frage nach und ernährte sich im Selbstversuch 30 Tage lang nur von Produkten der größten Fastfood-Kette der Welt. Erstaunliches kam zu Tage: 25 Pfund mehr auf den Rippen, Leberwerte zum Erschrecken und Blutwerte, die seine Ärzte in höchste Alarmbereitschaft versetzten…

Es waren viele Erkenntnisse in dem Film, doch eine Sache hat mich besonders beeindruckt. Da gibt es in Amerika eine Schule mit verhaltensauffälligen Kindern. Und die werden mit einem faszinierenden Heilmittel behandelt: Bio-Essen. In der Kantine wird nur frisch gemachtes, natürliches Essen angeboten und die Kinder werden damit ganz normal, teilweise sogar zu guten, lernwilligen, offenherzigen Schülern verwandelt. Komisch, was? Es gibt also doch noch Pädagogen, die eine Ahnung vom rechten Leben haben. Hut ab! Große Heiler haben mich gelehrt, das alles einen Sinn hat und nach Auflösung schreit. Die Kinder suchen immer den Sinn, doch viele Dinge in unsere Welt haben einfach keinen Sinn mehr und die alten Menschen suchen ihn auch nicht mehr und bleiben sitzen.

SO LETS DANCE !

Zusammenfassung

Ich muss hier etwas klarstellen. Einen Spiegel zu Hause zu haben, und zwar einen, der mir die ganze Zeit hinterher rennt und nicht aufhört, mir zu zeigen, wie *tot*, wie *müde*, wie *unaufmerksam*, wie *unbewusst*, wie *ziellos*, oder wie *ängstlich* ich eigentlich bin, IST IRGENDWANN EINMAL UNERTRÄGLICH. Und alleine diese Gefühl erzeugt eine Situation im Haus, die dann unerträglich wird, für alle.

Wenn Sie also schon so eine Erfahrung gemacht haben, und Ihre „Monster" sind schon richtige *böse Monster*, die nur noch die Wände hochspringen und „keine Ruh´" mehr geben, dann sind wichtige Maßnahmen notwendig, um diese Hyperaktivität oder Lethargie zu heilen.

1. Heraustreten aus dem Radl!
Nehmen Sie sich ein Wochenende vor und fahren sie mit den Kids in die Natur. Schauen Sie, dass Sie dabei alleine sind mit Ihnen, ohne Freunde oder ablenkende Fremde. Organisieren Sie so etwas, wie eine Familienkonferenz. Machen Sie ein Rollenspiel oder etwas Ähnlichem, womit Sie den Kindern die Möglichkeit geben, Ihnen
Lösungen des Problems anzubieten, da sie darauf schon immer warten, weil sie genauso das Chaos spüren, dass durch das *nicht verstandene Spiegelgesetz* entstanden ist. Schaffen Sie Ausgleich und Anerkennung des Anderen in seinem Anderssein. Schöpfen Sie aus der unendlichen Kreativität der Kinder, die Ihnen zeigen werden, „wo´s langgeht!", wenn Sie sie lassen. Versuchen sie den Kindern nicht nur geistig zu begegnen, sondern reden Sie über Gefühle und Genüsse und Eis und guthes Essen und alle Freuden, die sie in der letzten Zeit erlebt haben, und Sie werden entdecken, dass Ihre „Monster" sofort ihre Dysfunktion „abschalten", sobald Sie eine neue Kommunikation mit Ihnen „anschalten". Wenn Sie dann am Abend nach Hause kommen, dann fängt ein neues Leben des Miteinanderseins an und alle freuen sich, zu Hause zu sein.

2. Heil-Raum-Gestaltung
Reinigen Sie die Schlaf- und Wohn-Räume mit Hilfe der HRG, siehe unten. Wenn Die Kinder schon auffällige Bewegungsreaktionen haben und nicht mehr Ruhe geben können, dann haben sie sicher schon KRITISCHE MASSE erreicht und die Heil-Raum-Gestaltung gibt eine gute Grundlage für Veränderungen.

3. Zeitplanung
Schaffen Sie sich eine tägliche Kommunikationsstunde als Tagesritual, wir nennen sie die „Spiegelstunde", wo jeder z.B. mit der Vorenthaltungsübung (siehe unten) seine klare Sicht und Beurteilung der zwischenmenschlichen Kommunikationsentwicklung offenbaren kann und dazu beitragen darf, dass alles besser wird. Die Freude im Herzen, das Gefühl des Miteinanders, das

Gefühl der Verantwortlichkeit für ein gemeinsames Leben in Harmonie und Ausgeglichenheit, sind dann alltägliche Erfahrungen, die uns unser Zuhause zu einem Ort der Zuflucht macht, wo jeder glücklich werden kann.

Doch machen sie das nicht zu *guth*, sonst verlassen die Kinder sie nie mehr und „Hotel Mama" wird zum Richtwert für zukünftige Lebenssituationen. Unsere Söhne setzen die Latte für Ihre Frauen sehr hoch an, weil sie die Lebendigkeit, Leidenschaft und Hingabe Ihrer Mutter als Standard sehen.

4. Der natürliche Mensch denkt mythisch - archaisch!

Als ich in den 80er Jahren an der Westfälischen Wilhelms-Universität in Münster studierte, bekam ich in einem Theologieseminar den Auftrag, eine Seminararbeit über Mythen der Welt zu schreiben. Ich machte mich an die Arbeit und lass sehr viele Bücher über die verschiedensten Mythen der Weltgeschichte. Nachdem ich mich müde gelesen hatte, entschloss ich mich, den roten Faden, den ich in allen Mythen der verschiedenen Kulturen gefunden hatte, in meinen eigenen Worten zusammen zu fassen. Dem Professor legte ich eine einfache Seite vor und bekam große Anerkennung.

„Der Mensch ist auf die Erde gekommen, um der Mutter Erde zu dienen. In seinem Prozess der Aufrichtung zur Aufrichtigkeit, den man Leben nennt, verhilft der Mensch der Erde, sich zu verwandeln, von hart/Stein = Unbewusstsein, über weich, flüssig, Gas zu Licht = Bewusstsein. Dabei nimmt der Mensch etwas von der Erde auf, die Wissenschaftler nennen es Matrix, um es dann im Verwandlungsprozess zu verfeinern und zu transformieren. Wenn ein man in alter Zeit seine Frau sekiert hat (hochdeutsch = geärgert, böse und permanent , so wie das halt alle getan haben, so hat diese Tat als Ursache eine Wirkung, die über den Tod hinausgeht. Er wird dann als Frau wiedergeboren, damit seine Matrix erfährt, was es heißt, von einem Mann so behandelt zu werden, wie er es an Frauen in früheren Zeiten getan hat. Das ist ein kosmisches Gesetz. So ist das Leben ein Kontinuum, das den Transformationsprozess der Erde vollzieht. Gurdjieff, der islamischer Mystiker, sagt in seinem Buch „ Beelzebubs Erzählungen für seine Enkel", dass irgendwann einmal die Erde zum Stern wird, und der Mond eigene Planeten haben wird."

Natürliches Denken

Diese gesunde Vorstellung von Verwandlung und Transformation findet man oft bei den neues Kindern. Sie haben ein natürliches Denken, dass von archaischen und mythischen, also natürlichem

Denken geprägt ist. In alten Zeiten gab es im Erziehungsprozess zum selbstverantwortlichen Erwachsenen das Prinzip der Anamnesis, die Erinnerung der Seele an ihre vorgeburtlichen Ideen. Platon spricht davon, dass es zwei Arten der Wissensgewinnung gibt. Der eine Weg ist der Weg der Wissenschaft-ler. „Sie messen den Staub", wie die Dichterin Nelly Sachs das einmal schön formuliert hat. Wissenschaftler gehen rational vor und lernen durch Trail and Error. Dieser Weg ist induktiv, empirisch und langsam.

Adoleszenzprozesse

Der andere Weg ist die *Anamnesis*, die Wiedererinnerung. Alle Kulturen haben im *Adoleszenzprozess* der Jugendlichen Traditionen entwickelt, wie die Kinder in ihrem Entwick(e)lungsprozess Zugang zu ihrem archaischen Wissen in der rechten Gehirnhälfte finden können. Die antiken Griechen ließen die Kinder absurde Dramen spielen, aus dem das Firmungsspiel sich ableitet. Indianer schickten die Kinder in Kampfspiele, Wettläufe und Überlebenscamps, wo sie, nur bewaffnet mit einem Messer, drei Tage und drei Nächte im Dschungel überleben sollten. Dann bekamen sie eine Droge, um in der Anderswelt ihrem Krafttier zu begegnen, welches ihnen ihre Lebensbestimmung aufzeigte. Tibeter schnallen ihre Jugendlichen auf Drachen, um ihnen über diese Todeserfahrung Zugang zu anderen Ebenen zu verschaffen. Und was machen die neues Kinder?

Sie gehen intuitiv vor und tun unaufgefordert das Gleiche. Sie aktivieren ihr Gleichgewichtsorgan, durch Inlineskaten, Skateboard und Snowboard fahren. Dadurch öffnen sie einen Weg zu dem Wissen in ihrer rechten Gehirnhälfte, das auf dieser Weise geöffnet wird. Haben Sie schon `mal Kids dabei zugesehen, wenn sie diese Übungen machen? Haben sie schon jemals diese Konzentration und Ausdauer erleben können, mit denen diese absoluten Stehaufmännchen ihre Wiedererinnerung aktivieren? Das ist Kunst, Eleganz und Körpererforschung gleichzeitig.
Wenn Einstein sagt, dass wir nur 5% unseres Gehirnvermögens nutzen, dann hat er in seiner Zeit, wo es nur wenige Seinesgleichen gab, Unrecht. Wir nutzen (vielleicht noch immer) nur 5% unseres Körperbewusstseins, doch diese Kinder sind (teilweise schon bei der

Geburt) schon bei 40 -50%. Durch das Trainieren ihres Gleichgewichtsorganes aktivieren sie ihre Hypophyse. Das Wiki sagt: *„Die Hypophyse (gr. υπόφυσις hypóphysis „das unten anhängende Gewächs") ist eine Hormondrüse, der eine zentrale übergeordnete Rolle bei der Regulation des neuroendokrinen Systems im Körper zukommt. Das Hormonsystem, oft auch als endokrines System (endo „innen", krinein = „ausscheiden") bezeichnet, ist ein Organsystem zur Steuerung der Körperfunktionen, das sich vom Wachstum über die Fortpflanzung bis hin zum täglichen Verdauungsvorgang erstreckt."*

Wenn die Monster damit ihr spirituelles Wachstum steigern, ihren Wunsch nach heilender Liebe verstärken und ihren Körper auf Lichtnahrung umstellen können, dann brauchen wir uns nicht wundern, warum es jetzt so viele Fernsehserien wie *Heroes, 4400 - die Rückkehrer* oder *Dark Angel* gibt, die uns Fähigkeiten von Indigos aufzeigen, die es wahrscheinlich alle schon gibt. Die Filmemacher haben einfach nur die moralische Aufgabe, das Volk aufzuwecken – und jeder sieht diese Filme anders. Fragen Sie mal ihre Tochter, was sie von *Claire, der Cheerleaderin (aus Heroes)* hält.

„Hacker"

Ein anderes Beispiel ist die faszinierende Art und Weise, wie Kinder kybernetisch (*laut Wiki: „Die Kybernetik ist nach ihrem Begründer Norbert Wiener die Wissenschaft der Steuerung und Regelung von Maschinen (Systemtechnik), lebenden Organismen und sozialen Organisationen; der Begriff wird auch mit der Formel „die Kunst des Steuerns" übersetzt. Der Ausdruck wurde Mitte des 20. Jahrhunderts aus der englischen (cybernetics „Regelungstechniken") in die deutsche Sprache eingedeutscht. Der englische Begriff wiederum wurde geprägt nach dem substantivierten griechischen Adjektiv κυβερνητικὴ („steuermännisch"), welches sich aus den entsprechenden Subjektiven κυβερνήτης („Steuer-mann") und κυβέρνησις, („Leitung, Herrschaft") ableitete. Sie werden im Altgriechischen kybernétes bzw. kybérnesis ausge-sprochen........"*) denken können und damit Zugang zu einer Computerwelt haben, die

vielen von uns Erwachsenen verborgen bleibt. (Bitte sehen Sie sich den Film „Hacker" an und gruseln sie mit mir.)
Ihre Fähigkeit, ihre Intuition wie ein Musikinstrument zu beherrschen und zu nutzen, zeugt von dem großen Zugang zu ihrem Potential, den sie durch ihre archaischen Tätigkeiten erhalten.

Natürliche Ethik und Moral

Diese Kinder haben eine eigene und natürliche Moral und Ethik. Diese Einstellung ist nicht angelernt, sondern kommt direkt aus ihrem Herzen.
Ich erinnere mich immer wieder verwundert und stolz daran, wie meine Stiefsöhne mit Mädchen umgehen. Sie haben eine sehr feine Sensibilität, wie man mit den Gefühlen anderer umgeht und bemühen sich in jeder Situation, gerecht, würdevoll und mit Einfühlungsvermögen zu handeln. Oft sind sie viel zu zaghaft und erkennen die Würde des anderen viel höher an als die eigene.
Meine Frau hatte eine Freundin, die oft in unser Cafehaus kam. Die Freundin hat ein Bastelgeschäft und zwei Töchter.
Jetzt saß die eine Tochter zu Hause und wollte keine Typen mehr, die sie nur flachlegen wollten. Sie wollte einen jungen Mann, der frei und ungebunden ist und reden kann.
Jetzt hatte meine Frau zu Hause einen Indigosohn, der seine Aschenzeit noch nicht beendet hatte. Sie dachte sich, wenn die Mütter die beiden jungen Menschen (endlich) zusammenbringen, wie im alten Indien, dann gibt es keine „Raunzerei" (hochdeutsch = ständiges Nörgeln) mehr und die Unausgeglichenheit, in beiden Häusern stark spürbar, hätte ein Ende.
Ich durfte dabei sein, wie das Treffen stattfand. Der junge Mann war normal angezogen, so wie er zu Hause herumlief und machte keine Anstalten, sich für die Situation anders als sonst zu benehmen. Die junge Frau war gestylt, geschminkt und für das Treffen vorbereitet. Sie setzten sich mit der Mutter des Mädchens an den Tisch und begannen zu plaudern. Das Mädchen erzählte von ihren Vorlieben, doch der junge Mann hatte andere. Er war strenger Vegetarier, lehnte es ab, tanzen zu gehen, Auto fahren zu müssen, in irgendwelche

Lokale zu gehen und ging auf nichts ein, das nicht seinen Wünschen entsprach. Er zeigte ihr, dass es sein Wunsch war, ihr auf natürlicher Art und Weise zu begegnen, und wenn sie das wollte, könne sie sich ja melden. Frei und ungebunden gingen sie auseinander und die Mütter waren verwirrt. Ich hätte vor 20 Jahren alles Mögliche getan, um so ein „Menscherl" (hochdeutsch= junge Frau) in die „Kiste zu bekommen". Der Indigojunge blieb aber souverän in seiner Mitte und verlangte, dass man ihn in seiner Würde und in seinem Wesen achtet und an-erkennt, und ihn so nimmt, wie er ist. Ich war beeindruckt und als ich sein Verhalten seiner Hexenmutter erklärte, war sie stolz auf ihr Kind.

Erfahrungen mit Indigos

Etwas, was mich in dem Zusammenleben mit meinen beiden Indigos, den Söhne meiner Frau, am meisten fasziniert, ist ihr Umgang mit dem Weiblichen. Auf diesem Gebiet sind sie unheimlich empfindlich. Es ist für sie ein ehernes Gesetz, das Weibliche in keinster Weise durch ihr Handeln, Fühlen und Denken zu verletzen.
Ich habe noch nie eine frauenfeindliche Bemerkung aus ihrem Munde erlebt. Sie sind wirklich die erste Generation auf dieser Erde, die das Weibliche schützen, ehren und wirklich lieben wollen. Mit allen Konsequenzen, der Entsagung, des Rückzuges oder der Enthaltsamkeit, wie alte Mönche aus mittelalterlichen Zeiten. Damit beenden sie die 2000 Jahre lange Frauenverarschung und schaffen ein neues Paradigma der Verehrung des Weiblichen, und damit eine neue Welt der Kommunikation zwischen Mann und Frau auf gleicher Ebene!

Doch dieser Trend ist auch schon in Hollywood verstanden worden. Auch dort verändern sich die Themen in gleicher Weise;, es geht jetzt nicht mehr um *Macho* - Filme mit Roy Black in den 80er-Jahren oder *Emanzenrachefeldzüge* - Filme aus den 90er-Jahren *à la Alien* oder *Das Schweigen der Lämmer*. Jetzt geht es wieder um Liebe, um die Akzeptanz des Andersseienden, Andersdenkenden, Andersliebenden. Es geht jetzt wieder um Yin und Yang, die wichtigsten Gegensätze dieser Welt, die sich in der Vereinigung von Mann und Frau heilen und verschmelzen.

Und die Indigoboys wollen das jetzt richtig machen, keinen „Scheiß" mehr mit Frauen. Hören sie einem *Eminem* oder einem *Xavier Naidoo* zu, hören sie ihnen wirklich zu, das gab es seit den Troubadouren des orientalischen Mittelalters nicht mehr, seit den Sufis des orientalischen Mittelalters hat keiner mehr so das Weibliche mit Musik und Worten geehrt.

Aus dem Herzen heraus lernen

Und wenn die neuen Kinder frei sein dürfen, dann wird alles anders; anderes Beispiel: Schule!
Wenn neue Kinder aus ihrem Herzen heraus lernen und nicht dazu gezwungen werden, dann ringen sie um das Wissen, solange, bis sie es mit ihrem Körper und nicht nur mit ihrem Kopf begriffen haben. Oft habe ich als Mathematiknachhilfelehrer nur den Bezug der Theorie in der Mathematik zur Praxis im Leben schaffen müssen und die Mathematik wurde zu einem hilfreichen Werkzeug im Alltag. Da die neuen Kinder sehr früh ihre Talente erkennen, arbeiten sie sehr stark an ihrer Verwirklichung, wenn sie in ihrer Entwickelung gefördert werden.
Es gibt so viele Genies, die nach außen hin als angeblich „kiffende Rastafreaks" erscheinen, aber im Innern große Schöpfer sind. Bitte schauen sie sich mal öfters MTV an. Da gibt es Musiker, die aus dem Getto kommen und über ihre Mütter singen, um sie mit ihrer Kraft zu befreien (z.B. *Eminem*, ein Musiker, der Geniales geleistet hat und damit reich geworden ist. Der Film „*8Miles*" ist ein Meisterwerk an kreativer Kraft, Selbstverwirklichung und Selbstverantwortung)
Ich war einmal auf einer Veranstaltung in einem Lokal in Wien, wo es einen MC-Contest, einen Free-Style-Rap-Wettbewerb gab. Das Lokal, das unter den Brückenbögen der U-Bahn lag, war total voll und ich musste mich zur Bühne vorkämpfen. Am Rand saß ein Sound-Manager, der auf Turntables einen Beat vorgab. Dann trat ein Jüngling auf die Bühne und musste durch Angabe eines Wettbewerbsleiters 10 Minuten über ein Wort „rappen". Das bedeutete, er sollte im Rhythmus des Beats Sätze reimen, die dieses Wort beinhalten sollten. Ich war fasziniert, wie diese nicht mal 16-jährigen Burschen einen Reim nach dem anderen formulierten, aus sich selbst heraus ohne Vorbereitung, einer nach dem anderen.

Goethe hätte genauso gestaunt und seine helle Freude gehabt. Da gab es die verschiedensten Reimformen, von altgriechisch, über romantisch bis konkret. Als ich mit Hochachtung und Begeisterung, aber schon sehr müde das B52 verlassen hatte, kam mir der Gedanke, dass diese Kids sicherlich in Deutsch schlecht sind und ihre Lehrer noch nie etwas von ihrem Talent gehört haben, oder doch?!

Quantenphysik

Aber wir waren eigentlich bei dem Thema Schule. Es gibt in der Physik des 20. Jahrhunderts ein Loch im See, dass alles alte Denken der letzten 1000 Jahre im „Sand" versiegen lässt. Und das ist auch von Indigos, also Genies der ersten Stunde, wie ich das noch im Laufe des Textes erklären werde, bewirkt worden. Sie haben mit Ihrer teilweise künstlich geförderten Intelligenz (magische Schulen für „Sonderlinge") eine ganze Fest-Körper-Physik in kleinste „Futzeln" zerlegt und plötzlich eine neue, aber mit wissenschaftlichen Worten beschriebene „Alchemie" erscheinen lassen, wo es nur noch um Schwingungen geht, feinstoffliche Welten, ohne Masse nur noch Geist.
Nach Auftauchen der Quantenphysik, nachdem Heisenberg die Unschärferelation definiert hatte, gibt es keine klassische Physik mehr: *„Die heisenbergsche Unschärferelation oder Unbestimmtheitsrelation ist die Aussage der Quantenphysik, dass zwei komplementäre Eigenschaften eines Teilchens nicht gleichzeitig beliebig genau messbar sind. Das bekannteste Beispiel für ein Paar solcher Eigenschaften sind Ort und Impuls. Die Unschärferelation ist nicht die Folge von Unzulänglichkeiten eines entsprechenden Messvorgangs, sondern prinzipieller Natur. Sie wurde 1927 von Werner Heisenberg im Rahmen der Quantenmechanik formuliert.* (laut Wiki)" Das soll heißen, der Beobachter beeinflusst mit seinen „Teilchen" im Kopf, also durch sein Denken den Zustand des Objektes, das wiederum soll heißen, es gibt keine exakte Festkörper-Physik mehr, weil jede Aussage eines Kollegen keine exakte Bestimmung mehr zulässt, wenn er nicht von Schwingungen und feinstofflichen Bewegungen spricht und sie zu erklären versucht. Man kann also sagen, dass die Auffassungen der „alten"Physik alle zu vergessen sind; es lebe der Geist und seine Freiheit. Seht Ihr hier,

wie diese Indigo-Kraft der neuen Zeit portionsweise die Alte Welt zerlegt.

Langhaarige Alchemisten

Also das zum Thema Schule, …..
doch wenn die alte Pädagogik dann den Kindern Physik beibringen will, dann können die Physiklehrer die Schüler nur belügen, was jedes neue Kind sofort merkt, und ich möchte dann nicht in der Haut der Lehrer stecken, oder die Schule liefert den Kids Quantenphysiker = langhaarige Alchemisten mit besonderen Eso-Gerüchen.
Na,na, …......................
nein *die* wollten wir eigentlich nicht als *Lehrer für unsere Schüler* haben, die haben wir doch *den Grünen* zum Fraß vorgeworfen oder nach *Sibirien, an die Wallstreet* und nach *Hollywood* geschickt mit der Auflösung (durch Manipulation und viel Geld) der Unruhen in den 70iger Jahren.
Also, wenn Ihr wollt wissen, wie die neuen Kinder ticken: sie denken „quantenphysikalisch", rein alchemistisch, sie kennen die Bedeutung von feinen *Vibes*, können vollkommen *chillen,* wissen genau,was es heißt, wenn man auf gleicher *Wellenlänge surft; S*ie sehen hier, dass sind alles Begriffe der feinstofflichen Welt, und liebe Eltern, die Monster wissen wirklich, wovon sie sprechen.

Rhythmus

Neue Kinder kann man nicht drängen. Sie brauchen immer ihre Zeit und ihren Rhythmus, um eine Entscheidung zu fällen. Wenn man sie drängt, passiert gar nichts. Sie brauchen immer eine vertrauliche Situation und Atmosphäre, um aus ihrer Mitte handeln und leben zu können.

Archetypen

Ein andere wichtiger Punkt des natürlichen Denkens der neuen Kinder ist ihr Umgang mit Archetypen. Die einseitig, rational, die Dunkelheit verdrängende Welt hat nicht nur das Weibliche zerstört,

sondern auch die männlichen Formen des Rittertums und den kreativen Umgang mit Kraft, Gewalt und Kampf.
In meiner Ausbildung zum Erziehungsberater, ich war dort mit zwei Männern und 18 Frauen im Seminar, fiel mir sehr die Aggressionsangst der Frauen auf, die Gewalt in jeder Form ablehnen. Doch wenn ich das Prinzip der Kraft, Gewalt oder des Kampfes negiere, dann lehne ich einen wichtigen Aspekt des Lebens ab, der in der alten, archaischen Mythologie mit der Signatur von Widder oder Mars symbolisiert wird. Doch dem Widder im Zodiak steht die Waage gegenüber.
Wenn ich Harmonie, Ausgeglichenheit und die Einheit von Mann und Frau in meinem Leben erreichen will, dann muss ich mich mit dem Prinzip des Widders und mit dem Gott Mars auseinander setzen. Die neuen Kinder haben dieses Wissen immanent in sich und arbeiten daran, wie Neophyten in einem spirituellen Orden.
Bitte schauen sie sich die Computerspiele der Kids an. Der Wunsch nach Reaktionsfähigkeit, Kampferfahrung, Auseinandersetzung mit den Grenzen des Körpers und Wettbewerb sind natürliche Wünsche eines gesunden Organismus.

World of Warcraft

„In World of Warcraft können tausende Spieler online zusammenkommen und miteinander die Klingen kreuzen. Spieler aus der ganzen Welt haben hier die Möglichkeit, ihren Alltag zurücklassen und in eine faszinierende Welt voller Abenteuer und einem echten Helden würdiger Herausforderungen einzutauchen.....

.. Endlich ist Azeroth, die Welt, von der Spieler zum ersten Mal in Warcraft: Orcs and Humans einen kurzen Blick erhaschen konnten, vollends zum Leben erwacht, bereit, tapferen Helden und tollkühnen Abenteurern ein neues Zuhause zu bieten. Nur zu, setzt euren Fuß in die ungezähmten Lande dieser alten, neuen, vertraut fremden Welt.
...
Ihr könnt die Wälder von Eschental bereisen, wo Grom Höllschrei im Zweikampf mit dem Dämon Manoroth sein Leben für die Freiheit seiner orcischen Brüder und Schwestern opferte, oder die uneinnehmbare Zwergenfestung Eisenschmiede, tief verborgen unter den schneeumwehten Gipfeln von Khaz Modan. In Azeroth halten

lebende Legenden ihre schützende Hand über ihr Volk, sagenumwobene Kämpfer wie Thrall, der unbeugsame Kriegshäuptling der Horde, oder König Magni Bronzebart, Anführer der stolzen Zwerge von Eisenschmiede.
Die Wachen von Sturmwind, der Hauptstadt des letzten Königreichs der Menschen, sehen exakt so aus wie die Fußsoldaten aus Warcraft III: Reign of Chaos, und auch die Bauern der menschlichen Siedlung des Hügellandhofs werden Spieler von Warcraft III sofort als solche erkennen - genau wie die orcischen Arbeiter, die auf der Go'Sheks Hof im Arathihochland ihrem Tagewerk nachgehen. Im Heimatland der Nachtelfen, Teldrassil, können Spieler zuschauen wie die Uralten Beschützer im sanften Schatten der Bäume patrouillieren, und in der nachtelfischen Stadt Darnassus werden Besucher von einem mächtigen Uralten des Krieges begrüßt"

Das und vieles mehr findet man auf der Homepage: http://www.wow-europe.com/de, der Einführung in einem der faszinierendsten Erscheinungen des Wassermannzeitalters. World of Warcraft. Stellen Sie sich vor, zu jeder Uhrzeit spielen Millionen Menschen miteinander <u>ein</u> Spiel. Jeder zahlt ca. 40 €, damit er mitspielen kann und überweist jeden Monat ca. 10 €. Man spricht von ca. 10.000.000 Menschen weltweit. In Paris steht angeblich ein Hochhaus, in der die Firma, die WOW produziert, 1000 Mitarbeiter 24 Stunden am Tag Support für jeden Spieler gewährt, der ihn brauchen kann. 1000 Leute schauen auf Dich, dass Du Deinen Spaß hast, jeden Tag, und das für 10 € im Monat. Es haben sich auf diesem Weg schon Freundschaften gebildet, die über jede politische Grenze hinausgehen.

Stellen Sie sich bitte folgendes vor: ich bin im Westdeutschland auf gewachsen. Für mich gab es ein Ostdeutschland, der Feind, der Kommunismus. Stellen Sie sich bitte weiter vor, es hätte damals schon ein Internet gegeben und ich könnte mit den Kindern meiner Feinde WOW spielen, dann gäbe es keine Feinde mehr und eine neue Welt entsteht. Und das passiert gerade.

(Ich habe jetzt eine russische Freundin, sie kommt aus einem für Deutsche unaussprechlichen Teil von Russland, neben Georgien. Sie ist so alt wie ich und unsere Elterngeneration hat sich noch im Krieg gegenseitig töten müssen.)

Wenn man miteinander spielt, ist man per Internet „miteinander" verbunden, hat ein Headset auf, das ist ein Kopfhörer mit Mikrophon, und redet miteinander, als ob man im gleichen Zimmer sitzt. Doch in Wirklichkeit ist man manchmal 1000 Kilometer entfernt und spielt zeitgleich, modern gesagt in Echtzeit, miteinander, redet, kämpft, freut sich, teilt seine Gefühle mit, ist miteinander verbunden. Stellt Euch mal vor, so was hätte Rudi Dutschke oder Hitler gehabt. Wären sie dann so schnell gestorben und jetzt mausetot und hätten sie dann so viele Menschen mit in den Tod gerissen?

Mein Stiefsohn ist auf Level 70 und entwickelt mit diesem Spiel seine Persönlichkeit, entwickelt soziales Denken und Mitgefühl, Empathie und Rücksicht und spielt und spielt und spielt.

Andere Helden

Gut, James Bond war nicht schlecht, doch wirkt er lächerlich gegenüber einem „*X-Men*", einem *Hiro* aus „*Heroes*", einem *Neon* in „*Matrix*" oder einem *Vin Diesel* in „*Tripple X*".

Jetzt werden mir die Obergescheiten erwidern, dass die Computerfreaks ja nur vor ihrem Kasten sitzen und somit keine wirkliche Auseinandersetzung mit ihrem Körper erleben.

Sicherlich, wenn man sie zu Hause einsperrt und ihnen keine Möglichkeit zur Körperexploration gibt, gerade wenn ihre Umgebung nur sitzt und sich nicht bewegen will (die Krankheit, die Wilhelm Reich so oft erwähnt). Sobald die Kids aber ihre eigene Wirklichkeit schaffen, also frei von Gehorsam und Pflicht *sind* und kinderorientierte Eltern besitzen, dann ist ein Skateboard genauso Accessoire eines neues Kindes, wie Fußball- oder Ballettschuhe, Inlineskater, Reit- oder Karategürtel.

„Aschenzeit"

Der bekannte Dichter, Schriftsteller und Männer-Forscher *Robert Bly* spricht in seinem Buch *„Eisenhans" (München 1991, im Verlag Knaur, S.118ff)* von einem beachtenswerten Phänomen:

„Der norwegische Forscher R.Keyser vertritt die These, dass jungen Männern zur Zeit der Wikinger manchmal zwei oder drei Aschenjahre zugestanden werden.
Damals lebten die Norweger in lang gestreckten Gemeinschaftshäusern, den langen Häusern der Westküstenindianer nicht unähnlich. In seinem Buch über die alten Nordländer beschreibt Keyser, wie dreißig oder vierzig Menschen in Betten schliefen, die an den Wänden entlang aufgestellt waren. Die Mitte der Halle war gepflastert und diente als Feuerstelle. Der Rauch zog durch Löcher in der Decke ab. Einen halben bis einen Meter von dem gepflasterten Bereich entfernt, zwischen dem Feuer und den Betten, lagen lange Aschenhaufen. Man fand heraus, dass sich junge Männer manchmal in dem Zwischenraum zwischen Feuer und Aschenhaufen nieder-ließen und zwei oder drei Jahre dort blieben.>>Diese jungen Männer sah man ständig um das Feuer kauern, sich in der Asche wälzen und Asche essen; ihnen lag weder daran, sich mit irgendetwas Nütz-lichem zu beschäftigen, noch sich sauber zu halten.<< Anscheinend kauten manche von ihnen auch Schlacke. Man nannte sie Schlackebeißer. Ganz offensichtlich hielten diese jungen Männer eine Art Winterschlaf oder verharrten in ritueller Lethargie, und die älteren Männer und Frauen ließen es zu. Wenn heute ein junger Mann das Bedürfnis verspürt, die Schule hinzuschmeißen, so gibt es dafür kein Ritual, und wahrscheinlich wird er sich am Ende schämen, oder schlimmer, im Gefängnis landen.
Keyser erwähnt einen Schlackebeißer aus dem elften Jahrhundert mit Namen Starkad, der mehrere Jahre in der Asche verbrachte, bis sein Pflegevater ihn aufforderte, an einer Kriegsfahrt teilzunehmen. Sofort stand er auf, rasierte sich, zog sich an und wurde einer der besten Krieger auf dieser Fahrt; später wurde er ein berühmter Dichter, an den auch in den altnordischen Sagas erinnert wird."

Bley beschreibt hier etwas, was man bei den neuen Kindern sehr oft erleben kann. Gehen Sie mal auf eine *Goa-Party* oder auf ein *Rave-Fest*. Sie werden dort die unterschiedlichsten „Schlackebeißer" kennen lernen, die dort in Rudel erscheinen und von dunklem Licht, Ekstase und Liebe leben. Diese Kids befolgen nur eine alte Tradition. Sobald sie ihre Aschezeit beendet haben und wissen, was sie selbst in dieser Welt ver-wirklich-en wollen, stehen „sie auf, rasieren sich, entledigen sich ihre Dreadlocks" und werde gute Menschen einer neuen Kultur. Ich hoffe, dass mein Buch endlich Verständnis schafft für die Aschenzeit der Kids, die ihre Zeit nutzen, um eine neue Welt zu schaffen.

Natürliche Ernährung

Zuletzt will ich noch auf einen interessanten Aspekt der Intuition der neuen Kinder eingehen. Sehr oft höre ich von Eltern, dass ihre Kinder kein Fleisch essen wollen. Durch ihre dadurch bedingte vegetarische oder auch vegane Kost (keine tierischen Produkte) entwickeln sie oft eine sehr gute Sensibilität für ungewöhnliche Phänomene. Der junge indische Regisseur *M. Night Shyamalan* hat das sehr deutlich in seinen Filmen *„the 6th Sense", „ unbreakable"* oder *„signs"* gemacht, wo Kinder immer die Schlüsselrolle spielen, um Ungewöhnliches vorherzusehen, aufzudecken oder zu ergründen. Diese Fähigkeiten sind das, was wir Hellsichtigkeit, Hellhörigkeit oder Telepathie nennen. Diese Fahigkeiten haben wir schon lange verloren, weil uns die Werbung mit einer Ernährungskultur seit Jahren durch die verschiedensten Gifte wie Aspartam, auch genannt, E 951 verblödet und uns einredet, wir werden gesund und reich und gescheit, wenn wir ihre Produkte essen.

Hier ein Text über Aspartam, einen Süßstoff, der schon in 9000 Lebensmitteln und 3000 Bioprodukten ist:

ASPARTAM ®

(Zusendung aus dem Internet) Würden Sie freiwillig ein Glas Methanol oder Formalin trinken? Ich bin mir ziemlich sicher, dass Sie das nicht tun werden. Warum? Blöde Frage: weil es zum sofortigen Tod führt! Trinken Sie stattdessen lieber eine Coke-Light oder kauen Sie ein Orbit ohne Zucker? Geben Sie ihren Kindern wegen der Karies-Gefahr lieber eine Coke-Light statt einer normalen Cola? Im allgemeinen verursachen Nahrungsmittelzusätze keine Hirnschäden, Kopfschmerzen, der Multiplen Sklerose (MS) ähnliche Symptome, Epilepsie, Parkinson'sche Krankheit, Alzheimer,

Stimmungswechsel, Hautwucherungen, Blindheit, Hirntumore, Umnachtung und Depressionen oder beschädigen das Kurzzeitgedächtnis oder die Intelligenz. Aspartam verursacht das und noch ca. 90 weitere, durch Langzeituntersuchungen bestätigte Symptome. Sie glauben mir nicht? Lesen Sie weiter!

Aspartam, auch bekannt als Nutra-Sweet, Equal, Spoonfull, Canderel, Sanecta oder einfach E951 ist ein sogenannter Zuckerersatzstoff (E950-999). Die chemische Bezeichnung lautet "L-Aspartyl-L-Phenylalaninmethylester". Aspartam besitzt die 200-fache Süßkraft von Zucker und hat 4 kcal/g (16,8 kJ/g). Nicht nur bei Diabetikern, sondern auch bei Körperbewussten beliebt wegen seines im Vergleich zu Saccharin oder Cyclamat sehr natürlichen "Zucker"-Geschmacks ist Aspartam in mehr als 90 Ländern (seit das Patent der Firma "Monsanto" bzw. der Tochterfirma "Kelco" ausgelaufen ist) weltweit in mehr als 9000 Produkten enthalten.

Aspartam ist ein sog. Dipeptidester der beiden Aminosäuren L-Asparaginsäure und L-Phenylalanin. Beide Aminosäuren werden mittels Mikroorganismen hergestellt; die amerikanische Firma G.D. Searle & Co., Tochterfirma des Chemiegiganten Monsanto, soll ein Verfahren entwickelt haben, um Phenylalanin durch genmanipulierte Bakterien preisgünstiger produzieren zu lassen. Auch die Hoechst AG besitzt angeblich Patente dafür (Quelle: G. Spelsberg, Essen aus dem Genlabor, Verlag Die Werkstatt, 1993).

Das Problem mit Aspartam ist nun, dass es im menschlichen Körper wieder in seine Grundsubstanzen Asparaginsäure (40%), Phenylalanin (50%) sowie Methanol (10%) zerfällt:

Phenylalanin ist für Menschen, die unter der angeborenen Stoffwechselkrankheit Phenylketonurie (PKU) leiden, sehr gefährlich. Durch einen Mangel oder Defekt an dem körpereigenen Enzym Phenylalaninhydroxylase, welches Phenylalanin (das auch im Körper vorkommt) in Tyrosin umwandelt, häuft sich Phenylalanin im Körper an und wird von ihm in Phenylbrenztraubensäure umgewandelt. Die Folgen sind u.a. verkümmertes Wachstum und "Schwachsinn". Deshalb müssen Lebensmittel mit Aspartam mit dem Hinweis "enthält Phenylalanin" versehen sein. Außerdem verursacht ein erhöhter Phenylalaningehalt im Blut einen verringerten Serotoninspiegel im Hirn, der zu emotionellen Störungen wie z.B. Depressionen führen kann. Besonders gefährlich ist ein zu geringer

Serotoninspiegel für Ungeborene und Kleinkinder. In einer eidesstattlichen Erklärung vor dem US-Kongress hat Dr. Louis J. Elsas außerdem gezeigt, dass Phenylalanin von Nagetieren (auf denen die Untersuchungen des Herstellers Monsanto beruhen) weit besser abgebaut wird als von Menschen.
Asparaginsäure ist noch gefährlicher. Dr. Russel L. Blaylock von der Medizinischen Universität von Mississippi hat mit Bezug auf über 500 wissenschaftliche Referenzen festgestellt, dass drastisch hohe Mengen freier ungebundener Aminosäuren wie Aspartamsäure oder Glutaminsäure (aus der übrigens Mononatrium-Glutamat zu 90% besteht) schwere chronische neurologische Störungen und eine Vielzahl anderer akuter Symptome verursacht. Normalerweise verhindert die so genannte Blut-Hirn-Barriere (BBB) einen erhöhten Aspartam- und Glutamatspiegel genauso wie andere hohe Konzentrationen von Giften in der Versorgung des Hirns mit Blut. Diese ist jedoch erstens im Kindesalter noch nicht voll entwickelt, zweitens schützt sie nicht alle Teile des Gehirns, drittens wird die BBB von einigen chronischen oder akuten Zuständen beschädigt und viertens wird sie durch extremen Gebrauch von Aspartam und Glutamat quasi überflutet.
Das beginnt langsam, die Neuronen zu beschädigen. Mehr als 75% der Hirnzellen werden geschädigt, bevor klinische Symptome folgender Krankheiten auftreten: MS, ALS, Gedächtnisverlust, hormonelle Probleme, Verlust der Hörvermögens, Epilepsie, Alzheimer, Parkinson, Hypoglykämie u.a.. Ich bin kein Arzt und besitze keine medizinische Bildung, aber ich wünsche niemandem auch nur ein einziges dieser furchtbaren Leiden. Der Hersteller Monsanto und die offiziellen Behörden der meisten Länder schweigen sich darüber aus oder präsentieren Forschungsergebnisse, die das genaue Gegenteil behaupten. Eigentlich kann einem da nur schlecht werden.
Methanol (auch Holzalkohol genannt, chemisch Methylalkohol) ist mindestens genauso gefährlich. Schon geringe Mengen Methanol, über einen größeren Zeitraum eingenommen, akkumulieren sich im Körper und schädigen alle Nerven, ganz besonders die sehr empfindlichen Sehnerven und die Hirnzellen. In normalen alkoholischen Getränken, die ebenfalls Methanol enthalten, wirkt der

Ethylalkohol dem Methylalkohol teilweise entgegen und schwächt seine Wirkungen ab. Nicht in Aspartam!
Methanol wird aus Aspartam freigesetzt, wenn es mit dem Enzym Chymotrypsin zusammentrifft. Die Absorption von Methanol durch den Körper wird noch beschleunigt, wenn dem Körper freies ungebundenes Methanol zugeführt wird. Methanol wird aus Aspartam auch frei, wenn man es über 30°C (86°F) erhitzt. Aspartam zerfällt dann in all seine guten Bestandteile (s.o.). Also lassen Sie sich die warme Coke-Light das nächste Mal schmecken. Nein; im Ernst: 1993 hat die FDA (Food and Drug Administration, USA) den Gebrauch von Aspartam für Lebensmittel freigegeben, die über 30°C erhitzt werden. Unglaublich, aber wahr!
Es gibt auch Hypothesen, die das sog. Golfkriegs-Syndrom (GWI - Gulf War Illness), mit dem viele US-Soldaten nach Hause gekommen sind, auf überhitzt gelagerte Coke-Light-Dosen zurückzuführen sind, die (in extremen Mengen) den Soldaten den Aufenthalt in der Wüste erträglich machen sollten.
Methanol wird übrigens vom Körper durchaus abgebaut, nämlich zu Formaldehyd (Formalin, chemisch Methanal) und Ameisensäure (chemisch Methansäure). Formalin ist ein tödliches Nervengift und wird vom Körper angesammelt und nicht abgebaut. Aber machen Sie sich keine Sorgen: die Mengen Formalin, die Ihre Spanplattenschränke und -regale abgeben, sind winzig im Vergleich zu den Mengen eines Dauerkonsums von Aspartam. Auch Ameisensäure ist für den Menschen extrem giftig, wenn es sich im Blutkreislauf befindet.
Noch einmal zum Nachrechnen: Der ADI (Acceptable Daily Intake - Tägliche akzeptable Dosis) von Methanol ist 7,8 mg/Tag. Ein Liter mit Aspartam gesüßtes Getränk enthält ca. 56 mg Methanol. "Vieltrinker" kommen so auf eine Tagesdosis von 250 mg. Das ist die 32-fache Menge des empfohlenen Grenzwertes!
Symptome einer Methanol-Vergiftung sind: Kopfschmerzen, Ohrensausen, Übelkeit, Beschwerden des Verdauungstraktes, Müdigkeit, Vertigo, Gedächtnislücken, Taubheit und reißende Schmerzen in den Extremitäten, Verhaltensstörungen und Neuritis. Die bekanntesten Symptome sind aber verschwommenes Sehen, fortgeschrittene Einengung des Gesichtsfeldes, Zerstörung der Netzhaut und Blindheit. Formaldehyd ist krebserregend und verursacht Zerstörung der

Netzhaut, Störungen bei der DNA-Replikation und Geburtsfehler. Durch ein Fehlen von verschiedenen Schlüsselenzymen ist die Wirkung bei Menschen wesentlich stärker als bei anderen Säugetieren. Was wiederum die Tauglichkeit von Tierexperimenten in Frage stellt, die vom Konzern angestellt wurden.
Diketeropiperazin (DKP) ist ein Beiprodukt, das bei der Erhitzung und dem Abbau von Aspartam entsteht und in Verbindung gebracht wird mit Hirntumor. Kein Kommentar.
Jetzt taucht bei Ihnen natürlich die Frage auf, warum das nicht allgemein bekannt ist! Dafür gibt es sicherlich zwei Gründe: erstens tauchen solche Meldungen nicht in der Tagespresse auf wie zum Beispiel Flugzeugabstürze und zweitens verbinden die meisten Menschen ihre Beschwerden nicht mit ihrem langandauernden Aspartamkonsum. Die Freigabe von Aspartam als Nahrungsmittelzusatz und Zuckerersatz durch die FDA (Food and Drug Administration, USA) ist ein Beispiel für die Verbindung von Großkonzernen wie Monsanto und den Regierungsbehörden sowie der Überflutung der wissenschaftlichen Gemeinde mit gewollt falschen Informationen und Desinformationen. Es liegen Beweise vor, die bestätigen, dass Labortests gefälscht worden sind, Tumore von Versuchstieren entfernt worden sind und offizielle Behörden bewusst falsch informiert wurden... Als kleine Dreingabe: Aspartam stand bis Mitte der 70er Jahre auf einer CIA-Liste als potentielles Mittel zu biochemischen Kriegs-führung.

Noch einmal: Aspartam, ist schon in 9000 Lebensmitteln und 3000 Bioprodukten. Genauso giftig ist auch jodiertes Salz und Glutamat, die zudem wie Aspartam Träger von schwarzmagischen Schwingungen sind, die chemisch nicht nachweisbar sind und Angstgefühle, Minderwertigkeitsgefühle und Schuldgefühle er-zeugen.

Meine Kinder wollen, dass ich etwas Gutes für sie koche. Regelmäßig und pünktlich. Am besten ohne Fleisch und Tierprodukte.
(Wenn die Eltern keine Zeit dafür haben, dann brauchen wir uns nicht wundern, dass die Kinder genauso wie die Erwachsenen verfetten und krank werden, doch darüber spreche ich noch später.)

Und das will jedes Kind, wenn man es selbst entscheiden lässt.

Dass es jetzt beim Billa/Rewe-Konzern eine Bioabteilung gibt, die schon Millionenumsätze macht, ist Folge der Nachfrage der Kinder nach natürlicher Ernährung.

Märchenspiel

Ich bin ausgebildeter Märchenerzähler, so langsam werden Sie das ja schon gemerkt haben. Ich hatte das Glück, dass mein Lektor im Germanistikseminar damaliger Präsident der Europäischen Märchen Gesellschaft war. Ich war damals wie ein Meisterschüler von ihm und durfte im zweiten Semester sogar schon eigene Kurse leiten. Heute spreche ich vor Schulklassen und Kindergärten Märchen und spiele sie dann mit den Kindern. Diese alte Tradition vom Märchenspiel ist die direkte Fortsetzung des antiken Theaters, die ich von meiner Weisheitslehrerin Mellie Uyldert gelernt habe.
Zu Fasching ließ ich eine Kindergruppe ohne Verkleidung kommen, das war zuletzt in einer Sozialstätte in Krems. Ich sprach über Märchen und stellte das *Grimmsche Märchen* von der „*Bienenkönigin*" vor. Ich bat die anwesenden Mütter und Tanten, die Kinder nach den Rollen im Märchen zu verkleiden und zu schminken. Da gab es dann süße Ameisen, Enten, Bienen, Prinzessinnen und Prinzen. Dann bauten wir einige provisorische Requisiten auf und spielten das Märchen. Die Kinder hatten eine große Freude und „Hetz" (österr.Begeisterung). Das Märchen gab ich den Eltern in Kopie mit, mit dem Auftrag, es bei Bedarf am Abend vor dem Einschlafen vorzulesen. Die Eltern erzählten mir später, dass sie das Märchen teilweise drei Wochen lang regelmäßig vorlesen mussten. Die Lehrer wunderten sich, was diese Aktion bei den Kindern ausgelöst hatte, teilweise schrieben die Älteren eigene Märchen oder begaben sich auf verschiedene Weise in die Anderswelt.
„*Kinder brauchen Märchen!*" forderte der berühmte Psychologe *Bruno Bettelheim,* weil Märchen „ *Nahrung für ihre Seele sind!*" *(Mellie Uyldert)* Auch hier wird wieder deutlich, wie sehr die neues Kinder in einer mythischen Welt verwurzelt sind, aus der sie schöpfen und leben.

Nicht umsonst ist der große Erfolg von *„ Herr der Ringe"*, der die Kinowelt verzaubert hat, Ausdruck unserer Zeit und spiegelt die Sehnsucht nach Mythen und Märchen wieder. Wenn man die Computerspiele der Kinder kennt, weiß man von der Vielzahl mythischer Themen und Märchenmotive.

Jetzt muss ich unbedingt ein Gedicht von Novalis anbringen, das mir gerade einfällt:

Wenn nicht mehr Zahlen und Figuren
Sind Schlüssel aller Kreaturen,
Wenn die so singen, oder küssen
Mehr als die Tiefgelehrten wissen
Wenn sich die Welt ins freie Leben,
Und in die <freie> Welt wird zurückbegeben,
Wenn dann sich wieder Licht und Schatten
Zu echter Klarheit wieder gatten
Und man in Märchen und Gedichten
Erkennt die <alten> wahren Weltgeschichten,
Dann fliegt von Einem geheimen Wort
Das ganze verkehrte Wesen fort!

Novalis

Sie können davon ausgehen, dass ein neues Kind das „ eine geheime Wort" weiß!

Kinder brauchen Märchen und Geschichten

Doch wo sind die fantastischen Abenteuer von *Prinz Eisenherz* als *„Ironheart"* im Englischunterricht? Wo sind die faszinierenden Erzählungen von *Jules Verne, Karl May* und *die Grimmschen Märchen* im Deutschunterricht? Wo sind die *griechischen Sagen des Altertums* im Geschichtsunterricht, wo sind *Caesars Kriegsbeschreibungen in Gallien* im Lateinunterricht, wo ist der Streit zwischen *Leibniz* und *Newton*, wer denn jetzt die *Infinitesimalrechnung* erfunden hat im Mathematikunterricht und die Gedichte

von *Baudelaire, Villon* und *Rimbaud* und Erzählungen von *Victor Hugo, Alexander Dumas* und *Lewis Caroll* im Französisch- oder Englischunterricht?
Weg, einfach nicht mehr vorhanden. Weil ein Lehrer heute nach der Kultur- und Traditionszerstörung durch so Gangster wie *Marcuse, Adorno* und *Horkheimer* sich eher in sein Hinterteil beißt, als den Mut aufzubringen, den Kids gute Literatur zu vermitteln aus der tief begründeten Angst heraus, er könnte dann verdächtigt werden, ins zu rechte oder zu linke Lager zu fallen oder noch als alter *Hippiekiffer* geoutet zu werden. Mein Gott, wie tief ist unsere Spaß- und Konsumkultur gefallen. Glücklicherweise entdecken die Kids dann immer noch die Perlen der Vergangenheit und reden nur mit sich Selbst und Ihresgleichen darüber, (und ab und zu mit mir. Heute hat mich ein 18 Jähriger junger Mann aus der Steiermark über skype angerufen. Er ist ein Freund von dem Sohn einer Mitarbeiterin von mir. Er war so etwas von neugierig, dass es mich fast gerührt hat und bekam Informationen über sich Selbst, die er wie eine Gebrauchs-anweisung aufnahm, einfach awesome, würden die Amis sagen)

Die Angst der Pharmaindustrie

Ein anderer noch sehr auffälliger Aspekt des natürlichen Denkens ist die immanente Ablehnung der wissenschaftlichen Chemomedizin durch die neues Kinder.
Diese neuen Kinder haben, wenn sie dürfen, einen klaren Wunsch nach Kräuterheillehre, Homöopathie und Alternativmedizin.
Die Krankenhausmedizin, also die Chirurgie, Verbandskunst und Wundheillehre wird von ihnen angenommen, als das, was sie ist. Doch Pillen und „Pulverl" (österr. Tabletten) sind ihnen fremd, da sie sich nicht durch eine Chemoindustrie manipulieren lassen wollen. Oft habe ich erlebt, dass die Kinder intuitiv ein Huflattichblatt auf eine Wunde gelegt haben oder durch Schaukeln oder andere Maßnahmen sich vor Krankheit, Schwindel oder Verletzung geschützt oder selbst geheilt haben; wenn man sie lässt, machen sie immer das richtige. Ein neues Kind übertreibt auch nie beim Essen, sondern isst so viel, wie es mag und ihm angemessen erscheint. Kinder zum Essen oder Aufessen zu zwingen, ist eine weit verbreitete Krankheit.

Die weit verbreitete Auffassung, dass eine Krankheit ein Problem ist, das man mit scharfen Messern raus schneiden muss, um es zu lösen, diese Auffassung wird von ihnen intuitiv abgelehnt.

Oft habe ich Kinder erlebt, die mir aufmerksam zu hörten, wenn ich von den Ursachen von Krankheiten sprach. Jede Krankheit hat eine Ursache. Meist ist es ein Konflikt, den der Mensch durch ein Schockerlebnis erfährt. Dieser Konflikt im Leben muss gelöst werden. Verdrängt der Mensch diese Ebene, so geht der Konflikt auf die körperliche und wird eine Krankheit.

Schon seit Jahren, Jahrhunderten sogar Jahrtausenden wissen Schamanen, Weisheitslehrer und Heiler von diesen Gesetzen von Ursache und Wirkungen und können „jede" Krankheit als Hinweis auf ein ungelöstes Problem „ erklären". Wenn der Mensch seinen Konflikt löst und mit einem neuen Bewusstsein lebt, löst sich die Krankheit von alleine auf, ohne dass eine Wissenschaft, eine Chemie oder ein Kraut notwendig wird.

Die *Kräuterheilkunde* eines *Paracelsus*, die *Homöopathie* eines Hahnemann oder *die Blütenessenzen* eines *Herrn Bach* helfen den Menschen schneller auf den Konflikt und seine Lösung zu kommen. Doch sie heilen nicht, sie geben dem Bewusstsein nur eine Hilfe, mit Selbstheilungskräften = Erkenntnis, die Lebensmaschine wieder in Gang zu setzen.

Somit ist jede Krankenhauswissenschaft, die ein Problem mit Chemie oder Skalpell lösen will, eine Anarchie gegen Mutter Natur, die mit ihren Wirkkräften (verstanden mit Hilfe der Signaturlehre und Signaltechnik, was ich später noch erklären werde) den Menschen schulen will. Nicht nur, dass die Menschen dadurch verschandelt (österr.hässlich) werden, sie werden auch Zeit ihres Lebens von einer unnötigen sündhaft teuren Chemieindustrie abhängig gemacht.

Hier fällt mir eine Geschichte ein, die Jan van Helsing in seinem letzten Buch zitiert hat, wo er beschreibt, wie die Gedankenkraft der neuen Kinder Wunder zulässt:

„Zum Thema Gedankenkraft fällt mir ein interessantes Beispiel ein. Drunvalo Melchizedek – ein US-Amerikaner, der eine Technik lehrt, durch eine Kombination von Meditation, Wissen und Gefühlen den eigenen Lichtkörper(genannt Merkabah) zu aktivieren und sich dann unsichtbar zu machen, zu dematerialisieren und woanders

wieder zu materialisieren – erzählte auf einem Seminar folgende Geschichte:
Ein Junge hatte einen Verkehrsunfall und verlor dabei ein Bein.
Doch nach einigen Wochen bemerkten die Eltern und auch die Ärzte, dass das Bein anfing, wieder nachzuwachsen. "Unmöglich", kreischten alle sofort. Man konnte sich die Sache nicht erklären und begann, das Wachsen auf Video aufzuzeichnen. Drunvalo behauptete auf dem Seminar, dass in der Zeit, als er davon erfuhr, gerade die Zehen am Nachwachsen waren. Welches Geheimnis steckt dahinter?
Nun, was den Eltern irgendwann wieder einfiel, war, dass der Junge in seiner Kindheit immer mit Eidechsen gespielt hatte. Und wie wir alle wissen, wächst bei den Eidechsen ein abgerissener oder abgefallener Schwanz wieder nach. Nun hatten es sowohl die Ärzte als auch die Eltern versäumt, dem Jungen zu erklären, dass bei Menschen die Glieder <u>nicht</u> mehr nachwachsen. Und da ihm das keiner gesagt hatte, ging der Bub durch seine Beobachtung der Eidechsen davon aus, dass dies beim Menschen genauso ist.
Wir sehen, die Kraft der Gedanken und Vorstellungen kann wirkliche Wunder vollbringen. Oder ist es vielleicht gar kein Wunder? Ist es vielleicht normal, dass die Glieder nachwachsen? Ist es unsere beschränkte Denkweise, die uns davon abhält?

Und sind es vielleicht jetzt die neuen Kinder, die uns von solchen beschränkten Denkweisen befreien wollen?
Wenn ich mit meiner unbeschränkten Denkweise über die Heilkunst Recht haben, werde ich sicher genauso ins Gefängnis gesteckt, wie das vielen großen Heilern und Heil-Wissenschaftlern passiert ist. Mit ihren „Erklärung" von Krankheiten und Heilung wird jeder Mediziner zum Mörder, Quacksalber und Volksvergifter gemacht. Klar, dass die Höchste Ärzteschaft diese Heiler mit viel Einfluss und Betrug in scheußliche Gefängnisse stecken ließ, mit falschen (sogar zugegebenen) Urteilen und Verurteilungen, nur damit sie mundtot wurden.

Meine Kinder haben mir gesagt, dass sie nie mehr zu einem Mediziner gehen wollen, wenn es nicht um Schnupfen, Armbruch oder blutige Wunden handelt. Glücklicherweise habe ich mit dem

Medigethiker, siehe Anhang, die rechte und linke Heilkunst wieder vereinigt und erlebe jetzt Toleranz und Offenheit auf beiden Seiten.

Wir saßen am Abend oft zusammen und untersuchen die Ursachen der Signale unserer Körper. Dabei kommen oft faszinierende Vorschläge von den Kids und wenn der Konflikt gelöst ist, sind die Körper bald wieder gesund. Muss der Körper mal etwas entschlacken, so gibt es das gute Wasser und der Fall ist bald „ausgeschieden", im wahrsten Sinne des Wortes.

Der große Plan

Man muss aber auch verstehen, dass die Medizin im großen Spiel des Lebens auch ihren Platz und Sinn hat, der für die Entwickelung der Menschen notwendig ist. Für denjenigen, der sich nicht gleich verändern kann und die Zeichen seines Körpers nicht versteht, ist der Mediziner eine Autorität, der er vertrauen kann. Jeder ist nicht gleich bereit, sein Leben zu ändern, doch nach einer gewissen Zeit in einem „Kranken"-haus kommt jeder zu einer Ebene, wo er über sich nachdenken muss.

„Der Schmerz verändert das Denken", sagen viele große Denker und meinen das sehr wörtlich. In gewisser Weise ist jeder für seine Entwicklung und vor allem für die Geschwindigkeit seiner Entwickelung selbst verantwortlich. Und die Welt hat tausend Möglich-keiten, wie, wann und warum ein Mensch wachsen kann.

Auf der anderen Seite gibt es schon viele Mediziner, die neue nichtwissenschaftliche, also wieder alchemistische Wege gehen und tiefer schauen, doch die sind natürlich die Gefährlichsten und die Presse hat ihr großes Fressen oder stille Ehrfurcht. Ein *Deepak Chopra, eine Luise L. Hay, ein Rüdiger Dahlke, ein Prof. Hackethal* oder *Dr. Hamer* leben auch in unserer Welt und helfen den Menschen, zu einem natürlichen Denken zurückzukehren. Doch noch immer ist es jeder Oma ganz wichtig, mindestens eine Stunde pro Woche bei ihrem Mediziner zu warten, um dann wenigstens von ihm für ihre Krankheiten Aufmerksamkeit zu bekommen, weil eh kein Familienmitglied mehr Lust hat, über ihre Wehwehchen noch etwas

zu hören. Diese Menschen haben nie die Stufe vom Nehmen zum Geben überschritten und sind in einer materiellen Welt gefangen.
Die neuen Kinder verändern nicht nur ihre Eltern, sondern auch ihre Großeltern. Ich sah oft Omas und Opas mit Enkeln im Cafehaus, die stundenlang über wirkliche Dinge sprechen und jeder ist nachher glücklich. – die Kids im Magen, die Alten im Herzen.

Zusammenfassung

Die Kinder wollen spielen und Ihr Spiel ist realer als unsere Welt. Bitte beobachten Sie ihre Kinder, lassen Sie sich auf ihre „Vipes" ein, spielen sie mit, spielen sie mit Ihnen, erobern sie sanft „Ihre" Welt und wenn Ihnen dann der Sohnemann die Greatful Dead Schallplatte zeigt, die er im Keller fand unter den verborgenen Souvenirs aus Ihrer Studentenzeit, dann lächeln Sie und feiern sie mit, feiern Sie mit Ihrem Kind das Leben voller Ekstase und Fröhlichkeit und seien sie willkommen im neuen Zeitalter des Wassermanns = „connecting people"(Nokia).

5. Ein natürlicher Mensch fordert alles und ist dankbar, wenn er das bekommt, was er will!

In unserem Cafehaus erleben wir immer wieder die gleiche Situation. Da steht ein kleiner Mensch mit Stielaugen vor der Auslage mit dem Naschzeug und will was.
 Ja, für <u>wen</u> soll denn das Zuckerzeug sein, wenn nicht für <u>ihn</u>. Und wenn sie was wollen, dann kriegen sie es auch. *Den Kindern gehört die Welt*, heißt es so schön, doch das ist eine Floskel, die vor zwanzig Jahren noch idealistisch behauptet wurde.
Doch <u>jetzt</u> ist es soweit. Für Veränderungen ist es notwendig, dass ein Wille ihn bewirkt. Doch nach all den Anti-Bewegungen, Anti-AKW, Antimilitarismus, An(ti)archi, also der Ablehnung von allem, kam dann endlich der Wille <u>für</u> Etwas. Die Grünen waren <u>für</u> Natur

und noch gegen vieles andere. Dann kam die Biobewegung, die Frauenbewegung, die esoterische Bewegung und jetzt die Kids, die alles wollen, also die Willensbewegung. Dazu ist jedoch ein freier Wille notwendig. Doch ein freier Wille entsteht im Herzen und das beherrschen die Kids perfekt.

Wer etwas aus dem Herzen heraus will, tut es mit Dankbarkeit!

Und das ist etwas, was uns im Cafehaus oft nahe geht. Die Kinder können sich über einen Schlecker oder ein Überraschungsei, über einen Schokoschirm oder über Haribos noch richtig freuen.

Diese Dankbarkeit erlebe ich sehr oft, wenn ich neuen Kindern mit Respekt und Würde begegne, sie ist immer rein mit allem Gefühl, das sie besitzen. Sie wollen die Welt, doch sie geben auch etwas von sich selbst dafür.

Kinder wissen oft, dass das Leben nicht nur aus Nehmen besteht, sondern dass sie auch Dinge und Kräfte haben, die sie geben können. Sei es ihre Dankbarkeit, ihre Aufmerksamkeit, ihr Mitgefühl und vor allem ihre Anteilnahme. Sooft erlebe ich, dass die Kinder die ungeklärten Energien und Systemqualitäten ihrer Familien aufnehmen, um sie mit ihrer eigenen Kraft aufzulösen. Sie opfern sich oft dafür, dass Eltern sich verändern können und lösen Probleme mit ihrem eigenen Körper auf. Sie leiden solange bewusst aber auch oft unbewusst an dem Thema, bis sie für sich eine Lösung gefunden haben. Ich nenne diese Kinder *Powerindigos*, weil sie mit einer Riesenkraft die ungeklärten Dinge ihrer Umgebung aufsaugen und sie in sich verändern wollen, was für ein Heldentum! Je mehr wir mit ihnen kommunizieren lernen, desto mehr können wir ihre Auf-gaben erkennen und wieder eigene Verantwortung übernehmen.

Zusammenfassung

Die Kinder beherrschen die Kunst der Dankbarkeit. Machen Sie ein Spiel am Abend vorm Einschlafen Gehen, das „Dankbarkeitsspiel". Jeder soll drei Dinge sagen, für die er am heutigen Tag dankbar ist und drei Dinge, für die er sich entschuldigen will. Jeder, Papa und Mama auch.

Sie werden still ins Bett gehen, nicht die Kinder, *Sie* werden still ins Bett gehen, weil *Sie* so fasziniert sind von der ethischen Kraft ihrer Kinder, dass es Ihnen die Sprache verschlägt. Sie werden ein anderes Verhältnis zu Ihren Kindern bekommen, weil Sie etwas von Ihren Kindern bekommen, zurückbekommen, dass Sie nicht erwartet haben, *Respekt und Würde.*

6. Ein natürlicher Mensch liebt seinen Körper!

Was haben die Soulsängerin Alicia Keys, der grüne Koch Jamie Oliver, ein Herminator, Schauspieler wie Vim Diesel, Jude Law oder Keanu Reeves, das Schachwunder Marcus Carlsen oder ein Eminem gemeinsam?
Sie lieben ihren Körper und leben seine Fähigkeiten in allen möglichen Richtungen aus. So oft ich MTV schaue, bin ich überwältigt von der Körperliebe dieser neuen Generation.
Der Körper ist das Tor und die Gefühle, Sensationen, Ekstasen und Explorationen der unmittelbaren Körper-Erfahrungen sind der Beginn einer neue Spiritualität, die weit weg ist von der postmodernen Mittelalterlichkeit der Intellektuellen der 68er- oder Friedensbewegung, die ihre „NO FUTURE" Prognosen immer gegen ihre eigenen Körperlichkeit als Punk oder Trash (Selbstmord wie Kurt Cobain:" It´s better to burn out than to fade away!") gerichtet haben.
„Gott ist die Liebe – und die spürt man nur als körperliche!"

The Future of the Body

Als Arnold Schwarzenegger Anfang der 70er-Jahre in Amerika eine Bodybuildingkultur entwickelt hat, war er sich sicher nicht im Klaren, dass er genau den Zahn der Zeit getroffen hatte, auch wenn das bewusst oder unbewusst passiert ist. Nicht umsonst hat ihn *Michael Murphy*, der wichtigste Vertretern der kalifonischen *Human Potential Movement*, in seinem zukunftweisenden Werk *The Future of the Body (deutsch: Michael Murphy, der Quanten Mensch, ein Blick in die Entfaltung des menschlichen Potentials im 21. Jahrhundert, Integral Verlag, Wessobrunn, 1994)* erwähnt und zitiert.
„*Und manche Bodybuilder setzen Vorstellungsbilder ein, um das Wachstum ihrer Muskeln zu steigern. Sowohl Arnold Schwarzenegger als auch Frank Zane hatten, während sie sich auf die Weltmeisterschaft vorbereiteten, eine genaue Vorstellung von dem Körper, den sie anstrebten.*" „*Einmal pumpen, wenn ich mir*

den Muskel vorstelle, den ich haben will", sagte mir Schwarzenegger, „ist so viel wert wie zehnmal, wenn meine Gedanken abschweifen." Sowohl er als auch Zane sagten, dass sie ihre Körperform bewusst geplant hätten und Symmetrie, Definition und Konturen, die sie erreichen wollten, in ihr mentales Bild einbauten. Beide erzählten mir, dass ihr Training zu einem großen Teil von mentaler Übung abhängig war (S.468)"

Michael Murphy, Jahrgang 1930 ist Leiter des Esalen Institute. ..."*Das Esalen Institute ist in den Vereinigten Staaten eines der wichtigsten Zentren für Human Potential Movement, aus dem entscheidende Impulse auf dem Gebieten der humanistischen Psychologie, der Körper- und Psychotherapie hervorgegangen sind. Seit 30 Jahren finden in Esalen Workshops statt, in denen zahlreiche berühmte Therapeuten ihre Therapieformen entwickelt und vervollkommnet haben. Unter anderem arbeiten und lehrten hier: Fritz Pearls, Abraham Maslow, Ida Rolf, Moshe Feldenkrais, Stanislav Grof, Alan Watts und Aldous Huxley... Bei der amerikanischen Meisterschaft im 1500-Meter-Lauf wurde (Michael Murphy) Dritter in der Altersklasse über fünfzig."* In seinem Buch entwickelt er ein Training, wie man sein körperlich menschliches Potential über die normalen Grenzen entwickeln kann. (Ich war 1981 in Esalen, Big Sur und durfte ihn und Stanislav Grof dort kennen lernen).

Wenn Schwarzenegger in der Hochburg der Körperkultur Kalifornien zum Gouverneur gewählt wurde, dann einfach aus dem Grund, dass er Amerika und seiner Jugend etwas mit Nachhaltigkeit, eine modernes Wort für Wertigkeit, die andauert, gegeben hat, was vorher keiner für die nachfolgende Generation geschaffen hat, nämlich den mentalen und sogar spirituellen Glauben an die unendlichen Fähigkeiten des Körpers und seinen Erfahrungen damit.

Kunst des Kochens und Genießens

Als ich von meiner Arbeit an diesem Buch einmal aufstand, um mir einen Kaffee zu kochen, kam ich in die Küche und fand dort einen meiner Stiefsöhne, der sich ein Frühstück zubereitete. Im Fernsehen lief gerade eine Sendung mit Jamie Oliver.
http://www.youtube.com/watch?v=cxbY7f1w-Ng

Wie in einem Taumel wurde ich gebannt von Jamies Kunst des Kochens. Wie bei einem Bluessong schaffte er ein Kunstwerk mit Melodien, Rhythmus und natürlichen Bestandteilen. Er war ganz er selbst, ungeschminkt, natürlich und voller Freude und Respekt für die Dinge der Natur, die er zu einem Festival der Gerüche, Geschmacksrichtungen und Nahrungsmittel verfeinerte, transformierte und gestaltete. Da fehlte nichts. Gutes Essen, gute Stimmung und seine Energie machte daraus eine „heilige Speise", ohne Hokus-pokus, pur und natürlich.

Ich sah es am TV, doch ich hatte durch diese Vorführung den Geschmack auf der Zunge, grenzgenial. Seine Präsenz kam aus seiner absoluten Anwesenheit und aus seinem freien Umgang mit seiner Körperlichkeit, die er in das Ritual des Kochens integrierte. Er kochte für seine Freunde, die mit Dankbarkeit und Begeisterung die Speisen aufnahmen und zelebrierten. Jedes Gefühl kommt rüber, man riecht förmlich das Werk, so überzeugend kommt es rüber. Das war keine Show im herkömmlichen Sinne, das ist Kunst in Vollendung und die Speise voller Kraft und Lebensenergie. Seine Kochkunst, ungeschminkt, rein und pur ist der Ausdruck und Wunsch der neuen Kinder nach Natürlichkeit und angemessenem Umgang mit den Geschenken der Mutter Natur.

So oft erlebe ich diese Demut und Respekterfüllung bei den Kindern in meiner Umgebung, die sich bewusst mit Nahrungsmittel auseinander setzen, wenn sie von den Eltern dazu motiviert und von ihnen unterstützt werden. Viele dieser Kinder verweigern kategorisch jeden Fleischkonsum und entwickeln als evolutionäre Reaktion auf ihre innere Haltung teilweise keine Schneidezähne mehr.

Die Erste

In den 80er-Jahren lebte in New York eine Frau, die so schön wie eine Madonna war. Aber nicht eine christlich verklärte wie eine Venus von Botticelli, sondern eine magisch erotische wie auf Bildern der Präraffaeliten oder von Ernst Fuchs.

Sie lebte ihre Körperlichkeit auf allen Ebenen aus und verdiente damit als Sängerin, Tänzerin, Musikerin, Produzentin, Schauspielerin und Fotomodell über 600 Millionen Dollar. Sie schaffte mit ihrer körperlichen Präsenz ein vollkommen neues

Frauenbild, das frei von jeder emanzipatorischen Raunzerei (österr. Schimpferei) ist und die magisch, mystischen Fähigkeiten einer körperlich-erotischen Amazone repräsentierte, die offen zur körperlichen Liebe, Mütterlichkeit, Lebensfreude und weiblichen Schönheit steht. Sie wagte es auch in ihrem Video „Like a Prayer!"http://www.youtube.com/watch?v=cSVbwwsLPqw, einen Song über Spiritualität, religiöse Ekstase und Menschenwürde zu schaffen, der das Thema Anti-Rassismus auf ungewöhnliche Weise mit weiblicher Spiritualität und Lebendigkeit verbindet, indem sie „ *eine zum Leben erwachte Statue von* Martin von Porres *(küsst), welche viele für einen „schwarzen Jesus" hielten. Der Getränkekonzern Pepsi stoppte daraufhin eine Werbekampagne mit ihr, und auch der Vatikan zeigte sich entrüstet.*" (Laut Wiki)

Als sie ihre Schülerin Britney Spears auf einem gemeinsamen Konzert küsste, erwies sie sich als Schöpferin einer neuen Frauengeneration, die mit ihrer Körperlichkeit und Spiritualität jede Art von alter Körperfeindlichkeit und Kopfwichserei einer Esther Vilar, einer Alice Schwarzer oder Uta Ranke Heinemann, die sich stundenlang über die unbefleckte Empfängnis aufregten, vom Tisch fegte.

„*Justify my love!*" war die neue Devise und bringt noch heute jede fundamentalistische Männerwelt zum Einstürzen. Selbst ein Macho wie Mick Jagger hat da nichts mehr zum Mitreden, da er ja immer noch „*no satisfaction*" bekommt und sie bei kleinen Mädchen sucht.

Ihre Nachfolger

Madonna hat alles verändert und ihre Schülerinnen wie *Shakira, Anastasia, Christina Aguilera, Pink, Alanis Morissette, Björk, Dido, Heather Nova, Lauryn Hill, Missy Elliot, Skye Edwards – Sängerin von Morcheeba, Moloko, Skin von Skunk Anansi, Neneh Cherry, Sheryl Crow, Vanessa Paradis oder Jennifer Lopez* schaffen ein neues Paradigma in der Musikgeschichte. Frauen, die nicht nur singen, schauspielern, Geld verdienen oder kämpfen können, sondern auch tanzen und bedingungslos mit Herz und Leib lieben können, die die Kraft und Schönheit und Spiritualität *einer Iphigenie, einer Aphrodite, einer Sappho, einer Medusa* oder *einer Judith* aus der Bibel haben und ihre Körperlichkeit leben – „*als Gott den Mann erschuf, übte sie bloß!"*. Da passt kein Klischee mehr, das ist *„die Zukunft des Körpers"!*

Apropos Zukunft des Körpers: Vor Kurzem ist die große Dame des Tanztheaters, Pina Bausch, gestorben. Sie *„war eine deutsche Tänzerin, Choreografin, Tanzpädagogin und Ballettdirektorin des nach ihr benannten Tanztheaters in Wuppertal. In den 1970er-Jahren wurde Pina Bausch mit ihrer Entwicklung des Tanztheaters zu einer Kultfigur der internationalen Tanzszene. Sie gilt in der Fachwelt als die bedeutendste Choreografin der Gegenwart."* (laut Wiki) Sie hat mir Ihren „getanzen Gefühlen" eine Körpersprache geschaffen, die den „Ausdruck der Leibes" neu definiert hat. Wenn wir heute Videos auf YouTube sehen, wo neue Kinder wie Byoncé oder Britney Spears ihre Gefühle in Tanzschritte umsetzen, und uns ganz schummrig wird vor lauter Staunen, das uns ins Mitgefühl treibt, dann hat dieser Ausdruck seinen Beginn in den 70iger Jahren in Wuppertal gehabt, lange, bevor die oben genannten Tänzer und Sängerinnen geboren waren.

Boys in Town

Und die Burschen sind ihnen um nichts nach. Ein *Eminem* oder *Robbie Williams* waren mit 30 Jahren schon Dollarmillionäre, nicht weil sie so schöne Gesichter haben, sondern weil sie einzigartige Künstler sind, die mit ihrer Körperlichkeit und Präsenz eine neue Dimension in der Musikgeschichte durch harte Arbeit und eisernen Willen geschafft haben; von Müttern aus der Gosse ins Showbiz geführt. Man muss ihre Musik nicht mögen, doch man muss ihre Leistung anerkennen.
Das sind gute Geschäftsleute, gute Musiker, gute Tänzer, gute Performancer.. Neben ihnen wirkt Good-Old-Micky Jagger, was er halt ist, wie ein Opa der Rockmusik, und der hat auch alle seine Exzesse überlebt und ist nicht ohne seine *„mothers little helper"* ausgekommen, oder doch!?!

Parkour und Snakeboarding

Bitte schauen Sie sich die Kunst des „parkour" auf YouTube an, z.B. http://www.youtube.com/watch?v=WEeqHj3Nj2c. Da springen Jungs wie Äffchen die Wände rauf und runter, da werden Hindernisse überwunden mit einer Leiblichkeit die über jeder Vorstellung erhaben ist. *Parkour* ist eine phonetische Umwandlung des Wortes Parcour, was man allgemein als eine Strecke mit vorbereiteten Hindernissen bezeichnet. Park-our kann aber auch als eine wörtliche Übersetzung von „der Park gehört Uns!" bezeichnet werden.

Schauen Sie sich den deutschen Film „Parkour" von Marc Rensing an und nehmen Sie ein Binde für ihren Mund mit, der den ganzen Film offen bleiben wird, weil Sie sooo etwas noch nie gesehen haben.

Das ist die extremste Form der Leibexploration, also Erkundung der Grenzen des Machbaren, so etwas habe ich vorher vielleicht nur in Bruce Lee Filmen, aber da auch nicht so ausgiebig gesehen. Hier erreicht die leiblichen Grenzen Überschreitungen in Bewegung und Möglichkeiten, so etwas gab es im Zirkus, aber nicht bei Ihnen im Wohnblock oder auf dem Pausen-Schulhof. Hier wird nicht nur das Gehirnpotenzial eines Durchschnittsbürgers überschritten, hier werden die Grenzen von Körper und Leiblichkeit erweitert, die den Raum überwinden und den Geist auf neue Ebenen bringt. Hier ist *The Future of the Body* von *Michael Murphy* eine neue Gegenwart, die keine Grenzen mehr hat.

Die Generation meine neuen Kinder hat jetzt auch schon Kinder. Ihre Väter ruinierten sich Ihre Knie mit dem Skateboard. Die Welt der Kristallkinder gehen ein Schritt weiter und erproben Ihre Leiblichkeit am *Snakeboard* (siehe:
http://www.youtube.com/watch?v=_gj-JWzLCu0&feature=related.)

Das Snakeboarding geht einfach einen Schritt weiter und verlangt eine noch erweiterte Körperwahrnehmung wie das klassische Skateboarding, wo das Brett aus einem Teil und zwei Rollenpaaren besteht. Beim Snakeboading, so wie der Name schon sagt, besteht das Brett aus drei Teilen die unterschiedlich gelagert sind und somit bewegt werden können. Mein Stiefenkel D. fängt gar nicht erst mit einem Skateboard seines Stiefvaters H. An, zu üben; er versucht sich gleich seinen Klassenkameraden mit der weiterentwickelten Form des Snakeboarding und übt und übt und übt. Was für eine Entwickelung der Leiblichkeit! Was für eine Neudefinition von Exzessen!

Exzesse

Apropos Exzesse und Ernährung. Hier ein kurzer Text eines fast dreißigjährigen neuen Kindes erster Stunde, also eines schon erwachsenen Mannes, der mich mit sich und seiner Art und Weise sehr beeindruckt hat.

Von Martin Lacroix, Februar 2005

Nie mehr Diät!

Bald werde ich 29 Jahre alt, und von diesen 29 Jahren habe ich so gut wie 29 Jahre Diät gehalten. 5 Tage war ich alt, da hat der Kinderarzt beschlossen, dass Gefahr bestünde, ich könnte zu dick werden und empfohlen, mich mit dem Muttermilchersatzpräparat – gestillt wurde ich nicht – eher kurz zu halten und es stärker mit Wasser zu verdünnen als auf der Zubereitungsanleitung auf der Packung angegeben.
Bald werde ich 29 Jahre alt, und von diesen 29 Jahren habe ich 29 Jahre Diät gehalten.
Es hat nichts genützt. Ich wiege 160 kg. Buchstäblich so gut wie seit meiner Geburt habe ich alle Diäten, die es gibt, ausprobiert: Trennkost, Atkins, Weight Watchers, Glyx Diät.
Es hat nichts genützt, ich habe oft abgenommen, am meisten mit Weight Watchers, und immer wieder zugenommen. Jahrelanges Hungern. Jahrelanges schlechtes Gewissen beim Essen. Jahrelanges Hoffen auf das Entdecken einer Wunderdiät. Jahrelanges „Montag-

fang-ich-dann-aber-wirklich-an" – Denken. Und jahrelanges immer wieder enttäuscht werden. 29 Jahre.

Gestern habe ich beschlossen, dass es reicht. Wenn ich schon fett bin, dann will ich wenigstens fett sein, ohne mich selbst noch erfolglos dabei mit Diäten zu quälen, die doch alle nichts verändern. Ich habe im Garten ein großes Feuer mit all meinen Diätbüchern und Broschüren gemacht. Es waren ungefähr 30 Bücher, ein schönes Feuer, am besten hat die South Beach Diät gebrannt. Eine große Erleichterung habe ich verspürt dabei. „Jetzt lasse ich von keiner Diät mehr über meinen Körper bestimmen!", habe ich gedacht, „ab jetzt bin ich wieder selbst der Chef! Und ich esse was ich will! Und so viel ich will!".

Dann habe ich meine Küche ausgeräumt. Alle Nahrungsmittel, die mir gar nicht schmecken und die ich nur gekauft habe, um damit abzunehmen, habe ich hinaus geworfen. Alle Vorräte, die ich in Wahrheit nie essen wollte. Unglaublich, wie viel das war!

Kiloweise Dinkelnudeln. Bäh. Weight Watchers Ballaststoffcracker, die schmecken wie Pappe. Verhackertes von der Atkins Diät letzte Woche. Unglaublich, was ich alles gegessen habe, was mir gar nicht geschmeckt hat! Säckeweise habe ich das Essen zu meiner Großmutter geführt, meine Küche ist jetzt leer.

Und dann? Dann habe ich meinen Körper gefragt, worauf er jetzt Lust hätte. „Topfenoberstorte!", hat er geantwortet, und so bin ich zur Aida gefahren. Aida, das ist die Konditoreikette mit den kleinsten Tortenstücken Wiens. Ein Stück, das hätte mir jetzt auf keinen Fall gereicht.

„Was hätten Sie denn gerne?", hat mich die zierliche Kellnerin gefragt. „Drei Stück Topfenoberstorte!", habe ich strahlend meine Bestellung aufgegeben. Das schmächtige Mädel, im Stehen so groß wie ich im Sitzen, ihre Taille ungefähr vom gleichen Umfang wie mein linker Unterschenkel hat mich angeschaut, als hätte ich soeben einen gebackenen Elefanten bestellt. „Ja, drei Stück!", bestätige ich, und füge, mich auf die Torte freuend, noch ironisch hinzu: „Ich muss aufpassen, dass ich nicht abnehme!".

Wahrheit über Ernährung

Wenn man davon ausgehen kann, dass alles was der Mensch is(s)t, von Muttermilch mal abgesehen, nicht-human also mineralischer, tierischer und pflanzlicher Natur ist, so kann der menschliche Körper diese Speisen nur verdauen, er kann sie nicht integrieren. Sobald jemand Kalzium-Mangel hat, so kann sein Mangel nicht mit mineralischem Kalzium kompensiert werden, da diese Form vom Körper nicht adsorbiert werden kann.

Das Mund-After-Rohrsystem

(Hier eine Einschiebung, dieses Thema wird im zweiten und dritten Band näher erklärt!)

Hallo, haben Sie gerade mitgehört!

> ***"DAS MUND-AFTER-ROHRSYSTEM***
> ***HAT KEINE MATERIELLE SCHNITTSTELLE***
> ***MIT DEM RESTLICHEN TEIL DES KÖRPERS.***

Das ist erst Mal eine Behauptung eines energetischen Tischlers und Radiästhesisten.

Hier ein Zitat eines Wissenschaftlers:

> *"Materie ist das Ergebnis von Schwingungen und nicht Schwingungen das Ergebnis von Materie."*

So könnte man zusammengefasst die Erkenntnisse des Physikers Carlos Rubbia formulieren, der dafür 1984 den Nobelpreis erhielt.

Jeder Arzt untersucht eine Blutprobe, indem er eine Chemikalie dazu mischt und ihre Farbveränderung analysiert.

Das Mund-After Rohrsystem ist übersät von Millionen von Blutgefäßen, durch deren Zellmembranen die wichtigen Nährstoffe aufgenommen werden.

Doch was der Körper aufnehmen kann, außer bei einem Kannibalen, sind pflanzliche, tierische und mineralische durch die Magensäure zersetzte Nährstoffe. Wenn ich also einen Legostein verschlucke, und meine Magensäure stark genug ist, dann nehmen die Blutgefäße auch Plastikstoffe auf – ist doch logisch.

Nein, Leute, ihr habt 90.000 km Flüssigkeitsbahnen in Eurem Körper. Und laut der Quantenphysik, die Entsprechung für Alchemie in den Naturwissenschaften, hat die moderne Physik erkannt, dass Nahrungaufnahme zu fast 100 % aus Resonanz besteht.

Wenn eine Frau Regelschmerzen hat, nimmt sie eine Gabe von Schüsslersalzen mit Magnesium, oder einen Frauenmanteltee. Der Schmerz hört bereits dann auf, wenn sie das Schüsslersalz oder den Frauenmanteltee noch im Mund hat. Komisch, was?

Also gibt es eine gewisse Resonanz, die sich im Blut, wie bei der Homöopathie im Wasser, kristallisiert und das Muster breitet sich in großer Geschwindigkeit im Körper aus.

Vielleicht sind die Blutzellen immer die gleichen. Sie verformen sich aber in einer Art Transformation in humane Entsprechungen im Blut, sodass eine Chemie genauso darauf reagiert, als wären sie stoffliche, also pflanzliche, mineralische oder tierische Zellen. Sie wirken so, sind aber nur menschliche Zellen im Halloween-Kleid.

Sie kennen doch vielleicht das Experiment aus dem Biologieunterricht. Der Lehrer schmiert Ihnen eine Knoblauchpaste auf die Fersen und nach 13 Sekunden haben sie den Geschmack von Knoblauch im Mund. Stofflich ist das gar nicht möglich, dass der Körper die Knoblauchzellen so schnell von der Ferse zum Mund transportieren kann (bitte selber ausprobieren!).

Also, um mit dem Genie von Otto Waalkes zu sprechen:

„*Großhirn an Kleinhirn: Ferse schmeckt nach Knoblauch am Fuß; Kleinhirn an Zunge: Geschmackstransformation einleiten; Nase an Kleinhirn: was für eine Frechheit!*"

Also, Du bist, was Du isst. Hat schon Galen[3] gewusst und gewarnt.
Alles, was wir essen, wird im Magen ZERSTÖRT. Wenn wir Kalzium-Mangel haben, so erkennen wir das an den grauen Rändern auf dem Nagelmond.
DANN brauchen wir kein Kalzium in der Speise. DA DIESES KALZIUM entweder tierischer, mineralischer oder pflanzlicher Natur ist, KANN DAS UNSER KÖRPER ABER NUR ZERSTÖREN, nicht aber essen, aufnehmen und assimilieren. Wir brauchen Karotten, sagt der Naturarzt.
Warum? Weil das Carotin im Mund eine Resonanz- Schwingung erzeugt, die dann im Gehirn HUMANES KALZIUM in einem alchemistischen Verfahren schafft, und das verändert die Ränder an den Fingern.
Mit der Kraft, wie mit Kohlen(stoff) für die Heizung, um diese Stoffe zu zersetzen, wird die Stoffwechsel-Pumpe in Gang gesetzt, mit Feuer, Wasser, Erde und Luft, um auch alles in Gang zu halten. Aber ESSEN, also assimilieren, kann der Körper diese Stoffe nicht, sie sind ihm viel zu GROSS, zu groß, um als Nahrungsmittel zu gelten.
Deshalb braucht er auch oft noch dickere Stoffe, wie z.B. grobe Mineralien im "Trinkwasser", die den Dreck besser abtransportieren, aber zurück zum Text.

Jeder Naturarzt weiß , dass der Körper durch bestimmte Formen von Lebensenergie sein eigenes humanes z.B. Kalzium im Gehirn produzieren muss (dito), um einen Mangel auszugleichen. Es kommt also auf die Schwingungsmuster der Lebensmittel an, die dann über den Rachenbereich ins Immunsystem gelangen, um dann im Gehirn für die humane Entwicklung und Entstehung von körpereigenen Stoffen zu sorgen. Schwingungen werden sowohl in Lebensmitteln als auch in Stimmungen transportiert. Sie werden durch die Natur

---

[3] 1 *Galenus, Galenos, Galen,* griechisch-römischer Arzt, geb. 129 Pergamon, gest. 199 Rom; einer der bedeutendsten Ärzte der römischen Kaiserzeit. Seine Schriften fassten die gesamte antike Heilkunde zusammen und waren im Mittelalter medizinische Grundlage.

oder durch die Natürlichkeit von Lebewesen geschaffen und auf Wasser übertragen. Wasser ist der universelle Träger von Lebensenergien und –Schwingungen. Wird also eine Frucht oder ein Gemüse durch künstliche Strahlen, wie z.B. Röntgenstrahlung oder Radioaktivität desinfiziert oder haltbar gemacht, dann zerstört man die Wasserstruktur der Lebensform und es ist als Lebensmittel - keines mehr.

Jede Speise kann aber durch die Lebendigkeit des Koches oder des Essenden in ein Lebensmittel verwandelt werden, wenn seine Haltung beim Essen die Lebensenergie aus der Luft und Umgebung aufnimmt und im Essen vereinigt. Der Prozess aus Gebet, Dankbarkeit, Genuss und Lebensfreude macht daraus ein Lebensmittel.
Wenn ein Yogi 50-mal an einem Bissen kaut, um ihn dann auszuspucken, so ist er nachher genauso wohl ernährt wie ein Jamie Oliver nach seinem Blues-Koch-Experiment, mit Freude und Genugtuung an der lebendigen Speise.
So, das war jetzt meine Ode an den Körper (der neuen Kinder). Also nehmen Sie sich Zeit, fahren Sie an den Rand ihrer Stadt zu den Skateparks und schauen Sie den Kids zu, wie sie sich stundenlang auf ihr Board konzentrieren, bis eine Figur passt. Machen Sie sich ihre eigenen Gedanken dazu, was die *„Zukunft des Körpers"* für Sie und Ihren Körper bedeutet.

Zusammenfassung

Wenn es um den Körper gibt, dann ist UNSER Leib, der Leib von Erwachsenen (über 42) *immer* verletzt, voller Traurigkeit, Schwächen, „Sünden", ungelebte Möglichkeiten, psychische wie herzseelische Verletzungen, und vieles mehr; diese Belastungen sind Ausdruck von Reife und Entwickelung, entsprechend dem Gesetz der Entfaltung.
(Alles Leid läßt Menschen IMMER spirituell wachsen!)
Wenn wir aber von dem Körper unserer Kinder sprechen, da ist nur Leben drin, absolute Lebendigkeit, Bewegungswahnsinn,

Übergefühle, Rausch-Ekstasen, Sensibilität und Mit- und Feinfühligkeit.

Das sind große Unterschiede und es ist immer lächerlich, wenn wir den Kindern sagen, wie sie mit Ihrem Körper umgehen sollen („Kind, kannst Du nicht Deine Haare waschen?!").
Ihre Antwort:"Mutter, so wie DU??? (soll ich meinen Körper spüren?!)" ist philosophischer als jedes Kant-Zitat.
Bitte, drehen Sie diese Perspektive sofort um. Fassen Sie ihre Kinder an und umarmen Sie sie, in der großen Dankbarkeit, dass sie Sie an ihre Verletzungen erinnern, *damit Sie sie jetzt endlich auflösen sollten und – können, dank der Eleuthonomie©-Arbeit, ein wichtiges Werkzeug der Lebens-Werkstatt!*
Carpe Tuos liberos et eleuthonomiam!

7. Ein natürlicher Mensch urteilt nicht, sondern sucht den Sinn!

Ich kann mich nur mit Grausen an die stundenlangen Diskussionsrunden in den Männergruppen, in den Grüne-Partei-Gründungs-sitzungen, in den Anti-AKW-Gruppen und Anti-Militarismus-Gruppen und anderen Gruppen erinnern, die ich seit den 70er-Jahren erlebt habe. Damals ging es leider nicht um Entscheidungen oder Lösungen von Problemen, sondern um Machtspiele und Besser-wisserei. Meinungen, die aus irgendeinem intellektuellen Theorienbuch stammten, wurden gegen Meinungen eines anderen intellektuellen Theorienbuches ins Felde geführt.

Als ich dann in einer Anti-AKW-Gruppe als Jüngster vorschlug, dass ich mit einer Gasmaske über die Fußgängerzone robben werde, um gegen den *Atommüll in Ahaus* zu demonstrieren, lachte "man(n)" stundenlang über meinen doch so kindlichen Vorschlag.
Dass diese Aktion im Jänner 1980 im Ruhrgebiet das erste Mal die Presse für die Anti-AKW-Bewegung aufmerksam machte, lag nicht an intellektuellen Überlegungen, sondern an der Entschlossenheit, die aus dem Herzen kam und Tschernobyl und andere zukünftige Störfälle vorhersah.

In allen Märchen *der Gebrüder Grimm*, in denen es den "Hans", also den Protagonisten des einfachen, natürlichen Menschen gibt, der auf Wanderschaft geht, findet sich diese so typische Entschlossenheit und Naivität des Dummlings oder Wandergesellen, die aus dem Herzen kommt.

Dieser neugierige junge Mensch verlässt seine gewohnte Umgebung, um einen Sinn für sein Dasein zu finden, das durch seine Suche ausgedrückt wird. Im Althochdeutschen heißt *sinnan* = streben, verlangen, gehen, sich begeben, kommen, also auf Wanderschaft gehen. Nur wer sich auf die Wanderschaft begibt, erhält den Sinn, den Sinn des Lebens, den Sinn seines Daseins. *Findan* steht nicht nur für finden, sondern auch für auf- oder heimsuchen.

Diese Suche nach dem Sinn seines Dasein, von Vernunft und ganzheitlichen Zielen ist großer Teil des Bestrebens eines neuen Kindes. Sooft erlebe ich die herzoffene Frage eines Kindes nach dem „Warum, wie, wo, weshalb oder warum nicht?". Kinder denken in großen Zusammenhängen und lehnen sehr schnell Schulsysteme ab, die ihnen diese Perspektive nicht bieten. „Das ist so, weil das so ist!" ist für ein neues Kind vollkommen unzureichend, ungenügend, „Sechs, setzen!"

Kinder wollen Antworten

Oft war ich als Erwachsener auf den Partys meiner Kids als Verantwortlicher zugegen, und nachdem die ganzen Mannschaft entspannt waren, begann ich meine *Gschichtln* zu erzählen und aus den roten Augen wurden rote Ohren.
Sobald Kinder mitbekommen, dass Du in großen Zusammenhängen denkst, hängen sie mit ihren wohldurchdachten Fragen an Deinen Lippen und fragen und fragen und fragen. Kinder denken teleologisch, d.h. sie suchen immer nach einem höheren Sinn im Leben. Für sie ist das Leben ein Kontinuum, das zum Höheren wächst. Sie denken hierarchisch. Für sie ist der weise und reife Mensch ein Vorbild und nicht der Dumme vom dummen Volk durch psychologische Manipulation und Meinungsbildung geformte und dann in „freier" Auswahl (?) gewählte Volksvertreter.
Wenn sie könnten, dann würden sie Professor *Albus Dumbledore* oder Frau Professor *McGonagall* (Lehrer von der Zaubererschule Hogwarts in Joanne K. Rowlings Buch: Harry Potter) zum Volksvertreter wählen, anstatt Georg W. Bush oder Angela Merkel. Alter und Reife, Vorbild und Lehrerschaft schaffen für sie mehr Weisheit als 30 Jahre Whisky-, Politik- und Weinkonsum.
Dadurch, dass die Vorbilder durch Reife, Weisheit, Lebenserfahrung und Selbständigkeit geprägt sind, bilden sie Ziele, die das Leben groß und spannend machen, eine Richtung und Herausforderung geben und die nach Vollkommenheit, Transformation und Sublimierung streben und nicht nach Statistik, Macht, Konsumsicherung oder Egoismus. Diese Suche nach inneren Werten,

die nach außen hin gelebt werden, macht die große Verehrung der neues Kinder neben dem Zaubererkult auch für den Ras-Tafari-Kult verständlich, die all das repräsentieren, was ihre ursprüngliche Kultur nicht mehr bietet: Wunsch nach Vollkommenheit und Passion, offene Mein-ungsfreiheit, der natürliche Wunsch nach Ekstase und schamanischen Rauschzuständen, Familien- und Kulturbewusstsein, Ehrlichkeit, Brüder- und Schwesterlichkeit, Gruppenvertrauen, offene und freie Kommunikation, heiliger Respekt vor der Würde des Weiblichen, des Körperlichen, der Liebe und körperlichen Sexualität.

Bitte selber denken

Ich will mit meinen Anmerkungen den Leser zum Nachdenken bringen. Es gibt noch viele andere Aspekte des mythisch-archaischen, also natürlichen Denkens, doch mit meiner neuen Brille wird der Leser selber drauf kommen, welch faszinierende Welten in dem Bewusstsein der neuen Kinder entstehen. Einfach Dinge, die die Jahrhunderte lange Einseitigkeit ausgleichen und zu einem normalen, natürlichen Umgang mit Körper, Leben und Bewusstsein führen.

Zusammenfassung

Liebe Eltern, fragen Sie ihre Kinder „nach dem Sinn des Lebens", und wundern Sie sich nicht, wenn Sie ein „große Antwort" bekommen.
Wie ich schon sagte, denken die neuen Kinder teleologisch und machen sich fast täglich Gedanken über Ihre Zukunft. Nehmen Sie Teil an diesen Streben nach Vollkommenheit und holen Sie ihre alten Lieblingsbücher von *Pierre Teilhard de Chardin* oder *Antoine de Saint-Exupéry* wieder aus dem Keller und lesen Sie die Gedichte und Novellen von *Hesse und Rilke* gemeinsam mit Ihnen. Teilen Sie ihnen ihre alten Tagebucheintragungen mit, dies Sie über ein Rilkegedicht oder eine Don Juan Zitat aus *Carlos Castaneda Reisen* geschrieben haben und Sie werden eine neue Welt entdecken, die sich für Sie MIT Ihren Kindern neu eröffnet, und Ihr gemeinsames Leben wird größer und spannender und reicher.

Schauen Sie sich auch mit ihnen IHRE Lieblingsfilme noch einmal an und hören Sie, was Ihre Kinder für Gefühle dazu haben und sie werden stolz sein auf sie, versprochen?!

4. Weitere Hilfestellung zum Verständnis von neuen Kindern

Beratung

Vor einiger Zeit hatte ich am Abend ein Elternschule-Treffen. Ein Ehepaar, das zwei Söhne im Alter von 9 und 16 Jahren hat, klagte mir ihre Probleme mit der Lehrerin des 9-jährigen Sohnes P.. Der Sohn ist ein lebendiges, lernbegeistertes Kind, das sich zu Hause stundenlang beschäftigen kann und sehr kreativ mit Wissensneugier und Lernen umgeht.

In der Schule ist er hyperaktiv und unkontrolliert und spiegelt die Einstellungen der Lehrerin wider. Die Lehrerin hat ihn schon zum Psychiater geschickt und ihn zum ADHS-Kind degradiert. Der Hausarzt hat glücklicherweise keine Psychopharmaka verabreicht, weil er das Kind seit Geburt an kennt. Das psychiatrische Gutachten wurde unter den Tisch gekehrt, weil der Bub außer im Fach Werken überall eine Eins hat. Im Werken bekam er eine Zwei, weil er immer mit UHU den Tisch verschmutzt.

Ich habe solche Situation schon oft erlebt und kann das Verhalten der Lehrerin verstehen.

Die Lehrerin ist selber (laut der Eltern) chaotisch und kommt mit der Lebendigkeit des Kindes nicht zurecht, vor allem dann, wenn das Kind sie spiegelt.

Doch _sie_ ist die Lehrerin und ihre Bemühungen, sich des Kindes zu entledigen, erinnert an die Hexenverleumdungen des Mittelalters. Damals konnte mann/frau die unliebsame, lebendige Nachbarin als Hexe anschwärzen. Sie wurde dann gefesselt in den Dorfteich geschmissen. Wenn sie unterging, war sie keine Hexe und ihre Unschuld bewiesen. Dass sie dabei ertrank, war Gottes Fügung.

Es gab aber zu heute einen gravierenden Unterschied. Derjenige, der die Hexe anschwärzte, wurde auch in den Teich geworfen.

Würde man die Lehrer von heute, die Kinder zu ADHS- Psychoten machen, auch nach Psychosen untersuchen, wäre das Problem schneller gelöst.

Die Lehrerin von P. hat selber keine Kinder und lässt somit ihre Unausgeglichenheit an dem Spiegel des reinen Kindes aus.

Ich machte den Eltern klar, dass <u>das Kind nicht</u> das Problem ist, doch dass das Kind die Situation verstehen kann, wenn man richtig mit ihm redet, es aufklärt und ihm hilft, dass es sich täglich von seinen Gefühlen befreien kann. Das Kind ist ein reines Gefäß und nimmt jede Unausgeglichenheit auf. Da das Klassenzimmer hochgradig belastet ist (das ich durch einen Remote-Reviewing-Test beurteilen konnte) und das Kind sich dort nicht wohl fühlen kann, steht es oft unter Druck und wirkt unkontrolliert. Da der Unterrichtsstoff heutzutage immer weniger mit Alltagsumsetzungsbeispielen erläutert wird, finden die Kinder im Lernstoff keinen Bezug zu ihrem Leben, weil sie nicht abstrakt denken und sie beginnen zu rebellieren. Dass das nur eine natürliche Reaktion auf die Unzulänglichkeit der Lehrerin ist, die nach 10 Jahren Unterricht kein Interesse mehr hat, Unterricht lebendig mit dem Herzen und Händen zum Be-Greifen zu machen, wird also nicht verstanden, und das Kind psychisiert, was die Sache abkürzt.

Als die Eltern nach meiner Stunde gingen, sagte die Mutter aufrichtigen Herzens: „Sie haben uns wieder Mut gemacht, Freude und Dankbarkeit für unser Kind zu empfinden und wir danken Ihnen sehr dafür!"

Es ist sooo einfach, wenn man die Richtung ändert und die Erziehung aufgibt, die bis jetzt angeblich funktioniert hat.

Ich kann nur hoffen, dass die Landes- und Bezirksschulinspektoren ihren Lehrern mein Buch als Pflichtlektüre verordnen und sie in meine Seminare schicken, sonst sehe ich viel Chaos und Krieg an unseren Schulen und einen Kampf zwischen Fisch- und Wassermannzeitalter, der aber sicher für die neues Kinder, die in der Mehrzahl sind, entschieden wird.

Mentorische Erziehung®

Mit meiner Auffassung von Erziehung will ich eine „neue" Erziehungsform schaffen, die im alten Sinne des Fischezeitalters keine mehr ist.

Die mentorische Erziehung® ist das neue pädagogische Paradigma im Wassermannzeitalter. Diesen Begriff habe ich gewählt, um das Paradox der neuen Zeit zu definieren. Die neuen Kinder akzeptieren keine Erziehung mehr, sondern wollen Aufmerksamkeit, Respekt, Verständnis und Ruhe in Kommunikation und vor allem Beziehungsentwicklung, somit ein Mentorentum.

„Mentor" (griechisch Μέντωρ) ist eine Figur aus Homers Epos Odyssee. Im übertragenen Sinn ist ein „Mentor" ein älterer - kluger und wohlwollender - Berater eines jungen Menschen.
Bei Homer ist er ein Freund des Helden Odysseus und Beschützer von dessen Sohn Telemachos. Während der zehnjährigen Irrfahrten des Odysseus nach dem Trojanischen Krieg nahm die ihm wohlgesinnte Göttin Athene von Zeit zu Zeit die Gestalt Mentors an, um über Telemachos zu wachen und ihm Ratschläge zu geben."(laut Wiki).

Doch nur wenn ich <u>einen</u> Schritt weiter bin als sie, kann ich ihnen dienen. Sie wollen sich entwickeln, sie brauchen Disziplin und Regeln, Zuwendung und Freude. Doch das kann ich nur erfüllen, wenn ich ihre Energie verstehe, ihre Lebendigkeit erwidern kann und ihre Dunkelheit mit meiner in Verbindung bringe.

So ist die mentorische Erziehung® eine Beziehung zwischen Lehrer und Schüler, wobei die Bezeichnungen bei den Zielgruppen ständig wechseln. Nur die Liebe zwischen Mann und Frau lässt Eltern wachsen und sich mit Ihren Kindern verbinden. Im zweiten Buch über die Arbeit der Lebens-Werkstatt gehe ich genau auf diese Thematik ein.

Geniegedanke

Ende des 18. Jahrhunderts gab es für die Literaturgeschichte das Zeitalter der Genies. Als Genies wurden Dichter und Schriftsteller bezeichnet, die in ihrer Literatur das Leben auf allen Ebenen eröffneten und mit der Beschreibung von Gefühlen und Visionen die Romantik eingeleitet haben.
Jakob Michael Reinhold Lenz (1751-1792), ein romantischer" Freak" und Goethefreund, ist ein gutes Beispiel dafür, der von

Büchner in einem unvollendeten Drama beschrieben wird. Diese Entwicklung der Literatur hat auch viel damit zu tun, dass am Anfang des 19. Jahrhundert durch die Öffnung zum Orient, wie es Goethe mit dem „Westöstlichen Divan" vollzogen hat, das Wissen der Transzendenz und der inneren Gottessuche nach Europa kam, als die Schriftsteller den Hanf und das Opium entdeckten.

Nicht umsonst hat George Moorse, der verstorbene bekannte Lindenstraße-Regisseur 1971 das Drama von Büchner in einem psychedelischen Spielfilm verewigt und das Leben von Lenz als Metapher für die Studentenbewegung genommen. Leider hat diese Bewegung sich in Machtspielen verflüchtigt, so ist der Film als Vision für das Wassermannzeitalter zu sehen und das Genie als eine Vorform der neues Kinder zu verstehen.

Neue Kinder, Kristallkinder und Sternenkinder

Wenn ich hier in diesem Buch den Begriff der neues Kinder definiert habe, so muss ich darauf hinweisen, dass die Bezeichnungen für diese Phänomene sich ständig ändern. Jetzt hört man schon von Kristall- und Sternenkindern. Das ist einfach eine Weiterentwicklung. Wenn Eltern die wahre Natur und das Wesen ihrer Kinder verstehen und es von Anfang an in ihrem Wesen begreifen, will sagen, frei lassen, wenn die Eltern sich auf die Natur ihrer Kinder einlassen und sie vollkommen sich selbst entwickeln lassen, dann wachsen diese Kinder in einer Reinheit auf, die sie zu Kristallkinder werden lässt.

Jan van Helsing hat das sehr schön in seinen Büchern beschrieben. Oft ist es heute schon Brauch, dass eine Familie, nachdem sie alles falsch gemacht hat, dann doch noch ein Kind bekommt, wenn die Großen schon aus dem Gröbsten heraus sind. Meist sind die Eltern schon um die Vierzig, sodass das Verständnis für Kinder befreit ist, und das neue „Monster" sowohl von den Eltern als auch von den Indigogeschwistern wirklich geliebt wird. Oder neue Kinder werden selbst Eltern. Dann wächst dieses Kind in Ruhe und Vertrauen, in Freiheit von Erziehung und Repression, in seinem Wesen entsprechender Atmosphäre auf und kann seine Qualitäten in vertrauensvoller Umgebung entwickeln.

Man kann auch sagen, dass die neuen Kinder ab 1975 auf unserer Welt erschienen sind, auch wenn sie erst Anfang der 90er-Jahre als solche erkannt wurden. Alle Kinder, die ab 1995 geboren sind, sollten als Kristall- oder Sternenkinder bezeichnet werden, weil ihre Eltern ein neues Bewusstsein haben, vor allem, wenn sie selber neues Kinder sind.

Die Kinder der neuen Kinder sind somit die dritte Generation des Wassermannzeitalters (erste Generation ab 1955, zweiter Generation ab 1975, dritte Generation ab 1995).

Wenn die Kristallkinder zu reden beginnen, wird ihr Wesen voller Verständnis und offenherzig von ihrer Umgebung angenommen und man hört ihnen zu. Wenn sie dann von ihren Erinnerungen aus alten Zeiten sprechen, wenn sie von ihren Gefühlen und Erfahrungen aus anderen Welten berichten, dann sind sie die Sternenkinder, die das Wissen von anderen Galaxien auf die Erde bringen. Sie werden „Channels" von höheren Welten, die unsere Welt durch ihre Klarheit und Ideen beurteilen und erweitern. Doch ihre Kritik ist immer konstruktiv und „erwachsen" und nicht nur „kritisch". Das heißt, sie lehnen eine und unsere Welt nicht ab, ohne eine Alternative zu bieten. Sie schaffen ein neues Denken, das uns zu unserem wahren Wesen zurückkehren lässt.

Jahrelang haben sich politische Menschen darüber definiert, dass sie „kritisch" sind, und „gegen" etwas, ohne wirklich eine neue, alternative Form zu finden. Mann/frau war „Anti". „Ich kritisiere, also bin ich!"

Diese Kinder schaffen mit der Klarheit eines Kristalls und mit der Vision höherer Ebenen des Seins eine Alternative zu der Verblödungskultur und zur falschen, kritischen Ablehnung der Welt an sich, weil sie etwas neues schaffen, dass eigentlich einfach und wirklich ist: Eine Welt in Ehrlichkeit, Lebendigkeit, Klarheit, Natürlichkeit, Respekt vor der Natur des Heiligen, des Menschen, aller Geschöpfe und der Wesen der Mutter Erde; eine Welt ohne Verblödung, (nicht verstandener) Krankheit, Machtspiele und Manipulation; eine Welt ohne Angst, Missbrauch, Dummheit, Ärger und Gier; eine Welt, wo sich das Weibliche mit dem Männlichen zum Ganzen verbinden kann – kurz gesagt, die Auflösung der „verkehrten Welt"!

„Dann fliegt von Einem geheimen Wort
Das ganze verkehrte Wesen fort!"
Novalis

Moderner Genpool

Ich behaupte mal so einfach, dass die Kristallkinder oder auch schon die Indigo-Kinder aus mehreren Seelen-Teilen bestehen.
Wenn ein Mensch in seinem Leben große Dinge tut, als Musiker, Künstler oder Wissenschaftler, und er wird durch seinen Tod zu schnell aus dem Leben gerissen, indem er also zu früh stirbt, dann sorgt der Kosmos dafür, dass sein Werk bald weitergeführt wird. Dann inkarniert sich ein Anteil seiner Seele sehr, sehr bald wieder in einer Umgebung, die die richtige Atmosphäre, die richtigen Umstände und Voraussetzungen schafft, um das begonnene Werk zu vervollständigen. Da die Seele nach dem Tod vom physischen Leib gelöst ist, ist sie dann „hinterm Mond", wie mir Mellie immer erzählt hat, in einem Regenerationsprozess. In diesem Zustand, den die Inder Kamaloka nennen, gibt es keinen Raum und keine Zeit und die Seelen können sich Videos von Plätzen auf der Erde anschauen. Das AnthroWiki sagt dazu: *„Das Kamaloka (skrt. kama = Begierde und loka = Ort; wörtlich also der Ort der Begierde) wird in der christlichen Terminologie als Fegefeuer (lat. purgatorium) bezeichnet. Das Kamaloka umfasst die 4 niederen Partien der Seelenwelt (Astralwelt), in denen der Mensch nach dem Tod jene Begierden ablegen muss, die nur mittels des mit dem Tode abgelegten physischen Leibes befriedigt werden könnten und die ihn noch an das vergangene Erdenleben fesseln. Ein großer Teil des Astralleibs wird hier abgelegt und geht in der allgemeinen Astralwelt auf. Im Kamaloka begegnet der Mensch den geistig-kosmischen Kräften der Mondensphäre."* Sie können sich jede Familie in Vergangenheit und Zukunft anschauen und sich somit einen Platz suchen, wo sie sich wieder auf die Erde begeben, um ihr Ziel weiter zu verfolgen.

Reinkarnationsklub

Als ich Student in Münster war, gab es neben der Uni viele kleine private Schulen, wo man lebendige Esoterik studieren konnte. Ich lerne bei einer indischen Gruppe, die Schüler von Maharishi Mahesh Yogi waren, und erhielt dort Einweihungen in die Technik der Transzendentalen Meditation (TM). Auch machte ich einen Kurs in vedischer Tradition und nahm Yogastunden.

Es gab aber auch eine anthroposophische Schule. *Rudolf Joseph Lorenz Steiner, 25. Februar 1861 in Kraljevec; † 30. März 1925 in Dornach, Schweiz, war ein österreichischer Esoteriker und Philosoph. Er begründete die Anthroposophie, eine gnostische Weltanschauung, die an die christliche Theosophie, das Rosenkreuzertum und die idealistische Philosophie anschließt und zu den neumystischen Einheitskonzeptionen der Zeit um 1900 gezählt wird. Auf Grundlage dieser Lehre gab Steiner einflussreiche Anregungen für verschiedene Lebensbereiche, etwa Pädagogik (Waldorfpädagogik), Kunst (Eurythmie, Anthroposophische Architektur), Medizin (Anthroposophische Medizin) und Landwirtschaft (Biologisch-dynamische Landwirtschaft). Er ist der Begründer der Waldorfpädagogik, der Demeter - Ackerbaukultur, der Steiner--Erwachsenen-Schulen und hat viele Schriften und Studieneinrichtungen begründet. (Quelle: Wiki)*

Ich machte bei den „Steinerfreaks" (so nannten wir diese meist geschlechtslosen „Wissenden"), die mir sehr körperfeindlich vorkamen, Lesekurse mit Schriften von Steiner. Es gab auch regelmäßig Vorträge von Professoren aus aller Welt, da die Gemeinde der Anthroposophen, die immer noch Steiners Werke studierten, weltweit sehr groß war.

Da gab es einen interessanten Vortrag eines Herrn aus Wien, der sehr bescheiden, aber auch sehr kompetent auftrat. Er wollte in seinem Vortrag beweisen, dass Mozart eine Reinkarnation eines Komponisten aus seiner Vorzeit war. Mozart hatte schon mit 5 Jahren „die kleine Nachtmusik" komponiert. Das war nach normalem Denken der Pädagogik eigentlich nicht möglich, außer wir betrachten uns das Ganze aus der Sicht der Reinkarnationslehre.

Der Kreislauf von Tod und Wiedergeburt ist eigentlich selbst in sich so einleuchtend und nachvollziehbar. Wie könnten denn sonst Menschen mit solch überdurchschnittlichen Qualitäten und Potentialen auf die Welt kommen. Woher sollte z.B. ein Mozart seine Musikalität als Kind aus sich selbst hervorbringen können, wenn er es nicht bereits zuvor auf einer anderen Dimension oder Ebene gelernt und praktiziert hätte. Wenn seine Seele schon einmal als Komponist gelebt hat, (aus:
http://www.fuellhornleben.de/Reinkarnation.html*)*
Der Komponist, dessen Seelenanteil Mozart übernommen haben soll, ist Antonio Lucio Vivaldi, der 4. März 1678 in Venedig geboren und am 28. Juli 1741 in Wien gestorben ist. Mozart ist am 27. Jänner 1756 in Salzburg geboren und hing also ca. 15 Jahre in der lunaren Warteschleife. Leopold Mozart, der Vater von Wolfgang Amadeus kannte Vivaldi persönlich nicht, er war bei dem Tod Vivaldis 22 Jahre alt. Doch *Wolferl* wurde in jungen Jahren schon so oft durch die Gegend gefahren, dass er auf diesen Reisen mit der Kutsche schon früh genug sein Gleichgewichtsorgan schulen musste, wie die Indigokids auf ihrem Skateboard, um nicht auf jeder Reise erbrechen zu müssen.
Und mit einem Seelenanteil von Vivaldi war Wolfgang Amadeus berufen, „sein" Werk weiter zu führen.

Wiedererinnerung 1

Ich habe eine interessante Entdeckung gemacht. Als ich meinen Stiefsohn M. in meiner neuen Familie kennen lernen durfte, erzählte er mir, dass er Gitarre spielt und sich das Gitarrenspiel autodidaktisch beigebracht hat. Da ich jahrelang Gitarrenlehrer war, bot ich mich an, ihm das Notenlesen und -schreiben zu lehren, was er aber ablehnte. So zeigte ich ihm das Tabulatur-System, womit viele Gitarristen ihre Stücke aufschreiben, welches er schnell erlernte. Vor zwei Jahren erzählte er mir, dass er mit seinem Freund David eigene Stücke komponiert hatte, die sie jetzt einspielten. Ich kenne den Professor für Bass am Haydn-Konservatorium(?) Eisenstadt. Als ich ihm ein Demoband der beiden jungen Gitarristen gab, schickte er seinen besten Schüler A. und die Band brauchte nur noch einen Schlagzeuger. Auf einem Konzert trafen sie dann K., einen sehr

talentierten Drummer, der schon in Kindesalter von seinem Vater gefördert wurde und zu einer neuen Generation von Musikern gehört, die physisch auf eine Art und Weise spielen, die von meiner Generation fast nicht mehr nachvollzogen werden kann.
http://www.youtube.com/watch?v=UJv8gqUMwV0&feature=related

Doch was machen diese Kids für wahnsinnige Musik?!
Ich studiere schon seit fast 40 Jahren Musikwissenschaft, Musikgeschichte und Sozialwissenschaft der Pop-Musik Doch so eine komplexe, vielschichtige, polyrhythmische (viele Rhythmuswechsel mitten im Stück) Musik habe ich noch nie gehört und vor allem auch noch nie vorher gesehen. Allein das Anschauen der Musiker beim Spiel (http://www.myspace.com/toneintimacy) ist schon ein Erlebnis. Und dann dieser Gesang von M., wo hat er das gelernt, wo hat er das schon mal erlebt?

Akasha-Chronik

Ich kann seit meiner Kindheit in der Akasha-Chronik lesen.
Ich weiß, dass hört sich jetzt sehr esoterisch an. Aber seit einem Unfall in meiner Kindheit mit 7 Jahren, sehe und höre ich andere Welten und Stimmen, die mir auf jede Frage eine Antwort geben, jenseits von Raum und Zeit. Glaubt mir, das ist kein Segen, das ist eine Bürde, um die ich 44 Jahre kämpfe, sie zu verstehen und als Gnade zu erkennen. Wenn Du einmal die „andere Welt" betreten hast, dann gibt es kein Zurück mehr, Du bist ihren Auf-gaben vollkommen ausgeliefert.
Fragen Sie Ihre Kids, ob sie diese „Anderswelt" auch schon kennen, und sie werden überrascht sein!

Die Akasha-Chronik ist das gesamte Wissen der Welt, abgespeichert in einem kosmischen Computer-Server. Jedes Lebewesen, das eine knöcherne Wirbelsäule hat, ist mit diesem Server wie ein kosmischer Klinkenstecker verbunden. Wenn ein Schamane in Trance geht, dann kann er sich mit diesem Wissen verbinden, so dass ihm alle Dateien der Vergangenheit und der Gegenwart und manchmal auch der Zukunft zur Verfügung stehen. Ich wusste also wie bei meiner

Tochter, woher die Seele von M. kam und wo ihr Wesen das letzte Mal gelebt hatte.

Am 20. Oktober 1977 starb bei Gillsburg, Mississippi, mit 29 Jahren ein berühmter Gitarrist und Sänger bei einem Flugzeugunfall. Er veröffentlichte mit seiner Band Lynyrd Skynyrd einen Song, der ihn unsterblich machte: „Sweet Home Alabama".

M., geboren am 6.12.1982, erzählte mir einmal, dass dieser Song einer der ersten war, den er auf der Gitarre nachzuspielen versucht hat. Seiner Mutter sagte er einmal als Teenager, dass er gerne in seinem Namen ein „von" haben will. Und als Kind fiel er immer wieder aus dem Bett und hatte somit Angst vor dem Fliegen. Der Musiker hieß Ronnie van Zant und ist noch heute eine Legende in Amerika.

Habt ihr verstanden, was ich sagen will?

Zurück zum Genpool: die verschiedenen Seelenanteile

Ich glaube, dass diese neuen Menschen, die Indigo- und Kristallkinder, die mit der Aufgabe zur Welt kommen, eine neue zu schaffen, aus verschiedenen Seelenanteilen zusammengesetzt sind. In dem berühmten Film „Little Buddha" von Bernardo Bertolucci aus dem Jahr 1993 mit Keanu Reeves, Bridget Fonda und Chris Isaak, inkarniert sich ein buddhistischer Rimposhe, ein tibetischer Mönch, in drei Kindern wieder, wobei ein Kind ein Bub aus Seattle ist.

Somit teilt sich die Seele auf und führt ihr Werk an drei verschiedenen Stellen in der Welt weiter, genial, was?

Ich sehe also bei den Kindern verschiedene Seelenanteile, die auch wiederum verschiedene Aufmerksamkeiten brauchen, wenn Vater und Mutter sie verstehen, erkennen, begreifen, fördern und schätzen wollen.

Und da sind wir auch schon bei der wichtigsten Aufgabe der mentorischen Erziehung®, die AUF-Gabe aller alten Vorstellungen, wenn es um Kindererziehung geht. Was soll eine Mutter tun, wenn ihr 5-jähriger Sohn ihr sagt, dass das Gebäude, „das große alte in der Stadt", von ihm gebaut wurde, „als er noch ein alter Mann war!"

Sie soll einfach zuhören und bei der nächsten Gelegenheit dem Buben ein Kinderbuch über die Welt und Geschichte der Architektur kaufen. Sie wird dann erleben, wie sich das Kind geradezu in das Buch hineinfressen und mit 10 Jahren beschließen wird, ein Architekt zu werden, wenn es in der Schule das erste Mal ein Bild vom Taj Mahal sieht.

Dieses Kind wird somit ein Ziel haben und die Schule mit „links" machen, weil es weiß, dass es nach der Matura (österr. Abitur) sein Werk weiterführen und vervollkommnen kann. Das ist mentorische Erziehung.

Somit gibt es einen Anteil der Seele, der aus einer fremden Seelenkultur kommt, und der hier in dieser Familie die Möglichkeit hat, gefördert und unterstützt „sein" Werk weiter zu führen und vollkommen zu machen.

Dann gibt es einen Anteil, der nicht von dieser Erde ist und der gespeist aus einer uralten Kultur von einem fernen Stern kommt, um der Erde in ihrem Transformationsprozess zu dienen. Das sind dann die *Monster* mit den Fragen nach dem Sinn, die dieser Seelenanteil durch die Kinderherzen fragt, die oft nicht beantwortet werden können, weil wir die Antwort nicht kennen oder uns noch nie Gedanken darüber gemacht haben. Das sind dann die telepathischen Fähigkeiten der Reinheit und Klarheit dieser Kinder, ihre Motorik, ihre Intuition, ihr Wunsch nach Transzendenz und Vollkommenheit, die nicht von dieser Erde ist und doch sie jetzt damit bereichern will.

Was soll ein Vater machen, wenn ihn sein 5-jähriges Menscherl fragt, was hinter dem Mond ist, auf der anderen Seite, die wir nicht sehen können?

Er sollte sich Bücher von Jan van Helsing besorgen oder Internetportale wie bewusst.tv von Jo Konrad im Internet abonnieren, und sich informieren, was „the truth is out there" bei Akte X bedeutet, damit er der Suche seiner Tochter nach Wahrheit gerecht werden kann. Diese Forderung nach Wahrheit, die wir mit unseren ersten MacD. aufgegeben haben, wird von jedem neuen Kind gestellt; jede Sekunde, jede Minute, jeden Tag seines Lebens, da gibt's kein Ende mehr. Das ist nicht wie ein Quengeln, wenn sie nicht ins Bett gehen wollen, das ist immer.

Apropos, meine Frau und ich sahen uns die ersten Staffeln von Akte X wieder einmal an, mit den Augen und dem Bewusstsein von 2008 und wir mussten feststellen, das Chris Carter, der Produzent von Akte X 1993 die moralische Verpflichtung verspürt hatte, „die

Wahrheit, die da draußen ist", zu veröffentlichen. Man sah sich bei der Erstausstrahlung die Serie an und sagte:" …das ist ja alles nur Fiktion!" Doch aus heutiger Sicht erkennen wir, dass das alles wahr ist und wir schon 1993 auf die Machenschaften der Geheimgesellschaften hingewiesen wurden – wenn „Ihr Augen habt zu schauen und Ohren habt zu hören!"

Der dritte Seelenanteil in dem Wesen eines Indigo-/Kristallkindes ist der Seelenanteil eines Ahnen aus dem System der Familie. Dieser Teil kommt erfrischt und frei wieder ins Leben und weiß, dass das Wassermannzeitalter erst jetzt beginnt, an dem es teilnehmen will.
Der älteste Sohn meiner Frau lebte eine ungewöhnliche Aschenzeit. Er saß zu Hause, verließ sein Zimmer monatelang nicht, außer für elementare Dinge, spielte stundenlang seine Computerspiele mit anderen im Netz, las ungewöhnliche Bücher von Geheimgesellschaften und Außerirdischen und pflegte einen Garten wie ein Essener-Mönch, so dass wir den ganzen Sommer von der Pracht seiner Ernte leben konnten. Er ist auch Veganer. Und er ist der Kraftpol der Familie, der mit seiner absolut präsenten Art die Energie im Haus bestimmte, beschützte und, wenn es sein muss, veränderte.
Meine Frau sah in ihm einen Seelenanteil ihres Vaters, der 1976 gestorben ist, als sie 19 Jahre alt war. Ihr Vater kam mit 28 Jahren aus der Kriegsgefangenschaft und hatte seine Kindheit im Krieg verlebt. Jetzt kam er wieder und lebte seine Kindheit mit vollen Zügen nach und aus, meine Frau sagte immer scherzhaft, wenn H. 28 wird, verlässt er sein Haus und wird sein Leben neu finden.(Was wirklich auch passiert gerade! Stand 2011)
Was tut Mutter und (Stief-) Vater mit einem solchen Kind, das nichts in der Welt tun will und nur zu Hause hockt, wenn seine „Habara" (österr. Freunde) am Samstag auf die Party gehen und der „Bub" das Haus nicht verlassen will? Wir ließen ihn (einfach in Ruhe und Liebe), weil wir wussten, wie intensiv er an seiner Entwick(e)lung arbeitete, zu Unser aller Vorteil.

Das mystische Konzept der Jahrsiebte!

Als ich Mellie Uyldert, meine Weisheitslehrerin, in meiner Studentenzeit mit meinem alten VW durch Deutschland zu irgendwelchen Seminarorten führte, wo sie Menschen von den Weisheiten der europäischen spirituellen Traditionen erzählte, gab sie mir immer Privatunterricht, auf unseren langen Autofahrten durch Europa. Mellie war eine emanzipatorische Hexe, vielleicht die erste in Europa, und hatte über 30 Bücher geschrieben. Ihr Edelsteinbuch war das erste in Europa und später dann die Grundlage für die Edelsteinheilarbeit unserer Tage. Mellie war 52 Jahre älter als ich und die beste Oma, die man sich nur vorstellen kann. Sie lehrte mich die Signaturenlehre, einen Schlüssel zum Verständnis der Welt. Obwohl sie einmal verheiratet war und zwei Kinder hatte, fand sie in ihrem Leben keinen Respekt vor dem Männlichen und obwohl sie ein Buch über die Liebe geschrieben hatte, war sie zu früh geboren, um an die Liebe auf gleicher Ebene mit einem Mann zu glauben. Doch sie mochte mich, liebte mich wie ihren Enkel und einmal sagte sie sogar, dass ich der einzige Mann in ihrem Leben bin, den sie als Mann akzeptierte, (und ich liebte sie wie eine spirituelle Mutter und Weggefährtin, das waren ganz eigenartige amouröse Gefühle, so als ob ich ein alter Liebhaber bin, der als Enkelsohn wiedergekommen ist). Sie war von meiner Naivität, Neugierde und von meiner Fähigkeit begeistert, mich durch ihre Worte an altes Wissen zu erinnern.

Sie sagte immer, dass die Menschen nie gleich alt sind, weil ihr Körper, ihre Seele und ihr Geist eine unterschiedliche Reifeentwicklungs - Geschwindigkeit haben. Ein Mensch kann mit seinem Körper 40 Jahre alt, mit seiner Seele erst 14 und mit seinem Geist erst 25 Jahre alt sein. Ich habe das vor 25 Jahren nicht gleich verstanden, doch im Laufe meines Lebens habe ich ihre Worte hundertmal wiederholt, bis ich sie verstanden habe.
Sie lehrte mich die Lehre von den Jahrsiebten. In der menschlichen Entwicklung vom Kind zum reifen Erwachsenen geht der Mensch durch bestimmte Entwicklungsphasen.

„Die Lernzyklen oder die Lebensuhr"

Der so genannte hochzivilisierte Mensch unserer 'ersten Welt' hat sein Verhältnis zu vielen der natürlichen Rhythmen und Zyklen weitgehend verloren oder sie sind fast ganz in Vergessenheit geraten. Durch unser Düsen um den Globus können wir den Winter verdrängen, durch unsere Freizeitaktivitäten können wir die Ruhephasen der Wochenenden überspielen, durch Antibiotika die Körperreinigungsphasen des Fiebers unterdrücken und durch Überdüngung und chemischen Pestizideinsatz minderwertige Nahrungsmittel im Überfluss 'produzieren', wodurch wir die körperreinigenden Hungerphasen (das regelmäßige Fasten, Anmerkung des Autors) ebenfalls aus unserer Welt geschafft haben. Da unsere Mutter Erde aber schon viel länger mit dem menschlichen Gekreuche und Gefleuche an ihrer Oberfläche fertig geworden ist, wird sie wohl auch jetzt zur großen Zeitenwende ihre 'natürlichen' Rhythmen wieder durchsetzen. Und darüber gibt es tatsächlich sehr viele Prognosen und Prophezeiungen

Lassen Sie mich auf einen ganz besonders ausgeprägt in der Stofflichkeit wirksamen zyklisch-rhythmischen Lauf hinweisen, der mit der Zahl sieben in Verbindung steht, welche im Altertum die Zahl des Universums, des Makrokosmos und der Vollständigkeit genannt wurde. Man spricht von sieben kosmischen Ebenen (zwischen Himmel und Hölle, im Buddhismus sind es die sieben 'Schritte' nach oben), von sieben berühmten Rishi - Städte Indiens und es gib sieben Tage der Woche, sieben Noten der Tonleiter, sieben Weltwunder, die sieben Weisen im Apollo-Tempel von Delphi, ein Buch mit sieben Siegeln, sieben Chakras mit den sieben Hauptdrüsen und so weiter. Die Zahl sieben ist ganz stark in der Mythologie Ägyptens und der Mayas (siebenköpfige Schlange) verankert und auch in unserem kirchlichen Rahmen wieder zu finden: Die sieben fetten und mageren Jahre, die sieben Schöpfungstage, die sieben Sakramente, die sieben Tugenden, die sieben Todsünden, die sieben Köpfe der Hydra (Drache), die sieben apokalyptischen Reiter der Endzeit, den siebenarmigen Leuchter und bei der wundersamen Speisung sieben Brote und sieben Körbe.

Eine hohe Bedeutung scheint diese Zahl auch in den Märchen zu haben und ich erinnere an die sieben Raben, die sieben Schwaben, die Siebenmeilenstiefel, die sieben Schwäne, die sieben Geißlein, die sieben Zwerge und den, der Sieben auf einen Streich erledigte. Wer einen Spiegel zerbricht, hat sieben Jahr Pech und kann seine sieben Sachen packen. Unseren Leserinnen fallen sicherlich noch mehr Beispiele ein.

Wir sehen die irdischen Leben vergleichsweise immer wieder als Schulklassen an und erkennen darin sich steigernde Lernphasen, die der Entfaltung unseres Bewusstseins dienen. Und diese wurden schon von alters her, immer wieder neu erkannt, in siebener und dreimal sieben gleich einundzwanziger Einheiten gesehen. Vorstellen und darstellen kann man das leichter in einem Lebenskreis oder einer 'Lebensuhr', (....). Dieser Lebenskreis als 'Uhr' dargestellt, zeigt die Analogie des Tagesgeschehens zu dem des Entwicklungs-weges eines Bewusstseins oder einer Persönlichkeit während eines Erdenlebens,(aus „Jesus2000" von Johannes Holey, Fichtenau, 1997, Seite 333-334, Ama Deus Verlag)

Verlorene Traditionen

Als mir Mellie die Lehre der Jahrsiebte erklärte, sagte sie, dass die alten Traditionen, dieses Entwick(e)lungssystem der Reife des Menschen sehr ernst nahmen. Sie wussten sehr viel von Lebensrhythmen, die sehr stark mit dem Siebenersystem zusammenhängen. Die sieben Tage der Woche begannen immer mit der zugehörigen Tagesstunde und waren einer Farbe zugeordnet. Der Montag, ☾, blue monday, begann mit der Mondstunde mit der Farbe Hellblau; der Dienstag, ♂, der Tag an dem man dient und arbeitet, tuesday im Englischen, dem Thor gewidmet, mit der Marsstunde mit der Farbe Rot; der Mittwoch, ☿, mercredi im französischen, mit der Merkur-stunde, "die Post bringt allen was!" mit der Farbe Gelb; Donnerstag, ♃, der Tag Jupiters, dem keltischen Donnergottes Taranis gewidmet, beginnt mit der Jupiterstunde mit der Farbe Purpur; Freitag, ♀, der Freya, der keltischen Venus gewidmet ist, beginnt mit der Venus-stunde in Grün, Freya war auch der

Lindenbaum; Samstag, ♄, saturday im Englischen, dem Saturn gewidmet, beginnt immer mit der Saturnstunde und ist grau, schwarz, und der Sonntag, ☉, mit der Sonnenstunde, die im Äther mit der Farbe Gold erscheint.

Verständnis einer alten Tradition

Definition

Das erste Jahrsiebt dauert, wie der Name schon sagt, sieben Jahre und beginnt mit der Geburt. Das ist die Zeit der Ich-Werdung und sie steht im Zeichen Widder ♈.

Lebens-Zeit-Beginn

Die Geburt ist Ausdruck der Entwicklung der Schwangerschaft. Der Körper, der mit dem Lebens-Zeit-Beginn sich im Sinne des Wesens entfalten soll, wird durch das Licht, das sich von der Sonne über den Planeten auf der Erde reflektiert, im Zeitpunkt des Lebens-Zeit-Beginns geformt, geprägt, mit Kräften ausgestattet und „erhellt". Das heißt, dass der Lebens-Zeit-Beginn entscheidend ist für die Entfaltung der Lebenskräfte im Menschen. Später werde ich noch erklären, dass viele Menschen ihren exakten Lebens-Zeit-Beginn nicht wissen und somit eine falsche Vorstellung ihrer Talente durch die Astrologie haben.

Wassertaufe

Das Baby ist endlich da und alle sind froh. In der letzten Zeit häufen sich die Schwangerschaftsprobleme, da die *Monster* schon im Bauch ihre neue Umwelt beeinflussen und bei Schwierigkeit Karma auflösen.
Doch wenn das Baby endlich da ist, beginnt eine neue Zeit für das Wesen des neuen Erdenbewohners und seiner neuen Familie.
Viele Eltern glauben, dass das Baby, wenn es zur Welt kommt, rein, unwissend, unschuldig und fromm ist. Die katholische Kirche verschweigt sehr viel Wissen über die wahre Natur von Geburt und

Tod. Sie weiß, dass das Kind eine neue Form eines alten Wesens ist und will es von allen Belastungen, die die Seele mitgebracht hat schützen und befreien. Diese Schutzarbeit wird durch das Ritual der Taufe bewirkt, der Wassertaufe, die uns wohlwollend als Beitrittserklärung zum Verein „Katholische Kirche" verkauft wird, das aber ein sehr mythisches Ritual ist und den Menschen läutern, reinigen und schützen soll.

Karmalehre 2

Eltern sollten wissen, dass ihr Kind ein Kristallkind ist und durch diese Lektüre verstehen, dass sie ein kleines Kind vor sich haben, das alles braucht, was ein Baby notwendig hat. Aber im Grunde genommen ist das Kind eine „alte Seele" in einem kleinen Leib. Seine Kraft ist im Verhältnis zu seiner Körpermasse größer als das Verhältnis bei den Eltern.
Die Kinder in diesem Alter sind noch nicht fähig zu sprechen, doch sie sind dadurch trotzdem in der Lage, alles zu verstehen und die Schwingungen seiner Umgebung wahrzunehmen und zu reflektieren. Hat das Wesen im alten Leben erfahren müssen, was es heißt, als Frau gedemütigt, benutzt und verleumdet zu werden, dann muss es jetzt als Mann lernen, das Weibliche zu ehren und zu beschützen.

Stillen

Das lernt das Baby durch die Liebe zur Mutter. So ist es vollkommen wichtig, zu verstehen, dass das Stillen jetzt das Wichtigste ist, was eine junge Mama gegen jeden Hinweis von außen zu tun hat, die ihr das Stillen vermiesen will. Ich habe über Naturvölkern gelesen, dass ihre Mütter ihre Kinder so lange wie möglich stillen, bis das Kind es selber beendet, auch wenn es schon 12 Jahre alt ist.

Impfen

Bitte, bitte, impfen Sie *nicht* Ihre Kinder oder warten Sie damit, bis sie im zweiten Jahrsiebt sind. Einen richtigen Schrecken habe ich bekommen, als ich das erste Mal die Bücher von Dr. med. Gerhard Buchwald und F. und S. Delarue (Impfungen – der unglaubliche

Irrtum, Hirthammer Verlag, München, oder Impfen – das Geschäft mit der Angst, ISBN-10: 3891891784, Feb 2008) gelesen habe. Hier deckt ein Mediziner mit reinem Gewissen schonungslos die Machenschaften der Pharmaindustrie auf und beweist, was wir bei Kristall- und neuen Kinder schon entdeckt haben: „*Die Impfungen der Pharmaindustrie, von den Ärzten nicht hinterfragt, haben heute keinen Sinn mehr, da sie überholt sind*". Die Kinder reagieren mit sehr starken Reaktionen darauf und es werden immer wieder Impfschäden bei Kindern gemeldet.

Sicherlich hat uns die Medizin mit dem Penicillin und der Wundheilung große Errungenschaften beschert, aber die Impfungen, die in Österreich nicht mehr Pflicht sind, haben keine andere Bedeutung mehr, als den jungen Erdenbürger zu schwächen, zu vergiften und ihn zu einem zukünftigen Pharmaindustriekunden zu machen. Ich weiß, dass hört sich sehr böse an, doch ich bin Vater und werde wütend, wenn ich Bücher wie oben in die Hände bekomme: Nicht auf die Schriftsteller, die ihr Leben riskieren, indem sie solche Informationen verbreiten, sondern auf die Machenschaften von grauen Männern, die mit dem Leben von Menschen spielen, um sich mit der Unwissenheit ihrer Kunden zu bereichern.

Ursprung der Homöopathie

Doch es gibt eine Lösung. Als Laura geboren wurde, wusste ich schon von der Sinnlosigkeit der Impfungen und suchte nach Alternativen. Ich fand sie in der Homöopathie. Das WiKi sagt dazu: „*Die Homöopathie ...(„ähnliches Leiden", von griech. μοιος, hómoios, „das gleiche, gleichartige" und πάθος, páthos, „das Leid, die Krankheit") ist eine wissenschaftlich nicht anerkannte, in vielen europäischen und einigen weiteren Ländern verbreitete alternativmedizinische Behandlungsmethode, die auf den um 1800 erstellten Vorstellungen des deutschen Arztes Samuel Hahnemann beruht.
Ihr wichtigster und namensgebender Glaubenssatz ist das Ähnlichkeitsprinzip: „Ähnliches soll durch Ähnliches geheilt werden" (similia similibus curentur, Hahnemann). Homöopathen*

glauben, das entscheidende Auswahlkriterium für ein Homöopathikum sei, dass es an Gesunden ähnliche Symptome hervorrufen könne wie die, an denen der Kranke leidet. Homöopathen verabreichen ihren Klienten das ausgewählte Mittel in möglichst niedriger Dosis und in rituell zubereiteter Form. Bei diesem Zubereitungsverfahren, das Homöopathen „Potenzieren" nennen, wird die Arzneisubstanz schrittweise mit Wasser oder Alkohol verschüttelt oder mit Milchzucker verrieben und dabei häufig so extrem verdünnt, dass der Ausgangsstoff nicht mehr nachweisbar ist. Nach den Vorstellungen der meisten Homöopathen sollen auf diese Weise ausschließlich die unerwünschten Nebenwirkungen der Substanz minimiert werden, die erwünschten jedoch nicht. Viele Homöopathen glauben außerdem, dass durch das Zubereitungsverfahren die erwünschte Wirkung sogar noch verstärkt wird."

Hahnemann war in der Tradition eines Paracelsus aufgewachsen und in alchemistisches Wissen eingeweiht worden. Nach Paracelsus gibt es das Gesetz des Ausgleiches, das ich bei der „Lebenswunde" schon erwähnt habe. Wenn eine Krankheit sich im Soma, also im Leib etabliert, dann ist der Konflikt als Ursache im Gegenteil, in der Opposition astrologisch ausgedrückt, zu finden. Habe ich also Bauchweh, was nach der Signaturlehre den Zeichen Krebs, ♋ = Magen, Jungfrau, ♍ = Darm und Waage, ♎ = wässrige Organe, zugeordnet werden kann, so finde ich den Konflikt in der Opposition zu den Zeichen: Steinbock, ♑ , wenn ich keine Klarheit mehr habe (das ist eine Ursache von Übersäuerung und Sodbrennen, da hilft kein Mineralpulver); Fisch, ♓, wenn ich Probleme habe, loszulassen und meine Kontrolle nicht los werden will; Widder, ♈ , wenn ich mich zurückgesetzt fühle und meinen Willen nicht bekomme.

Damit ich mein Konflikt auflösen kann brauche ich eine Arznei oder ein Kraut aus der Natur, das meinen Mangel an Energie im Konfliktbereich ausgleicht.

Und das finde ich wiederum nach Paracelsus im Gegenteil, in der Opposition. Also bei unseren Bauchschmerzen in der Signatur der Bauchschmerzen.

Schmerz	Ursache/Konflikt	Heilmittel
Bauchweh im ♍	Engegefühl ♓	z.B.Gartenarbeit ♍
Kopfweh im ♈	Unausgeglichenheit ♎	Brennesseltee ♈
Fußweh im ♓	Grenzenlosigkeit ♍	Ruhe/Träumen ♓
Knieschmerzen im ♑	Unfähigkeit, seine Gefühle zu äußern ♋	Vulkanübung ♑

Hahnemann kannte dieses Prinzip und hat den zweiten Teil der paracelsischen Medizin zurückgesetzt. Er hat die Giftigkeit von Arzneimitteln und Kräutern, ihre Wertigkeit und Signatur bestimmt und sie zu den Krankheiten in Kongruenz im Sinne der Signaturenlehre gestellt. Da er sich mit der Alchemie auskannte, wusste er auch, dass das Entscheidende bei einem Heilmittels nicht die Materie des Krautes ist, sondern, wie ich das oben erklärt habe, die Energie, die Schwingungen des Naturmittels, die im Wasser oder ätherischem Öl des Krautes gespeichert ist. Er wusste auch, dass die Energie durch „Potenzieren" erhöht werden kann.

Er nahm also eine Beere einer Tollkirsche, zerdrückte sie und gab einen Tropfen ihres Saftes in einen Liter reinen Wassers. Dann schüttelte er das Glas mit dem Liter Wasser plus Belladonnatropfen und gab wiederum einen Tropfen dieser Flüssigkeit in einen neuen Liter reinen Wassers. So wurde allmählich die Materie reduziert und die Energie im Wasser energetisch „potenziert".

Heute können wir die Strukturveränderung im Wasser mit technischen Mitteln nachprüfen, doch Hahnemann hat am Ende des 18. Jahrhunderts gelebt und hat diese Medizin mit einfachen Überlegungen geschaffen. Haben wir also eine homöopathische Gabe D30, dann ist das Verfahren der Potenzierung 30 Mal angewandt worden.

Vor kurzem habe ich gelesen, dass Wissenschaftler ab der 9. Potenz starke Veränderung im elektromagnetischen Feld von Menschen beobachtet haben, wenn ihnen stufenweise steigende Potenzen verabreicht wurden.

Ich habe mein Wissen über die Homöopathie größtenteils von den mir sehr wertvollen Autoren Carola und Ravi Roy. Ravi Roy hat eine Schule für Homöopathie in Deutschland und kommt aus Indien. In Indien ist die Homöopathie die wichtigste Medizin, da den Indern niemand mehr die Physik feinstofflicher Schwingungen erklären muss, da sie dieses Wissen mit der ayurvedischen Muttermilch eingeflößt bekommen. Die besten Homöopathen der Welt sind Inder und so schätze ich die Bücher vom Ehepaar Roy sehr, da sie uns bei der Heilung von Kinderkrankheiten täglich beiseite standen (Carola und Ravi Roy Kranke Kinder mit Homöopathie behandeln, Schwerpunktthema: Impfung, in der Reihe Alternativ heilen, Knaur, München 1997). Roy steht auch heute noch über das Internet mit mir in Verbindung und hilft mir bei jeder Frage, die ich zur Homöopathie habe.

Konstitutionsmittel für Kinder

Als wir das erste Mal mit Laura bei einer Homöopathin in der Nähe von St. Pölten waren, die in der Schule von Ravi Roy studiert hatte, bekam Laura von ihr ein Konstitutionsmittel. Dieses Mittel hieß Calzium carbonicum Hahnemanni D30 und entsprach ihrer körperlichen Konstitution, soweit man sie schon bei ihr als Baby erkennen konnte (dank meiner Fähigkeiten bei Laura sehr schnell, *melden Sie sich bei mir:* office@lebens-werkstatt.at *oder skypename: stephan.kugel in Austria und ich sage Ihnen, welches Konstitutionsmittel IHR Kind braucht*)

Immer, wenn sie eine Kinderkrankheit bekam, verabreichten wir ihr eine Gabe von 5 Globuli – so nennt man die weißen Milchzuckerpillen, die mit der Schwingung der Medizin getränkt sind – aus dieser kleine Flasche, die damals 160 Schillinge gekostet hat und ihr ganzes erste Jahrsiebt ausreichte. Sie bekam dann oft ein heftiges Fieber, das *Erstverschlimmerung* genannt wurde, legte sich nieder, verlangte eine bestimmte Musik, die sie stundenlang in *Repeat* hörte und stand nach ca. 6 Stunden wieder auf und tobte schon wieder durch den Garten. Das passierte jedes Mal so und wir brauchten keinen Kinderarzt oder ein Krankenhaus. Dass das so bei allen Kindern funktionieren kann, haben wir schon bei vielen Eltern erlebt, die meine Ratschläge ernst nahmen. Es gibt 12 Konstitutionsmittel und es ist sehr leicht durch Lesen der Beschreibungen oder durch einen kinesiologischen Muskeltest das richtige Konstitutionsmittel für Ihr Kind herauszufinden.

Kein Aspartam, kein jodiertes Salz und kein Glutamat

Da die Monster meist mit einer spirituellen Energiereife zur Welt kommen, gemessen mit dem Bio-Meter, die ihre Eltern oder Großeltern noch nicht haben, reagieren sie natürlich auf Gifte, Grobes und tiefe Schwingungen sofort somatisch und wollen sie sofort loswerden, wenn sie damit beeinflusst werden. Deshalb sind Spanplatten mit Formaldehyd in Kindergärten heutzutage verboten. Werden „Lebensmittel" mit Stoffen schwarzmagischer Natur geimpft, wie das bei Aspartam, jodiertem Salz oder Glutamat passiert, werden die Kinder sofort hyperaktiv, um durch vermehrte Schweißabsonderung die Schwingungsgifte wieder auszuscheiden. Oft wird das nicht gesehen und die Kinder bekommen dann erst recht Gifte wie Ritalin verabreicht und landen in einem Teufelskreis.

Meditationsplätze und Tragetücher

Kinder im ersten Jahrsiebt brauchen ihren eigenen Meditationsplatz, wo sie ihre neuen Eindrücke der Sinne verarbeiten können und durch Träumen und Stillsein sich auf sich Selbst einlassen können.
Das Tragetuch und die Hängematte sind dafür gute Werkzeuge.
Als ich in Peru war, haben ich mich immer gefreut, wenn ich Eltern sah, die ihre Kinder in einem Tragetuch durch die Gegend trugen. Und obwohl die Eltern durch den lauten Verkehr gingen, schliefen die Kinder vollkommen ruhig und beschützt. Die Nähe zum Kind wirkt sich vor allem energetisch aus, da das Kind unmittelbar im Energiefeld der Mutter oder des Vaters steht und damit umhüllt und beschützt ist.
Als ich 1993 morgens mit Laura im Tragetuch durch die Au von K. spazieren ging und Kinderlieder sang, schüttelten die Leute ihre Köpfe, wenn sie an mir vorbeigingen.
Heute ist das schon ein gewohnter Anblick, wenn wir am Wochenende im Wienerwald spazieren gehen. Doch vor 15 Jahren war das im Waldviertel noch sehr exotisch.
Wir hatten über unserem Bett, in dem Laura geboren wurde, eine Hängematte hängen, die ich bei Walter, eine Institution im Burgenland, auf dem Jazzfestival in Wiesen gekauft habe.

(Tel. 0043 664 1619075, website: http://www.ton-shop.at/shop/impressum.php?osCsid=1il8oj51jmhpdo325vhrkhhmf7)

Laura liebte es, ihren Mittagsschlaf auf meinem Bauch auf der Hängematte liegend zu erleben und ich habe ihre speziellen Meditationen mit mir als Hängemattendecke genossen.

Je wilder die *Monster* sind, desto mehr brauchen sie ihre Ruhephasen an einem bestimmten Platz in Reinheit, Ruhe und Zurückgezogenheit. Sie brauchen Platz zum Träumen, für Meditation (Stillsein und in sich Hineinschauen), Kontemplation (Spielen mit Gegenständen), Singen, Dösen und sich Zurückziehen. Schaffen Sie ihnen den Platz dafür und sie werden ausgeglichen und stark sein, gesund und glücklich.

Sprache

Wenn sie dann anfangen zu reden, dann sollten sie schöne Worte hören, die ehrlich sind. Von dem Schock vieler Kinder, zu verstehen, dass das, was die Eltern sagen, nicht mit dem über-ein-stimmt, was die Eltern ausstrahlen, habe ich schon gesprochen.

Diese Kinder wissen, ich sage _wissen_ immer, wenn ein Erwachsener lügt, (bei Ihresgleichen sind sie sich meist nicht sicher). Also versuchen Sie es erst gar nicht, wenn Sie nicht das Vertrauen und den Respekt der Kinder verlieren wollen.

Eine schöne alte Tradition sind die Singspiele und Kinderreime, die gerade für die Sprachbildung der Kinder geschaffen wurden. Die Märchen der Gebrüder Grimm sind erst etwas für Kinder im zweiten oder dritten Jahrsiebt. Aber die Singspiele, die wie Fernsehwerbungen wirken, sind geradezu „Futter für die Seele" dieser kleinen Herzen. Ich weiß, dass ich bei Spielen wie „ Dreht Euch nicht um, der Plumpsack geht herum" oder „Hänschen klein" immer gleich „Tränen in die Augen" bekomme, da sie meine absoluten Hits meiner Kindheit waren, und auf meiner persönlichen MTV-Hit-Liste Nummer Eins waren, wenn sie um mich herum gesungen wurden.

Gehen Sie zu Ihren (Ur)Großeltern und fragen sie nach diesen Hits aus der Kinderstube und die Omas und Opas bekommen dann auch feuchte Augen, wie sie es später dann bei Miles Davis, Beatles oder John Travolta bekamen.

Erfahrungsfeld zur Entfaltung der Sinne

Ein wichtiger Pädagoge unsere Zeit war Hugo Kükelhaus *(24. März 1900 in Essen; † 5. Oktober 1984 in Herrischried). Er war-Tischler, Schriftsteller, Pädagoge, Philosoph und Künstler. Hugo Kükelhaus wurde vor allem durch das von ihm entwickelte Erfahrungsfeld zur Entfaltung der Sinne bekannt. In Publikationen und Vorträgen hat er zeitlebens seine Vorstellungen von einer „menschengemäßen" Lebensumwelt verbreitet. Außerdem gilt er als Wegbereiter für Kleinstkindspielzeug, das den von der Entwicklungspsychologie und der Pädagogik gestellten Anforderungen standhält (laut WiKi).*

Er hat in seiner Arbeit immer wieder darauf hingewiesen, wie wichtig es ist, dass das Kind im ersten Jahrsiebt seine Sinne durch unmittelbares Berühren, Riechen, Schmecken, Kosten, Schauen und Er-hören entfalten kann. Das wird in einem seiner schönsten Texte deutlich, den ich hier zitieren will, indem ich einen Text vorstelle, den ich als Vorwort zu einem Buch von ihm geschrieben habe:

„Die Welt, die schon immer dagewesen....

Ich lebte damals in einer alten Stadt. Innerhalb der Stadtmauer, auf der man spazieren gehen konnte, gab es viele alte Fachwerkhäuser, Kirchen, kleine Gassen mit Kopfsteinpflaster, schöne heimelige Gasthäuser, alte Stadttore, einsame Parks und einen wunderschönen Wallgang.
Jeden Tag, wenn ich von meiner Tischlerlehre nach Hause kam, ging ich meine Freunde im Bergentalpark besuchen: zu Freya, einem Lindenbaum und Nion, einer Esche. In dem Park lebte ein alter Philosoph. Manchmal sah ich ihn mit wirrem Haar zwischen den Bäumen einsam und glücklich lustwandeln und wünschte mir seine Gesellschaft.
Eines Tages saß ich auf der Bank unter dem Eschenbaum und bemerkte gar nicht, dass der alte Mann neben mir saß. Er lachte

mich an und sprach: "Es gibt eine Welt, die schon immer dagewesen, und es gibt eine Welt, die ist von Menschen gemacht. Fast alle Menschen bemühen sich um die Welt, die von Menschen gemacht ist, und nur wenige um die Welt, die schon immer dagewesen. Die Menschen, die in der Welt aufgehen, die schon immer dagewesen, werden nach ihrem Tod ein Baum. Und wenn man dann in den Wäldern und Parks spazieren geht, hört man Geschichten und Märchen von den Menschen aus der Welt, die schon immer dagewesen."
Hugo Kükelhaus starb 1984 in Soest in Westfalen. Er war Tischler- und Zimmermannmeister, Künstler, Philosoph, Kulturanthropologe und Geomant und hat in zahllosen Publikationen das „Erfahrungsfeld der Sinne" geschaffen."

Und jetzt aus seinem Werk *Das Wort des Johannes*, mit Alfred Metzner, Frankfurt am Main 1953

„Was ist zu tun?

Die Hände vor die Knie gefaltet, auf flammende Holzscheite sehen. Bei brennender Knisterkerze auf die schwankenden Schatten der Gegenstände achten.
Umständliche Gerichte bereiten, Festtagsgebäck kneten und formen. Kaffee nicht mahlen, sondern mörsern. Das Mahl feiern. Wein im Keller hegen und unter heiter-erregten Gesprächen kosten und trinken.
Als Hausordnung einführen: Alle Gesprächsstoffe verneinenden, ablehnenden Inhalts sind verboten. Nur Aufbauendes, Förderliches gilt im Gespräch. Am liebsten aber Gleichnisse, Fabeln, Parabeln. Im Gespräch an keinem Stoff hängen bleiben, sondern das Eine im Wechsel suchen und durchscheinen lassen.
Muschelschalen, Schneckenhäuser, Vogeleier, Steine und Kristalle, Vogelfedern, Pfauenfedern, Eichelhäherfedern, Puterfedern sammeln, ferner Verwittertes, Ausgeschlagenes, Rost und Grünspan, Altes. Solche Dinge auf wechselnde Unterlagen legen von natürlicher Beschaffenheit, sie zueinander in Beziehung für`s Auge bringen. Graues auf Graues legen, Rotes zu Rötlichem bringen. Ähnliches zusammenbringen, um das entschiedene Andere darin zu

erkennen. Weihrauch schwelen lassen. Das Blau der Kartoffelfeuer vor dunkler Waldwand sehen. Morgenröte aus Perlentrübe erglänzend, erglühend, verbleichend sehen.
Fernen dünnen Glocken lauschen. Gongschlag hören. Fadenspiele treiben. Mit Schattenspielen Grimmsche Märchen sprechen: vor Kindern. Kopfstand machen. Betaute Blütenzweige, früh betaute Blumen zeichenhaft in Gefäße stellen, schreiben mit schräg geschnittenen Gänsekielen."

Kükelhaus hat auf der Expo in Montreal 1976 sein Erfahrungsfeld das erste Mal öffentlich aufgebaut. Durch viele Stationen der sinnlichen Erfahrungen wurde der Besucher zum Forscher seiner eigenen Sinnlichkeit.

Hier ein kurzer Ausschnitt:

Chladnische Klangfiguren
Mit einem Geigenbogen wird eine dünne Metallplatte angestrichen, deren Mittelpunkt auf einem Ständer befestigt ist. Der dünn auf die Membrane gestreute feine Quarzsand beginnt zu tanzen. Er ordnet sich zu schönen, organisch wirkenden Mustern, die das in der Membran entstehende Schwingungsbild wiedergeben. Aus dem scheinbar undifferenzierten Nichts entstehen – wie durch Zauberhand – Muster und Figuren.

Optische Scheibe
Die Scheibe zeigt eine Spirale, die sich zur Mitte hin verengt und nach außen öffnet. Dreht man die Scheibe im Uhrzeigersinn, so scheint sich die Spirale immer mehr zu erweitern. Dreht man sie entgegengesetzt, so bildet sich ein tiefer werdender Trichter. Diese Phänomene können durch die Drehgeschwindigkeit beeinflusst und verändert werden. Wendet man seinen Blick von der Scheibe ab, so scheint sich – zum großen Erstaunen – die Umgebung wie im Zeitraffer zu verengen bzw. zu erweitern. Der Sehsinn „balanciert" aus.

Wasserklangspritzschale
Man befeuchtet die Hände mit Wasser und reibt gleichmäßig über die Griffe der Schale. Durch die Reibung entstehen Schallwellen, die

sich über die Schale in das Wasser übertragen. Sie versetzen das Wasser in Schwingung und es beginnt zu Tanzen.

Summstein
Man steckt seinen Kopf in die rundliche Aushöhlung des Steinblocks. Man summt und versucht die Höhe des Summtons so abzustimmen, dass das Summen in ein innen wie außen wahrnehmbares Dröhnen übergeht. Die Schallwellen, die dabei entstehen, versetzen das Wasser im Körper in Schwingung und eine Vibration ist deutlich zu merken.

Riechbaum
Verschiedene Gerüche stellen unseren Geruchssinn auf die Probe. „Erriechen" Sie immer das Richtige? Oder erinnert Sie ein Geruch an eine Situation oder einen Menschen? Woher kommt eigentlich der Ausdruck „Jemanden nicht riechen können"?

(Siehe http://www.erfahrungsfeld.de/essen/ausstellung.php)

Das sind alles Beispiele für gute Pädagogik für die Entwickelung der Talente und Fähigkeiten der Kids in jungen Jahren.

Unterstützung in den Jahrsiebten

Das erste Jahrsiebt: 0-7 Jahre

Die Kids im ersten Jahrsiebt brauchen 7 Jahre, um ihre Persönlichkeit ihrer Disposition entsprechend zu entwickeln und machen das mit der Kraft ihrer Ausstrahlung. Guter Rat: sie kriegen alles, was sie wollen, auch Grenzen, Nahrung und Erfahrungen, die sie an ihr altes Wissen erinnern lassen. Das erste Jahrsiebt steht im Zeichen Widder, ♈ und so brauchen sie in der Zeit die Kraft der Opposition, also ♎ soll heißen, Harmonie, Ausgeglichenheit ihrer Umgebung, Mama und Papa, väterliche und mütterliche Energien gleichzeitig, ein warmes Zuhause, Aufmerksamkeit und Wärme des Herzens, der Liebe und der Ehrlichkeit.

Erst wenn das Jahrsiebt zu Ende ist, kann das Kind, das Haus verlassen und denken lernen. So ist es nach Inayat Khan *(5. Juli 1882 in Baroda, heute Varodada; † 5. Februar 1927 in Neu-Delhi, Gründer des „Sufi Ordens" und „Die internationale Sufi-Bewegung"* (laut WiKi), der einer der wichtigsten Pädagogen Indiens war, so wichtig, dass die Kinder bis 7 Jahren *„auf den Bäumen sitzen dürfen"*, und erst dann in die Schule gehen müssen, weil sie erst dann ihre Zeit der Sinne - Entwicklung abgeschlossen haben und reif sind, sich im neuen Jahrsiebt um Lesen, Schreiben und Rechnen zu kümmern.

Das habe ich sehr stark bei meinem Enkel D. erlebt. Als er zu uns kam, war er gerade 7 Jahre alt, in der zweiten Klasse schon und konnte mit Zahlen und Buchstaben nichts, aber auch gar nichts anfangen. Er kam von der Schule und malte Zahlen und Buchstaben, aber da war kein Geist dahinter. Doch dann, einige Wochen später, schaltete sich plötzlich sein „Hirn" ein und er wurde zum Besten der Klasse, einfach so.

Eine Freundin von meiner Frau kam auf Besuch und war sichtlich traurig und frustriert. Er sagte mir plötzlich wörtlich, dass es weiß, warum die Frau traurig ist und dass die Oma ihr jetzt helfen wird mit einer „Vulkanübung" und weil sie darüber dankbar ist, hat sie eine Pralinenschachtel mitgebracht Ich staunte und war erfreut über seine Reflexionen.

Gefahren

Eine große Gefahr in jeder Erziehung ist das falsche Be-Urteil-en. So wie das Wort in unserer mystischen deutschen Sprache es schon besagt, sind die Er-zieh-er immer in Gefahr, etwas Ur-sprüngliches, was die Kinder halt sind, zu teilen, sie aber auch von ihrem Ur-sprung abzutrennen, wenn sie die Worte der Kinder be-ur-teilen. Das Kind wird durch die rationale Sprache der Eltern von seiner kindlichen Traumwelt getrennt. Hier ein bemerkenswerter Text eines Indigo-Kindes, das über seine Sicht von Erziehung spricht :

„Kleine Kinder weinen, weil es sehr schwierig ist, auf diesem Planeten zu sein. Ein Baby versucht, sich telepathisch verständlich zu machen, aber das klappt meist nicht, weil hier alles so dicht ist [...] Das Neugeborene hat Angst, es ist eingesperrt in die

Wirklichkeit des Körpers. Es vermisst die essentielle Einheit, die dort ist, wo es herkommt, und daher schließt es sich schnell an die Personen an, die es umsorgen. Es überträgt die Rolle des höchsten Wesens auf die Eltern. Wenn die Eltern nur an das Materielle glauben, ziehen sie das Kind immer mehr in die physische Existenz. Während sie ihm das Sprechen beibringen, schränken sie seine Gedanken ein. Wenn die Kinder größer werden, verlieren sie nach und nach die Verbindung zu ihrem Ursprung [...]
Um den Kindern helfen zu können, muss man den Erwachsenen helfen. Wenn die Eltern offen sind, werden sie die Kinder versorgen, ohne ihnen ihre eigenen Ideen aufzupfropfen, ihre eigene Weltanschauung. Das Wichtigste ist, ihnen einen Freiraum zu lassen, ihnen Zeit zu geben, sie denken und reden zu lassen. Es ist wichtig, mit ihnen von Gott zu sprechen, vom Geistigen, aber ohne darauf zu pochen, dass man im Besitz der Wahrheit ist." (aus: Ich komme aus der Sonne, Flavio M. Cabobianco ch.falk – Verlag ISBN 3-924161-72-0, S. 6)

So ist es also wichtig, das Kind in seiner „Naivität" und „Kindlichkeit" bestehen zu lassen, es nicht auszulachen oder seine Worte abzutun. Sich in die Gefühlswelt eines Kindes einzulassen, ist nicht immer einfach, doch es versetzt uns in unsere Kindheit und lässt so Dinge einfach und klar erscheinen.

Wenn die Kinder von Geistwesen sprechen, die sie sehen können, dann sollte man sie ermuntern, ihre Kommunikation mit anderen Welten auszudrücken, wenn nicht mit Worten, dann mit Bildern und Zeichnungen. Alle Eltern werden fasziniert sein, wenn sie ihre Kinder motivieren, mit viel Papier und Stiften ihre Visionen, inneren Bilder und Erlebnisse, Erinnerungen und Begegnungen aufzuzeigen und aufzuzeichnen. Diese Bilder sind „heilig" und haben aus meiner Sicht der energetischen Ausstrahlungsmessung eine hohe Energie und dienen immer als Kraftbilder wie russische Ikonen. Picasso hat einmal gesagt, „*dass er mit 18 wie Rubens malen konnte, dass er aber ein Leben brauchte, um so ausdrucksstarke Bilder malen zu können*", wie seine Neffen und Nichten, denen er ein Mallehrer war.

Wenn man solch ein Kinderbild in das Wirkungsfeld einer Wasserader hängt, wird die Kraftlinie der Erde zur Kraftlinie im Raum, wie dies das Kunstwerk in einer von Templern gebauten Kathedrale bewirken sollte. Doch darüber werde ich noch später sprechen, wenn ich davon berichte, welche Kraftplätze ich in Indigowohnungen gefunden habe, wo die Eltern die „Kunstwerke" ihrer Kids am rechten Platz in der Wohnung aufgehängt haben.

Wenn wir Eltern nicht verstehen, was unsere Kinder uns sagen wollen, dann sollten wir uns Zeit nehmen und wie in einer Vulkanübung den Kindern zuhören, als ob sie die Lehrer sind und wir ihre Schüler, die uns eine alte Sprache beibringen wollen. Jan van Helsing erwähnt in seinem Buch „Die Kinder des neuen Jahrtausends, Fichtenau 2005 auf Seite 379, dass *„vor drei- oder vierhundert Jahren, ... solche Kinder gleich getötet oder verstoßen und als „Teufelskinder" mit „dem bösen Blick" oder dem „zweiten Gesicht" verschrien wurden.* Jetzt können wir ganz anders damit umgehen, wenn wir die Gesetze des Wassermannzeitalters hiermit verstehen. Somit müssen solche Kinder nicht mehr in der „*Gummizelle*" landen, vor dem Jan van Helsing noch warnt.

Heutzutage gibt es schon Literatur, die von neues Kindern selbst verfasst ist, die uns einen Einblick in andere Welten beschert. Für manche von uns ist es eine Erinnerung an buddhistische oder andere fernöstliche Texte, die uns an den Sinn des Lebens erinnern sollen, warum wir hier auf der Erde sind und was wir hier zu tun haben.

Natürlich gibt es auch das andere Extrem, wenn Eltern ihre Kids zu Wunderkindern machen und sie mit allen Mitteln in die Öffentlichkeit *zerren*, oder wenn sie sie als göttliche Boten benutzen. Es ist wichtig zu wissen, dass die kleinen *Monster* auch noch Kinder sind, die Grenzen brauchen und einen gewissen Sinn von elterlichem Humor. Wenn sie ver-herr-licht werden, können sie sich leicht zu Herren der Familie aufspielen, und ihr Urteil, das durch den Seelenanteil des verstorben Großvaters geprägt ist, wird über die Vernunft gestellt und macht sie dann zu kleinen Tyrannen, die natürlich ihre Kräfte ausprobieren wollen. Vater und Mutter sollten also ein gesundes Mittelmaß halten, sonst sind sie den psychologischen Mächten ihrer Kinder ausgeliefert, die einfach „wiefer" (gescheiter, klüger, gerissener) sind als sie und sie dadurch ausnutzen, ohne das die Eltern sich befreien können.

Spiegeltechnik

Ein wichtiges Kommunikationsmittel, das die Eltern unbedingt nutzen sollten, ist die Spiegelkraft der Kinder. Wenn familiäre Entscheidungen anstehen, wenn die Erwachsenen vor ungelösten Problemen in ihrem Alltag stehen, dann sollten sie die <u>Be-urteil-ung</u> ihrer Kinder in Anspruch nehmen.
Sprechen Sie mit den Kindern über alle Probleme, die sie haben, und machen Sie keine Grenzen dort, wo Sie glauben, die Kinder könnten Sie noch nicht verstehen. Sehen Sie ihre Kinder so an, als ob sie Vertreter einer anderen Kultur sind. Fragen Sie sie nach ihrer Meinung zu Problemen, die Sie nicht lösen können, weil Sie sich nicht von Ihren Sichtweisen trennen können und Sie werden neue Ebenen und Dimensionen kennen lernen. Den Kindern sind Einstellungen fremd, die oft als „gesunder Menschenverstand" bezeichnet werden und doch nur öffentliche Meinungen vertreten, die weder richtig noch wahr sind. Kinder offenbaren und enthüllen oft sehr schnell Wahrheiten und Lügen, die unser Denken einschränken und befangen sollen, damit wir gute Arbeiter und Konsumenten sind und bleiben.
Oft spiegeln uns die Kinder auch unsere eigenen Unzulänglichkeiten, indem sie sie übertrieben ausleben und damit offenbaren und offen legen. Ihre übertriebene Sucht nach Spiel und Spannung spiegelt nur unsere unterdrückten Triebe wider, die wir wiederum in unserem Erwachsenseinwollen oder -müssen unterdrücken. Das kann sich in der Pubertät sehr stark in Exzessen äußern.

Wenn ein Mensch im ersten Jahrsiebt ein schockierendes Erlebnis erfahren muss, kann sich das auf sein Wachstum von Körper, Seele und Geist auswirken. Die heutige Psychologie sieht den Menschen dabei immer als Opfer, sodass es keine Heilung gibt.
Dank der Arbeit von großen Heilern, gibt es dafür aber schon Verständnis und dadurch Heilung. Wenn ich jetzt von Schockerlebnissen spreche, dann sehe ich auch die Ursachen, die von den „Opfern" ausgehen. So sehe ich, dass die Kinder ihre Schocks- und Konfliktbereitschaft aus alten Zeiten mitgebracht haben, um ihre

Seele in den Zustand der Reife-entwicklung ihres Wesen zu stellen, damit sie sich daraus weiter-entwickeln kann.

Wenn sich also ein Kind eine Schocksituation schafft, die sich jetzt nicht nur für das Urteilsvermögen der Erwachsenen als „leidvoll" anfühlt, sondern auch im Kind ein Schockerlebnis bewirkt, dann kann es sein, dass der Körper, um den Schock aufzufangen und abzufedern, in einen Stillstand gerät, sodass der Mensch wohl weiter wächst, aber Teile des Menschen stehen- oder zurückbleiben. Das ist dann das Ewig-Jung-Bleiben, das Dorian-Grey-Syndrom bei Homosexuellen, das uns der homosexuelle Schriftsteller Oskar Wilde in seinem gleichnamigen Roman beschreibt.

Auch viele Behinderte schaffen sich schon in der Schwangerschaft durch akustische Schockerlebnisse solche Entwicklungsstopps, Regressionen oder Rückbildungen, die das Wachstum von Körper, Seele und Geist beeinflussen oder beengen.

Mit der Ki-Pulsing-Methamorphosis$^©$ - Arbeit werde ich aufzeigen, dass diese Rückbildung mit einer Massage von Fuß, Hand und Kopf befreit werden kann, wenn der Mensch weiter wachsen will, „wenn er es nicht mehr aushält!"

Wenn der Mensch solche Erlebnisse im ersten Jahrsiebt erfasst, erschafft und erlebt, dann kann es sein, dass er sein ganzes Leben in diesem Zustand verbleibt, weil er seine Schocks immer und immer wieder reproduziert und gefangen ist in einer Schleife, die ihn nicht wachsen lässt.

Da große Heiler die Ursache von Mongolismus, Schizophrenie, Homo-sexualität oder Wahnsinn als Folge von Doppelschocks erkannt haben, ist es heute möglich, jeden Menschen aus seinem von ihm geschaffenen Dornröschenschlaf aufzuwecken, wenn er bereit ist, das neue Zeitalter zu verstehen und ihm dienen zu wollen.

Das zweite Jahrsiebt: 7-14 Jahre

Das zweite Jahrsiebt wird von der Signatur Stier, ♉ geprägt. Stier steht für die Mutter Erde, die den Leib aller Wesen formt. Wenn die Kinder im zweiten Jahrsiebt heranreifen, werden sie mit den Gesetzen der Erde und der Natur konfrontiert. In alten Zeiten, als es noch das Widderzeitalter gab, also das Zeitalter vor dem Fische-Zeitalter der Christenheit, gab es Göttinnen, und zwar die Göttin der Sonne, des Mondes und der Erde, Ambeth, Sorbeth und Wilbeth, die die drei Wurzen des Weltenbaumes ('Ask' = 'Esche') Yggdrasil darstellten. Für die Kelten bildeten sie die drei wichtigsten Aspekte des Lebens:

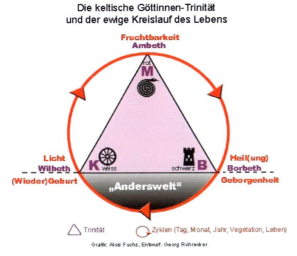

Grafik: Alois Fuchs, Entwurf: Georg Rohrecker

*„Auf der „Morgenseite" der Dreiheit war der Platz der Geburt des Lichtes, des Lebens und des Wissens. Seine Leitfarbe war Weiß. Und als die Frauentrinität von den Kelten als Drei Bethen (= Ewige) angesprochen (angebetet!) und be-nannt wurde - nach einem Wort für Erde, das so alt ist, dass es sogar dem Bett als ursprüngliches Erd-Lager zugrunde liegt - war hier der Platz der **Wilbeth**, der Weißen und der Weisen. Sie verkörperte das Licht, die Weisheit und das Schicksal, das sie in den Lebensfaden spann und daher auch voraussagen konnte. - Wobei sich daraus auch der Lebens-Weg ergab, und die Rad-Göttin auch Road-Göttin, die Schutzgöttin der Straßen und der Reisenden, war.*
Das göttliche Zentrum, den Zenit und Höhepunkt der Dreifaltigkeit und des ewigen Zyklus des Lebens bildete der Aspekt der Fruchtbarkeit, dargestellt mit der Farbe Rot. (Rot wie Blut, rot wie der Apfel des ewigen Lebens.) Es war zuletzt der Platz der keltischen

Ambeth, *und ihr zugeordnete Symbole waren die (spiralenartig dargestellte) Schlange des ewigen Lebens, die schon die Ur-Mutter-Göttin begleitet hatte, und der Kessel der Fülle und der Wieder-Geburt, der auch als Schüssel oder Kelch dargestellt sein konnte.*
*Auf der „ Abendseite" der Trinität war schließlich der Platz für den Aspekt der Ruhe, des Heilens und der Geborgenheit, an dem Mutter Erde ihren dunklen, bergenden Schoß auftat. Es war der Platz der keltischen Beschützerin und Heilerin **Borbeth**, die garantierte, dass der Tod nur eine vorübergehende Angelegenheit war, und nach einem erholsamen und lustvollen Aufenthalt in der „Anderswelt" die neuerliche Geburt winkte und ein neuer Kreislauf des („irdischen") Lebens beginnen konnte. Die Leitfarbe an dieser Stelle war Schwarz - wie die der Ruhe und Entspannung dienende Nacht, mit der bei den Kelten der neue Tag anfing. "* (http://www.diekelten.at/bethen.htm)

Mellie erzählte mir, dass die Priesterinnen dieser Kultur in Hainen im Wald lebten, die man auf Holländisch „Hagedessa" nennt und die in ihren Naturcamps ihre Schülerinnen ausbildeten. Ganz im Sinne der Jahrsiebten - Lehre, wurden die jungen Mädchen mit 7 Jahren von ihren Eltern zu den „Göttinnen"(Prieterinnen der alten Kultur) geschickt, wo sie im zweiten Jahrsiebt in die Signaturenlehre mit Hilfe der Heilkräuterlehre und in das traditionelle Naturwissen eingeweiht wurden. Hier lernten sie im Sinne der Stiersignatur, ♉ das Leibwissen der Erde kennen.
Im zweiten Jahrsiebt veränderte sich aber auch der Hormonhaushalt der Kinder und sie werden zu geschlechtlichen Menschen, die die Gesetze der Sexualität erfahren müssen. Dies ist verdeutlicht durch die Signatur von Skorpion, ♏, die dem Stier, ♉ gegenüber steht. So ist es bei unserer Jugend verständlich, dass sie, befreit von den Schuldgefühlen der Kirche, die keine Wirkung mehr auf ihre Leiblichkeit und Psyche haben, Sexualität als Ausdruck ihrer Lebendigkeit sehen und schon früh mit ihrem Körper experimentieren.
Als mir meine Tochter mit 14 Jahren erzählte, was sie schon alles mit ihrem Freund erlebt, war ich (als Vater) natürlich überrascht, doch als ganzheitlicher und neuzeitlicher Anthropologe sehe ich hier die Rückkehr zum natürlichen Umgang mit der eigenen Leiblichkeit,

somit auch mit der Sexualität und Freude der Sinnlichkeit und Körperlichkeit.
Somit ist das zweite Jahrsiebt geprägt von der Auseinandersetzung des ICH, das sich im ersten Jahrsiebt entwickelt hat, mit dem DU, als Mitglied der Familie, als Schüler in der Volksschule, als Nachbarkind in der Gemeinschaft, die versucht, das Kind mit Religion und anderen Gruppenzwängen zu binden und zu prägen.
Hier ist es wichtig, zu verstehen, dass die Kinder eine klare Trennung zwischen Zuhause und Außenwelt brauchen; dass sie sich der bedingungslosen Liebe der Eltern sicher sein müssen, um ihre innere Ruhe nicht zu verlieren. Sie müssen sich sicher sein, dass die Eltern sie rein ihrer Selbst wegen lieben, wenn sie von Lehrern nach Äußerlichkeiten und Talenten beurteilt werden, sonst leiden sie an Selbstwerteinbruch, was oft zu Knochenbrüchen führt, womit sie in dieser Zeit sehr gefährdet sind.
(Ein Selbstwerteinbruch erzeugt eine Nekrose, also ein Loch im Signaturknochen. Das ist nichts Bemerkenswertes, tut nicht weh, macht z.B. den Arm aber schwach, was der Körper unbewusst spürt und was ihn ängstlich und zurück-haltend (daher kommt der Begriff) macht. Doch das fällt sonst nicht auf, außer mit seiner Bruchbereitschaft, wenn es schon mehrere Löcher im Knochen gibt, wie z.B. bei Osteoporose (wenn die Mutter nicht mehr als Mutter oder Frau oder Gattin gebraucht wird – in der Heilungsphase, wenn die Frau dann zur Oma wird, gibt es Hüftschmerzen und Plastikgelenke, wenn die Knochen schon zu brüchig sind).
Hier hat sich die *Vulkanübung* sehr bewährt, die den Kindern hilft, die Spannungen und Einflüsterungen der Außenwelt in ihrem Leib und Wesen zu befreien. *Die Wasserreinigung* ist das beste Mittel, die Kinder von falschen Gefühlen und Emotionen zu befreien, die sie aus Demut anderen gegenüber, aufgenommen und geschluckt haben.
Da das Zuhause frei von Außenwelt und Einfluss der Weltverblödung sein sollte, sind die Eltern nahezu verpflichtet, die Verbindung mit den Kindern aufrecht zu erhalten, auch wenn die Kids sich oft zurückziehen und „nix reden" wollen. Hier ist die *mentorische Erziehung* angesagt, die den Eltern die Aufgabe stellt, da zu sein und zu antworten, wenn die Kids Fragen stellen.
Gerade sportliche Aktivitäten, kulturelle Veranstaltungen oder Sendungen der neuen Medien (Satelliten-TV, Internet und Videos)

sollten mit den Kids gemeinsam erlebt werden, sodass sie immer das Gefühl der Verbundenheit haben („bitte, ruf an!"), was lebensnotwendig ist für eine gesunde Entwick(e)lung der Kinder. Gerade wenn die Kinder 10 Jahre alt werden und in dieser Zeit des Jahrsiebtes ihre Kraft am stärksten ist, sollten sich die Eltern das Wesen ihrer Kinder genauer anschauen. Dann ist es die beste Zeit, um ihre Talente zu erkennen und gegebenenfalls zu fördern. Vorher bestimmt das Kind seine Entwicklungsförderung selbst und jeder ungewollte Klavierunterricht ist hinaus geschmissenes Geld.

Apropos Kraft. Der Mensch wird geboren und ist schwach. Nach dreieinhalb Jahren ist er in seiner Kraft am stärksten, um dann mit sieben Jahren im Wechsel zum zweiten Jahrsiebt wieder schwach zu sein. Das entspricht einer Sinuskurve. Das zieht sich durch sein ganzes Leben.

So sollte das zweite Jahrsiebt geprägt sein von Verbundenheit und absoluter Liebe, die durch die mentorische Erziehung unterstützt wird, was der Signatur von Skorpion, ♏ und Stier, ♉ zusammen ergibt.

Das dritte Jahrsiebt: 14-21Jahre

Die Adoleszenztechniken der alten Mysterienschulen habe ich schon im Kapitel über die *neuen Qualitäten des natürlichen Menschen* beschrieben. Das dritte Jahrsiebt steht in der Signatur des Zeichens Zwilling, ♊, das für die Kunst der Kommunikation steht.

Kommunikation ist einer der wichtigsten Begriffe des Wassermannzeitalters, wie ich es schon beschrieben habe. Das Zeichen ♊ steht „ für zwei Herzen in einer Brust!", und besagt, dass die Natur aller Dinge zwei Seiten hat, eine innere und eine äußere, das Yin und Yang des Taoismus, der Himmlische Vater und die Mutter Erde bei den Essenern, die lichte und die dunkle Liebe bei den Tantra-Meistern. Dem Zeichen ♊ steht das Zeichen Schütze, ♐ gegenüber. Das ist das Prinzip der Weisheit, der Schönheit, des Guten, des Fundamentalismus und der Märchen. Das ist das weiß/se Wissen. Das Zeichen ♊ steht für das dunkle, schwarze, rote oder geheime Wissen. Kommunikation ist nur möglich, wenn nicht nur Wissen und Weisheit, ♐, sondern auch Gefühle, Emotionen, Wahrheiten und Glaube ♊ kommuniziert wird.

In dieser Phase lernt das Kind Techniken, sein inneres Wissen zu entdecken, zu erforschen, es umzusetzen und zu verwirklichen. In allen alten Kulturen wurde die Adoleszenszeit als wichtigster Schritt zum Erwachsenenleben gesehen und mit äußerster Disziplin und Sensibilität behandelt.

Also, kaufen Sie ihren Kids einen NEUEN Laptop, IPad oder PC und lassen Sie sich sagen, welches Modell das Kind haben will. Sie werden sich wundern, wie bescheiden ihr Sohn/ihre Tochter ist, wenn sie konkretes Interesse haben. Geben Sie ihrem Kind geeigneten Zugang zum Internet (W-Lan-Leitung statt Telefonleitung) und versorgen Sie das Kind mit wichtigen Links wie z.B. http://de.wikipedia.org/wiki/Hauptseite usw.

Und, machen Sie ihr Kind zu ihrem Administrator, d.h. Berater im IT-Bereich. Sie werden sich wundern, wie sich Ihr Leben verändern wird. Das Familienleben wird eine *Renaissance* erleben, wie Sie sich das nie haben vorstellen können, weil alle zusammenhalten, zusammenarbeiten und sich zusammen verändern werden. Weil alle beginnen, zu kommunizieren, ♊, über alle Dinge, die im Außen wie auch im Inneren wirken.

Es ist auch die Zeit der extensiven Partys, ♊ und der intensiven Seminare, ♐ in spirituellen oder religiösen Gruppierungen, womit ich vor allem die Musikbands meine, die für mich das spirituellste Gruppenkonzept sind, die es auf dieser Erde gibt.

Mythischer Ursprung von Jugendbands

Eine Rockband besteht durchschnittlich aus 4 Archetypen:
Am berühmtesten Beispiel der Welt, den „Beatles", will ich das kurz erklären. John Lennon spielt die Leadgitarre und steht für die Botschaft. Er schrieb mit Paul McCartney die meisten Songs. Er steht für das Prinzip Schütze ♐. Paul spielte den Bass und schaffte den Rhythmus im Tieftonbereich, der berauscht und weckt. Dies entspricht dem Zeichen Zwilling, ♊. Er brachte die innere Welt, den Humor und das dunkle Wissen in die Texte mit ein (keltische Harmonien, Wortwitz und Wortspiele).

Ringo Star spielte die Drums und gab den Beat an, um die Musik der Beatles zu erden. Das entspricht dem Zeichen Jungfrau, ♍ und Ringo ist der Musikverwalter des Nachlasses der Beatles und vieler anderer Bands, deren Rechte er mit seinem Geld aufgekauft hat. Er war immer der Banker der Band.

Georg *(Geōrgios/Jeórjios (altgriechische/heutige Aussprache), griechisch Γεώργιος. Geōrgios ist eine Ableitung von geōrgós/jeorgós (γεωργός), „Landwirt" (bzw. Landmann), einer Zusammensetzung von gē/ji (γῆ/γη), „Erde" und érgon/érgo (ἔργον/έργο), „Arbeit", also eigentlich "Erd(be)arbeiter".* (Laut Wiki) Harrison, der „Bauern" - Hippie, war der spirituelle Pool und die sensible Antenne der Band und brachte die Beatles mit indischen Gurus (Maharishi Marish Yogi), Kommunefrauen und der Friedens-Bewegung zusammen. Das entspricht dem Zeichen Fisch, ♓. So erfüllt die Band ein Kardinalkreuz ♐♓♊♍ und bildet somit eine mythisch-spirituelle Gemeinschaft, die die Grundlage für jede Jugendband wurde und ist.

Es gibt nichts Schöneres für Eltern, wenn sie den kreativen Prozess der Entwicklung der Musizierfähigkeit ihrer Kinder begleiten dürfen. Der Begriff „Stolz sein auf seine Kinder" bekommt eine neue Bedeutung. Ich bin „stolz" auf diese Möglichkeit, mein Kind zu begleiten, wie es sich durch Kunst oder Musik der Welt, ♐ offenbart, und sein Inneres in Worte, Reime, Musik oder Bilder ausdrückt, ♊.

Das kann nur durch mentorische Erziehung© passieren, wenn Eltern und Kinder in einer ur-mythischen Gemeinschaft, wie in einem Aschram, in einem Schmelztiegel aus Liebe, Verantwortung, Freude, Humor, Gefühle und Mitgefühl zusammenleben.

Das ist die neue Keimzelle des Wassermannzeitalters. Hier ist „alles (ist) möglich!" das wahre L(M)otto für Erfolg, Gemeinschaft, Transformation, Vollkommenheit und Liebe.

In der Schule der „Hagedessa" wurden die Mädchen ab 14 in das Heilwissen der Vorsorgemedizin eingeführt, so dass sie als Hebamme, Krankenschwester, Vorsorgetrainerin oder Hausmagd arbeiten konnten. Mit 21 konnten die jungen Frauen dann entscheiden, ob sie in die Familie zurückkehren und als Hausfrau und Mutter, <u>der wichtigste Job der Gemeinschaft</u>, arbeiten wollen. Oder sie blieben in der Gemeinschaft der „Göttinnen" und wurden eine Magd. Als Magd wurden sie in einen Haushalt angestellt, den sie bis zum Tod der Hausherrschaft verwalteten und ihm vorstanden. Wenn die Herrschaften gestorben sind, erbte die Magd das Anwesen, das in den Besitz der „Göttinnen" überging, die ein frühe Gemeinschaft der Essener oder Templer waren und aus denen alle monastischen Gemeinschaften hervorgingen (Kloster für Nonnen oder Mönche). Der mittelalterliche Name „Mark(gd)graf" hat hier seinen Ursprung,

Das vierte Jahrsiebt: 21-28 Jahre

Bevor Sie jetzt weiter lesen, setzen Sie sich bitte zwei Stunden vor „die Glotze" und „ziehen Sie sich MTV rein" – mit reinem Herzen, offenen Augen und sauberen Ohren.
Das, was Sie da sehen, entspricht dem vierten Jahrsiebt, das dem Zeichen ♋ Krebs, zuzuordnen ist. Der Planetengott, der zum Krebs dazugehört, ist der Schutzgott der Kinder in dieser Entwickelungsphase: der Mond. Es ist die Zeit der großen Gefühle und Gegen-gefühle, des Tauchens durch hunderttausend Emotionen und Sms, die durch das Discolicht der dunklen Nachtwelt vom Neumond bestimmt wird. Hier geht es um die Schulung der Leidenschaften, hier geht es um die Erforschung des Emotionalsleibes durch körperliche Bewegung und Ausreizen aller Grenzen.
In dieser Zeit sind die Kids entweder schon lange ausgezogen und erscheinen nur noch, wenn sie Hunger haben, ein Zuhause mit warmem Bett und ein offenes Ohr brauchen. Oder sie wohnen im dunkelsten Kellerzimmer und erforschen ihre Innenwelten mit PC oder heiligen Pflanzen.
Es ist aber auch die Zeit des Bundesheers, der Universität oder der Entdeckung des langweiligen Alltags, aus dem man so schnell wie möglich entfliehen muss, um sich selbst zu entdecken und zu finden, was dem Zeichen Steinbock, ♑ entspricht. Hier entstehen neue Welten, neue Horizonte werden betreten und die Grenzen des Wachstums ausgereizt. Hier kann jeder von einem Tag auf den anderen weltberühmt werden, aufsteigen zum Sieg oder abstürzen in Verzweiflung.
Hier wird das Weibliche als wertvolles Gut entdeckt, das beschützt, beglückt und als unverständlich erfahren wird.

Hier ist das Du (im Sinne eines Martin Bubers), der Freund, der geschlechtliche Partner, der studiert und erobert werden muss, um glücklich zu werden.

Powerindigos

Das ist aber auch die Zeit der Powerindigos. Da die Kinder in ihrem Erwachsenwerden durch ihr spirituelles Training (Skateboardfahren, Rauscherfahrungen, Spiegelgesetz usw.) feine Antennen geworden sind, nehmen sie die Schwingungen des Systems ihrer Familie auf und offenbaren es bis zum Exzess. Das sind die Töchter, die die Wut der Frauengenerationen „fressen", dick werden (ständig auf der Flucht = Fluchtkonflikt) und das Leid der Mütter übernehmen. Sie kämpfen wie Löwen und wenn die falsche Schuld verdaut ist, sind sie von einem Tag auf den anderen schlanke, schöne, starke und selbstbewusste Frauen, die dann ihrerseits ihren Töchtern Freude und Schönheit vorleben, befreit von Hierarchien und männlicher *Verblödung*. Das sind die Söhne, die die Unbeweglichkeit und Angst ihrer Väter vor dem Versagen inhalieren, um es mit viel Rauch und körperlicher Ertüchtigung wieder auszuatmen.
Hier ist es wichtig, dass die Eltern das „Opfer" ihrer Kinder, und dass sie ihnen „Ihre" Arbeit abnehmen, erkennen und durch liebevolle Aufmerksamkeit, Vulkanübung und Erkennen des Spiegelbildes, das sie uns täglich offenbaren, anerkennen. Wenn die Eltern in dieser Zeit die Verbindung zu ihrem Kind verlieren und sich in Streit trennen, dann haben die Eltern das einzige Ticket, das ihnen einen Platz im neuen Zeitalter sichert, verspielt. Doch eine Vulkanübung, in Respekt und Offenheit vollzogen, und das Band ist wieder geknüpft.

Wertschätzung

Hier erkennen die Kinder, die vielleicht schon Eltern werden, wie wertvoll ihr eigenes Zuhause war oder auch nicht war und schaffen sich ein Neues mit Unterstützung oder Ablehnung der Eltern. Ablehnung ist ein emotionaler Prozess und ist für die

Persönlichkeitsentwick(e)lung des jungen Menschen lebensnotwendig.

Und wenn die Eltern in ihrem Denken, Fühlen und Handeln zu einseitig oder fundamentalistisch sind, dann sind die Kids dasselbe im Gegenteil, was man ihnen aber nicht vorwerfen kann.

Und man kann sie nicht mehr einsperren, weder hier, noch in Bagdad, Cusco, Johannisburg, London, Sydney, Hong Kong, Tokyo, Lhasa oder New York. Sie schaffen sich so oder so eine neue Familie, die viel, viel größer ist als ihr System, aus dem sie erwachsen. Dort können sie sein wie sie sind, Leib, Seele und Geist. Die Eltern sollten sich überlegen, ob sie dabei sein oder weiterschlafen wollen.

Also nocheinmal: Wenn ich „Anti" bin, dann bin ich in der Pubertät und brauche eine „kritische Position", um mich neu zu „positionieren". Wenn ich aber mit 40 Jahren immer noch „gegen" etwas bin, und meine Persönlichkeit sich darüber definiert, dass ich „gegen" etwas bin, dann wird es peinlich, weil ich dann immer noch in der Pubertät bin und nicht Verantwortung und Selbstbestimmung übernehmen will. So kann eine Zugehörigkeit zu einer Partei, die nur „gegen" etwas ist und nicht „für" etwas eintritt, um neue Perspektiven zu schaffen (wie z.B. bei den GRÜNEN in vielen Regionen), kein Erwach(s)entum schaffen, weil wir noch immer ständig „gegen", also in der Pubertät sind.

Ich bin froh, dass ich jetzt mit 50 Jahren, MEINE Pubertät beendet habe, und gleich (ah, endlich) in meine Midlife - Krise eintreten konnte (lol).

Tipps für allein erziehende Väter und Mütter, Patchworkfamilien und Singles.

Also, wenn Sie noch mit Ihrem ersten Ehepartner zusammen sind, haben Sie entweder alles richtig gemacht, oder noch einen schweren Weg vor sich. Wenn Sie schon geschieden sind, Alleinerzieher oder Single sind, <u>was absolut okay ist</u>, dann haben Sie es auch nicht leichter, doch Sie müssen andere Aufgaben erkennen, erfassen und lösen.

Alleinerzieher

Achtung, hier mein Tipp, frei und liebevoll wissend zugleich:
Bitte nehmen Sie tief Luft und atmen Sie langsam aus, bevor Sie meine Antwort lesen:

....…………

Bitte geben Sie auf und lassen Sie los!

Sie können das alles nicht alleine erfüllen, was Ihre Kinder (und vor allem Ihre „Monster") von Ihnen als allein erziehende Mutter oder Vater wollen.
Also gehen Sie ins Internet auf Partnersuche oder lassen Sie sich zu einer Party Ihrer Freunde einladen, die ihre gerade geschiedene Schwester, Nichte oder Schwägerin dazu eingeladen haben.
Suchen Sie sich Ihren Partner für das Wasserannzeitalter. Er oder sie muss nicht schön sein, schöner als Sie, klüger, befreiter, oder reicher. Er oder sie muss nur bereit sein, gemeinsam ein neues Leben zu beginnen, frei von allen alten Vorstellungen und Glaubenssätzen, die ja eh alle zerstört werden und er oder sie muss einfach offenherzig, neugierig, humorvoll und bereit für Veränderungen sein.

Und gehen Sie keine Kompromisse ein, sonst ist die ganze Geschichte schon von vornherein dem Untergang geweiht, vor allem in Bezug auf die Kinder, die keine faulen Kompromisse dulden.
Beschaffen Sie sich das Buch: *Das Master Key System* von Charles F. Haanel, genial aufgearbeitet von zwei Deutschen Bewusstseinswissenschaftler: Helmar Rudolph und Franz Glanz, Verlag: Master Key Media Ltd. & Co. KG; Auflage: 3. (14. Dezember 2007) ISBN-10: 3000220933.
Diese zwei lebensfrohen neues Kinder älteren Jahrgangs senden Ihnen kostenlos jede Woche zwei Video - Newsletter, wo sie das jeweilige Kapitel mit einem Videovortrag via Internet ins Wohnzimmer schicken. Voraussetzung ist, dass Sie sich auf Ihrer Homepage http://www.masterkeysystem.de/ an einem Sonntag anmelden. Beginnen Sie diesen Bewusstseins - Kurs, der altes Templerwissen für unsere neue Zeit aufgearbeitet hat, zuerst alleine, bis Sie sich Ihren Partner geschaffen haben. Dann beginnen Sie den Kurs nochmals, aber jetzt zusammen mit Ihrem neuen Partner.
Ich habe Jahrhunderte lang in Klausen und hinter Klostermauern gebetet und Gott angeschrien, dass er mich glücklich machen soll. Als ich aber mit meiner Frau eine Übung aus dem Buch am Ende jedes Kapitels machte, so hatte ich das Gefühl, dass ich spirituelle Meilenschritte mache und mir meine eigene Realität erschaffen kann. Eine Beziehung im Wasserannzeitalter kann nur funktionieren, wenn es „ein Drittes" gibt, das heißt, eine gemeinsame spirituelle Aktivität, die ich im Alltag gemeinsam erlebe, um dadurch gemeinsam spirituell zu wachsen. Das Master Key-System ist absolut ideal dafür und bringt eine Beziehung auf andere Ebenen.
Das schnelle Visualisieren eines Partners ist für Alleinerziehende der einzige Weg, die Voraussetzungen für die Teilnahme im Wassermannzeitalter vollständig zu erfüllen. Jede Alternative ist nur ein Rückfall ins Fischezeitalter und es wird (nur) peinlich, wenn das Familienoberhaupt kein Intimleben hat, während die Kids gerade ihre Körperlichkeit erforschen wollen.
Ich weiß, dass sich das sehr hart anhört, doch ich spreche aus Erfahrung und verspreche Ihnen, dass Sie alles Glück auf Erden erfahren werden, wenn Sie den zweiten Teil meines Trilogie mit einem Partner lesen, der mit Ihnen die Arbeit der Eleuthonomie machen will: *die Heilung aller Verletzungen durch die spirituelle*

Liebe zwischen Mann und Frau im Wassermannzeitalter, etwas, was es auf dieser Welt noch nicht oft gegeben hat.

Von den Kindern

Eure Kinder sind nicht eure Kinder.
Sie sind die Söhne und Töchter der Sehnsucht
des Lebens nach sich selbst.
Sie kommen durch euch, aber nicht von euch.
Und obwohl sie mit euch sind, gehören sie euch doch nicht.
Ihr dürft ihnen eure Liebe geben, aber nicht eure Gedanken.
Denn sie haben ihre eigenen Gedanken.

Ihr dürft ihren Körpern ein Haus geben,
aber nicht ihren Seelen,
denn ihre Seelen wohnen im Haus von morgen,
das ihr nicht besuchen könnt,
nicht einmal in euren Träumen.
Ihr dürft euch bemühen, wie sie zu sein,
aber versucht nicht, sie euch ähnlich zu machen.

Denn das Leben läuft nicht rückwärts,
noch verweilt es im Gestern.
Ihr seid die Bogen, von denen eure Kinder als lebende Pfeile
ausgeschickt werden.
Der Schütze sieht das Ziel auf dem Pfad der Unendlichkeit,
und Er spannt euch mit Seiner Macht, damit Seine Pfeile
schnell und weit fliegen.

Lasst euren Bogen von der Hand des Schützen auf Freude
gerichtet sein.

Kahlil Gibran, Der Prophet

5. Handbuch für Menschen im Wassermannzeitalter

Die Voraussetzungen

Elternschule: Rettet die Alten!

„Es müsste Elternschulen geben"
(Ein Stern-Interview aus Stern 11/2005 Seite 74)
Christian Nürnberger hat mit seiner Frau, der ZDF-Moderatorin Petra Gerster, Erziehungsratgeber geschrieben. Als Hausmann weiß er bestens Bescheid.
Vor 15 Jahren haben Sie Ihren Job gekündigt, um sich zu Hause um Ihre Tochter zu kümmern. Waren Sie damals modern, naiv oder einfach durchgeknallt?
Von allem etwas. Offiziell hieß es: „mutig", hintenrum dagegen: „blöd" bei allen Männern. Bei jungen Frauen hieß es „süß", bei alten „bah, ausgehalten von seiner Gattin" und bei meiner Bank „Schluss mit dem Dispo". Ich selbst habe es mir viel einfacher vorgestellt, bin aber im ersten Jahr um zehn Jahre gealtert: von den körperlichen Bedürfnissen eines Schreibabys durch Tag und Nacht gejagt.
„Hausfrau" und „Hausmann" klingen so bieder. Müsste eine neue Bezeichnung her?
Ich bin doch kein Hausmann, sondern Senior Executive Coordinator of Family Synergies der Gerster-Nürnberger-Wir-AG! Im Ernst: Wortkosmetik ändert nichts, das soziale Ansehen der Putzfrau steigt nicht, wenn man sie Raumpflegerin nennt – im Gegenteil. Schön fände ich höchstens „Zivi" – weil ich Dienst an der Zivilisation leiste.
Zum Beispiel?
Alle Welt erwartet von meinen Kindern, dass sie mit Messer und Gabel essen und nicht stehlen, keine Telefonzellen zerschlagen oder Hauswände beschmieren, sondern sich zu tüchtigen Steuer- und

Rentenzahlern entwickeln. Das ergibt sich aber nicht von selbst. Da braucht es einen, der die Kinder in die erwünschte Richtung steuert. Ist ein hartes Stück Arbeit, wovon ich – „ehrenamtlich" – einen großen Teil leiste, aber gern ein Stück abgäbe.
An wen?
Etwa an die Schule. Ich empfinde es als Zumutung, dass sich nachmittags bei den Hausaufgaben auch noch die Arbeit der Schule fortsetzen muss. Und was ist mit den Kindern, deren Eltern diese Arbeit nicht leisten können? So wird Ungleichheit zementiert. Das zeigt die Pisa-Studie – in anderen Ländern wie Finnland geht es anders und besser.
Was müsste sich noch ändern?
Es müsste Elternschulen geben – denn bei der Erziehung gibt es ja nicht bloß Naturtalente, sondern auch Nieten. Auch ich habe Fehler gemacht. Ich habe anfangs zu wenig mit den Kindern gesprochen. Oder ich bin einkaufen gegangen, ohne den Herd abzuschalten. Zum Glück ist nur der Fleischfond verbrannt, und ich musste den Einsatz eines Feuerwehrwagens bezahlen. Wiederum wichtig: Wir bräuchten eine bessere Kleinkindbetreuung – so wie in Frankreich oder Japan. Vor allem die Unternehmen müssten umdenken, Betriebskindergärten einrichten, die Krabbelgruppe neben der Kantine mit Kindergerichten – sonst werden wir uns auch auf Dauer abschminken müssen, dass beide Elternteile Karriere machen.
Und Ehemänner machen weiter wie immer?
Jeder Mann müsste, bevor er Senior Executive Blabla von irgendwas werden darf, ein halbes Jahr einen Haushalt mit zwei Kleinkindern versorgen – dann würde er sehen, was das für Managementqualitäten braucht. Die Macht, all das zu verordnen, die hätte ich gerne. Aber wer hört schon auf einen Zivi?

Christian Nürnberger hat Theologie studiert und vor seinem Studium eine Lehre als Physiklaborant abgeschlossen. Er absolvierte die Hamburger Henri-Nannen-Schule und begann seine journalistische Praxis als Lokalreporter bei der Frankfurter Rundschau.
Anschließend Redakteur beim Wirtschaftsmagazin Capital und Textchef bei HighTech. Seit der Geburt seines ersten Kindes ist er freier Autor und schreibt u.a. für die Süddeutsche Zeitung und Die Zeit.

„Wenn in Deutschland über den erschreckenden Zustand von Schule und Allgemeinbildung geklagt wird, führen meist Manager und Personalchefs das Wort. Die Industrie fordert: Lehrer in die Wirtschaft! Schulen ans Netz! Das Lernziel lautet:
Wettbewerbsfähigkeit. Die Bedürfnisse von Kindern, Eltern, Lehrern und Erziehern spielen dabei keine Rolle. Denn die eigentlichen Probleme in den Schulen werden durch Internetanschlüsse nicht gelöst: Unterrichtsausfall, fehlende Bildung, Verhaltensstörungen, Mobbing und Drogen. Die Ursache ist vor allem Mangel an Erziehung. Viele Eltern können oder wollen ihre Kinder nicht erziehen, und die Schulen sind nicht in der Lage, das Versäumte nachzuholen.
Es herrscht Erziehungsnotstand." Klappentext zu seinem Buch:
Der Erziehungsnotstand: Wie wir die Zukunft unserer Kinder retten, Verlag: rororo; Auflage: 3 (1. März 2003), ISBN-10: 3499614804

Meine Erfahrungen sind ähnlich!

Ich habe 10 Jahre als Hausmann gearbeitet und in meinem Leben schon viele Jobs gemacht, doch das war der Härteste. Wenn ich daran denke, was mir alles als Hausmann angebrannt ist, oder was mir meine Monster alles <u>nicht</u> gegessen haben, nachdem ich Stunden gebraucht hatte, gutes Futter auf den Tisch zu bringen.

Da ich aber meine Mutter jahrelang mit dem Satz: „Was gibt es heut wieder zu essen?", begrüßt habe, wenn ich von der Schule nach Hause kam, und dabei ein Gesicht gezogen habe, das sagte:" Was willst Du mir schon wieder hineinwürgen!", war ich mir natürlich klar, dass das Folgen hat. Nach dem Gesetz von Ursache und Wirkung wurde ich jetzt, als Vater und Hausmann, Koch, Aufräumer, Hausaufgabenkontrolleur, Einkäufer, Geschirrspüler, Badeanstaltsbegleiter, McDonald-Verweigerer, Mutterbeglücker und noch 25 andere Berufsinnehabender war, zur Rechenschaft gezogen.

Doch liebe Eltern, das Leben als Eltern von neues Kindern ist Freude pur, wenn „mann" versteht, was ein neues Kind ist und mit dem Kind schwingt.

Wozu Berater?

Bevor ich jetzt auf die Elternschule eingehen will, muss ich vorher noch etwas klarstellen. Was ist das für eine Zeit, die Berater braucht? Es gibt den Finanz-, Steuer-, Wirtschafts-, Kultur-, Ehe-, Lebens-Energie-, Beziehungs-, Ernährungs-, Firmen-, Religionsberater – und ich könnte jetzt noch bestimmt 150 verschiedene Beraterberufe anbringen. Das sind alles Studienabbrecher wie ich, die verstanden haben, das die Menschheit sich so sehr von ihrer Mitte entfernt hat, dass sie einfach nicht mehr weiß, wer sie ist, was sie ist, was sie will und wohin vor allem sie will. Früher sind wir zu den Alten gegangen. Die haben uns gelehrt, wie man zuerst eine konkrete Frage stellt. Dann haben sie uns Bücher in die Hand gegeben und gesagt: „Such und lies selbst!" (Obwohl es heute das größte Lexikon der Welt gibt, das Internet, liest keiner mehr.) Wenn wir dort dann keine Antwort gefunden haben, dann schickten sie uns auf Wanderschaft, bis wir dort ankamen, wonach wir gesucht haben. Wenn wir dann immer noch keine Antworten hatten, dann kamen wir zu den Schamanen. Die gaben uns dann Schwammerln, Hanf und große Träume, und zeigten uns, wie wir mit den Engeln und Göttern sprechen können, wie wir uns von Dingen befreien können, und wie wir jede Antwort in uns finden können. Da das von jeder Gesellschaft verboten wird, brauchen wir heute Berater aller Art, die dann das Geheimnisvolle, Esoterische, Verborgene für uns suchen. Die haben dann lange Haare, stinken nach allen natürlichen Kräutern, die es gibt, sind cool, gefühlsvoll, stark und schwach zugleich und schreiben so einen Mist, wie sie jetzt lesen.
Lieber Leser, bitte benutze mich nicht, sondern steh auf und such in Dir. Alles was ich Dir erzähle, kann ich Dir nur erzählen, weil DU es selbst in Dir hast, weil Du es selbst wieder erinnerst. Denk an die Adoleszenztechniken der alten Kulturen. Du kannst meine Worte nur verstehen, weil DU sie in DIR hast und sie deshalb wieder erinnerst. Wenn Du die Vulkanübung gelernt hast, wirst DU oft erleben, dass, wenn Dein Geist die Möglichkeit hat, sich auszusprechen, die Antwort durch Deine Lippen kommt. Ich kann Dir das nicht abnehmen, ich kann Dich durch meine Worte nur dazu provozieren, dass Du aufwachst, selber aufstehst und selbst suchst. Der einzige

Weg zu Dir findest Du mit Deinem Partner, doch das wirst Du später noch besser verstehen.

Ich will jetzt ein wichtiges Thema angehen, dass das Hauptthema dieses Buches sein soll.

Nicht die neues Kinder sind das Problem.

Die sind ganz, vollkommen, selbständig, frei und lebendig. Doch das sind sie nur, wenn ihre Eltern sie verstehen und sich auf sie einlassen können. Lieber Leser, wenn Sie mich verstehen wollen, dann machen Sie folgendes Experiment.

1.Übung: Selbst-Reflexion

Setzten Sie sich am Abend in Ruhe, wenn die Monster endlich eingeschlafen sind, in einen ruhigen Raum. Entzünden Sie eine Kerze, legen Sie ruhige Entspannungsmusik ein und Papier und Bleistift auf ihrem Lieblingstisch. Gönnen Sie sich ein Glas guten Weines oder einen Zug aus der Pfeife und schreiben Sie folgenden Satz auf:
„Was habe ich dazu beigetragen, dass ich so geworden bin, wie ich jetzt bin?"
Schreiben Sie alle Gedanken auf, die kommen, egal was es ist und ohne Bewertung. Dann schreiben Sie die nächste Frage auf:
„Welche guten Eigenschaften hat mich mein(e) Vater/Mutter gelehrt?" (*Himmel*=Vater, M*utter Erde*=Mutter)

> Gehen Sie ganz in sich und erinnern Sie sich an die schönsten Tage Ihres Lebens, die Sie mit Ihren Eltern erlebt haben, alleine mit einem Elternteil oder mit beiden!

Re-ligion

Wenn wir Eltern sind, vergessen wir oft bei all den Dingen, die wir im Alltag bewältigen müssen, dass wir in einer alten Tradition stehen. Wir haben von unseren Vorvätern und –müttern viele Dinge gelernt, die alt und heute überholt sind. Doch sie lehrten uns auch ein ewiges Wissen, das in jedem menschlichen Wesen vorhanden ist.

Die neuen Kinder wollen die alte Tradition weiterführen und die Menschheit teleologisch auf eine neue Bewusstseinsstufe heben. Sie wollen sich nicht mehr für dumm verkaufen lassen, sie wollen nicht mehr belogen werden, sie wollen ein großes Leben mit Entwickelung und Verwandlung.

Nur wenn wir uns in das traditionelle Leben zurückbegeben (was auf Latein re-ligio heißt), dann können wir mit ihnen gehen.

Sie verlangen aber auch, dass wir unseren Mist auflösen und endlich frei werden. Alle Vorstellungen, Einstellungen, Meinungen, Regeln oder Glaubenssätze müssen hinterfragt und aufgelöst werden, wenn sie auf dem Standard der Kinder abgefragt werden und nicht mehr taugen.

So etwas wie Erziehung ist immer Manipulation und Dressur gewesen und funktioniert nicht mehr. Prinzipien, wie Autoritätsglaube oder Bravsein müssen ersetzt werden durch Lebendigkeit, Ehrlichkeit, Natürlichkeit, Dunkelheit oder Liebe.

Das heißt nicht, dass so wichtige Dinge wie Disziplin oder Respekt auch aufgelöst werden sollen, ganz im Gegenteil, doch stehen diese Begriffe unter einem anderen Paradigma und bekommen somit eine andere Bedeutung.

Wenn ich nicht mein Herz spüre, kann ich nicht meinen Körper wahrnehmen. Wenn ich nicht meinen Körper als Werkzeug und Gefäß sehe, dann kann ich damit nicht meine Gefühle ausdrücken oder auch Liebe empfinden. Doch dafür muss ich meinen Körper respektieren, so wie er ist und ihn durch freie Gedanken, viele

Gefühle, gute Ernährung, gutes Wasser und Körperübungen gesund halten. Wenn ich meine Körperlichkeit respektiere, dann kann ich auch die eines anderen bedingungslos annehmen und meine Gefühle und Empfindungen mit ihm teilen. Somit habe ich auch Respekt vor dem Handeln des anderen, der auch aus seinem Wesen heraus lebt und liebt. Dieser Respekt führt zu einem inneren Gleichseinsgefühl, das mich zu einem Bruder und zu einer Schwester mit allen Geschöpfen macht.

Na, genug des Philosophierens.
Wir haben noch viel zu tun, um die Sprache der neuen Zeit zu verstehen, also fangen wir ganz praktisch an!

Erste Schritte:

Neue Formen der Kommunikation

Christian Nürnberger sagt in seinem Interview:
„Auch ich habe Fehler gemacht. Ich habe anfangs zu wenig mit den Kindern gesprochen."
Das Wassermannzeitalter ist geprägt durch das Prinzip der Verbindung – „Connecting People". Eine der wichtigsten menschlichen Eigenschaften eines natürlichen Menschen ist seine Fähigkeit zur Kommunikation. Das leuchtet sofort ein und keiner wird das widersprechen. Doch das, was wir tun ist keine Kommunikation, sondern nur Munikation. Das Suffix „Kom" setzt voraus, dass <u>wir</u> etwas <u>miteinander</u> teilen. „Munus" heißt auf Latein Liebesgeschenk, munico heißt Anteil nehmen.

Das D-A-CH-Volk (D-eutschland, A-ustria, CH Schweiz) der Denker und Dichter (und Musiker) hat Jahrhunderte geglaubt, dass es immer auf den Inhalt ankommt, wenn man miteinander spricht. Der, der's besser weiß, ist besser, doch der, der fühlt, ist nicht wichtig.
Diskussionen waren Ausdruck von Machtkämpfen, wo nicht der gehört wird, der weiß, sondern der, der sich am besten verkaufen und die anderen rhetorisch überlisten konnte. Sokrates schimpfte

über die Sophisten, doch er war genauso ein Monologist und seine Dialoge waren zwischen sich und ihm.
Was wir lernen müssen, um unsere Kinder zu verstehen, ist richtige Kommunikation.

Das hat primär mit ein Sich-Gemeinsam-Austauschen zu tun und erst sekundär mit Inhalten. Bei neues Kindern geht es primär um Gefühle und Aufmerksamkeit und sekundär um eine geistige Absicht, wenn sie zu uns kommen und mit uns sprechen wollen. Bevor ein Erwachsener sich über Gesprächsführung, Inhaltsvermittlung usw. Gedanken machen will, sollte er sich noch mal das Konzept der „Vulkan-Übung" anschauen und das für sich erfahren haben.

2. Übung: Die Vulkanübung

„Was gibt´s Schönes Neues?"

Der Vulkan ist ein allgemeines Dampf ablassen. Diese Übung ist eine Urform der psychologischen Reinigung.
Es ist Psychologie ohne Psychologen und im wahrsten Sinne des Wortes eine Psychohygiene.
Unser Gehirn arbeitet wie ein Computer. Bekommen wir irgendwelche Spannungen oder Emotionen ab, so reagiert es mit Gedanken, die uns einreden, unsere Eigenen zu sein. So kommen wir nach Hause mit einem Rauschen im Kopf, das nicht auf unseren Mist gewachsen ist.
Das muss befreit werden! Dazu ist diese Übung gedacht.
Zwei Menschen treffen sich in ungezwungener Atmosphäre.

Der Rauslasser - der Durchlasser; es wird ein Zeitlimit ausgemacht – eine Minute, zwei Minuten, drei Minuten.

Der Rauslasser hat in dieser Zeit und in diesem Rahmen die Möglichkeit, vollkommen loszulassen, seine Gefühle, „seine" Gedanken, seine Trauer, seine Wut, alles, was ihm auf dem Herzen liegt, auszusprechen und herauszulassen.

Wie bei „Rumpelstilzchen"; sobald der Dämon beim Namen genannt ist, zerreißt er sich selber.

Der Durchlasser ist einfach da, er schenkt dem Gegenüber liebevolle Aufmerksamkeit, <u>ohne</u> einzugreifen, <u>ohne</u> etwas zu sagen oder zu kommentieren. Er ist ein Kanal, um die Belastungen des Rauslassers durchzulassen, und damit zu transformieren und aufzulösen.

Da der Andere nicht eingreift, ist der Fluss der Reinigung möglich. Bei dieser Übung können Sie ihren Gefühlen freien Lauf lassen.

Wenn Sie fertig sind, sagt der Partner bloß: „Danke" in neutralem Ton und ohne weitere Diskussion (zugegeben, in einer Beziehung am Anfang ein bisschen schwierig, kann mann/frau aber lernen!) und die Rollen werden vertauscht.

Dann hat der anderer die Möglichkeit mit dieser Übung, sich zu befreien.

Man sollte sich bemühen, diese Übung als Heilprozess zu sehen, sich also nicht mit irgendetwas Gesagtem, auch nicht gedanklich, zu **identifizieren** („Du hast ja so Recht!"), mit dem anderen zu **sozialisieren** („Du bist ja so oarm!") oder durch eine Äußerung („Du Oarschloch!") **restimuliert** zu werden, d.h. durch eine Äußerung des anderen, wie z.B. durch einen Vorwurf, in seine Gefühle zu fallen und sich zu verstricken!

„Danke!"

Die Vulkan-Übung (kommentiert)

Jahrzehntelang zahlten Menschen viel Geld dafür, dass sie lernten, ihre Gefühle auszusprechen. Ein Heer von Psychologen, Psychotherapeuten und Psychiatern verdienten sich dumm und

dämlich, indem sie sich täglich irgendeinen Schwachsinn anhörten, den ihre Patienten von sich gaben, um bloß nicht ihre Gefühle (in der Offenheit einer Beziehung) zu offenbaren. Die Vulkan-Übung reduziert das Problem auf den Kern und stellt es dahin, wo es hingehört – in die Beziehung zwischen Mann und Frau.
Der Vulkan ist ein allgemeines Dampfablassen. Diese Übung ist eine Urform der psychologischen Reinigung. Es ist Psychologie ohne Psychologen und im wahrsten Sinne des Wortes eine Psychohygiene.
Täglich sind wir unzähligen Einflüssen und Fremdgefühlen ausgeliefert. Der unausgeschlafene Busfahrer mit seinem Hass auf *Golffahrer*; der Mitfahrer in der S-Bahn, der Dir stundenlang seinen Hass auf Frauen offenbart; die müden Kids, die immer lautstark ihren letzten H&M-Einkauf erzählen müssen; die Mutter, die ihre Kinder *anraunzt*, weil sie sich von ihrem *Alten* wieder ausgenutzt fühlt. So eine Fahrt ins Büro mit der Bahn kann einem seelischen Boxkampf gleichkommen. Und wenn man dann endlich seinen Schreibtisch erreicht hat, kriegt man die unausgeglichene Energie seines Chefs zu spüren, der gestern Abend von seiner *Alten* wieder abgeblitzt worden ist.
Unser Gehirn arbeitet wie ein Computer. Bekommen wir irgendwelche Spannungen oder Emotionen ab, so reagiert es mit Gedanken, die uns einreden, unsere eigenen zu sein; das ist ein natürlicher Vorgang.
So kommen wir nach 10 Stunden Chaos, Krieg und Zerstörung *mit einem Rauschen im Kopf nach Hause, das nicht auf unseren Mist gewachsen ist.* Diese Fremdenergien ziehen jede Art von Reaktionen innerhalb meiner Familie an und gerade die neuen Kinder toben das sofort aus. Wenn ich nur einen falschen Satz sage, ist das Chaos, der Krieg und die Zerstörung ins Heim übernommen und nicht mehr aufzuhalten. *Das muss verhindert werden!*
Dazu ist die Vulkan- Übung gedacht.
Zwei Menschen treffen sich in ungezwungener Atmosphäre. Vater und Mutter legen die Kinder nieder und treffen sich entspannt im Wohnzimmer. *Es wird der Rauslasser - der Durchlasser bestimmt; es wird ein Zeitlimit ausgemacht – eine Minute, zwei Minuten, drei Minuten.*

Der Rauslasser hat in dieser Zeit und in diesem Rahmen die Möglichkeit, vollkommen loszulassen – seine Gefühle, seine „Gedanken" (es sind ja meist nicht wirklich seine), *seine Trauer, seine Wut, alles, was ihm auf dem Herzen liegt, auszusprechen und herauszulassen*: „Das letzte Strafmandat, die letzte Steuererklärung, die nicht bekommene Gehaltserhöhung, wie unfair das alles ist". *Wie bei „Rumpelstilzchen", sobald der Dämon beim Namen genannt ist, zerreißt er sich selber.*

Leute, ich meine hier wirklich ALLES rauslassen! Also, Männer, wenn ihr versteht, dass Ihr die Mülleimer für die Wut Eurer Frauen seid, so seid jetzt hier die Ritter, die ihr immer sein wollt, und gibt ihnen die Chance, 2000 Jahre Frauenverarschung zu beenden, indem sie Ihre ganze Wut auf die „ScheißMonar" *ausse* lassen dürfen. Wie heißt es so schön: „Ein Gatte wird zum Mann, zum Neuen Mann (Nina Hagen, Grönemeyer!), wenn er die Wut seiner Frau auffrisst und sie damit befreit!" (Zitat Hafiz).

Aber es ist auch für uns Männer dann endlich möglich, wovor wir ja richtig „Schiss" haben, nämlich unsere Wut zu verbalisieren, weil der Gegenüber ja weiß, dass er es durchlassen muss, um dem Rauslasser zu dienen!

Und so werden ganze Männergenerationen um Ihren Fluchtwillen beraubt, weil sie jetzt Heilung ZU HAUSE erleben und nicht mehr nach dem 13. Bier!

Der Durchlasser ist einfach da, er schenkt dem Gegenüber liebevolle Aufmerksamkeit, <u>ohne einzugreifen, ohne etwas zu sagen oder zu kommentieren.</u> *Er ist ein Kanal, um die Belastungen des Rauslassers zu transformieren und aufzulösen. Da er nicht eingreift, ist der Fluss der Reinigung möglich.*

Bei dieser Übung können Sie ihren Gefühlen freien Lauf lassen. Sie können schreien (nicht zu laut, sonst wachen die *Monster* auf), tanzen, weinen, lachen, sich in jeder Weise ausdrücken. *Wenn Sie fertig sind, sagt der Partner bloß: „Danke" in neutralem Ton und ohne weitere Diskussion* (zugegeben, in einer Beziehung am Anfang gewöhnungsbedürftig und nur durch konkretes Üben möglich) *und die Rollen werden vertauscht. Dann hat der anderer die Möglichkeit, sich zu befreien.*

Man sollte sich bemühen, diese Übung als Heilprozess zu sehen, sich also nicht mit irgendetwas zu identifizieren. D.h. mann/frau sollte sich nicht auf die Raunzigkeit des anderen einlassen und mit ihm „den Bach herunter rinnen". *Mann/frau sollte sich nicht mit dem anderen sozialisieren*, d.h. ihn als genauso „oarm" sehen, wie er sich gerne sehen will *und mann/frau sollte nicht durch eine Äußerung restimuliert werden, d.h. durch eine Äußerung des anderen wie z.B. durch einen Vorwurf in seine Gefühle fallen und sich ver-stricken.* („Du Oarschloch, selber Oarschloch!").

So, halten Sie an, gehen Sie in die Küche, machen Sie sich und Ihrer(n) Frau/Bruder/Schwester/Mutter/Vater/Tochter/Sohn/Oma/Opa/Nachbarn/Freund oder Priester einen guten Kaffee oder Tee, laden Sie zur Jause ein und machen Sie in dieser guten Atmosphäre (set und setting) Ihre erste „Vulkanübung!". Reden Sie am Anfang einfach darüber, wie es Ihnen jetzt mit so einer Übung geht und bewundern sie Ihren Mut, einen neuen Schritt der Kommunikation zu machen, der für Sie der Beginn des Neuen Zeitalters bedeutet. Wenn Sie die Vulkanübung das erste Mal beginnen zu üben, hat für Ihr Leben ein „neues Zeitalter" begonnen und ALLES wird anders, und schöner und größer und runder und liebevoller, und dunkler und heil! Versprochen!!!

Neue Formen der Wertschätzung

Meine Tochter bekommt ein neues Taschengeld. Sie hat die „Vulkanübung" auf ihrem PC. Wenn eine Freundin von ihr die „Vulkanübung" schätzen gelernt hat, dann schickt mir ihre Freundin ein Mail und Laura bekommt 1€ dafür. Lohn durch spirituelle Leistung.
Bitte machen Sie diese Übung, öfters, mit jedem „lieben" und vor allem auch „bösen" Menschen in Ihrem Leben. Und alles wird sich verändern. (es gibt kein Copyright darauf!)

Hier noch eine andere sehr gut wirksame Kommunikationstechnik, die sich gerade innerhalb einer Familie oder bei Partnerproblemen sehr bewehrt hat :

3. Übung : die Vorenthaltungen

Die Übungen, die wir hier vorstellen, nennen wir >Vorenthaltungen<, weil es sich um jene Gefühle und Abneigungen handelt, die Sie Ihrem Partner gegenüber empfinden, ihm aber nicht mitteilen, vielleicht aus Angst vor einem Streit. Dazu kommen auch all die Eigenschaften, die Sie an ihm schätzen und von denen Sie vielleicht glauben, Ihr Partner wisse es bereits. Doch niemand wird müde, Lob zu hören. Jeder liebt ehrliche Komplimente. Vor sechs Monaten haben Sie Ihrer Partnerin vielleicht gesagt, wie sehr Ihnen ihr Sinn für Humor gefällt, oder ihm, wie sehr Sie seine Kraft bewundern, aber wir alle hören diese Dinge gerne viel öfter. Als Sie sich kennen lernten, haben Sie einander viel häufiger Komplimente gemacht, nicht wahr?
Lob festigt eine Beziehung. Kaum einer von uns wird jemals über das Bedürfnis nach Anerkennung hinauswachsen. Wenn Partner sich nicht gegenseitig Anerkennung schenken, dann suchen sie diese möglicherweise anderweitig.
Die beste Möglichkeit, Ihren Partner oder Ihre Partnerin dazu zu bringen, mit einer Sache fortzufahren, ist ihm oder ihr zu erzählen, wie sehr Sie das genießen. Wenn Sie Ihren Partner nicht ermutigen, wird er sich Gedanken machen.
Ehe Sie mit der Vorenthaltungsübung anfangen, sagen Sie in neutralem Ton zu Ihrem Partner:
»(Name), da ist etwas, was ich dir vorenthalten habe.«

Ihr Partner antwortet dann: »Okay. Möchtest du es mir jetzt sagen?« Sie antworten: »Ja.«
Dann teilen Sie Ihrem Partner die Sache mit, und er beendet den Kommunikations-Zyklus, indem er »Danke« sagt. Nichts weiter.
Achten Sie darauf, dass Sie sich genau an diese Struktur halten. Sie macht Sie automatisch darauf aufmerksam, dass nun die Übung beginnt, und Sie werden beide daran erinnert, die Regeln zu befolgen. Sie kündigt an, dass eine besondere Art der Kommunikation bevorsteht und erinnert Sie daran, alte Reaktionsmuster beiseite zu schieben, die häufig Wut hervorrufen und zum Streit führen. Achten Sie auch darauf. Ihre Vorenthaltungen in neutralem, nicht in emotionalem, wütendem, nörgelndem oder ironischem Ton vorzubringen. Auf diese Weise hört Ihr Partner den Inhalt Ihrer Botschaft und wird nicht vom Ton abgelenkt.

Nachdem Sie mit diesen Eröffnungsworten begonnen haben, lobt jeder Partner den anderen zwei oder drei Minuten lang verbal und bringt auch seine Abneigungen vor. Oder jeder Partner erwähnt zwei positive und zwei negative Seiten, und dann macht es der andere Partner genauso. Nach jedem Lob oder jeder Kritik ist nur eine einzige Antwort zulässig: » Danke.«

Der zuhörende Partner willigt ein, keinen weiteren Kommentar abzugeben, bis nach der Übung mindestens dreißig Minuten verstrichen sind, und auch dann nur mit Genehmigung. Gesamtzeit; fünf Minuten pro Tag.

Es gibt mindestens zwei gute Gründe, um Kritik und Lob miteinander auszubalancieren: Weil Ihr Partner Ihre Kritik dann besser beachtet und weil der Ausdruck von Anerkennung unter Partnern fast immer zugunsten der Kritik übersehen wird. Nur sehr wenige von uns sind so rücksichtsvoll, wie wir es sein sollten.

Beispiele

Sie erwähnen vielleicht Kleinigkeiten:
»Sabine, es gibt da etwas, das ich dir vorenthalten habe.«
»Okay. Willst du es mir jetzt sagen?«
»Ja. Es gefällt mir, wie du dich heute frisiert hast.«
»Danke.«

»Sabine, es gibt etwas, das ich dir vorenthalten habe.«
»Okay. Willst du es mir jetzt sagen?«
»Ja. Ich habe mich wirklich gefreut, dass du mir gestern Abend mein Lieblingsessen gekocht hast.«
»Danke.«

»Sabine, es gibt da etwas, das ich dir vorenthalten habe.«
»Okay. Willst du es mir jetzt sagen?«
»Ja. Als du meine Eltern nicht besuchen wolltest, war ich wütend und enttäuscht von dir.«
»Danke.«

Vielleicht schneiden Sie aber auch wichtige Probleme an.
»Klaus, da ist etwas, das ich dir vorenthalten habe.«
»Okay. Willst du es mir jetzt sagen?«
»Ja. Ich war eifersüchtig und fühlte mich ausgeschlossen, als du dich bei der Party so lange mit dieser hübschen Blondine unterhalten hast. Als ich zu euch kam, schienst du mich zu ignorieren und hast dich weiter mit ihr unterhalten, ohne mich einzubeziehen.«
»Danke.«

»Klaus, da ist etwas, das ich dir vorenthalten habe.«
»Okay. Willst du es mir jetzt sagen?«
»Ich weiß, wir wollten warten, bis du Karriere gemacht hast, aber ich würde eigentlich lieber schon bald ein Baby bekommen.«
»Danke.«

Der Grundgedanke hinter diesen Übungen ist die sichere Kommunikation. Sie haben Gefühle, die Sie gern ausdrücken würden, aber Sie schweigen, weil Sie Ihren Partner nicht wütend machen wollen. Indem Sie sich auf eine Kommunikationsstruktur einigen, die Streit verbietet, sichern Sie sich ab.
Auf diese Weise erfahren Sie mehr übereinander, ehrlicher. Sie schaffen auch Vertrauen. Zu viele Paare, die wir kennen, teilen sich nur das Negative mit. Sie bedanken sich kaum jemals bei dem anderen oder loben ihn.

Sie können diese Übungen auch spezifischer auf Ihre sexuelle Kommunikation ausrichten, indem Sie übereinkommen, nur sexuelle Dinge zu loben oder zu kritisieren. Praktizieren Sie die Übung in diesem Falle aber nicht direkt vor, während oder nach der Liebe. Wählen Sie einen neutraleren Zeitpunkt.

So könnte zum Beispiel eine Frau zu ihrem Ehemann sagen:
»Jim, da ist etwas, was ich dir vorenthalten habe.«
»Okay. Willst du es mir jetzt sagen?«
»Ja - ich fand es wirklich gut, dass du gestern Abend mit mir schlafen wolltest. Ich weiß, dass du müde warst.«
»Danke.«

» Jim, da ist noch etwas, das ich dir vorenthalten habe.«
»Okay. Willst du es mir jetzt sagen?«
»Ja. Manchmal, wenn du meine Klitoris stimulierst, verlierst du den direkten Kontakt zu ihr. Ich bin kurz davor zu kommen, und dann stößt du mit deinen Fingern fester zu, anstatt zu versuchen, meine Klitoris sanfter zu lokalisieren.«
»Danke.«

Viele Menschen sträuben sich anfangs gegen diese Vorenthaltungsübungen. Sie behaupten beispielsweise, dass sie nichts zu sagen hätten. Aber sogar Leute, die sich erst fünf Minuten kennen, können bei dem anderen Eigenschaften entdecken, die sie schätzen oder andere, die sie abstoßend finden.
Paare, die einander seit Monaten oder sogar Jahren kennen, verfügen über einen riesigen Vorrat an Lob und Kritik – der alte Erfahrungsschatz und all die neuen Gefühle, die Tag für Tag entstehen, wenn ein Paar zusammen ist.
Manche Leute wehren sich auch gegen diese Übungen, indem sie behaupten, sie würden bereits gut mit ihren Partnern kommunizieren. Aber diese Übungen sind anders als auch die außergewöhnlichste natürliche Kommunikation, weil sie nämlich einer vorgeschriebenen Struktur folgen. Sie erfordern Offenheit, und sie zügeln zumindest vorübergehend Wut und Abneigung. Deshalb sind sie auch für diejenigen Paare sehr wertvoll, die bereits gut miteinander kommunizieren. Bitte praktizieren Sie sie

fünf Minuten lang jeden Tag, an dem Sie zusammen sind, und das mindestens zwei Wochen lang, ehe Sie sich ein Urteil über ihren Wert in Bezug auf Ihre Partnerschaft erlauben. Das Ergebnis wird Sie überraschen.

Heilung der Gefühle

Im Burgenland werden die Menschen von Künstlern oft als Birnenmenschen gezeichnet. Sie haben das beste Essen, den erfolgreichsten Gemüseanbau und den besten Wein, doch das ist nicht der Grund, warum es so viele Leute mit Birnenform dort gibt.
Ich lebte einige Jahren in diesem herrlichen Land und begann, die Menschen dort zu verstehen. Sie haben als Grenzlandbewohner, jahrelanges Auffanglager von Slawen, Hunnen, Zigeunern und anderen Fremdlingen Schwierigkeiten, ihre Gefühle auszusprechen. Und unausgesprochene Gefühle sind wie schmutziges Wasser, das den Körper nicht verlassen kann. So sind sie rundlich und meine „Vulkan-Übung" ein Heilmittel dafür, was ich oft schon erfolgreich eingesetzt habe.

Wasser statt Fett

Hier kurz eine Einschiebung zum besseren Verständnis. Es gibt aber auch noch einen anderen Grund, warum sich die Menschen dort so birnenhaft verformen, wenn sie das zweite Jahrsieht erreichen. Das Burgenland stand nach dem Krieg unter russischer Besatzungsmacht und alle Burgenländer leiden somit unter einem systemischen Flüchtlingskonflikt. Wenn unser Zuhause, aber auch unser Innenleben durch Fluchtgefühle beeinträchtigt wird, so sagt der Leib: „Großhirn an Kleinhirn: Wir sind auf der Flucht, bitte Wasser einlagern, sonst werden wir verhungern! "So baut dann die Niere mit Hilfe des Sammelrohrsmechanismus ein Wasservorrat auf, damit der Mensch nicht in Zukunft ver"dursten" wird. Ein **Sammelrohr** *(lat. Tubulus renalis colligens) ist ein feines Rohr in der Niere für den Abfluss des Harns aus den Nephronen. Die Sammelrohre*

verlaufen von der Nierenrinde (Cortex renis) durch das Nierenmark (Medulla renis) und münden in den Nierenpapillengang (Ductus papillaris) und dieser wiederum über einen Nierenkelch in das Nierenbecken..... laut Wiki)
Dabei wird mit Hilfe von Candida-Pilz-Bakterien, die Müllabfuhrhelfer in unserem Darm, Wasser im Bindegewebe eingelagert, und die Menschen werde „fett". Da Wassereinlagerungen und Körperfett auf dem Röntgen fast gleich aussehen, spricht der Hausarzt von Verfettung und Übergewicht, doch das ist in Wirklichkeit etwas anderes. Oft beobachte ich bei „fetten(!)" Burgenländern, dass sie durch ihre Natur sehr im Außen sind „Ich muss noch das und das tun, den Garten machen, das Feld pflügen, den Haushalt „schupfen",(österr. schaffen) das Essen kochen, usw., sodass sie ständig wie „auf der Flucht sind", und keinen eigenen Innenraum besitzen, was für den Körper wiederum ein Fluchtkonflikt darstellt und der Teufelskreis nimmt kein Ende.
Ich habe mit der Ki-Pulsing-Metamorphosis-Technik© einem Ehepaar helfen können, wo der Mann 170 kg auf den Knochen mit sich herumträgt. Nach der ersten Sitzung hat er 5 Kg= 5 Liter Wasser „ausgepisst!" und nimmt jetzt ständig immer mehr ab, aber kein "Fett", sondern Wasser, das er nicht mehr braucht, und das auch sehr brennt, wenn es ausgeschieden wird.
Es kann ein Fluchtkonflikt vor 30 Jahren passiert sein, der Körper hält das Wasser, was er damals eingelagert hat, so lange, bis der Konflikt aus dem Leib befreit ist, was mit der KPM wunderbar am Mittwoch (ist der Abend der Frau) oder am Donnerstag (ist der Abend des Mannes) Abend befreit werden kann.

Also „es gibt nix Guthes, außer mann/frau tut es!",
frei nach Erich Kästner!

Problemverdunstung

Sie werden mit der Zeit herausfinden, dass 80 % aller Probleme nur deshalb Probleme sind, weil sie nicht ausgesprochen werden. Sobald der Mensch die Möglichkeit hat, frei zu reden, wird er alle Lösungen und Auswege in sich selber finden und hat mit dieser Übung die Möglichkeit, die Gefühle und Emotionen zu befreien.

Ich habe diese Arbeit schon in Firmen angewendet, wo ich den Betriebsrat zum spirituellen Co-Counceller (Co-Counselling, so die englische Bezeichnung dieser Arbeit, die der Psychologe Jackins in den 70er-Jahren entwickelt hat) gemacht habe. Jeder Mitarbeiter dieser Firma hatte die Möglichkeit, jederzeit einen Termin zu bekommen, um auf diese Weise seine „Probleme" auszusprechen. Mich rief der Firmenchef einige Wochen später an und berichtete mir, dass nach einer Zeit bis zu 80% aller Konflikte im Betrieb gelöst waren und die Arbeitseffektivität sich dadurch fast verdoppelt hat.
Wenn ich früher als Jugendlicher nach Hause kam, musste ich mich immer zu meiner Mutter begeben, die, auch wenn sie schon im Bett lag, durch gezielte Fragen mich vom Alltag befreite.

Sobald ich alles ausgesprochen hatte, ging ich erleichtert ins Bett und ihre Befreiungsarbeit war erfolgreich. Da sie sehr sensibel war, nahm ich mir gar nicht vor, ihr etwas vorzuenthalten, weil sie so rein war, dass ich nichts leugnen musste. Ich hatte nie das Gefühl, dass sie mich aushorchte, sondern mir nur die Möglichkeit gab, mich von unnötigen Gefühlen ohne Erzeugung irgendwelcher Schuldgefühle zu befreien.

Reinigungsrituale

Viele Kulturen haben ähnliche Traditionen, um ein Haus mit freiem Gemüt zu betreten. In Kärnten gibt es auch noch heute den rinnenden Wassertrog vor der Tür, in den man alle Emotionen abwaschen sollte, bevor man die Schwelle des Hauses überschritt.

Der Moslem kennt ein Ritual, dass er im türkischen WÜDÜ nennt. Diese Wasserreinigung wird im Orient fünf Mal täglich praktiziert, und zwar immer vor dem Gebet. Deshalb gibt es Springbrunnen vor den Moscheen, wo die Gläubigen sich von ihren fremden Emotionen befreien können. Es gab dieses Ritual 25 Auflagen lang im FÜNF-TIBETER-Buch auf der letzten Seite. Ich tat es da hinein, da diese Übungen spirituelle Tiefenreinigung erzeugt und die Wasserreinigung die beste Form der Befreiung nach Beschleunigung und Schweißausbrüchen ist.

4. Übung: Die Wasserreinigung

1. Begeben Sie sich in ein Gefühl der Demut und Offenheit.
2. Lassen Sie Wasser aus dem Hahn fließen und benetzen Sie sich damit:
a. 3 x – die rechte Hand streicht Wasser über die linke
  3 x – die linke Hand streicht Wasser über die rechte
b. 3 x - den Mund ausspülen, dabei mit der rechten Hand das Wasser zum Mund, mit der linken Hand den Mund abwischen,

c. 3 x - *Wasser die Nase hochziehen und ausblasen, dabei mit der rechten Hand das Wasser zur Nase, mit der linken Hand abtrocknen,*
d. *3 x – das Gesicht mit beiden Händen benetzen,*
e. *3 x - über den rechten Unterarm bis zum Ellbogen streichen, 3 x - über den linken Unterarm bis zum Ellbogen streichen*
f. *1 x - mit beiden Händen über die Haare streichen,*
g. *3 x - Schläfen, Hals und Ohren mit beiden Händen benetzen,*
h. *3 x - linke Hand streicht den rechten Fuß hoch bis über den Knöchel,*
   3 x – rechte Hand streicht den linken Fuß hoch bis über den Knöchel,
3 *Einige Momente der Stille in Dankbarkeit.*

Sollten Sie gerade kein Wasser in erreichbarer Nähe haben, nehmen sie einfach „Licht", d.h. Sie visualisieren (stellen sich in deutlichen inneren Bildern z.B. eine Dusche mit goldenem Licht vor) wie Sie den ganzen Vorgang mit Licht in gleicher Bewegung vollziehen.
Dies ist eine vollständige Reinigung des Energiekörpers und ist deshalb am Morgen und am Abend oder bei aufkommendem Stressgefühl sehr heilsam. Empfehlenswert ist sie nach Körperübungen wie die „TIBETER" und nach einer energetischen oder anstrengenden Arbeit. Macht man diese Reinigung nach dem Aufstehen, vor allem die der Nase, ist man sofort wach...

Diese Kommunikationsübungen mit Partner oder Körper sind hilfreiche Mittel, Kommunikation als nicht nur eine mentale Arbeit zu sehen, sondern als primär das, was sie ist: ein Gemeinsam-Miteinander-Austauschen. Hat mann/frau das miteinander verstanden, dann ist die Grundlage geschaffen, Kommunikation auf höheren Ebenen zu verstehen. (Denn nur Gemeinsam reicht nicht, Sie wissen ja." Gemeinsam heißt, einer ist gemein und der andere ist einsam!")

Neue Kinder wollen uns(er) Selbst erleben!

Dieser ungewöhnliche Satz spiegelt die Kommunikationsprobleme unserer Zeit wider. Ich habe in den früheren Kapiteln beschrieben, dass neue Kinder oft eine Schockerlebnis haben, wenn sie die Sprache der Erwachsen erlernen und feststellen müssen, dass das, was sie erfühlen, nicht mit dem übereinstimmt, wie es die Erwachsenen mit Worten benennen.
Im normalen Leben eines Erwachsenen gibt es zwei Persönlichkeiten. Na, vielleicht ist das von mir falsch bezeichnet worden. Das Wort „Persönlichkeit" kommt von lat. personare, und stammt aus der Theaterkunst. Im alten Griechenland oder Rom trug der Schauspieler eine Maske, durch die er seine Rolle „durchklingen" ließ.
Berthold Brecht hat diese Idee in seinem „epischen Theater" wieder aufgegriffen, indem er die Schauspieler ihre Rollen so überspitzt spielen ließ, so dass der Zuschauer nicht von seiner Persönlichkeit abgelenkt wird, sondern sich durch die Abstrahierung der Rolle besser mit dem Thema der Theaterperson identifizieren konnte. Durch die Verehrung des Stars war keine Identifikation mit dem Inhalt seiner Rolle möglich und man hat den Schauspieler verehrt und ist so von der Absicht des Dramaturgen abgelenkt worden.

Persönlichkeit

Der normale Erwachsene von heute hat eine (oder mehrere) „Persönlichkeit/en" und ein Wesen.
Seine Persönlichkeit ist die Schale, die mann/frau sich im Laufe des Lebens aufbauen, um gut zu funktionieren.
Das ist der Diplomtitel oder ein anderer Beweis, dass die Person sich durch die öffentlichen Gehirnwaschanlagen, wie Schule, Universität, Priesterkonvent oder Turnushospital durchgearbeitet hat.
Das ist die Meinung, die mann/frau sich an Tageszeitung, Intellektuellenmagazin oder Nachrichtensendung geformt hat, mit genauester Übernahme aller möglichen Dummheiten, die uns die

Werbung, die Massenmedien, der Laptop oder der Hausaltar als Wahrheit einredet oder aufzwingt.

Das ist das Frauenbild, das nur schön, möglichst nicht zu klug, mütterlich und brav ist.

Das ist das Männerbild, das nur stark, reich, gefühlslos und autoritär ist. Und wehe, mann/frau funktioniert nicht, dann hat mann/frau keine Persönlichkeit und wird nicht geachtet.

Bei dieser Struktur gibt es keine Gefühle. *Weiber* dürfen wohl zickig sein, aber dann sind sie halt *Weiber* und werden verlacht. Je außenweltgläubig jemand ist, desto besser funktioniert er und ist ein gutes Mitglied der Gesellschaft. Wenn er Teil der Gesellschaft sein will, dann muss er zu einer Gruppe gehören und absolut die Gruppenzugehörigkeit zelebrieren und erfüllen.

Es gibt unendlich viele Gruppen: Rechtsanwälte, Priester, Politiker, Parteifunktionäre, Adabeis, Schauspieler, Künstler, Jäger, Fischer, Tennisspieler, Fußballspieler, Gasthausbesitzer, Manager, Arbeiter, Katholik, Bürgermeister, Pädagogen usw.

Über die Identifizierung zu einer Gruppe wird die Persönlichkeit geformt, da die Einstellung und Vorstellung des Einzelnen durch die Gruppe vorgegeben wird. Verstößt der Einzelne gegen die Regeln der Gruppe, wird er auf lange Sicht ausgestoßen, und darf sich nicht mehr an die Gruppenregeln halten. Diese Einstellungen definieren, was der Mensch denken soll und darf, was er essen , was er fühlen , wie er seinen Partner behandeln, wie er sein Geld ausgeben und wie er seine Kinder erziehen soll und darf.

Keine Schale

Doch die neuen Kinder wollen keine Eltern mit Einstellung und Gruppenzugehörigkeit. Sie wollen nicht, dass die Eltern, eingesperrt in Traurigkeit, Wut und Angst, die sie aus ihrem System ungeklärt übernommen haben, also *aus Ihrer Schale heraus,* ihnen gegenübertreten, sprich sie erziehen wollen. Sie wollen das Wesen der Eltern spüren, erleben, erfahren und lieben.

Doch was ist, wenn die Eltern nicht wissen, was *ihr* Wesen ist oder was die Kinder von ihnen wollen?

Das ist dann so ähnlich wie bei Columbus, als er den ersten „Inder" in Amerika trifft – keine Kommunikation ist möglich. Oder wie bei den Spaniern in Südamerika – wie es Hermann Hesse einmal so schön formuliert hat, wenn zwei Kulturen aufeinander stoßen: *„Zerstörung einer Kultur durch die andere".*

Da aber in unserer Zeit nicht mehr die Kleineren leiden werden, möchte ich doch einige Tipps den körperlich Größeren geben.

5. Übung: Das Löwespiel

Wenn der Vater von der Arbeit nach Hause kommt, freut sich die ganze Familie auf das „Löwespiel". Der Vater zieht seinen Anzug aus, befreit sich mit Hilfe der „heiligen Waschung" (siehe oben) von allen äußeren Verschmutzungen und Spannungen und zieht sich danach weiche Kleidung an (T-Shirt und Pumphose). Die Kinder warten schon sehnsüchtig auf den „Löwen". Der Löwe legt sich auf eine große Matratze mit viel Spielraum und zieht eine Decke über den Kopf: der „Löwe" ist (endlich wieder) in seiner Höhle. „Die Schafe" stehen vor der Löwengrube und sind voller Erwartung. Auf ein geheimes Zeichen hin, springen die Schafe auf den Löwen und ein Exorzismus beginnt. Die Schafe dürfen den Löwen hauen, beißen, stoßen, Arm und Kopf quetschen, Glieder reißen und laut brüllen, wenn sie mit dem Löwen kämpfen – und der Löwe darf das auch mit den Schafen – in gewissen Maßen. Wenn es Tränen gibt, gibt es Tränen, wenn jemand getröstet werden muss, wird er getröstet, wenn jemand gekuschelt werden muss, wird er gekuschelt.

Dieses Ritual, von mir und den Erfindern, meinen Stiefkinder N.E. und S., „Löwespiel" genannt, schafft Wunder, Befreiung und Ent-

Spannung. Ich habe damals nicht gewusst, wie ich meiner behinderten Stieftochter N.E. helfen konnte, ihre unbändige Wut loszuwerden, so entstand das „Löwespiel" und veränderte vieles.

Die Mütter sollten weit weg sein (Frauen haben weniger Zugang zu Ihren Aggressionen und halten solchen Transformationen meist schon allein akustisch nicht aus) und ihre Pause genießen. Nach dem „Kampf" gibt es eine Kuschelphase, je nach gemeinschaftlichem Bedürfnis danach und anschließend bringt der Vater die Kinder ins Bett. Es wird noch eine Geschichte vorgelesen, falls die Familie diese Kunst beherrscht, versteht und genießen kann und die Kinder schlafen entspannt ein.

Dieses Ritual ist ein Multi-Clearing auf vielen Ebenen. Der Vater befreit sich auf archaischer Weise von allen Spannungen und Emotionen, die er aus dem Büro mitgebracht hat und „free your mind", ist nach Ritual, Waschung und Märchenerzählen mit einschlafenden Kindern offen für einen schönen Abend mit seiner Frau. Die Kinder erleben den Vater in seiner männlichen Natur als Kämpfer, leben ihre aufgestauten Emotionen aus und lösen sie „auf natürliche Weise" auf. Das Löwespiel habe ich mit meinen beiden Stiefkindern N.E. und S. entwickelt. Als ich sie nicht mehr beißen durfte, hörte ich damit auf, es mit ihnen zu spielen, weil ihre Pubertät begann und ich ihre Entwicklung akzeptierte (uns sie meine!).

Mama hat Pause

Und was macht die Mama, während der Rest der Familie in Ekstasen zubringt? Sie hat Pause, Pause von den „Monster", die sie den ganzen Nachmittag in Schach halten musste und die sie ihrerseits in „action" hielten. Wenn Mütter mit ihren Kindern an einem Regentag den ganzen Nachmittag mit ihnen im Haus verbringen muss und die Kinder ihre Spannungen und Emotionen von der Schule oder von anderen Hirnwaschanlagen mitbringen oder abbekommen (TV), so können sie diese nicht kanalisieren, ganz einfach deshalb, weil sie eine Frau ist und das nicht zu Ihrem Arbeitsbereich gehört. Sie nimmt Dinge auf, nährt, gibt Gefühle und versucht, für die Kinder da zu sein. Doch meist nicht auf psychohygienischer Weise, sodass es für alle Anwesenden oft sehr anstrengend ist. Wenn die Kinder aber die Kräfte der Eltern in ihrer Wesenheit erkannt haben, dann holen sie sich dort das, was sie brauchen, wo es vorhanden ist und auch verstanden wird.

Wenn der Mensch sich auf der körperlichen Ebene befreien kann, dann ist die Reinigung auf geistiger Ebene möglich und nicht umgekehrt, wie das viele Psychologen bis heute falsch verstehen.

Weil, wenn der Vater seine abendlichen Pflichten in Freude erfüllt und erlebt hat, dann kehrt er zur Frau zurück. Er ist vollkommen entspannt, hat seine Kinder (körperlich) erlebt und ihnen dienen dürfen. Er hat sich in seiner ureigenen Männlichkeit erfahren und kann dann mit seiner Frau einen ruhigen, offenen, emotionsbefreiten Abend genießen und in Ruhe die „Eleuthonomie- Arbeit" machen und seine ureigenen Männlichkeit fortsetzen (oder –pflanzen).

Als meine Tochter zwei Wochen nach der Gerichtsverhandlung „angerufen" wurde, sagte sie mir am Telephon, souffliert („Ein Souffleur oder eine Souffleuse (von franz. souffler „flüstern, hauchen", ital. suggeritore „Einbläser") bezeichnet im Theater eine Person, die während einer Aufführung die Rollen flüsternd mitliest, um den Darstellern Einsätze zu signalisieren und ihnen über „Hänger" (vergessener Text) hinwegzuhelfen", zitiert aus dem Wiki), *von Stimmen im Hintergrund, dass „sie mich nicht mehr sehen* **will***!" Auch wenn ich wusste, dass das nicht wirklich* **ihr** *Wunsch war, so erlitt ich trotzdem dadurch einen Revierkonflikt und fiel ins Bodenlose. Doch ich arbeitete mit meiner Frau wochenlang an diesem Verlust und der Schock war bald aufgelöst, vor allem mit der Gewissheit, die mir meine Frau gab, dass meine Tochter „sicherlich bald die Mutter verlassen wird!" und zu mir zurückkehren wird. (Sie verließ das Haus der Mutter mit 15, und hat mich um 3 Jahre getopt)*

Als sie dann nach 27 Monate selbständig anrief, mit dem Wunsch, uns besuchen zu kommen, wusste ich, dass und wann ich jetzt (nach der Theorie von Dr. Hamer) einen Herzinfarkt haben werde.

Er passierte mir auch, bis auf die Stunde genau vorgeplant, doch er dauerte nur 15 Sekunden mit allen Zuständen, die dazu gehören,

doch war somit aber nicht tödlich, weil ich mit meiner Frauc und den Werkzeugen der Eleuthonomie das Thema verarbeitet hatte.
Sie kam mit ihrem Freund auf Besuch. Als sie vor mir stand, war ich recht erschrocken über ihre Post-Thernobyl-Model-Figur. (Sie sah aus wie eine österreichische Heidi Klum mit meiner langen Nase!) Was für ein schönes Weib stand da vor mir! Groß, wohlgeformt, lebendig, zum Anbeißen.
Ich nahm das Ohrläppchen ihres Freundes zwischen Daumen und Zeigefinger und sagte: „Wenn DU jemals in die Gefahr kommst, MEINER Tochter etwas antun zu wollen, werde ich DIR DEIN Ohr abreißen!"
"NEIN, nein, Papa!" rief Laura," der Peter ist immer lieb zu Mir!"
*„Aber weißt DU Tochter, wenn ich mir Deinen Model-Körper anschaue, dann habe ich schon Angst, dass DU ständig angemacht wirst!" Da richtete sie sich auf und sagte:" Papa, ich **werde** nicht angemacht!" und sie strahlte eine Kraft und Stärke aus, die mich fast erschrecken ließ und antwortete auf meine Frage:" Und warum nicht?" mit „ Weil ich mit Dir LÖWE gespielt habe!"*

Na habt Ihr verstanden, wie einfach das Leben sein kann? Na gut, dann noch einige andere schöne Werkzeuge aus der Lebens-Werkstatt-Forschung

Was ist das Wesen?

Ich habe in meiner Arbeit einige ganz interessante Entdeckungen gemacht, um Menschen zu helfen, ihr Wesen zu verstehen und zu finden. Hier möchte ich jetzt die Arbeit mit der Lebenswunde vorstellen:

6. Übung: Die Lebenswunde

„Werde, wer Du bist!"
frei nach Friedrich Nietzsche (siehe Buchanfang)

„Jeder Mensch kommt mit einer Lebenswunde zur Welt, Manche haben sogar zwei oder gar drei. Die Lebenswunde ist ein schwarzes Loch im Energiekörper und zieht auf Grund des Resonanzgesetzes Situationen und Ereignisse heran, die der Mensch als Kind nach außen projiziert und als Opfer erlebt: Die bösen Eltern, Lehrer und Nachbarskinder, Körperbehinderungen, Schwäche und Schuldgefühle. Irgendwann sucht der Mensch nicht mehr Hilfe bei Priester, Arzt oder Psychologe im Außen, sondern sucht im Inneren, im eigenen Selbst. Sobald er nach innen geht, schließt er an etwas an, was er in alten Zeiten schon begonnen hat. Die Mystiker sagen: „Darauf warten die Engel, darauf warten die Götter!" Mewlana Dschelaleddin Rumi, ein christlich-islamischer Mystiker aus dem 13. Jahrhundert sagte: „Ich suchte am Berg und im Tal, in den Kathedralen, Moscheen und am Kreuz; ich habe nirgends Gott gefunden. Erst wie ich nach innen ging, habe ich ihn....gefunden!" Dann passiert das, dass der Mensch in sein Herz geht, es öffnet und erkennt, dass Gott darin wohnt. Das ist der Prozess in den Märchen, wo der Dummling, der Hans, der Jüngste der drei Brüder sich befreit vom Außen, von der Meinung der Außenwelt (repräsentiert durch die Brüder), in seiner Herzoffenheit auf Wanderschaft geht – „auf den Weg geht" (sinan, mhd. = den Sinn suchen) in den Wald (= Unbewusstsein, Körper, Welt). Sobald er nach innen geht, begegnet ihm der Drache, seine Lebenswunde. Er hat die Aufgabe, die

Prinzessin, sein höheres Selbst, seine Buddhanatur, zu erkennen und zu befreien. Er tötet den Drachen, indem er ihn anschaut (engl. to face the problem) und benennt (wie bei Rumpelstilzchen). Der Drachen verwandelt sich in ein Schwert und der Hans in einen Ritter, der damit seine Bestimmung im Leben durch das Wissen der Suche, der Überwindung und der Aufrichtigkeit gefunden hat."
Jetzt meine Entdeckung: Die Lebenswunde ist der Deszendent im Horoskop. Wenn ich geboren werde, geht am östlichen Horizont ein Sternzeichen auf, das ist der Aszendent (ascedere = lat. aufsteigen). Der Aszendent zeigt auf, wer und was der Mensch ist – sein Körperbau, seine Talente, seine Aufgabe, mit der ihm der „liebe Gott" auf die Erde geschickt hat, um sie mit seinen geistigen Fähigkeiten (Sonnenstand, Geburtszeichen) zu verbinden. Seit der Sonnenfinsternis am 11.8.1999 wird jeder Mensch gezwungen, seine Bestimmung zu erfüllen und seinen Beruf mit seiner Berufung zu verbinden.
Der Deszendent ist das Zeichen, das bei der Geburt am westlichen Himmel untergeht. Es ist unser Schwellenhüter, unsere Lebens-
wunde, und ist ein Problem, das wir zu heilen haben. Jetzt meine geomantische Entdeckung, womit ich Mutter Erde rehabilitiere und jede Art von „Geopathologie" auflöse: Die Erdstrahlungen, die „Engel von Mutter Erde" liegen immer in Kreuzungen unter der körperlichen Entsprechung des Deszendenten. Wenn wir an der Lebenswunde leiden, wird irgendwann der Aszendent erweckt, der im paracelsischem Sinne unser Problem ausgleicht. Wir erhalten somit ein Wissen, wie wir uns heilen, und somit die Aufgabe und das Wissen unserer Bestimmung. So hilft Mutter Erde aus und verhilft uns zur Erkenntnis unser Selbst. Somit legt sich jeder Mensch immer „richtig" ins Bett, und ein Verschieben ist nicht

> möglich und sinnlos. Mutter Erde richtet sich nach dem Menschen, damit er sich wieder ihr zu-richtet (lat. religio). Das bedeutet in der Praxis: Drei Wochen nach einer Bettverschiebung ist das Gittersystem unter dem neuen Bettstandort wieder so ausgerichtet wie am alten Platz.
> „Werde, wer du bist!", sagt Nietzsche. "Erkenne Dich selbst!", sagt das Orakel von Delphi. Nimmt der Mensch die Talente seiner Bestimmung, also den Aszendent an (der Partner und die Mutter wussten es schon lange), gibt er ihnen seine Willenskraft, so findet der Mensch seine Aufgabe im Leben und seine Bestimmung im kosmischen Plan. Yin und Yang gleichen sich aus und der Schlafplatz ist ein Kraftplatz, verwandelt durch das Bewusstsein des Menschen.

Umgang mit der Lebenswunde
(Text oben kommentiert)

Ich habe nicht die Fähigkeit vieler „Lichtarbeiter", die Aura eines Menschen zu sehen. Ich nehme keine Farben unseres Lichtkörpers wahr, noch kann ich irgendwelche Heiligenscheine erkennen. Doch Zeit meines Lebens sehe ich Schatten in den Gesichtern der Menschen. Irgendwann einmal sagte mir meine innere Stimme, dass diese Schatten nach einem System funktionieren. Dadurch bin ich auf die „Lebenswunde" gestoßen. *„Jeder Mensch kommt mit einer Lebenswunde zur Welt, Manche haben sogar zwei oder gar drei."* So habe ich diese Schatten bezeichnet. *Die Lebenswunde ist ein schwarzes Loch im Energiekörper.* Wo keine Energie im Körper ist, dort ist auch analog im Gesicht ein Schatten. *Auf Grund des Resonanzgesetzes zieht jeder Mensch Situationen und Ereignisse in seinem Leben heran (das heißt, er schafft sie sich). die er als Kind nach außen projiziert und als Opfer erlebt: Die bösen Eltern, Lehrer und Nachbarkinder, Körperbehinderungen, Schwäche und Schuldgefühle.*

Der Brandherd

Es gibt so viele Gründe, alles beim Alten zu lassen, und nur einen einzigen doch endlich etwas zu ändern:

Du hältst es einfach nicht mehr aus!

von Hans Curt Flemming

Wenn wir dem Leben in bestimmten Bereichen auf Grund unserer Einstellung Ablehnung entgegenbringen, dann ist das das Gleiche, wie ihm zu wenig Lebensenergie = Aufmerksamkeit zu geben. Doch der Kosmos reagiert sofort darauf und spiegelt diese Situation. Ein <u>zu</u> schwacher Mensch wird gehänselt, ein <u>zu</u> harter Mensch gebrochen, ein <u>zu</u> weicher herausgefordert. Doch nur solange, bis das Gleichgewicht gefunden ist, da die Natur immer zu Harmonie und Ausgleich strebt. *Irgendwann sucht der Mensch nicht mehr Hilfe bei Priester, Arzt oder Psychologe im Außen, sondern sucht im Inneren, im eigenen Selbst nach der Ursache seines Leidens.* Das ist ein wichtiger Zeitpunkt, dazu fällt mir das Gedicht von Hans Curt Flemming ein. (siehe oben) <= *Sobald er nach innen geht, schließt er an etwas an, was er in alten Zeiten schon begonnen hat. Die Mystiker sagen: „Darauf warten die Engel, darauf warten die Götter!"* Im Grunde genommen haben alle Meister-Schüler-Schulen des alten Zeitalters den Menschen an seine alte Auf-gabe erinnert, um ihn in seinem Kontinuum weiter wachsen zu lassen. Das heißt, wir haben immer schon die Aufgabe gehabt, uns zu verändern, um auf ein höheres Ziel hin zu wachsen. *Mewlana Dschelaleddin Rumi sagte: „Ich suchte am Berg und im Tal, in den Kathedralen, Moscheen und am Kreuz; ich habe nirgendwo Gott gefunden. Erst wie ich nach innen ging, habe ich ihn in meinem Herzen gefunden!"* Dann passiert das, dass der Mensch in sein Herz geht, es öffnet und erkennt, dass Gott darin wohnt. Das wird mit dem deutschen Begriff der „Herzoffenheit" sehr schön beschrieben. Im Lateinischen und in der katholischen Liturgie gibt es den Begriff credo = ich glaube. Dieses Wort ist aus cr = cor, cordis = Herz Geist, Gemüt und do, dare = geben, darbieten, opfern, hingeben zusammengesetzt. Also glaube ich erst, wenn ich mich hingeben kann! *Das ist der Prozess in den Märchen, wo der Dummling, der Hans, der Jüngste der drei Brüder sich befreit vom Außen, von der Meinung der Außenwelt, in seiner Herzoffenheit auf Wanderschaft geht.*

Sobald er nach innen geht, sobald es sich „hingibt", gelernt hat, sich hinzugeben, einer der wichtigsten Eigenschaften, die wir zum Erwachen und Erwachsenwerden brauchen, *begegnet ihm der Drache, seine Lebenswunde.* Das heißt, sobald ich wissen will, wer ich bin, werde ich erstmals mit meinem Grundproblem konfrontiert. Das ist der Dreck, der hervorkommt, wenn ich die „Büchse der Pandora" öffne, wenn ich z.B. faste (siehe unten). *Der Mensch hat die Aufgabe, die Prinzessin, sein höheres Selbst, seine Buddhanatur, zu erkennen und zu befreien. Er tötet den Drachen, indem er ihn anschaut und benennt (wie bei Rumpelstilzchen* und (in der Vulkanübung*). Der Drachen verwandelt sich in ein Schwert, und der Hans in einen Ritter, der seine Bestimmung im Leben gefunden hat, durch das Wissen der Suche, der Überwindung und der Aufrichtigkeit."*

So und jetzt meine Entdeckung. Ich möchte hier vollkommen klarstellen, dass jede Ablehnung der Mutter Erde und Ihre Kräfte als Miss-Verständnis angesehen werden muss und nur die beschränkte Sichtweise desjenigen darstellt, der diese Ablehnung ausspricht!

Die Lebenswunde ist der Deszendent im Horoskop. Wenn ich geboren werde, geht am östlichen Horizont ein Sternzeichen auf, das ist der Aszendent (ascedere= lat. aufsteigen.) Der Aszendent zeigt auf, wer und was der Mensch ist; sein Körperbau, seine Talente, seine Aufgabe, mit der ihm der „liebe Gott" auf die Erde geschickt hat, um sie mit seinen geistigen Fähigkeiten (Sonnenstand, Geburtszeichen) zu verbinden. („Werde, was Du bist!) Seit der Sonnenfinsternis wird jeder Mensch gezwungen, seine Bestimmung zu erfüllen, und seinen Beruf mit seiner Berufung zu verbinden. Der Deszendent ist das Zeichen, das bei der Geburt am westlichen Himmel untergeht. Es ist unser Schwellenhüter, unsere Lebens-

wunde, und ist ein Problem, das wir zu heilen haben. Jahrhunderte lang hat die Menschheit geglaubt, dass diese Heilung durch Mensch und Gott passiert, dass somit der Mensch alleine diesen Prozess vollziehen kann.
Jetzt meine geomantische Entdeckung, womit ich Mutter Erde rehabilitiere und jede Art von „Geopathologie" auflöse: Die Erdstrahlungen, die „Engel von Mutter Erde" liegen immer in Kreuzungen unter der körperlichen Entsprechung des Deszendenten. Wenn wir an der Lebenswunde leiden, wird irgendwann der Aszendent erweckt, der im paracelsischem Sinne unser Problem ausgleicht. Bitte nehmen Sie diese Erkenntnis bitte an und erkennen Sie, was hier verändert wird. Ich kenne Hundertausende, die mir sagen, ja, sie schlafen auf einer Wasserader, und das kann man ja nicht ändern und wir sind somit Opfer und die böse Erde macht uns krank und ist somit schuld, dass es uns so „schei..!" geht. Hier wird jede falsch Auffassung und Ablehnung der Kräfte der Mutter Erde auf den Kopf gestellt.

Alles in der Natur strebt nach Ausgleich. Alles ist immer im gleichen Verhältnis ausgeglichen. Sobald eine Einseitigkeit entsteht, wird sofort der Gegenpol geschaffen, um ein Gleichgewicht zu erreichen. *Dadurch, dass wir mit unserem Grundproblem konfrontiert werden, werden die Gegenmittel, unsere Talente und Lebensbestimmung erweckt und wir gleichen uns selber aus. Wir erhalten somit ein Wissen, wie wir <u>uns</u> heilen = ausgleichen, und somit die Aufgabe und das Wissen unserer Bestimmung, <u>anderen mit diesen Heilwissen zu dienen</u>.*

Wow, ist das nicht faszinierend. Mutter Erde ist immer schon eine Teleologie- und Berufsberaterin. Mit Hilfe der W-Erde-was-DU-bist-Analyse und der Lebens-Beginn-Zeit-Bestimmung, die ich in späteren Texten erklären werde, kann man diese Zusammenhänge von Lebens-Bestimmung und Lebens-Wunde, Wasseradern und Berufung verstehen und bekommt eine große Demut der Weisheit der Erde (Geomantie) gegenüber.
So hilft Mutter Erde aus und verhilft uns zur Erkenntnis unser Selbst. Somit legt sich jeder Mensch immer „richtig" ins Bett, und ein Verschieben ist nicht möglich und sinnlos. Mutter Erde richtet sich

nach dem Menschen, damit er sich wieder ihr zu-richtet, zuwendet (lat. Religio). (Drei Wochen nach einer Bettverschiebung ist das Gittersystem unterm neuen Bettstandort wieder so ausgerichtet wie am alten Platz.)
Das habe ich mit Radiästhesie-Kollegen oft überprüfen können, die sich davon aber nicht überzeugen ließen, weil sie mit der Angst der Kunden viel Geld verdienen wollten, und weiter Betten verschieben wollten.
„Werde, wer du bist!", sagt Nietzsche. "Erkenne Dich selbst!", sagt das Orakel von Delphi. Nimmt der Mensch die Talente seiner Bestimmung, also den Aszendent an, (der Partner und die Mutter wussten es schon lange, die Kinder erst recht) gibt er ihnen seine Willenskraft, so findet der Mensch seine Aufgabe im Leben und seine Bestimmung im kosmischen Plan. Yin und Yang gleichen sich aus und der Schlafplatz ist ein Kraftplatz, verwandelt durch das Bewusstsein des Menschen.

Doch diese Methode, sein Selbst, sein Wesen zu erkennen und zu erforschen, braucht eine Grundlage. Diese Grundlage ist das Geschenk des Wassermannzeitalters und ist vorher noch nie so vollzogen worden:

Die Liebe zwischen Mann und Frau auf gleicher Ebene als Heilprozess!

Wie, das kennen wir doch! Wir lieben uns doch? Und doch haben wir Probleme mit den Kids!

Ja, Ihr liebt Euch, ja, so wie Ihr es von Euren Eltern gelernt habt. Doch was habt Ihr gelernt?
Es gab in der Geschichte der Menschheit Verliebte, doch Liebende, hat es die denn schon wirklich gegeben?
Die Hollywoodfilme haben ein Happy End, wenn sich die Verliebten endlich finden. Doch was passiert DANN?
Die Soaps im Fernseher zeigen jeden Tag, wie sich unendlich viele Liebende, die sich lieben wollen, verarschen und miteinander

kämpfen. Liebe ist etwas anderes und wird in keiner Schule der Welt gelehrt.

Also liebe Eltern, liebe Erwachsene, wenn Ihr Probleme mit Euren neues Kindern habt, dann gibt es eine Lösung, das ist die **_Arbeit an der Liebe zwischen Mann und Frau._**

Je mehr Ihr Euch in der Liebe erkennt (z.B. durch die Lebenswunde), je mehr Ihr an Eurer Beziehung arbeitet, je mehr Ihr Euch aufeinander einlassen könnt, je mehr Ihr durch die vollständige Auseinandersetzung mit dem Partner Eure eigene Weiblichkeit und Männlichkeit erkennt, desto weniger Probleme werdet Ihr mit Euren Kindern haben. Die wollen genau das und wenn man sie darum bittet, dass Mama und Papa Zeit füreinander haben wollen, sind sie brav und gehen selber Zähneputzen und ins Bett.

Erkenne Dich Selbst!

Hier noch ein kleiner Zusatz. In Delphi der Antike stand über dem Eingang des Orakels : „Erkenne Dich Selbst" (γνῶθι σεαυτόν *gnōthi seauton*). Jahrtausende lang haben philosophische Schulen diesen Satz als Grundlage ihrer Erkenntnistheorie genommen; auch ich war von dem Selbst-Studium und der Selbst-Reflexion begeistert. Doch wie erkenne ich mich Selbst? Vielleicht hilft ja ein Spiegel, nicht nur in der Früh beim Haarekämmen dabei, mich Selbst zu erkennen. Leider alles Quatsch. Es gibt keine Selbst-Erkenntnis, damit sind wir jahrhundertelang abgelenkt worden und haben stundenlang ins Leere geschaut. Wir brauchen eine Spiegel, ja, doch der beste Spiegel ist der liebende Partner. Ich habe immer gedacht, die Lebens-Wunde kann ich selber integrieren, weil ich ja soo guth bin, in der Erkenntnis meiner Selbst. Nein, nur durch die Liebe zwischen Mann und Frau auf gleicher Ebene, wenn sich Liebende „spiegeln", nur, und nur dann ist es möglich, die Lebenswunde zu integrieren. „ Liebling, sag mir, wer ich bin!" ist der Weg! Also : „Ich liebe, also bin ich!" Zitat Hafiz.

Bedeutung und Selbst

Gestern war Ostersonntag. Die Sommerzeit wurde umgestellt und das Körpergefühl passte nicht zum Zeitgefühl. Als wir am Abendessenstisch saßen, ging die Tür und der jüngste Sohn meiner Frau kam auf Besuch. Wir deckten einen Platz mehr und hatten ein gemeinsames Osterabendmahl. Wir waren vergnügt und entspannten uns nach dem Essen gemeinsam. Als meine Frau aufgestanden war, um das Bad einzulassen, erzählte M. mir plötzlich von einem Gespräch, dass er über drei Stunden mit seinem Freund D. an Vortag geführt hat, nachdem sie ihre Musik geübt hatten. Er berichtete, dass beide das Buch „Gespräche mit Gott" von Neale Donald Walsch lesen und mit einer bestimmten Stelle nicht klar kamen. In diesem sehr mystisch-buddhistisch angehauchten Werk findet sich immer wieder folgende Formulierung: „Nichts ist von Bedeutung", „es gibt keine Bedeutung in der Welt", „Kümmere Dich nur um Dich Selbst", „Dein Selbst ist unwichtig!"

Sie hatten stundenlang darüber debattiert und sind aber immer wieder ohne Lösung. zur Grundfrage zurückgekehrt. Ich machte ihm klar, dass das Wort „Bedeutung" mit dem allgemeinen Urteilen zu tun hat.

Alle Welt urteilt und ist dadurch gebunden in Raum und Zeit. Sobald ich urteile, bin ich gefangen in einer Meinung, die festgelegt ist und keine Veränderung zulässt. Das ist die Technik, wie man Einstellungen festlegt und Bewusstsein einengt. Wenn ich mit dem Be-Deuten aufhöre, löse ich mich automatisch auch aus einer Selbst-Beurteilung und lasse zu, dass mein Bild von mir sich ständig verändern kann. Ich höre auf, die Welt verstehen zu wollen und werde frei zu handeln. Das ist ein buddhistischer Ansatz, sein Bewusstsein frei zu machen, um ständig wachsen zu können. Ich gebe mich dem höheren Bewusstsein hin und finde eine Wahrheit, die frei von Einstellungen ist. Jede mystische Schule der Vergangenheit sah dies als Voraussetzung, um innerlich wie äußerlich wachsen zu können.

Das einzige, was wirklich wichtig ist, ist das Selbst zu verstehen. Das altgriechische Wort für das Gute ist Agathe. Wörtlich übersetzt heißt das altgriechische Wort „Agathe": „An sich selbst sein!" Das „Selbst" ist ein Synonym für das Göttliche, für den Sinn, für das Vollkommene. Das Selbst ist die Essenz unseres Seins, mit dem uns der „liebe Gott" auf die Erde schickt, um mit diesen Talenten der Erde, den Menschen und der Welt zu dienen. Das herauszufinden, das zu erkennen, was wir sind, was wir Selbst sind, ist unsere Aufgabe, die wir erfüllen, aber auch aufgeben müssen und die wir am besten durch die Liebe zwischen Frau und Mann erkenne können.

Unsere Kinder wissen intuitiv, **was** das Selbst ist und sehen uns in **unserem** Selbst. Sie leiden, wenn sie erkennen müssen, dass wir oft nicht **aus** unserem Selbst heraus handeln, sondern uns an Bedeutungen und Meinungen halten, die nicht aus **unserem** Selbst-Verständnis kommen, sondern das Nachgeplappere irgendeiner Meinung ist.

Selbstfindung

Das Wassermannzeitalter zwingt uns aber immer mehr, unser Selbst zu entdecken, aus unserem Selbst heraus zu leben und selbstbewusst (ich bin mir meiner Bestimmung bewusst) und selbstverständlich zu sein (ich stehe auf meinem Selbst), in Selbsterkenntnis (ich arbeite an der Erforschung meines Selbst) zu leben, Selbstvertrauen (ich vertraue meinen Fähigkeiten und lebe sie absolut und frei von Gott gegeben) zu haben und selbstlos (frei aus mir heraus) zu sein. Das bedeutet aber auch, dass wir uns von all unserer Wut befreien müssen, die oft als Kraft für den Alltag gesehen wird, obwohl sie nichts mit unserem Selbst zu tun hat. Die neuen Kinder leben permanent in ihrem Selbst und verstehen nicht, dass ihre Lehrer und Erwachsene das nicht tun.

Wenn ich in den Kaffeehäusern die Generation der Pensionisten anschaue, dann habe ich immer das Gefühl, dass die grauen Herren ganze Arbeit geleistet haben. Soviel Selbstunwissenheit und Angst vor dem Selbst macht aus frei geborenen Menschen ängstliche, unselbständige Herdentiere, die alle krank sind, mindestens zwanzig Mal von der Schulmedizin und Pharmaindustrie zerstückelt wurden und sich in Alkohol und Fernsehabende flüchten und hoffen, dass sie sich niemals mehr verändern müssen. *Mann, was bin ich froh, dass diese menschenverachtende Massenverblödung bald ein Ende hat!*

Doch es gibt eine wahre Methode, unser Selbst zu entdecken und unsere Schale zu lösen. *Das ist die offene und bereitwillige Liebe zwischen Mann und Frau, zwischen Vater und Mutter, die sich in der Beziehung zu den Kindern beweist*. Doch das erleben nur Menschen, die sich auf die einzige Chance einlassen, die uns die nächsten 10 Jahre überleben lässt: die neuen Kinder. Wenn Sie so ein *Monster* in der Familie haben, lassen Sie sich ein darauf, das ist Ihr Ticket für die Zukunft.

Im Buch über die Eleuthonomie werde ich aufzeigen, dass die Liebe zwischen Mann und Frau im Wassermannzeitalter das größte Heilmittel beinhaltet, welches die Menschheit in sich trägt, und das die Psychologie seit Jahrzehnten sucht.

Problemlösung für Single und Alleinerziehende Väter oder Mütter

Immer wieder werde ich gefragt, warum im neuen Wassermannzeitalter ein Mensch, der alleine lebt, keine Möglichkeit hat, den Aufstieg zu vollziehen. Ich weiß, dass klingt hart, doch es geht nicht all-eins mehr, also alleine. Deshalb habe ich das folgende Ritual entwickelt, dass Sie solange jeden Abend praktizieren sollten, bis der Wunsch erfüllt ist.

7. Übung: das Eleuthonomie-Wunsch-Gebet©

Die Verwirklichung eines Partners!
von Lebens-Werkstatt entwickelt

Der nächste Schritt in der Evolution der Menschheit ist die Kommunikation zwischen Mann und Frau auf gleicher Ebene. Diese Kommunikation ist ein Heil-Reinigungsprozess. Liebe wird (endlich) als Heil- und Ent-wickelungs-Prozess gesehen, wobei Mann und Frau sich gegenseitig von Verletzungen, Traurigkeit, Angst, Ziel-losigkeit und Misstrauen befreien, um auf einer neuen Ebene eine Gemeinsamkeit, „ein gemeinsames Drittes", ich nenne es „Monade" (ein Begriff, den ich von Leibniz übernommen und erweitert habe), zu er-schaffen.

Damit das passiert, müssen wir den Mut entwickeln, aus dem Alleinsein herauszutreten und (um) uns endlich einen Partner (zu) schaffen; einen „Sterngemahl (François Villon = Paul Zech)", mit dem wir „2012" begehen wollen, um somit ins neue Zeitalter zu gelangen.
Dafür ist dieses Ritual, diese „Gebet" gedacht; im wahrsten Sinne des Wortes:" Wer den Wunsch hat, zu geben (= Gebet), wird endlich (Liebe) erhalten!"
Nehmen Sie sich Zeit dafür am Abend vor dem Einschlafen. Setzen Sie sich aufrecht hin und atmen Sie entspannt ein und aus. Machen Sie sich eine Kerze an, und schalten Sie Ihre Lieblings-Musik (z.B. Klangwelten, Musik ohne Gesang, außer Enya, die hat kein Schlag-zeugrythmus) an.

Dann visualisieren Sie sich ihre(n) „Sterngemahl(in)"! Er (sie) muss nicht reich oder arm sein, nicht dick oder dünn, nicht schön oder schiarch. Er (sie) sollte ein Mensch sein, der bereit ist für Kommunikation und Veränderung. Begeben Sie sich in alle Gefühle, die Sie JETZT mit dieser Person haben wollen; alle: die schönsten, die dunkelsten, die wütigsten und die hellsten und stellen Sie sich Dinge und Erlebnisse vor, die Sie mit dieser Person erfahren wollen; Themen, über die Sie mit ihm(ihr) sprechen wollen; Empfindungen, die Sie miteinander teilen wollen, Ekstasen, die Sie sich miteinander schaffen wollen; Freuden, die Sie miteinander teilen wollen; Stun-den, die Sie miteinander verleben wollen; Ziele, die Sie miteinander erreichen wollen; Grenzen, die Sie miteinander überschreiten wollen; Traurigkeiten und Verletzungen, die Sie miteinander heilen wollen; Vergangenheiten, die Sie miteinander auflösen wollen; Räume, die Sie miteinander erfüllen wollen, und Höhen & Tiefen, die sie miteinander entdecken wollen.

Dann legen Sie die rechte Hand aufs Herz und nehmen den Text in die Hand und sprechen, ohne irgendein Gefühle zu haben, vollkommen neutral, nüchtern, und klar und vor allem **LAUT**:
„Ich erkenne und bekenne, dass ich verletzt und in meinen 7 heiligen Punkten belastet bin, und somit nicht mehr fähig bin, Liebe geben und Liebe empfangen zu können.

Ich bitte…..(den Himmel, Gott, das Universum, Mutter Erde, Pan, Allah, mein höheres Selbst, je nachdem, was Ihnen heilig ist),
dass …. (er, es, sie ..) mir eine(n) Sterngemahl(in) schickt,
dem (der) **ich** helfen kann, Seine(Ihre) Verletzungen in Seiner (Ihrer) Mitte und Seine (Ihre) Einschläge im Kopf zu heilen,
und **der (die)** mir helfen kann, meine Verletzungen in meiner Mitte und meine Einschläge im Kopf zu heilen.
Dieses Geben und Nehmen macht uns ganz und eins!"

AMEN

Dann gehen Sie schlafen;
und freuen sich auf ein Wunder!

Patchworkfamilie

Wenn Sie auf Grund Ihres alten Gelübdes schon über 40 Jahre alt sind, und noch keine Kinder haben oder mit ihnen zusammenleben können, dann suchen Sie sich einen Partner mit Kindern. Die gibt es wie Sand am Meer und lernen Sie so bald wie möglich, Stiefkinder zu lieben. Dieses Buch wird Ihnen dabei eine große Hilfe sein.
Als Stiefvater, vor allem von Stiefsöhnen, werden Sie täglich von den „Beschützern der Mutter" mit Röntgenstrahlen durchleuchtet. Und wenn die jungen Krieger merken, dass Sie ihre Mutter verarschen wollen, dann leben Sie nicht mehr lange. Also versuchen Sie es gar nicht, sonst sind Sie bald tot. Das ist kein Witz, das habe ich selbst erfahren. Wundern Sie sich nicht, dass die Stiefkinder Sie am Anfang nicht ernst nehmen und lange brauchen, Vertrauen zu Ihnen aufzubauen.
Sie sind halt als Mann und Stiefvater ein Vertreter der herrschenden Rasse, die Jahrhunderte lang das *Weibliche* verarscht, beleidigt, benutzt und verbraucht hat. Das ist auch oft der Grund, warum der leibliche Vater nicht mehr im Haus wohnt (wohnen darf), weil er sich nicht auf Veränderungen einlassen konnte und gehen musste, was oft auch durch tödliche Krankheiten passiert. Konzentrieren Sie sich auf die Liebe und die Arbeit der Eleuthonomie und machen Sie Mama oder Papa glücklich, das ist das einzige, was zählt, alles andere wächst daraus.
Seien Sie aber immer auf der Ebene des jetzt nicht mehr allein erziehenden Partners und halten Sie sich an die Geschwindigkeit seiner oder ihrer Veränderung.
Sehen Sie, was die Kids brauchen, was sie in ihrer Pubertät ohne Vater oder Mutter vermisst haben und verhelfen Sie ihnen, alles nachzuholen, auch wenn es eine Grenzbestimmung ist. Geben Sie Raum und Zeit dafür und die Kids werden Ihnen dankbar sein.
Seien Sie sich bewusst, dass die Liebe innerhalb einer Familie höchste Priorität hat und das Sie genauso Schwierigkeiten haben werden, die „Monster" zu akzeptieren, wie sie ihre Schwierigkeiten ihrerseits mit Ihnen haben werden.

Doch mit Hilfe der Vulkanübung wird das alles kein Problem mehr sein und seien Sie dankbar für jede Aufmerksamkeit, die Sie von den

„Monstern" erhalten. Wenn es keine gibt, dann konzentrieren Sie sich auf die Liebe zu Ihrem Partner und…" alles wird guth!"

> **„Trag Sonne im Herzen und alles wird gut,**
> **trag Sonne im Herzen und alles wird gut,**
> **Trag Sonne im Her-zen und alles wird gut,**
> **Trag Sonne im Her-zen und alles wird gut,**
> **alles wird gut,**
> **und alles wird gut!"**

ein Zoroastisches Lied

„Exweiber und Exmonar!"

Es gibt etwas, was die Situation einer Patchwork-Familie gefährden kann, und das ist die emotionale Bindung an den Vater der Kinder, oder die Mutter, die jetzt als Ex-frau oder Ex-mann wahrgenommen werden. Die sind immer an allem Schuld. Wenn es in der neuen Familie nicht klappt, dann liegt es immer am Ex. Der/die Ex ist schuld, dass die Kinder nicht folgen, dass sie nach dem Wochenende bei Ihnen Tage brauchen, bis sie sich wieder im neuen Haushalt zurecht finden;
dass es immer Ärger gibt mit dem Scheiß Geld;
dass es immer einen bösen und einen guten Elternteil gibt;
dass es immer eine Lösung gibt, für unüberwindliche Probleme;
dass es somit nicht nur einen, sondern viele Elternteile und Großelternteile gibt, was für die Kinder mehr Geschenke zu Weihnachten und zum Geburtstag gibt, wenn....

Sie sehen, ich habe die Schuldfrage negativ und positiv gedeutet, es kommt nur auf die Sichtweise an, wie ich meine Welt sehe und sie somit Selbstbewusst erschaffe. Wir sind keine Opfer einer bösen Welt von Exfrauen und anderen Scheußlichkeiten (lol).

Wie sind eine Gemeinschaft von Menschen, die sich mal geliebt haben und wieder lieben wollen, auf eine halt neue, aber gemeinschaftliche Art und Weise zum Wohle des Kindes. Und wenn wir uns von allen Dummheiten und Fehlern und Traurigkeiten und Enttäuschungen der Vergangenheiten befreien wollen, dann liegt das einzig und alleine in unserer Hand, weil wir unsere Welt so erleben, wie wir sie uns schaffen. Wirklich, versprochen!

Und da ich, wie Sie, liebe Leser, ein Tischler bin, bekommen sie jetzt eines der schärfsten Lebens-Werkstatt-Werkzeuge, die ich in meinem spirituellen „Tischlerwerkbank" Ihnen zur Verfügung stelle.

Doch Vorsicht: wenn Sie einmal damit begonnen haben, dann gibt es kein Zurück in die Welt der Raunzerei, des Mitleiderhaschens der Anti-Lebens-Bewegung, keine Traurigkeit mehr, kein Gelübde wirkt dann mehr und Glück, Erfolg und Leidenschaft ersetzten Ärger, Dummheit und Gier.

Das heißt, liebe Wiener, KEINNE RAUNZEREI mehr, kein: „ich raunze, also bin ich!", also vorsichtig, Sie könnten Ihre Identität verlieren.

Hier also …

8. Übung: das Entankerungs - Ritual©

Eine Entprogrammierung ohne Therapeuten

von Lebens-Werkstatt entwickelt

Dieser Text ist die Befreiung einer Verbindung aus der Vergangenheit und befreit ein Ehegelübde, einen Zorn, eine Wut aus der Vergangenheit, eine ungewollte Bindung oder Vernetzung mit einem Menschen, mit dem man/frau Probleme hat, die sich nicht lösen können.

Das Wassermannzeitalter läßt alle Verbindungen, die wir mit Menschen aus der Vergangenheit haben, nochmals aufleben. Haben wir zu einem Menschen in einer früheren Zeit gesagt:" Ich liebe Dich ewiglich!", so ist das eine Schwur oder ein Ehegelübde, das über **den Tod** hinausgeht.

So treffen wir, auf Grund des Resonanzgesetzes, den Menschen wieder und müssen die Verbindung neu definieren. Erst wenn einer der beiden Partner dieser alten Verbindung in neuen „Kleidern" die Verbindung **verneint**, ist das Band der Vergangenheit gelöst. Dieses Ritual dient dazu.

Nehmen Sie sich Zeit, am Abend oder an einem ungestörten Wochenende. Setzen Sie sich vor Ihren Hausaltar (ne, ich meine nicht Ihre Glotze, die unbedingt ausmachen oder einfach reintreten) oder an einem ruhigen schönen Ort, kann auch in der Natur sein. Machen Sie sich eine Kerze an, machen Sie Ihre Lieblings-CD (ohne Gesang, außer Enya, die hat kein Schlagzeugrythmus) an und trinken Sie ihren Lieblingstee.

Dann begeben Sie sich in die Gefühle, die Sie JETZT mit dieser Person haben, alle: die schönsten, die dunkelsten, die wütigsten und die neutralsten und lassen sie Ereignisse revuepassieren, die Sie mit dieser Person erlebt haben.

Dann legen Sie die rechte Hand aufs Herz und nehmen den Text in die Hand und sprechen, ohne irgendein Gefühle zu haben, vollkommen neutral, nüchtern, und klar und vor allem **laut**,

1. „Herr, vergib mir und den unbewussten Taten und Ereignissen der Vergangenheit, versöhne mich mit dem Leben.

2. Herr, vergib dem/ der „......", dass er/sie mir all das antun hat müssen und versöhne mich mit seinem/ihrem Wesen.

3. Herr, lösche alle Programme, die mit „ ... *" zu tun haben und befreie unsere Herzen.

4. Gib sein/ihr Herz und mein Herz in Dein Herz zurück.

5. Lass mich ausschließlich meine Kraft für die Aufgaben meiner Seele einsetzen.

6. Herr, ich bin nicht wert, dass du eingehst unter mein Dach, aber sprich nur ein Wort, so wird mein Seele gesund.

7. Herr, lass mich und „..." leben in Frieden.

Amen

Dann stehen Sie auf und machen etwas anderes, ohne noch an das Alte zu denken. Und dann freuen Sie sich wie üblich auf ein Wunder.

Also, machen Sie sich eine Liste von Menschen, bei denen sie noch unangenehme Gefühle haben und gehen Sie mit vielen Taschentüchern und Ihren neuen Partner als Kronzeugen ans Werk. Nutzen Sie die Vulkanübung, wenn bei einer Person ihrer Liste viele Gefühle hochkommen, aber immer mit der Ausrichtung, zu verstehen, warum Sie sich diese Beziehung zu dieser „unangenehmen" Person geschaffen haben, die immer der Vater oder die Mutter ihres Kindes sein wird, und somit als Freundin oder Freund für immer mit Ihnen verbunden sein kann, wenn Sie sie oder ihn als solches gewinnen können. Mit der Entankerungsübung werden Sie alle falschen Bindungen der Vergangenheit lösen und neue Bande der Liebe und Freundschaft schaffen, für alle Zeiten, bestimmt, das kann ich Ihnen garantieren.

Willkommen in der Lebens-Werkstatt, eine Gemeinschaft von freien Menschen, die sich selbst und die Freunde ihre Freunde lieben und wertschätzen wollen, in Verbundenheit mit den Kräften des Himmlischen Vaters und der Mutter Erde.

Zusammenfassung

Ein neues Zeitalter hat begonnen, ein neues Paradigma ist geschaffen und das alte Zeitalter bricht in sich zusammen. Der liebe Gott ist in Zeitverzug und schickt uns die neuen Kinder mit Seelenkräften aus anderen Sternensystemen, um die Erde zu verändern. Die neuen Kinder kommen mit einer Natürlichkeit, Lebendigkeit, Ehrlichkeit, Reinheit, Ethik und Dunkelheit zur Welt und zwingen ihre Umgebung, sich darauf einzulassen. Wer nicht will, muss leiden. Wenn sie nicht verstanden werden, machen sie sich krank oder werden hyperaktiv, um damit eingeschlafene Erwachsene zur Weißglut zu bringen. Wer sich ganz und vollständig auf sie einlassen kann, öffnet ihre Eigenschaften in seinem Wesen und wächst spirituell. Sie verlangen Aufmerksamkeit und Zuhören, Respekt und Geduld und akzeptieren nur Worte, die aus dem Herzen kommen.

Sie bringen die Liebe, weil nur Erwachsene, die sich aufeinander in Liebe zwischen Mann und Frau einlassen können, die Chance haben, ihre Sprache zu verstehen und zu beantworten.

Ein neues Kind ist erst ein neues Kind, wenn die Eltern und Erzieher und andere Erwachsene, die an ihnen ziehen wollen, verstehen, was ein neues Kind will und kann und tut und mit uns kann, will und tut.

„Um diese Zeit kamen die Jünger zu Jesus und fragten ihn: „Wer ist in der neuen Welt Gottes der Größte?" Da rief Jesus ein Kind herbei, stellte es in ihre Mitte und sagte: „Ich versichere euch, wenn ihr euch nicht ändert und den Kindern gleich werdet, dann könnt ihr in Gottes neue Welt überhaupt nicht hineinkommen. Wer so wenig aus sich macht wie dieses Kind, der ist in der neuen Welt Gottes der Größte. Und wer in meinem Namen solch ein Kind aufnimmt, der nimmt mich auf."

Matthäus 18.1-5

Anhang:

1. Ursache von Krankheiten wie Krebs oder Ähnlichem!

. Ein neues Zeitalter hat begonnen. Eine neue Kultur wächst heran, die das Leibliche über das Geistige stellt und damit das Verhältnis von männlichen und weiblichen Kräften in der Welt ins Gleichgewicht erhebt. Die inneren Kräfte von Leib, Gefühl und Sinnhaftigkeit, werden den äußeren Kräften von Hirn, Verstand und Funktionalität entgegen-gesetzt. Ausdruck dieser neuen Entwick(e)lung im Gesundheits-wesen ist der neue Beruf des „Energetikers". Das ist der moderne Oberbegriff für die Gruppe der Rutengänger, Geistheiler, Lebens-Energie-Berater, Schamanen, und Naturheiler.
Ihr Wissen basiert auf einer Tradition, die schon über 6000 Jahre alt ist, also so lange, wie die Menschheit denken und schreiben kann. Dieses Wissen ist in der rechten Gehirnhälfte jedes Menschen vorhanden
Diese Tradition will keine Krankheit vertreiben, sondern verstehen und be-greifen. Diese Tradition suchte immer nach dem „Warum" und „Weshalb" und sieht den Menschen in seiner spirituellen Entwicklung und Krankheiten als Ursache von Schocks und Konflikten. Der Energetiker versucht mit seiner Arbeit dem Menschen zu helfen, diese Ursachen zu finden und zu verstehen, Das alte Wissen wusste genau, dass, wenn die Ursache erkannt, verstanden und gelöst wird, dann die Natur (des Menschen), befreit

vom falschen Denken, den Körper auf natürliche Weise ohne Chemie oder Wegschneiden heilt.

Krankheits-Konflikt-Analyse

Mit der Arbeit der Lebens-Werkstatt-Konfliktanalyse wird dem Patienten ein Werkzeug in die Hände gelegt, womit er die Arbeit der Aktivierung der Körperkräfte durch alchemistische Heilmittel und die Stärkung der Abwehrkräfte durch spezielle Nahrungsergänzungen vervollständigt.
Der Mensch ist so lange krank, solange er den Konflikt seiner Krankheit nicht gelöst hat. Wird der Prozess der Reinigung verstanden, der Konflikt hinter der Krankheit gelöst, geht der Mensch in Heilung und der Leib heilt sich selbst.

Vorbereitung

Bevor wir uns bemühen, die Indigoenergien in uns selbst zu aktivieren, müssen wir uns von alten Energien, Verletzungen und Traurigkeit, die unseren Leib besetzt haben, befreien. Auch wenn uns große Heiler erklären, welcher Krebs durch welchen Schock verursacht wird, so sagt er uns nicht, warum wir uns einen Schock geschaffen haben. Wie ich schon beschrieben habe, schafft sich jeder Mensch auf Grund seiner Einstellung, modern gesagt, durch seine Energie, seine Wirklichkeit selbst. Doch was bedeutet das?

Tower of Pain

a. Fastenmond

Einer der schrecklichsten Eigenschaften des Verlustes von Religion und ihren Ritualen ist der Verlust des „Fastens".
Das hat viel mit der Umlegung des Neujahrtages zu tun. Das Wiki sagt: „Im Jahre 153 v. Chr. verlegten die Römer nach ihrem Kalender den Jahresbeginn vom 1. März auf den 1. Januar, auf den Tag des Amtsantrittes der Konsuln. Sie benannten die Jahre auch

nach den Amtszeiten dieser Konsuln. Damit verloren auch die Zählmonate (September, soviel wie siebter, Oktober, der achte, November, der neunte, Dezember, der zehnte) ihre entsprechenden Positionen."

So hat in alten Zeiten das Jahr mit dem Zodiak begonnen, also mit dem Frühling am 21.März, der Tagundnachtgleiche. War ja auch verständlich. Der Winter war vorbei, das Jahr konnte neu beginnen.

Und womit hat man ein Jahr beendet, natürlich mit dem letzten Fastenmond, den Waage-Vollmond im März. Das war wie der letzte Regelmond für die Reinigung der Frauen. Und was hat mann/frau dann beim Frühlingsfest gemacht, natürlich die unbefleckte Empfängnis. Es war nicht mehr kalt, mann/frau konnte das von Eltern beobachtete Schlafzimmer verlassen und kräftig mal wieder im „Föhrenwald" vögeln, ah Liebe machen, ohne sich die Hintern abzufrieren – nicht nur zum Baltena-Fest. Mit einem gereinigten frischen Körper, duftend wie ein Frühlingsmond, und unter ihm: Waagemond, der Mond für Harmonie und Liebesfrucht.

Und was haben die Christen daraus gemacht? Neujahr wird im Winter gefeiert, gefressen wir das ganze Jahr ohne Pause, in der Fastenzeit halt nur Fisch und zu Frühlingsbeginn wird der Tod als Thema personifiziert, uuahrrr. Da vergeht`s einem!

b. Übelriechende Dinge

Doch Fasten ist ein elementarer Vorgang. Jesus sagt dazu in den „Friedensevangelien der Essener" von Dr. E. Bordeaux Szekely:

Nach dem Engel der Luft sucht den Engel des Wassers. Zieht eure Schuhe und Kleider aus und erlaubt dem Engel des Wassers, euch zu umarmen. Werft euch ganz in seine umfangenden Arme, und so oft ihr die Luft mit eurem Atem bewegt, bewegt mit eurem Körper das Wasser. Ich sage euch wahrlich, der Engel des Wassers wird alle Unreinheiten aus eurem Körper auswaschen, die euch innerlich und äußerlich verschmutzen, und alle unsauberen und stinkenden Dinge werden aus euch fließen, wie die Unsauberkeit eurer Kleider vom Wasser weggespült wird und im Strom des Flusses sich verliert. Wahrlich, ich sage euch, heilig ist der Engel des Wassers, der alles Unreine säubert und allen übelriechenden Dingen einen süßen Duft verleiht. Kein Mensch kann vor das Antlitz Gottes treten, den der

Engel des Wassers nicht vorbei lässt. Wahrhaftig, alles muss durch das Wasser und die Wahrheit wiedergeboren werden, denn euer Körper badet im Fluss des Erdenlebens, und euer Geist badet im Fluss des ewigen Lebens. Denn ihr erhaltet euer Blut von eurer Erdenmutter und die Wahrheit von eurem Himmlischen Vater.

Denkt nicht, dass es ausreicht, wenn euch der Engel des Wassers nur äußerlich umarmt. Wahrlich, ich sage euch, die innere Unreinheit ist um vieles größer als die äußere Unreinheit. Und derjenige, der sich äußerlich reinigt, aber innen unrein bleibt, ist wie die Grabstätten, die außen ansehnlich gestrichen sind, aber innen voller grauenerregender Unsauberkeiten und Abscheulichkeiten stecken. So sage ich euch wahrhaftig, lasst den Engel des Wassers euch auch innerlich taufen, damit ihr von den vergangenen Sünden frei werdet und das ihr innen genauso rein werdet wie das Sprudeln des Flusses im Sonnenlicht. Darum sucht einen großen Rankkürbis mit einer Ranke von der Länge eines Mannes; nehmt sein Mark aus und füllt ihn mit dem Wasser des Flusses, das die Sonne erwärmte. Hängt ihn an den Ast eines Baumes und kniet auf den Boden vor dem Engel des Wassers und führt das Ende der Ranke in euer Hinterteil ein, damit das Wasser durch alle eure Eingeweide fließen kann.

Ruht euch hinterher kniend auf dem Boden vor dem Engel des Wassers aus und betet zum lebendigen Gott, dass er euch eure alten Sünden vergibt, und betet zum Engel des Wassers, dass er euren Körper von jeder Unreinheit und Krankheit befreit. Lasst das Wasser dann aus eurem Körper fließen, damit es aus dem Inneren alle unreinen und stinkenden Stoffe des Satans wegspült.

Und ihr werdet mit euren Augen sehen und mit eurer Nase all die Abscheulichkeiten und Unreinheiten riechen, die den Tempel eures Körpers beschmutzen, und sogar all die Sünden, die in eurem Körper wohnen und euch mit allen möglichen Leiden foltern. Wahrlich, ich sage euch, die Taufe mit Wasser befreit euch von alledem. Erneuert eure Taufe mit Wasser an jedem Fastentag, bis zu dem Tag, an dem ihr seht, dass das Wasser, das aus euch hinaus fließt, so rein ist wie das Sprudeln des Flusses. Begebt euch dann zum fließenden Wasser, und dort in den Armen des Wasserengels stattet Dank dem lebendigen Gott ab, dass er euch von euren Sünden befreit hat. Und diese heilige Taufe durch den Engel des

Wassers ist: Wiedergeburt zu einem neuen Leben. Denn eure Augen werden dann sehen, und eure Ohren werden hören. Darum sündigt nicht mehr nach der Taufe, so dass die Engel der Luft und des Wassers ewig in euch wohnen und euch für immer dienen werden.
Und wenn danach etwas von euren vergangenen Sünden und Unreinheiten übrig bleibt, sucht den Engel der Sonne. Nehmt eure Schuhe ab und eure Kleidung und lasst den Engel des Sonnenlichts euren ganzen Körper umarmen. Dann atmet lang und tief, damit der Engel der Sonne in euch hineingelangen kann. Und der Engel der Sonne wird alle stinkenden und unreinen Dinge hinaustreiben, die ihn innen wie außen verschmutzen. Und alle stinkenden und unreinen Dinge werden von euch weichen, wie auch die Dunkelheit der Nacht vor der Helligkeit der aufgehenden Sonne schwindet. Denn wahrlich, ich sage euch, heilig ist der Engel der Sonne, der alle Unreinheiten säubert und Gestank in süße Düfte umwandelt. Niemand kann vor das Antlitz Gottes treten, den der Engel der Sonne nicht vorbei lässt. Wahrlich, alle müssen von der Sonne und der Wahrheit wieder-geboren werden, denn euer Körper wärmt sich im Sonnenlicht der Erdenmutter und euer Geist wärmt sich im Sonnenlicht der Wahrheit der Himmelsvaters.
Die Engel der Luft und des Wassers und des Sonnenlichts sind Brüder. Sie wurden dem Menschensohn gegeben, um ihm zu dienen, und damit er immer von einem zum anderen gehen kann. Genauso heilig ist ihre Umarmung. Sie sind unteilbare Kinder der Erdenmutter, und darum entzweit jene nicht, die Erde und Himmel gemacht hat. Lasst euch von diesen drei Engelsbrüdern jeden Tag einhüllen und lasst sie das ganze Fasten hindurch bei euch bleiben.
Denn wahrlich, ich sage euch, die Macht der Teufel, alle Sünden und Unreinheiten werden hastig den Körper verlassen, den diese drei Engel umarmen. So wie Diebe aus einem verlassenen Haus fliehen, wenn der Herr des Hauses kommt; einer durch die Tür, einer durch das Fenster und der dritte übers Dach, jeder da, wo er sich aufhält und wie er kann, genauso werden alle Teufel des Übels, alle vergangenen Sünden und alle Unreinheiten und Krankheiten entfliehen, die den Tempel eures Körpers verschmutzen. Wenn die Engel der Erdenmutter euren Körper betreten, in der Weise, dass sie ihn als Herrn des Tempels wieder in Besitz nehmen, dann werden alle üblen Gerüche hastig mit eurem Atem und durch eure Haut

weichen, das verschmutzte Wasser durch euren Mund und durch eure Haut, durch eure hinteren und eure intimen Teile. Und alle diese Dinge werdet ihr mit euren Augen sehen und mit eurer Nase riechen und mit euren Händen anfassen können.

Und wenn alle Sünden und Unreinheiten euren Körper verlassen haben, wird euer Blut so rein wie das Blut eurer Erdenmutter werden und wie das Schäumen des Flusses im Sonnenlicht. Und euer Atem wird so rein werden wie der Atem der duftenden Blumen, euer Fleisch so rein wie das Fleisch der Früchte, die unter dem Laub der Bäume reifen, das Licht eurer Augen so klar und hell wie der Glanz der Sonne am blauen Himmel. Und jetzt werden die Engel der Erdenmutter euch dienen. Und euer Atem, euer Blut und euer Fleisch werden mit dem Atem, dem Blut und dem Fleisch der Erdenmutter eins sein, dass euer Geist auch mit dem Geist eures Himmelsvaters eins werden kann. (aus: „Das Friedens Evangelium der Essener- Schriften der Essener Buch 1, Saarbrücken 2002, Seite18-22).

Hey, der Typ hat sich ausgekannt. Doch die meisten wissen nichts vom Fasten. Hier geht es nicht um eine Diät oder um Abnehmen. Hier geht es um Entgiftung, nicht nur physischer Art, sondern vor allen geistiger und seelischer Art, (also die falschen Vorstellungen, also Konflikte, bedingt durch die Schocksituationen im Vorjahr, die als Adrialingifte im Darm sich abspeichern.)

c. Krisen

Wenn wir einen Schock erlebt haben, dann federt der Leib diese Emotionen ab, indem er die Giftstoffe, die durch den Schock als Adrenalingifte entstanden sind, mit Hilfe von Wasser im Körper abspeichert.

Wenn wir dann fasten, werden die Giftstoffe aus dem Gewebe gelöst, um sie über das Blut abzuleiten. Das sind dann die Fastenkrisen, die jeder Fastende alle 7 Tage erlebt. (Das nennt man auch Depressionen! Die werden gelöst, wenn man versteht, was passiert und dass es hier um einen Entgiftungs-Prozess geht.) Dabei kommen die Gefühle der Erlebnisse nochmals ins Bewusstsein – und werden einfach mit der „Vulkanübung" ausgespuckt.

Doch wenn mann/frau das nicht tut, dann kehren die Giftstoffe wieder zurück und werden wieder abgespeichert. So sind die Fastenkrisen das wichtigste im Fastenverlauf. Doch das sagt uns natürlich keiner.

d. Fastenmanagement

Dr. Rüdiger Dahlke hat das beste Fastenbuch geschrieben, dass ich kenne; für mich ist er ein reinkarnierter Essener, der heute als „Therapeut" sehr bekannt und erfolgreich ist, weil er einfach „guth" ist.
Hier sein Buch, das Ihr Euch unbedingt besorgen müsst:
Bewusst fasten: Ein Wegweiser zu neuen Erfahrungen (Goldmann Taschenbuch) von Dr. Rüdiger Dahlke. Jan. 1996 ISBN-10: 3442139007, **ISBN-13:** *978-3442139002*

e. Fastenzeit

Zum Fasten ist immer Zeit. Am besten ist natürlich die Zeit vor dem mythischen Jahresbeginn am 21. April mit dem Waagevollmond als Ende und dem Aschermittwoch als Beginn.
Es kann aber auch im Herbst oder zu jeder anderen Jahreszeit gefastet werden, die mir Ruhe, Wärme meiner Füße und gutes Wasser beschert. Am besten ist es die Fastenzeit mit dem Partner als Fastencoach zu machen, wobei einer fastet und der andere ihn mit Vulkanübung, Badewanneneinlassen, Raumreinigung und Aromatherapie unterstützt.

Hier einer Übung dazu :

9. Übung : die Liebes-Massage

„Liebling, willst Du meine Hände spüren?"

Massieren ist seit Jahrtausenden nicht nur eine Entspannungstechnik, es ist auch eine körperliche Form der Kommunikation. Will er ein eingetragenes Gewerbe, so hat der Heilmasseur eine lange Aus-bildung zu machen, bis er sein Handwerk angemeldet ausüben kann. Und diese Arbeit verlangt ein gewisses Talent, um es erfolgreich durchzuführen.
Doch auch wenn uns die mit dem Wassermannzeitalter wiedererweckte Wellness-Bewegung hunderte von verschiedenen Massage-techniken und freundlichen Therapeuten anbietet, so sind diese „Techniken" doch nur Mittel, uns zu uns selbst zu führen. So haben sie eigentlich nur einen Sinn und wahren Erfolg, wenn sie in der spirituellen Arbeit zwischen Mann und Frau eingesetzt werden. Dort kann mann/frau sie gegenseitig genießen, dort können sie zur Vertiefung der Kommunikation, zur Entspannung und Er-Lösung führen. Dort ist ein gegenseitiger Austausch möglich, der jede

Nach-Wirkung auffängt und transformiert und dort ist Wachsen, Er-fahrung, Verwöhnen, Anteilnahme und Verschmelzung im gegen-seitigen Geben und Nehmen sinnvoll.

Es gibt <u>keinen</u>, der das liebevolle Massieren seines Liebesobjektes <u>nicht</u> lernen kann. Hände kann mann/frau weich machen. Mann/frau kann sagen, wenn sie/er sich unsicher fühlt, kann sagen, wenn es zu weich/hart/fest/zart/ eng/weit/tief/hoch ist und soll es auch. Der Masseur soll sagen, wie es ihm dabei geht, seine/n Liebste/n so vor sich liegen zu haben und nicht zu wissen, was er jetzt machen soll. Der Massierte soll sagen, wie es ihm geht, so einfach ausgeliefert zu sein, so <u>einfach</u> genießen zu müssen, sich jetzt hingeben zu müssen.

Wenn Ihr miteinander redet, wie es Euch geht dabei, dann findet alles seinen Platz und Raum, seine Zeit und Entspannung.

Wichtige Regel: An <u>einem</u> Abend wird nur <u>einer</u> massiert! Und vergesst nicht:

„ Wer nicht geniest, ist ungenießbar!"
Konstantin Wecker

Und was stand auf dem Massageölflascherl: Entspannend und stärkend, wenn mann/frau sich am Abend damit gegenseitig einmassieren, sind sie sofort wieder wach und können die restlichen Stunden des Tages dem Namen entsprechend nutzen: Liebesöl!!

Viel Spaß, Freude, Entspannung und Ekstase!

2. Heil-Raum-Gestaltung

So, jetzt kommt noch ein mir sehr wichtiges Thema, dass ich genau kommentieren werde. Da es eine Erfindung (etwas Neues auf dieser Welt) und auch Ge-Findung (etwas Unbekanntes auf dieser Welt, das noch nicht erkannt oder gefunden wurde) von mir ist, bitte ich um Vergebung für den epischen Stil, den ich benutze, um die Tragweite dieser Arbeit für Indigo- und Kristallkinder bewusst zu machen.

Besonderer Hinweis

Lieber Leser!
Ich möchte jetzt auf die Heil-Raum-Gestaltung eingehen. Da alle neues Kinder die ersten sind, die sie brauchen, ist es wichtig, auf diesen Aspekt der neuen Zeit ausführlich einzugehen.

Jetzt werde ich ganz ausführlich die Arbeit der Heil-Raum-Gestaltung beschreiben, so dass sie jeder selbst nachvollziehen kann. Kurzfassung und Anwendungstext, S.233

Kurzer Exkurs

Radiästhesie ist die Lehre von der Strahlung der Erde. „Radiare" heißt lat. strahlen, und „aisthesis" griech. fühlen. Ein Radiästhesist fühlt die Strahlung der Erde und sucht den „guten Platz" (Käthe Bachler). Zum Gebiet der Radiästhesie gehören auch die Elektrobiologie, die Geomantie und der Umgang mit Lebensenergien aller Art.

Die Arbeit der Lebens-Werkstatt

> Mein Denken der Radiästhesie ist ganzheitlich und positiv. Ich verschiebe kein Bett, sondern erläutere die Beziehung von Raum - Körper - Leben.

Die herkömmliche Auffassung der Radiästhesie ist ein Programm des Fischzeitalters gewesen und hat seit 1961 (Eintritt der Sonne ins Wassermannzeitalter) seine Bedeutung verloren. Jeder Mensch weiß selbst aus sich selbst heraus, wie sein Bett richtig stehen muss, dass es ihm guten Schlaf beschert. Eine Radiästhesie (vermittelt durch die so genannten „Geopathen" eine gefährliche Sonderform der Psychopathen), die dem Kunden durch "obergscheite" Besserwisserei die Verantwortung für sein inneres Wissen abnimmt, macht ihn abhängig vom "Klugen im Außen", und degradiert ihn zum "dummen" Konsumenten.
Der Radiästhesist der neuen Zeit arbeitet als Lebensenergie-Berater und verbessert und erklärt die Intuition des Kunden. Er verwirrt nicht mehr, sondern macht ihn auf seine inneren Fähigkeiten aufmerksam. Verschiebt der Radiästhesist ein Bett, so macht er den Kunden von seiner "Klugheit" abhängig und verleumdet seinen eigenen Zugang zur Quelle des inneren Wissens in dem Herzen jedes Menschen.
Jesus spricht in den „Friedensevangelien der Essener" von den "Engeln der Mutter Erde". Steht ein unedles Metall ungeerdet in einer Erdstrahlungszone, dann entsteht eine rezeptive Situation, also das, was wir bisher unter einer belastenden Wasserader

(geopathologisch) verstehen. Sitze, stehe oder schlafe ich in diesem Bereich, wird meinem Energiekörper Lebenskraft entzogen, ich werde müde und auf lange Sicht trocknen die Organe, wie die Chinesen sagen, energetisch aus. Körper - Seele - Geist leiden. Stelle ich aber in den gleichen Bereich eine kraftvolle Pflanze, ein Kinderbild oder ein spirituelles Bild, wird die gleiche Situation aktiv, d.h. Kraft gebend und spirituell erhöhend. "Mutter Erde" ist nicht grundsätzlich "geo-pathologisch", genauso wenig wie ein neuer Erdenbürger grundsätzlich böse auf die Welt kommt (wie manche christliche Sekten dies behaupten). Nur wenn der Mensch aus Unwissenheit die Kraftlinien durch unedles und ungeerdetes Metall in Kraft nehmende Bahnen verwandelt, dann und nur dann sind sie "krankmachend".

Wenn ich heutzutage in eine Bauernstube oder in die Küche einer jungen Familie mit Kindern komme, gibt es keine "negativen Wasseradern im Raum", weil die Menschen intuitiv den Raum mit kraftvollen Zimmerpflanzen, Heiligenbildern oder mit den von Ihren Kindern gemalten Bildern geschmückt und somit einen eigenen Kraftraum geschaffen haben, dank eines inneren Wissens, das sich sozusagen selbst manifestiert.

Die großen Baumeister der Gotik und Romanik bis hin zur Renaissance waren eingeweiht in ein "esoterisches" Wissen über die

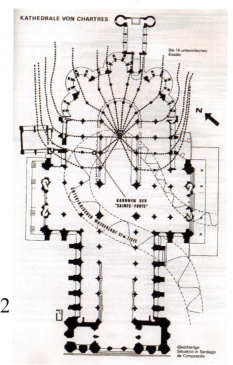

Kunst des Bauens, der Wahl von Bauplätzen etc. Sie ließen z.B. künst-liche Kanäle unter manchen Kathedralen anlegen, um die aktiven Kräfte des Platzes zu verstärken (siehe Bau-plan der Kathedrale von Chartres). Unterhalb der Apsis sind in der Kathedrale von Chartres 14 Kanäle an-gelegt. Innerhalb der Apsis stehen darüber Säulen mit Kunstwerk-en. In Chartres die 12 Apostel, Maria und der „Sohn" Jesu. Sie sind alle zum Altar hin ausgerichtet. Diese Statuen dienen somit als Energievermittler/-verstärker auf den Mittelpunkt, den Altar hin, wo alle Kanäle zusammenliefen und noch von einer Terre Serpent, also einer Kraftschlange aus der keltischen Tradition unterstützt wurde Dadurch wird im Abendmahl die heilige Wandlung der Oblate zur Hostie sozusagen erdenergetisch unterstützt. Der Priester, der im Kraftfeld des auf den Altar hin fokussierten Energiestroms steht, "verwandelt" im Gedenken der Worte Jesu beim letzten Abendmahl die Oblate zur Hostie, "zum Leib Christi". Das war der wahre Sinn des „Leib Christi".

So wie wir heute zum Homöopathen gehen, so ging man früher zur Eucharistie und bekam eine Kraftpille. Leider sind die Altäre heute umgestellt (Volksaltar), die Liturgie ist von Latein auf Deutsch übertragen (also keine mantrische Kraftübertragung mehr), der Priester steht unwissend nicht mehr im Kraftfeld, das ihn läutern und den Prozess verändern könnte. Fritjof Capra, der berühmte österreichische Quantenphysiker meint, dass das ein wichtiger Mitgrund ist, warum heutzutage die Kirchen immer leerer werden.

Damit ist der Radiästhesie der Zahn gezogen und ein Bettverschieben wird hinfällig.

Ereignisstrahlung

Was private Lebensräume hauptsächlich belastet, und das macht ungefähr 80% aller raumenergetischen Probleme aus, ist etwas, das im Orient, aber auch bei den Indianern und Afrikanern gleichermaßen bekannt ist: Es sind die energetischen Verschmutzungen durch Gedankenformen. Jedes Ereignis lässt seine Spur zurück. Wenn jemand flucht, jemanden anderen verleumdet oder verletzt, wenn jemand an einer leidvollen Krankheit leidet, wenn aber auch jemand meditiert, Yoga macht oder körperliche Übungen, also bei all diesen Ereignissen, kann man von einem Transformationsprozess sprechen. Dabei wird Lebensenergie verbraucht und am Ort des Ereignisses entsteht eine energetische Lücke. Diese verharrt dort "quasi ewig". Das kann auch schon Jahre vor dem Bau des jeweiligen Hauses, just am Ort des Baues geschehen sein und geht dann als energetische Mangelerscheinung, wie ein schwarzes Loch ins Haus über. Dieser Prozess passiert z.B.

immer bei einem Menschen, der teleologisch denkt, was die neues Kinder intuitiv machen. Es gibt dadurch ein Paradox, das ich in meiner Arbeit entdeckt habe:

> **Je reifer ein Mensch ist, desto dichter (leerer) ist sein Haus und analog dazu desto belasteter sein Körper.**

Die größten Belastungen im Haus werden durch die Bewohner selbst geschaffen, bzw. vorhandene Mangelerscheinungen werden von ihnen verstärkt, wenn sie sich ihrer nicht bewusst werden. Diesen energetischen Löchern kann man nicht ausweichen, man kann sie aber auflösen. Im Orient macht man dies seit Jahrtausenden mit Rauch (Räucherstäbchen, Weihrauch, Salbei etc. in den Rau(Rauch)nächten). Diese Formen haben aber heute seit der Sonnenfinsternis 1999 ihre Wirkung verloren (sie sind nicht mehr ausreichend in ihrer Effektivität), da sich die Energie der Erde seit der Sonnenfinsternis verändert hat und ihre Reinigungswirkung nicht mehr ausreichen. Ich arbeite mit der Kraft einer Aromatherapie-Mischung, die in einem speziellen, alchemistischen Verfahren hergestellt wird. Mit feinstofflicher Kraft wird der Raum mit Hilfe einer Aromalampe stufenweise von allen "Ereignis-Löchern" befreit und die Raumenergie wird der Ausstrahlungsenergie (dem Gemüt) des Menschen, der im Raum lebt, wohnt und arbeitet, angepasst.

> Raumlehren für unsere Zeit

Nachdem Marcus Vitruvius am Anfang unserer Zeitrechnung (50 nach Christus) sein Architekturwerk „Ars architectura – Zehn Bücher über Architektur" geschrieben hatte, wurde dieses Werk über Jahrhunderte von bestimmten Zünften als Geheimbuch zum Bau jedes Bauwerks, ob sakraler oder profaner Natur, genutzt. In der Renaissance hat dann einer der Medici dieses Buch in Florenz entdeckt und veröffentlicht, wodurch die Epoche nachhaltig geprägt wurde. Alle Bauten der romanischen, gotischen und später Renaissance-Architektur in Europa haben Vitruvius Lehrbuch als Grundlage gehabt.

Der Einfluss der Lehren dieses Buches erstreckt sich bis in unsere heutige Zeit. Feng-Shui ist ein Maßsystem und eine Raum-Lehre, die sich auf den Taoismus bezieht. Sie hat die „Knochenlänge" und „Körperstruktur" der taoistischen Chinesen als Maßgrundlage und funktioniert deshalb ausschließlich in dieser Kultur. In Österreich funktioniert es laut kinesiologischer Untersuchung nur bei ca. 11% der österreichischen Bevölkerung, nämlich nur bei Waage-Aszendent-Menschen. Unsere Knochen und unsere europäische Körperstruktur sind „indogermanischer" Natur, somit sind wir mit dem indogermanischen Kulturkreis verbunden.

Jetzt kommt der Clou: Das Buch von Vitruv ist die wörtliche Übersetzung eines „Vastu" Buches, der Raumlehre der Ayurveda, der alten indogermanischen, indischen Heilslehre, die Grundlage des Feng Shui und anderer ostasiatischer Raumlehren ist.

Kritische Masse

Im Sommer 1987 hat die Erde begonnen, ihre Energie zu verändern und anzuheben. Am 11.8.1999 hat die Erde ihre kritischen Masse erreicht, einen bestimmten Wert, der eine Wechselwirkung mit der ganzen Menschheit bewirkt und somit alle Menschen für eine neue Bewusstseinsebene geöffnet. Das Wassermannzeitalter, astronomisch mit dem Jahre 1961, hat somit auch energetisch begonnen.

Was bedeutet das für den Einzelnen?

Die Energien jedes Individuums auf dem Globus werden gewissermaßen beschleunigt. Jeder Mensch wird nach innen geführt und aufgefordert, seine männliche wie auch seine weibliche Seite ins Gleichgewicht zu bringen und seine Natürlichkeit und Lebendigkeit zu befreien. Alles, was nicht stimmig ist, wird offenbar; alles, was einseitig ist, ausgeglichen; alles, was nicht will, keine Veränderungen zulässt, muss gehen. Alte Systeme brechen zusammen; Macht verliert, Herz gewinnt. Alle Menschen kommen in einen spirituellen Strudel und ihr Leben wird spirituell, ohne oft zu wissen, was mit ihnen passiert. Diese Ent-Wickelung führt dazu, dass wir alle die Chance bekommen haben, unser Bewusstsein als Teil des Christusbewusstseins zu erleben (die 4. Dimension, die Herz-Ebene). Bis vor kurzem gab es nur wenige Menschen, (meist waren es Kinder), die die Reifegrenze, die Ebene der kritischen Masse (Reife = Vitalität, Lebendigkeit, Lebenskraft, Intellektualität), erreicht haben. Seit dem Zeitpunkt der Sonnenfinsternis am 11.8.1999 steht der gesamten Menschheit dieser Reifezustand offen. Sobald Mann/Frau/Kind sich der kritischen Masse nähern (die innere Reife, der energetische Durchschnitt der Chakren-Ebenen erreicht die Energieebene von 17500 Biometer nach Bovis), wird das magische wie mystische Potential des Menschen beschleunigt und etabliert sich im Raum, im Körper und im Leben des Einzelnen. Unser mystisches Potential entspricht unserem Bewusstsein, unserem inneren Wissen und unserer „Wiedererinnerung" und breitet sich als Ausstrahlung oder Gemüt im Raum aus. Unsere magische Energie entspricht als Unbewusstsein den Giftstoffen im Körper und hat analog zum Lebensraum eine Verdichtung der Wohnräume zur Folge, die als Entwicklungsspuren unseren Lebensraum erfüllt und unsere karmische Situation reflektiert.

Sobald wir den Zustand der kritischen Masse integriert haben, werden wir für innere Prozesse sensibel und unser Körper beginnt einen Entschlackungsprozess (der Giftstoffe = Unbewusstheiten).

Da der Raum aber auf Grund der Entwicklungsspuren immer dichter wird, (unser Gemüt findet nicht die ihm entsprechende Atmosphäre - es ist un-gemüt-lich), kann sich der Körper nicht entgiften, da er die Giftstoffe im Körper als Mauer gegen die Belastungen im Lebensraum braucht. (Paradox: Je „reifer" ein Mensch, desto belasteter ist sein Körper = Lebensraum.) Mann/Frau/Kind werden manchmal plötzlich müde, kommen schwer und unausgeruht aus dem Bett, sind ewig „raunzig" und chronische Krankheiten wie Neurodermitis, Allergien, Hyperaktivität, Candida-Pilz-Vergiftung usw. sind an der Tagesordnung..

Den ersten Menschen mit der Reifeenergie der kritischen Masse von 17500 BME habe ich 1993 in Wien erlebt, er war einer von 5000. Nach 9/11 waren es jeder 500ste, der „kritische Masse" erreicht *hat, meistens waren es Kinder. Heute, im Herbst 2011, hat jeder dritte Mensch auf der Straße „graue Augen!"*

Heil-Raum-Gestaltung

Hier setzt meine Arbeit der ganzheitlichen Radiästhesie ein. Wir klären auf; erklären, dass Krankheit ein Zeichen von Reife ist; bilden den Menschen aus, seinen Raum, seinen Körper und sein Leben zu energetisieren und helfen ihm, sich von den Giften in Körper, Seele und Geist zu befreien.

Arbeitsweise

Mit Hilfe der Heil-Raum-Gestaltung wird kein Bett verschoben, sondern die Raumatmosphäre "erklärt" und die energetische Raumsituation bestimmt. Wir bilden die Bewohner aus, selbständig die Atmosphäre im Haus zu reinigen, zu halten und zu entwickeln. Durch einige elektrobiologische Maßnahmen, durch Hinweise auf Ernährung, Gedanken- und Gefühlsausgleich und anderes mehr, wird die Energetisierung der Lebens-Räume unterstützt. Durch die Bestimmung der energetischen Struktur der Bewohner wird das Energiefeld des Schlafplatzes verstanden, geklärt und ausgeglichen. Mit Einsatz der von uns entwickelten Trinkwasserenergetisierung wird der Reinigungsprozess von Raum-Körper-Leben vertieft. Dieser Prozess wird vom Team der Lebens- Werkstatt begleitet, bis die Reinigung vollzogen ist und der Mensch gelernt hat, selbständig die Atmosphäre von Innen und Außen ausgleichen zu können. Wir haben mit diesen Methoden schon viele Probleme zufrieden stellend gelöst und Menschen in ihrer Entwicklung geholfen.

So und jetzt die Wirklichkeit:
Mehr als 25 % aller Österreicher haben die kritische Masse erreicht, davon sind 89% Kinder = neues Kinder, also ca. 1,6 Millionen Kinder, die schlecht schlafen, nie ausgeschlafen und ewig raunzig sind, sich nicht

entspannen können, nie verstanden werden und in Gefahr sind, ein psychischer Fall zu werden.

Verstehen Sie jetzt also, warum ich Sie so lange auf die Folter gespannt habe?

Ein neues Kind ist erst ein neues Kind, wenn die Eltern, Erwachsenen und Erzieher wissen, was ein neues Kind ist, es respektieren und dafür sorgen, dass es sorgenfrei wachsen kann.

Beobachtungen: *Graue Augen*

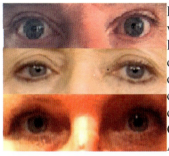

Bitte beobachten Sie Ihre Kids. Auch wenn Sie selber nicht die „Leere" des Raumes spüren, so können die Kinder doch schon leiden und brauchen deshalb die *Heil-Raum-Gestaltung*. Schauen Sie, ob sie graue Augen haben, das zeigt, dass ihr Körper nicht entgiften kann. Die Gerbsäure im Blut macht das Weiß der Augen grau. Wenn die Kinder unaufmerksam sind, sich nicht konzentrieren können, immer unruhig und unrund sind, wenn sie nicht in ihrem Bett schlafen wollen oder von unangenehmen Dingen träumen, wenn sie nicht aus dem Bett kommen und übernächtigt sind, obwohl sie mehr als sonst schlafen, wenn sie raunzig und wehleidig sind, dann haben sie die „kritische Masse" erreicht und ihr Schlafplatz entspricht nicht mehr ihrem Gemüt. Rufen Sie uns an und lassen Sie sich beraten (Tel. 0043/ (0)650/ 43 40 845).

Wenn ein Arzt Ihrem Kind wegen der oben beschriebenen Symptome eine Medizin geben will, dann hat das keinen Zweck, da die Kinder in einer belastenden Atmosphäre schlafen und ihr Körper die Medizin nicht aufnehmen kann.

Beispiele

Vor Jahren war ich bei einer Familie in Zwettl eingeladen. Sie hatten zwei Mädchen, die waren eineinhalb und zweieinhalb Jahre alt und tobten durch das Haus. Meine Erklärungen wurden immer wieder unterbrochen. Sie hatten noch nie einen Mittagsschlaf gemacht, obwohl man weiß, dass Kinder üblicherweise bis zum 6. Lebensjahr nach dem Essen meist müde werden. Da das Haus groß war, brauchte ich über eine Stunde, um die Elektrobiologie im Haus zu eichen. Plötzlich, unerwartet und ohne Vorbereitung und Ankündigung wurden die „Monster" müde und schliefen vor uns auf der Ledergarnitur ein. Die Mutter, die schon am Ende ihrer Kräfte war, war so perplex, dass sie mich zu einem *Martini* einlud, den wir in aller Stille einnahmen. Eine halbe Stunde später kam der Vater nach Hause und die Kids schliefen immer noch. Ich konnte meine Erklärungen in Ruhe abschließen und die Eltern waren glücklich. Drei Wochen später rief mich der Vater an und sagte, dass die Kinder unruhig schlafen. Die Putzfrau war nicht eingeweiht worden und steckte nach einer Reinigungsarbeit den Videorecorder falsch ein. Ich fand mit meiner Wünschelrute schnell das Problem und die Monster schliefen wieder tagsüber Ihren Mittagsschlaf und nachts.

Veränderungen

Wenn die Atmosphäre gereinigt wird, verwandeln sich schwarze, gepiercte Pubertierende mit *Marilyn-Manson-Leiberl* und *Fuck-off*-Haltung in angenehme, freundliche Wohngemeinschafts-Mitglieder, die rücksichtsvoll sind, und plötzlich, weil sie es nicht mehr brauchen, ihre *Dreads* auflösen oder stundenlang über ihre Beziehungskiste und Gefühle (anfangen zu) sprechen, obwohl Mutter/Vater zehn Jahre gedacht haben, sie sprechen nicht mit Erwachsenen. Es ist manchmal unglaublich, was passiert, wenn die Kinder von Spannung und schlechter Atmosphäre befreit sind und natürliche, freundliche Mitbewohner werden (können).
Bitte beobachten Sie Ihre Kinder. Wenn ihre Augen **grau** sind, weil der Körper nicht richtig entgiften kann, und die Gerbsäure im Blut **das Weiß der Augen grau** macht, wenn sie nicht mehr in ihrem Bett einschlafen wollen, wenn sie morgens nicht aus dem Bett kommen und nach normalem Schlaf immer noch müde sind, wenn sie unaufmerksam sind und sich nicht konzentrieren können, wenn sie

keine Ruhe finden und fahrig sind, dann ist ihr Schlafplatz belastet und die Atmosphäre entspricht nicht ihrem Gemüt. Über diese Phänomene ist meines Erachtens noch nie geschrieben worden. Deshalb ist es wichtig, diese Informationen über das Verhalten der Kinder und sensibler Erwachsener weiter zu geben. Ich hoffe, dass ich mit diesen Erläuterungen genug Einsicht für die energetische Situation von neues Kindern geben konnte.

Ich fasse also nochmals zusammen:

Zusammenfassung:

Kennen Sie diese Fragen?:
Warum ist mein Kind so aufgedreht ?
Warum schläft mein Kind so unruhig und keine Nacht mehr durch?
Warum bin ich oft so müde und es ist mir in der letzten Zeit oft alles zu viel?
Warum fühle ich mich so komisch in letzter Zeit?
Warum kann ich so schwer entspannen und bin ständig unter Strom?"
Warum finde ich selbst zu Hause keine Ruhe mehr?
Warum kann ich so schwer einschlafen und komme so schwer aus dem Bett ?
Warum wird die zwischenmenschliche Kommunikation immer schwieriger und in unserer Beziehung sind immer öfters ungeklärte Spannungen?
Warum bin ich immer öfters unzufriedener mit meinem Job?

Wenn wir bisher so eine Situation einmal erlebt haben, dann gab es eine Pulverl oder am nächsten Tag war wieder alles in Ordnung. Doch jetzt werden die Situationen täglich schlimmer; wer denkt da nicht gleich an Krankheit, Unglück oder Missgeschick.
Was ist aber, wenn ich Ihnen sage, dass das alles etwas mit Ihrer spirituellen Reife oder besser gesagt, spirituellen Entwickelung zu

tun hat? Also mit dem genauen Gegenteil von Krankheit, Unglück und Missgeschick!

Jetzt ist der Begriff : Spiritualität, spirituelle Reife oder spirituelle Entwickelung von der ESO Bewegung genauso wie der Begriff: Liebe von der PIPA Werbung besetzt, verkauft und verhunzt worden, sodass wir schon auf beide Ohren taub sind, wenn jemand von Spiritualität spricht.

Und doch passiert gerade etwas , hier auf der Erde, das Sie ganz konkret selber erfahren, gerade jetzt, und deshalb haben Sie und nicht Ihre Nachbarin diese Schwierigkeiten!?! (die Nachbarin vielleicht erst später, dann werden Sie Ihr aber helfen können, weil Sie dann einen Schritt oder mehrere weiter sind. (!))

Geschichtliche Tatsachen:

Ein neues Zeitalter

Wie der Mond sich um die Erde, die Erde sich um die Sonne, so dreht sich das gesamte Sonnensystem um einen Zentralpunkt. Der elliptische Umlauf des Sonnensystems um sein Zentrum dauert genau 25.920 Jahre, also 12 mal 2160 Jahre. Wenn man in Europa am 21. März bei Sonnenaufgang in die Sonne schaut, so verweilt genau hinter der Sonne ein Sternzeichen 2160 Jahre lang. Nach diesem Sternzeichen wird das Zeitalter benannt, in dessen Signatur sich die Erde in dieser Zeit entwickelt. Im Jahre 1961 ist laut Arnold Keyserling, dem berühmten Wiener Astrologen und New-Age-Philosophen, astronomisch der Frühlingspunkt vom Zeichen Fisch ins Zeichen Wassermann getreten. Die Aufbruchstimmung in den 60iger Jahren war eine unmittelbare Reaktion auf die neue Zeit, die sich in der Hippie-Bewegung ausdrückte und durch das Musical „Hair" bekannt wurde. Mit dem Ende des Fischzeitalters ist aber nicht nur ein neues Zeitalter angebrochen. Mit dem Beginn des Wassermann-Zeitalters hat die Sonne einen vollständigen Umlauf beendet und der ganze Kosmos wandelt sich. Mit dem Jahre 1987 begann sich die Energie der Erde anzuheben und mit der Sonnenfinsternis am 8.9.1999 hat das Wassermann - Zeitalter energetisch begonnen. Es ist aber nicht nur ein Zeitalter zu Ende gegangen, mit Beginn des Wassermann-Zeitalters ist auch ein großer

Zyklus von ca. 26.000 Jahren beendet worden und der ganze Kosmos verändert sich. Wir haben auch das Ende des Maya-Kalenders erreicht, und der Anstieg der Sonnenwinde, der von Wissenschaftlern wie Dieter Broers schon seit Jahren beobachtet wird, leitet eine globale und auch kosmische Neuzeit ein.

Was bedeutet das für uns?

Die Energien jedes Individuums auf dem Globus werden gewissermaßen beschleunigt. Jeder Mensch wird nach innen geführt und aufgefordert, seine männliche wie auch seine weibliche Seite ins Gleichgewicht zu bringen und seine Natürlichkeit und Lebendigkeit zu befreien. Alles, was nicht stimmig ist, wird offenbar; alles, was einseitig ist, ausgeglichen; alles, was nicht will, keine Veränderungen zulässt, muss gehen. Alte Systeme brechen zusammen; Macht verliert, Herz gewinnt. Diese Ent-wickelung führt dazu, dass wir alle die Chance bekommen haben, unser Bewusstsein als Teil des Kosmischen Bewusstseins zu erleben, (die 4. Dimension, die Herz-Ebene).
Und wenn es Ihnen nicht gut geht, dann ist das das sichere Zeichen, dass Ihr Seelenbewusstsein schon sensibilisiert ist und sich auf die Veränderung einstellt und der Prozess der Umwandlung bei Ihnen gerade begonnen hat. Warum? Jeder Mensch, der sich auf die neue Zeit einlassen will, bewusst oder noch unbewusst, vollzieht den Prozess des „HABEN WOLLEN zum GEBEN-KÖNNEN", einer globalen Pubertätsbeendigung. Dabei beginnt er in seiner Umgebung seine Bestimmungskraft zu leben und transformiert ständig belastenden Gefühle, altes Denken, alte Strukturen und alte Gewohnheiten.

Transformationsprozesse

Dabei nimmt er ständig alte Energien auf, die er in seinem Schlaf- und Wohnbereich wieder loswerden muss. Bei diesem Verwandlungsprozess, der meist in der Nacht stattfindet, wird seine Lebens-Energie aufgebraucht und er erreicht dabei eine kritische Masse, die zu erreichen die Voraussetzung ist, die nächste Stufe der

Evolution zu erlangen. In allen Märchen und Legenden muss der Held immer erst über den Styx, den Fluss der Unterwelt rudern, bevor er sein Ziel erlangt.

Ein energetischer Erklärungsversuch

Bis vor kurzem gab es nur wenige Menschen, (meist waren es Kinder), die die Reifegrenze, die Ebene der Kritischen Masse (Reife = Vitalität, Lebendigkeit, Lebenskraft # Intellektualität) erreicht haben. Seit dem Zeitpunkt der Sonnenfinsternis am 9.8.1999, (verstärkt in den letzten Monaten), steht der gesamten Menschheit dieser Reifezustand offen. Sobald Mann/Frau/Kind sich der kritischen Masse nähern (die innere Reife, der energetische Durchschnitt der Chakren-Ebenen, erreicht die Energieebene von 17500 Biometer nach Bovis) wird das magische wie mystische Potential des Menschen beschleunigt und etabliert sich im Raum, im Körper und im Leben des Einzelnen. Unser mystisches Potential entspricht unserem Bewusstsein, unserem inneren Wissen und unserer „ Wiedererinnerung" und breitet sich als Ausstrahlung oder Gemüt im Raum aus. Unsere magische Energie entspricht als Unbewusstsein den Giftstoffen im Körper und hat analog zum Lebensraum eine Verdichtung der Wohnräume zur Folge, die als Entwicklungsspuren unseren Lebensraum erfüllt und unsere karmische Situation reflektiert. Sobald wir den Zustand der kritischen Masse erreicht haben, werden wir für innere Prozesse sensibel und unser Körper beginnt einen Entschlackungsprozess (der Giftstoffe = Unbewusstheiten). Da der Raum aber auf Grund der Entwicklungsspuren immer dichter wird,(unser Gemüt findet nicht die ihm entsprechende Atmosphäre - es ist un-gemüt-lich), kann der Körper sich nicht entgiften, da er die Giftstoffe im Körper als Mauer gegen die Belastungen im Lebensraum braucht. (Paradox: Je „reifer" ein Mensch, desto belasteter ist sein Körper = Lebensraum.) Mann/Frau/Kind werden manchmal plötzlich müde, kommen schwer und unausgeruht aus dem Bett, sind cwig raunzig und chronische

Krankheiten wie Neurodermitis, Allergien, Hyperaktivität, Kandida-Pilz-Vergiftung usw. sind an der Tagesordnung..

Beobachtungen: Graue Augen

Bitte beobachten Sie Ihre Kids. Auch wenn Sie selber nicht die „Leere" des Raumes spüren, so können die Kinder doch schon leiden und brauchen deshalb die Heil-Raum-Gestaltung. Schauen Sie, ob sie graue Augen haben, das zeigt, dass ihr Körper nicht entgiften kann. Die Gerbsäure im Blut macht das Weiß der Augen grau.

Lösungsangebot

Es geht um die Auflösung von falschen Vorstellungen, alten Glaubenssätzen, einseitigen Denkstrukturen usw., die als Giftstoffe unseren Körper belasten und einfach befreit werden sollen. Dafür ist die Heil-Raum-Gestaltung geschaffen worden

Heil-Raum-Gestaltung in Anwendung

Engel der Mutter Erde

In meine Ausbildung als Wünschelrutengänger vor mehr als 20 Jahren, sprachen meine Lehrer von den krankmachenden Wasseradern und gaben mir eine negative Vorstellung von den Kräften von Mutter Erde, was uns Wünschelrutengänger zu Bettenverschiebern macht. Diese Auffassung war für mich nicht stimmig. Ich begann, mich mit dem alten Wissen der Essener, der Sufis und Templer zu befassen. Im „Friedensevangelien der Essener", wo Jesus von den "Engeln der Mutter Erde" spricht, fand ich eine erweiterten Vorstellung und Sichtweise für den Umgang mit Wasserader, Erdstrahlen und Kraftlinien.

Die Erdstrahlen und Kraftlinien der Erde sind neutrale Kräfte.

Jeder Gegenstand z.B. im Schlafbereich tritt in Resonanz mit den Kraftlinien des Erde. Unedles, ungeerdetes Metall schafft eine beschleunigte Situation. Warum ist das so? Metall wird in der Siganturenlehre dem Mars zugeordnet, der mit seiner Kraft puschend und verändern wirkt. Sitze, stehe und schlafe ich in diesem Bereich, wird mein Energiekörper stark beschleunigt, ich werde in meinem Nichtwissen der Situation belastet, und kann mich nicht entspannen, wodurch Körper - Seele - Geist auf lange Sicht leiden. Stelle ich aber in den gleichen Bereich eine kraftvolle Pflanze, ein von Kinderhand gemaltes Bild oder ein spirituelles Symbol, wie das die Templer im gotischen Kathedralenbau durch Heiligenbilder taten, die sie über Wasserkanäle errichteten, so wird die gleiche Situation beruhigt, d.h. sie wird kraftgebend und wirkt spirituell erhöhend. "Mutter Erde" ist also nicht grundsätzlich "geo-pathologisch". Nur wenn der Mensch aus Unwissenheit die Kraftlinien durch unedles und ungeerdetes Metall in unbewusst beschleunigte Bahnen verwandelt, dann und nur dann sind sie "krankmachend". (Meine Naturkraftmöbel ohne Metallverbindungen, die nach der Signatur der Bewohner im goldenen Schnitt gefertigt sind, erfüllen diese Gesetzmäßigkeit und schaffen einen erholsamen Schlaf.)

Ereignisstrahlung

Doch das reichte noch nicht. Auch wenn Wasseradern im Raum ausgeglichen waren, so stellte ich immer wieder fest, dass die Atmosphäre eines Raumes „ungemütlich" war. So forschte ich weiter und fand bei den Sufis eine Erklärung:
Was private Lebensräume hauptsächlich belastet, und das macht ungefähr 80% aller raumenergetischen Probleme aus, ist etwas, das wie gesagt im Orient, aber auch bei den Indianern und Afrikanern gleichermaßen bekannt ist: Es sind die energetischen Verschmutzungen durch Gedankenformen. Jedes Ereignis lässt seine Spur zurück. Wenn jemand flucht, jemanden anderen verleumdet oder verletzt, wenn jemand an einer leidvollen Krankheit leidet,

wenn jemand meditiert, Yoga macht oder körperliche Übungen, also bei all diesen Ereignissen kann man von einem Transformationsprozess sprechen. Dabei wird Lebens-Energie verbraucht und es entsteht am Ort des Ereignisses eine energetische Lücke. Diesen energetischen Löchern kann man nicht ausweichen, man kann sie aber auflösen. Im Orient macht man das seit Jahrtausenden mit Rauch (Räucherstäbchen, Weichrauch, Salbei etc. in den Rauhe(Rauch)nächten). Diese Formen haben heute seit Beginn des Wassermann-Zeitalter ihre Wirkung verloren , da sich die Energie der Erde verändert hat und ihre Reinigungs-Wirkung nicht mehr ausreicht. Ich habe deshalb eine alte Methode des Sufis in eine neue Form gebracht.
Mit der Kraft einer Aromatherapie-Mischung, die in einem speziellen, alchemistischen Verfahren hergestellt wird, kann der Raum mit Hilfe einer Aromalampe stufenweise von allen "Ereignis-Löchern" befreit werden. Dabei werden nach altem Gesetz alle Elemente wie Feuer, Wasser, Erde und Luft eingesetzt.

Elektro-Biologie

Doch das reichte immer noch nicht. Bedingt durch meine radiästhetischen Messungen in den Wohnungen, spürte ich immer noch etwas, das die Lebens-Energie am Wohnplatz beeinflusste und vor allem die Verbindung zu den Kraftlinien der Erde blockierte.
Ich fand bald heraus, das durch die Elektrogeräte im Haus eine belastende Resonanz mit den Bewohnern entsteht, wenn sie nicht geeicht sind. Diese Wissen ist auch der Industrie schon seit 2002 bekannt, die durch eine ISO-Zertifizierung die Stecker einheitlich genormt haben.

„Wer ausstrahlt, kann nicht eingestrahlt werden"(Zitat Mellie Uyldert)

Durch diese neue, ganzheitliche Radiästhesie wird eine Wohnsituation geschaffen, die ein geheimes Gesetz der alten Weisheiten erweitert. Nicht der Edelstein, das Heilkraut oder eine alchemistische Tinktur ist Träger der höchsten Lebens-Energie auf

Erden, nein es ist der Mensch und seine Reifekraft, was somit auch die Lebens-Energie in seinem Haus bestimmt. Wird das Haus von inneren Belastungen, wie es die HRG erfüllt, befreit, dann wird der Wohnplatz zum Kraft- und Schutzraum, der Erholung, Entspannung aber auch Veränderungen möglich macht.

Dienstleistung

Unsere Arbeit wird in drei verschiedenen Formen vermittelt.
Einzelbesuch: Sie laden einen Lebens-Werkstatt-Berater ein, er richtet Ihnen die Elektrobiologie ein, bildet Sie aus und vermittelt Ihnen die Werkzeuge und erklärt die Reinigungsprozesse. Er begleitet sie solange, bis Sie selbständig diese Arbeit in Ihrem Wohn- und Arbeitsbereich machen können.

Workshop: Sie laden Ihre Freunde, Kunden und Bekannten ein und ein Lebens-Werkstatt-Berater bildet Sie in einem Tagesworkshop aus, die HRG selbständig zu machen. Der Einlader bekommt die HRG gratis!

Do-it-Your-Self: Sie folgen den unten angegebenen Anweisungen zur Einrichtung der Elektro-Biologie, und machen diesen Prozess selber. Wenn Sie mit der Elektro-Biologie fertig sind, schicken wir Ihnen die Werkzeuge mit genauer Erklärung per Post und begleite Sie bei Fragen über Tel. oder skype.

Do-it-Your-Self

Hier zeigen wir Ihnen jetzt die Einrichtung der Elektrobiologie! Diesen Schritt können Sie selber machen, folgen Sie einfach nur den Anweisungen.

Die Einrichtung der Elektrobiologie

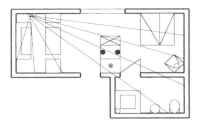

Ein falsch eingestecktes Elektrogerät strahlt punktförmig durch die ganze Wohnung, durch alle Räume, endet aber an der Wohnungs-Wand zum Nachbarn oder an der Außenwand des Hauses. Die Elektrostrahlung steht somit mit dem Bewohner und seinem Energie-körper in Verbindung. Es gibt also so etwas wie eine *Gemütsenergie*, die vom Bewohner ausgeht, sich

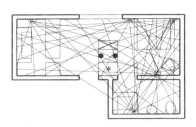

in seinen Wohnräumen ausbreitet und mit den Elektrogeräten in Kommunikation steht.

Viele Elektrogeräte im Haus schaffen ein künstliches Strahlungschaos, so dass dann im Schlafbereich viele Strahlungsfelder durch unser Bett strahlen.

Was brauchen wir dafür?
Einen Phasenprüfer und im gegebenen Fall ein Pendel oder einen Biotensor!

Mit dem Phasenprüfer überprüfen wir <u>alle</u> Steckdosen im Haus. Er leuchtet, wenn er am Metallkontakt (hinten) gehalten die Phase berührt.

Steck-Dosen-kennzeichnung

Das nennen wir eine richtige Schaltung, hier ist die Phase auf der linken Seite und der Nullleiter auf der rechten Seite. Hier kennzeichnen Sie mit einem Lackstift einen schwarzen Punkt als Kennzeichnung oberhalb des Null-leiters, rechts oben

Das nennen wir eine falsche Schaltung, hier ist die Phase auf der Rechten Seite und der Nullleiter auf der linken Seite. Hier kennzeichnen Sie mit einem Lackstift einen schwarzen Punkt als Kennzeichnung unterhalb des Null-leiters, links unten.

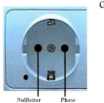

So werden alle Steckdosen im Haus gekenn-zeichnet.

Die Elektro-Stecker-Kennzeichnung

Es gibt gekennzeichnete Stecker und ungekennzeichnete. Seit ca. 1996 werden zweipolige Stecker mit einer Norm festgelegt. Auf der Innenseite der Stecker, da wo die Stifte heraustreten, gibt es eine Schrift mit verschiedenen Zeichen.
Diese Schrift ist aufrecht, wenn sie richtig eingesteckt wird. bei einer „richtigen Schaltung siehtdas dann so aus.

Kennzeichnen Sie dann auf dem Stecker oberhalb des Nullstiftes einen Punkt mit einem Lackstift. Gehen Sie immer von der Schrift

aus, die auf der Innenfläche des Steckers steht. Wenn jetzt eine Steckdose eine richtige Schaltung hat, darf die Schrift nicht auf dem Kopf stehen, wenn der Stecker eingesteckt ist Durch die Kennzeichnung werden dann die Stecker so einge-steckt,
dass, immer Punkt zu Punkt steht, auf Stecker und Dose. (Somit ist gewährleistet, dass die Phase der Dose am Schalter des Elektrogerätes endet und keine Spannung auf der Stromspule steht, auch wenn das Gerät abgeschaltet ist. Das hat die punktförmige Strahlung des Elektrogerätes bewirkt und wird durch diese Kennzeichnung aufgelöst.)

Bitte beachten sie, dass manche Elektrogeräte (vor allem Radiogeräte) ein Netzkabel haben, das nicht fix am Gerät befestigt ist, sondern zusätzlich ins Gerät mit einer Buchse eingesteckt werden muss. Dabei ist es wichtig, den Netzkabelstecker auch zu kenn-zeichnen, links Phase, rechts Nullleiter, über dem ein Punkt angezeichnet wird.

Alte Stecker

Es kann sein, dass sie Elektrogeräte haben (z.B. Salzlampen, einfache Lampen, Kinderlampen), die keine Schrift auf der flachen Seite des Steckers haben. Dann nehmen Sie ein Pendel oder einen Biotensor und jemanden, der damit arbeiten kann, und lassen sie sich kinesiologisch den Stecker auspendeln oder bestimmen. Haben Sie niemanden, so können wir das auch für sie aus der Ferne her bestimmen, wenn Sie uns anrufen.

Abschluss

Wenn alle Stecker im Haus, die fix gesteckt sind, richtig Punkt zu Punkt eingesteckt werden, dann hebt sich jede Strahlung im Lebens-Bereich auf, was für den Menschen, der sensibel dafür ist, sofort spürbar wird. Entweder wird einem kurz schwindelig, oder man bekommt das Gefühl, dass der Raum um uns herum größer geworden ist. Tatsächlich wird das Gitternetz der Kraftlinien aktiv und der Mensch, auch wenn er im 5.Stock wohnt, verbindet sich mit den Kraftlinien der Erde.
Wenn Sie jetzt weiter gehen wollen, dann melden Sie sich bei uns, dann bekommen Sie auf Wunsch unser Werkzeug zur energethischen Raum-Reinigung zugesendet.

3. Ki – Pulsing - Metamorphosis©
von der Lebens-Werkstatt entwickelt.

Ich habe mit der *Ki-Pulsing-Metamorphosis© Therapie-Arbeit für Paare* eine Hilfe zur Selbsthilfe geschaffen, die den Wissenden zum Handelden und Heiler macht, der in der Liebe zwischen Mann und Fraue die Heilung dorthin zurückbringt, wo sie hingehört – eben in die **Heilarbeit zwischen Mann und Frau** zuhause in einem Kraftort mit Wellness-Wasser-Bad, Heil-Wasser zum besseren Entgiften und Enspannungsübungen, wie sie nur zu Hause in der Verbindung und Vereinigung von Geliebten passieren kann.

Hier eine kurze Zusammenfassung dieser Arbeit und Vorschau für die genauerer Beschreibung im zweiten und dritten Band meiner Forschungsarbeiten:

Auflösung von Behinderungen, Schienen und chronischen Blockierungen in Körper, Seele und Geist!

Ist Behinderung heilbar?
Als ich meine Stieftochter Ella-Nur vor über 22 Jahren das erste Mal traf, war sie hochgradig hörbehindert (ca. 94% Hörverlust auf dem einen und 86% Hörverlust auf dem anderen Ohr) und die Ärzte empfahlen mir, für sie eine Behindertenschule zu suchen.

Ihr Vater war verzweifelt, weil er ihr nicht helfen konnte und verließ deshalb die Familie. Als ich ihre Mutter kennenlernte, entschied ich mich dafür, mich um das Kind zu kümmern.

Ich hatte damals mein Studium an der WWU Münster abgebrochen, da ich keinen Sinn in einem akademischen Bildungsweg sah, und genug gelernt hatte, um weiter auf meinem Weg studieren zu können. Ich beendete mein Leben als Student und brach mein Leben in Deutschland ab. Ich wollte nach Indien gehen, wo ich mir Erleuchtung und Sinnhaftigkeit für meine Lebensbestimmung erhoffte. Doch ich war in Europa inkarniert und nicht in Indien, so mußte ich meinen Lebensweg hier führen und nicht im Orient.

Als ich aus Indien zurückkehrte, brachte ich eine Tambura mit. Ich wollte als Wandergeselle auf die Walz gehen und ging ins Waldviertel, um mich durch eine Fastenkur dafür vorzubereiten. Dann traf ich Ella-Nur und ihre Mutter wieder und verstand meine Auf-gabe.

An einem Frühlingsabend, Ella-Nur war schon müde, holte ich die Tambura hervor und sang Obertöne. Das ist ein Kehlgesang, wobei man durch eine bestimmte Stellung des Mundes den Rachenbereich vergrößert und durch singen von einzelnen Tönen Obertöne erzeugt, die durch die Resonanz der gesungenen Töne mit dem Körper entstehen. (Massive Attack haben das mit Ihrem Song "KarmaKoma" berühmt gemacht siehe http://www.youtube.com/watch?v=RbZPyWI0Wds).

Plötzlich riss Ella-Nur die Augen auf und war nicht mehr zu beruhigen. Von da ab hatte ich das Gefühl, dass sie nicht be-hindert ist, sondern nur die Ohren verschloss, um etwas nicht hören zu müssen.(?!)

Ich lernte von einer englischen Heilerin die Metamorphosenmassage nach St. John. Die Metamorphische Methode wurde von Robert St. John, einem Reflexzonentherapeuten, aus der Fußreflexzonen-Massage entwickelt. Am Abend saß ich an Ihrem Bett und massierte ihr die Füße, während sie einschlummerte. Es war schon still und meine innere Stimme wurde dann sehr laut und sagte,"mache dies und mache dass und das so lange!".

Am nächsten Tag wachte Ella-Nur auf und war verändert. Durch diese Arbeit reduzierte sich im Lauf der Zeit Ihr Hörverlust auf 14% auf beiden Ohren. Die Ärzte glaubten an ein Wunder, und auch ich verstand nicht, was ich da tat.

20 Jahre habe ich mich jetzt mit Behinderung auseinandergesetzt und herausgefunden, was und wie sie funktioniert. Nach einem Studium bei einem großen Heilslehrer habe ich endlich verstehen können, was ich damals gemacht habe. Ella-Nur hat sich in der Schwangerschaft einen akustischen Doppelschock geschaffen; das führte zu einem Doppeleinschlag in ihrem Gehirn, was zur Hörbehinderung führte. Dieser Doppel- Konflikt wurde vermutlich durch die Ultraschalluntersuchung ausgelöst, die sie 12 Mal bekommen hatte. Meine andere Tochter Laura hatte 6 Ultraschalluntersuchungen ohne physische Folgen, so hat sich Ella-Nur Ihre BE-Hinderung selbstgeschaffen auf Grund Ihrer Disposition im Leben.
Mit meiner Art der Massage, ich nenne sie Ki-Pulsing-Metamorphosis©, die auf eine konzentrierte Bearbeitung von einzelnen Punkten am Fuß basiert, aktiviere ich die Reflektionsfelder des Gehirns am Fuß und stimuliere somit die Hamerschen Herde im Kopf. Dadurch werden auf sanfte und langsame Art, UND vor allem gleichzeitig, die Doppel-Konflikte ins Bewußtsein zurück geholt, und mit dem ganzheitlichen Ansatz der Selbstverantwortung ("Alles ist guth, dass es ist, wie es ist!" und "Warum habe ich mir das geschaffen, was sollte ich damit verstehen und erkennen und aufgeben, um damit meine Aufgabe im Leben zu erkennnen?") mit Hilfe der "Vulkanübung "ausgesprochen. Diese Arbeit sollte unter Partneren oder Verwandten des Klienten passieren, da die Aktivierung der Punkte am Fuß und der HH im Kopf zeitlich auseinander fallen. Wenn aber die Erinnerungen und Gefühle hochkommen, dann sollte der "Vulkanpartner" in der Nähe sein, um den Klienten zu unterstützen, seine Erinnerungen, Gefühle, Selbst-Erkenntnisse und Auf-gaben zu integrieren und somit die HH undd „Schienen" aufzulösen. (Wenn die Dämonen erwachen, sollten sie wie "Rumpelstilzchen " sofort ausgesprochen werden, um damit aufgelöst zu werden, sonst gehen Sie wieder schlafen ; somit ist diese Arbeit keine Arbeit zwischen Therapeut und Klient, da der Klient meist erst, wenn er wieder zu Hause ist, in seine Erinnerung fällt und dann der Therapeut nicht mehr anwesend ist, um zu helfen, die "Dämonen" aufzulösen).

Da es aber nicht nur schwerwiegende Konflikte gibt, die zu einer "schizophrener Konstellation " führt, sondern auch schon leichte Schocks im Doppelpack erlebt werden können, vor allem wenn Mütter Ihre Erfahrungen der jahrtausendlange Verleumdung, Vergewaltigung, Unterdrückung und Verachtung des Weiblichen an Ihre Indigo-Töchter weitergeben, so gibt es oft in den Beziehungen von Indigo-Kindern Situationen, wo Depressionen, Katatonien (Zornanfälle), oder andere Psychosen auftauchen, die teilweise 1:1 von Frauen von Ihren Müttern übernommen werden, mit der Hoffnung, dass die (richtige) Liebe (endlich) diese Verletzungen auflöst.
Somit ist die Ki-Pulsing-Metamorphosis© auch eine wunderbare Methode für die Paararbeit, (ich nenne sie Eleuthonomie©, in der Heilung der Liebe zwischen Mann und Frau), als Auflösung von übernommenen Psychosen aus dem System zu helfen.
Meine Tochter Ella-Nur ist heute Mutter von zwei Kindern und hat verstanden, dass sie sich Ihre Be-Hinderung selber geschaffen hat und dass sie sich somit selber mit Hilfe Ihres Partners von Ihren Belastungen und Behinderungen befreien kann. Da sie sich in den Sohn meiner Frau verliebt hat, so findet Ihre Heilung Ihre Vollendung.

Meine Erfahrungen

Als Ella-Nur damals in die Pubertät kam, sagte sie eines Tages, dass sie nicht mehr "Hören-Lernen" wollte. Auf meine Frage: "Warum Nicht?", antwortete sie, "ich habe ja Dich, der für mich hört" und so brauche sie keine Behandlungen mehr. Da wußte ich, dass ICH ihr Ihre Be-Hinderung nicht MEHR nehmen darf. Es heißt ja nicht Ver-Hinderung,oder Ge-Hinderung, sondern Be-hinderung, also eine aktive Verlaufsform. Da sie sich IHRE Be-Hinderung somit selber geschaffen hatte, so mußte sie auch selber bereit sein, sie wieder aufzulösen, und zwar in Selbst-verantwortung mit einem Partner.
Meine innere Stimme forderte damals, dass ich meine Familie verlassen sollte und die Umstände führten dazu, dass ich sie auf-gab. Ich wurde geschieden und als Stiefvater entlassen.
In den letzten 12 Jahren habe ich versucht, meine Methode an behinderten Menschen anzuwenden. Blinde erlebten bei der ersten

Sitzung, dass sie ein Gesichtsfeld bekamen. Wenn ein Sehender die Augen schließt, dann "sieht" er eine schwarze Fläche, wie eine Kinoleinwand, wenn der Film zu Ende ist. Ein Blinder hat nichts dergleichen. In der ersten KPM Sitzung "sahen" die Blinden eine Fläche, die flimmerte wie ein Fernsehbildschirm in den 60iger Jahren, wenn das Programm am Abend zu Ende war.

Mit jeder weiteren Behandlung veränderte sich das Gesichtsfeld in Farben, die immer intensiver erlebt wurden. Bei einem Kind mit Down- Syndrom (Mongolismus) erlebte ich eine Veränderung der Gesichtsform schon nach der 2. Sitzung; leider wollte das Kind keine weitere Behandlung und ich beendete die Sitzungen.

Leider brachen ALLE Be-Hinderte die Behandlungen vorzeitig ab, als sie erkannten, dass sie NICHT für immer be-hindert sind, sondern auf diesen Weg wieder NORMAL werden könnten. Ich brauchte wiederum 10 Jahre, um diese Phänomene zu verstehen.

Voraussetzungen

Paararbeit

Die Arbeit der KPM ist zunächst immer eine Paararbeit, die von beiden Partnern, außer der Behinderte kann noch nicht massieren, jeweils beim anderen angewandt wird. Es gibt vorerst, bis ein KPM-Trainer den Schüler-Klient in die Selbständigkeit entlassen hat, diese Heilmethode nur zwischen Partner, die sich gegenseitig Aufmerksamkeit schenken können, am besten Liebespartner (Mann-Frau, Kind-Mutter (!?), dipolar, wenn es geht, also keine homophile Beziehung (Mann-Mann, Frau-Frau, Mutter-Tochter, Vater-Sohn), außer es gibt keine andere Möglichkeit bei Verwandten.

Gefährlich für den Therapeut.

Der Massierte, wie der Massierer, sind durchaus, wie es in der "Vulkanübung" heißt, auch "Rauslasser" und "Durchlasser". Somit wird das Wissen der Heil-Raum-Gestaltung und die regelmäßige Anwendung, sowie die "Vulkanübung" als Grundveraussetzung postuliert, um diese sehr energetisch entgiftende Methode ohne gesundheitliche Gefährdung des "Durchlassers" durchführen zu können. Sooft bin ich in meinen Anfängen von den "Dämonen und Teufeln, die ich rief!", in den dunklen Abgrund gerissen worden, wenn die Finger plötzlich zu glühen begannen und ich statt Erwachen in den Schlaf stürzte. Wenn ich dann wieder erwachte, erkannte ich, dass die Behandlung "für die Katz" waren, weil die Dämonen lächelnd wieder schlafen gegangen sind. Diese Arbeit ist ein Kampf gegen "sehr dunkle Kräfte!", gegen alles, was den Menschen zutiefst erschrecken kann: Alle Abstufungen von Liebe zu Gier, von Kraft zu Ärger und von Weisheit zu Dummheit! Wenn man dabei, und vor allem die letzten Zeilen der Vulkanübung nicht beherrscht, dann ist diese Arbeit nicht möglich. Die Hauptarbeit wird erst nach der Massage, lange danach, gemacht , nämlich die gegenseitigige Verarbeitung der Erinnerungen des Schocks, der jahrhundertelang in verschiedenen Epochen der Lebenskonflikte gewirkt hat. Und das ist die eigentliche Arbeit als Liebestherapeut => Therapeut (altgr. θεραπευτής [therapeutés]: „der Diener, der Aufwartende, der Wärter, der Pfleger (laut Wiki).

Therapeuo heißt aber auch "Gottesdienst" am Menschen. Wenn der grichische Mensch der Antike täglich in den Tempel der Tagesgottheit gehen mußte, um Ihr ein Opfer zu geben, dann war das eine Bejahung der Eigenschaften, die diese Gottheit representierte = Gott der Schönheit, oder des Todes, der Liebe oder des Krieges usw.

Dieser Opfergang wurde "therapeuo" genannt und bekommt jetzt seine ursprüngliche Bedeutung zurück. So wird diese Liebes- und Leibestherapie eine Arbeit der Heilung zwischen Partnern, also wie die Vulkanübung, eine Therapie OHNE Therapeuten, eine Heilarbeit zu zweit und Heilung kehrt dorthin zurück , wohin sie ursprünglich gehört, in die Liebe zwischen Mann und Frau, ins ZuHause.

Absolute Hingabe

Wenn der Durchlasser nicht in seiner Kraft ist, sich nicht erden kann und eine guthe Stimmung hat, wenn er nicht die Reinigungsmethoden der Lebens-Werkstatt beherrscht, dann ist er in der Gefahr, die gelösten Energien, statt durchzulassen, aufzunehmen und "krank" damit zu werden. So ist es bei dieser Arbeit genauso wichtig wie bei jeder anderen Regressionsarbeit, dass man das Gestzt von "Set und

Setting", dass Thimothy Leary für Reisen in die "andere Welt" postuliert, auch hier anwendet und den richtigen Raum, zur richtigen Zeit, mit den richtigen Menschen, in der richtigen Stimmung und dem rechten Leibgefühl findet.

Absolute Bereitschaft

Die Bereitschaft, die KPM anzuwenden, muß immer in der absoluten Bereitschaft ALLER Beteiligten passieren, sonst gibt es keine Veränderungen und keinen Erfolge und der Himmel bestraft immer die Ungeduldigen und Undemütigen, belohnt aber immer die Barmherzigen.

Kursangebot

Da es jetzt eine Nachfragefür die KPM gibt und es sowohl bei Eltern von behinderten Kindern, ganzheitliche Therapeute und Liebespartnern Interesse an einer Ausbildung in der KPM gibt, biete ich hiermit eine Fortbildung in einem Wochenendseminar an.
Jeweils an einem Ort in der Nähe Ihres Wohnortes werden Wochenendseminare organisiert.

Ki-Pulsing-Metamorphosis
Ein Erklärungsversuch

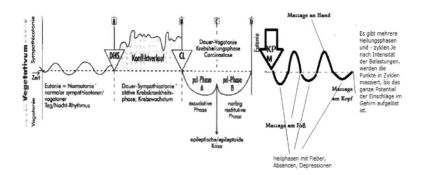

Die Metamorphische Methode nach Robert St. John!

Die Arbeit der Ki-Pulsing-Metamorphosis ist eine Weiterentwick(e)lung der Metamorphosenmassage nach Robert St. John. Die Metamorphische Methode wurde von Robert St. John, einem Reflexzonentherapeuten, aus der Fußreflexzonen-Massage entwickelt. Diese sanfte Massage bestimmter Reflektionspunkte an den Füßen, an den Händen und am Kopf wurde weiter entwickelt von seinem Schüler Gaston Saint-Pierre in den 1970er Jahren, der den Begriff Metamorphischen Methode geprägt hat und die Metamorphic Association im Jahre 1979 gründete.

Ich habe sie von der bekannten engl. Astrologin und Heilerin Ysanne Lewis Mitte der 90iger Jahre gelernt, um damit meine hörbehinderte Stieftochter zu behandeln.

Jeweils am Abend saß ich an Ihrem Bett und massierte ihr die Füße, während sie einschlummerte. Es war schon still und meine innere Stimme wurde dann sehr laut und sagte,"mache dies und mache dass und das so lange!".

Wenn Sie am nächsten Tag aufwachte, war Nur-Ella wie verändert. Durch diese Arbeit reduzierte sich im Lauf der Zeit Ihr Hörverlust von ca. 90 % auf 14% auf beiden Ohren. Die Ärzte glaubten an ein Wunder, und auch ich verstand nicht, was ich da tat.

Weiterentwickelung

Doch ich forschte weiter und wurde fündig.
20 Jahre habe ich mich jetzt mit Behinderung und chronischen Krankheiten auseinandergesetzt und herausgefunden, was und wie sie funktioniert. Nach einem Studium der "germanischen neuen Medizin" von Dr.Ryke Geerd Hamer bei Helmut Pilhar, dem Schüler von Dr. Hamer, habe ich endlich verstehen können, was ich damals gemacht habe.
Ella-Nur hat sich in der Schwangerschaft einen akustischen Doppelschock geschaffen; das führte zu einem Doppeleinschlag in ihrem Gehirn, was zur Hörbehinderung führte. Dieser Doppel-Konflikt wurde vermutlich durch die Ultraschalluntersuchung ausgelöst, die sie 12 Mal bekommen hatte. Meine andere Tochter Laura hatte 6 Ultraschalluntersuchungen ohne physische Folgen, so hat sich Ella-Nur Ihre BE-Hinderung selbst-geschaffen auf Grund Ihrer Disposition im Leben.
Mit meiner Art der Massage, ich nenne sie Ki-Pulsing-Metamorphosis©, die auf eine konzentrierte Bearbeitung von einzelnen Punkten am Fuß basiert, aktiviere ich die Reflektionsfelder des Gehirns am Fuß und stimuliere somit die Hamerschen Herde im Kopf. Dadurch werden auf sanfte und langsame Art, UND vor allem gleichzeitig, die Doppel-Konflikte ins Bewußtsein zurück geholt, und vom Leib in einem Entgiftungsprozess aufgelöst.

Die germanische neue Medizin
Dr. Hamer, der für seine Forschungsarbeit jahrelang im Gefängnis saß, hat in langer Forschung herausgefunden, dass jede "Krankheit" nach einem stereotypen Schema abläuft.
Wenn der Mensch sich auf Grund seiner inneren Einstellung eine Situation schafft, die seine Seele braucht, um aus ihrem festgehangenem Denkschema herauszuwachsen, die für sie (vollkommen individuell) schockierend ist; Hamer nennt das ein DHS (Dirk-Hamer-Syndrom, nach seinem Sohn Dirk, der von einem italienischen Prinzen erschossen wurde und bei Ihm, seinem Vater , einen Hodenkrebs erzeugte). Dieses DHS bewirkt ein sinnvolles biologisches Sonderprogramm, das gleichzeitig sowohl in der Phsyche, in den Organen und im Gehirn versucht, den Schock und den damit entstehenden Konflikt auszugleichen.Sobald der Konflikt gelöst ist, also die Dauerkonfliktphase beendet wird , geht der

Mensch in Heilung. (PCL 1 und PCL 2 Phase). Dazwischen gibt es eine Epileptische Krise. In der Schockphase bewirkt das Erlebnis einen gewissen Einschlag im Gehirn, der über das CT oder MRT als schießscheibenförmige Signatur sichtbar ist. Es wird sozusagen das Gehirn an einer ganz bestimmten Stelle, die dem Schock und Konflikt achetypisch ist, eingedrückt, wie bei einer leeren Coladose, wenn man auf das Blech drückt.

In der ersten PCL Phase baut der Leib eine Art Narbengewebe Glia über dem Einschlag aus, um ihn wie in einer Modellierung wieder auszugleichen. Dieses Bindegewebe des Gehirns füllt sich mit Wasser, das als Stabilisator dient. Wenn es fest genug ist, dann muss das Wasser wieder ausgedrückt werden, dafür dient die Epileptische Krise. Dabei kommt dem Klienten alle Ereignisse seiner Schocksituation nochmals ins Bewusstsein und er hat einen epileptischen Anfall, der aber, sobald erkannt und erwartet, vorüber geht mit der Folge, dass der Leib nachher entspannter ist.

Die Arbeit von Dr. Hamer ist hier in seiner medizinischen Sprache beschrieben:

http://www.germanische-heilkunde.at/index.php/fuenf-biologische-naturgesetze.html

Ein junger schweizer Schüler hat einen sehr interessanten Film gemacht, der die Arbeit von Dr. Hamer in eine verständliche Sprache übersetzt hat:

http://www.neue-mediz.in/

Weiterentwickelung 2

Dr. Hamers Schwerpunkt war die Arbeit bei einem DHS und Einschlag. Wenn der Mensch aber mehrere Einschläge gleichzeitig oder auch unmittelbar hintereinander hat, dann steht er in einem Multikonflikt, was die Ursache von Behinderungen aller Art , aber auch "unheibarer Krankheiten" wie ALS, Alsheimer, MS, Spastik, Parkinson usw, ist.

Ich habe durch die Arbeit von Dr. Hamer erfahren, dass ich bei meiner Massagetechnik gerade über die Reflektionspunkte an den Gliedmaßen die Einschläge im Kopf re-stimulieren kann, um somit die damit in Zusammenhang stehenden Konflikte in Auflösung zu bringen.

Technik

Die Ki-Pulsing-Metamorphosis ist primär eine Behandlung von Reflektionsfelder oder -Punkten am Fuss, an der Hand und am Kopf.

Diese Arbeit steht in Verbindung mit der Heil-Raum-Gestaltung und einem Entgiftungsprozess, der mit verschiedenen Werkzeugen wie z.B. das Helle-Wasser-System, die Vulkanübung und einiges mehr, das ich noch beschreiben will, unterstützt wird.

In einer entspannten Atmosphäre wird der Klient, der in allen Phasen seiner Heilung eingeweiht ist, vom Praktiker in der ersten Phase an den Füßen behandelt. Dabei werden hintereinander jeweils zwei Reflexpunkte an beiden Füßen in einer Sitzung abgearbeitet, jeweils ca. 6 min.

Dann geht der Prozess von alleine in Gang und die entsprechenden Einschläge im Kopf erleben einen Entgiftungsprozess, der von Freunden und von der Supervision des Praktikers begleitet wird. Ist das Wasserpotential durch ausreichende Epi-Krisen befreit, dann wird weiter an den Punkten gearbeitet, an der Hand und am Kopf. Je nachdem, wieviel Einschläge vorhanden sind, desto länger ist der Prozess, der in gewissen Zyklen abläuft.

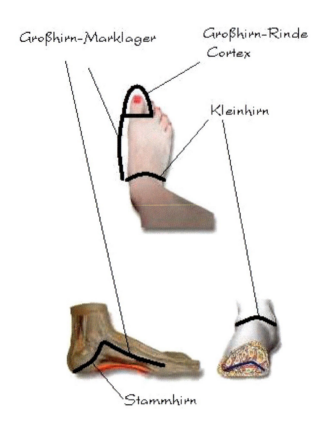

Meine Lehrer

Franz Benoit (1912 – 1978) war Bergmann und Obersteiger auf der Zeche Nordstern. Da er immer in der Nacht arbeitete, schlief er am Vormittag, um den Nachmittag im Garten hinter der Steigersiedlung zu verbringen. Er war ein Humanist und sozialer Mensch und der wichtigste Verantwortliche der Nachtschicht. Er war offen, humorvoll und für alle da, wenn sie ihn brauchten. Er sprach 5 verschiedene Sprachen und hasste Opportunisten. Da ich keine Großväter mehr hatte, diente er mir als Großvaterersatz (1963-1978) und lehrte mich viele Dinge in der Natur, in der Ethik und vor allem den Respekt vor Mensch, Natur und Gottes Schöpfung. Ein gemeinsam gepflanzter Apfelbaum, der Benoit-Kugel-Apfel, steht noch heute im Garten und erinnert mich an eine schöne Kindheit. „Schade, dass Du so früh gegangen bist, ich habe Dir zu wenig für Deine Liebe, Deine Aufmerksamkeit und Lebensfreude danken können. Du warst mein erster Meister!"

Frau Wilms (geb.1940) war meine Latein- und Religionslehrerin (1970-1978) und jahrelang mein Klassenvorstand. Sie war ein Kriegskind und ist ohne Vater aufgewachsen. Da sie damals fast über alle Dinge des Lebens Bescheid wusste, gab sie mir das Gefühl für Schönheit und Freude am Lernen, das unendlich ist. Sie führte mich in meine monastische Vergangenheit zurück und freute sich über meinem „Enthusiasmus". Ich hoffe, ich kann Sie mit meinem Buch von Ihrem Prädikt befreien!"

Hans Menne (geb.1949) war mein Mentor und Philosophielehrer in meiner Zeit in Soest (1981-1984) und nachher auch im Studium (bis 1987). Er traf sich regelmäßig jeden Samstagnachmittag mit mir in einem Kaffeehaus (mit österreichischer Qualität) in Soest und las mit mir die großen Klassiker der Philosophie, Literatur, Spiritualität und Kunstgeschichte. Unsere peripatetischen Spaziergänge nachher über die alten „Krachten" von Soest werde ich nie vergessen. „Ich hoffe, ich kann auch Dich durch mein Buch von Deinem Prädikt befreien!"

Hugo Kükelhaus, Eine Hommage über ihn findet Ihr auf Seite 182

Hugo Kükelhaus, Jahrgang 1900, starb 1984 in Herrischried in Westfalen. Er war Tischler- und Zimmermannmeister, Künstler, Philosoph, Kulturanthropologe und Geomant und hat in zahllosen Publikationen das „Erfahrungsfeld der Sinne" geschaffen. Ich studiere seine Arbeit seit meiner ersten Begegnung mit ihm im Jahre 1981 und nehme seine Bücher immer wieder zur Hand.

Albert Stüttgen (1932-2004)
Geboren wurde er 1932 in Aachen. Prof. Dr. Stüttgen studierte Philosophie, Germanistik und Geschichte in Bonn und Freiburg und promovierte 1957 mit einer Dissertation über Edmund Husserl und Max Scheler. Nach einer Lehrtätigkeit im Schuldienst lehrte er von 1966 bis 1980 als Professor an der Pädagogischen Hochschule in Münster. Von 1980 bis zu seiner Emeritierung im Jahr 1997 hatte er einen Lehrstuhl für Philosophie am Philosophischen Seminar der Universität Münster inne.
Albert Stüttgen trat in seiner Lehre und in seinen Schriften für ein ursprüngliches Verständnis von Philosophie ein, demzufolge Philosophieren Denken im unmittelbaren Lebenszusammenhang zu verstehen und vor allem umzusetzen ist. Ausgehend von persönlicher Erfahrung und vor dem Hintergrund historischer Diagnosen der äußeren und inneren Krise des neuzeitlichen Menschen warb er für eine ganzheitliche Welterfahrung, die Wege zu alternativen Konzeptionen von Freiheit, Erziehung, Ökologie und Transzendenz eröffnen sollte.
Albert Stüttgen war mein Philosophieprofessor und Pädagoge in Münster. Er war ein väterlicher Lehrer, der mir als liebevoller Vater und Ehemann zeigte, dass Mann immer sein Herz mit dem Kopf verbinden muss, um Philosophie zu leben. Ich war in seine Meditationsrunde geladen und durfte schöne Abende in seinem Haus erleben. Er lebte seine Philosophie und liebte seine Frau, die seine Muse, Freundin und Mutter seiner Kinder war. Seine Bücher vermitteln Stille und Freiheit im Denken.

Josef Pieper wurde am 4. Mai 1904 in Elte, einem Dorf im Münsterland, geboren. Er studierte an den Universitäten Berlin und Münster Philosophie, Rechtswissenschaft und Soziologie. Nach Tätigkeiten als Soziologe und freier Schriftsteller wurde er ordentlicher Professor für philosophische Anthropologie an der Universität Münster, wo er noch im hohen Alter als Emeritus lehrte. Mehrfach wurde er durch Ehrenpromotionen und internationale Preise von hohem Rang ausgezeichnet

Josef Pieper hat in 60 Jahren schöpferischer Arbeit als Philosoph und Schriftsteller den Menschen unserer Zeit die Weisheitstradition des Abendlandes einprägsam vermittelt und in sprachlicher Prägnanz aufgezeigt, dass sie bleibende Aktualität besitzt. Seine Schriften sind in 15 Sprachen übersetzt; die Gesamtauflage liegt weit über einer Million Exemplare. Viele haben durch Josef Pieper Zugang zur Philosophie und zur abendländisch-christlichen Weisheitstradition gefunden und sind ihm dafür dankbar. Am 6. November 1997 starb er in seinem Wohnhaus in Münster.

Josef Pieper war schon eine Legende, als ich seine freitagabendliche Lesungen besuchte. Er war der Philosophie-Star der Generation meines Vaters und hatte als Geistlicher ein freies traditionelles Denken, das von teleologischer Theologie geprägt war. Ich nahm auch an Gerichtsverhandlungen teil, wo Sandler verurteilt wurden, die seine Opferbereitschaft ausgenutzt und ihn ausgeraubt hatten. In seiner Vorlesung saßen alle positivistischen Kollegen, die sein Denken überwinden wollten und doch still lauschten. Er zeigte, dass es eine philosophische Theologie gab, die unabhängig von Kirche und Staat funktionierte.

Jabrane Sebnat wurde im Atlasgebirge von Marokko geboren. Er wuchs in einer stark vom Sufismus geprägten Umgebung auf. Später studierte er mit Heilern aus mehreren afrikanischen Traditionen und auch bei amerikanischen Indianern und australischen

Ureinwohnern Schamanismus. Jabrane Sebnat ist Sozialpsychologe an der Universität von Paris und ist seit mehreren Jahren praktizierender Psychotherapeut. Seine Lehren stellen eine einmalige Kombination von seinem akademischen Hintergrund, seiner eigenen, persönlichen Suche, und seiner Erfahrung mit Zeremonien und Ritualen aus den Traditionen verschiedener Naturvölker dar. Jabrane Sebnat ist z. Z. der Koordinator eines internationalen ganzheitlichen Instituts in Marrakesch, Marokko. Er ist nordafrikanischer Schamane und Sufimeister.

Er studierte an der Sorbonne Psychologie und brachte mir die Mystik des Islam nahe. Seine Seminare waren Einweihung in Trance, Traumreisen, Schwitzhütten und Atempsychologie.

Aus einem Brief:

„Im Sommer 1986 hatte ich ein faszinierendes Erlebnis, an das ich mich in allen Einzelheiten gut erinnern kann. Ich lebte damals in Münster/Westfalen, arbeitete als Tischler in einem Nichtsesshaftenwohnheim und studierte Philosophie, Psychologie und Kulturgeschichte an der Uni Münster. Als ich das *Sobi* kennen lernte, gab es dort eine Gruppe, die sich schon lange mit neuer Psychologie, Rebirthing, Trancearbeit usw. beschäftigte. Ich war wohl gleich alt wie die meisten, kam aber vom Land, war unerfahren in spirituellen Dingen, unreif und naiv. Man mochte mich wohl, belächelte aber meinen Entwicklungsstand.

Und dann kamst Du nach Münster und machtest ein Seminar über das Krafttier, Trance und Schwitzhütte. Mein erster Eindruck von Dir war ein Wiedererinnern aus einer alten Zeit. Ich kann das nur heute so nachvollziehen, weil ich das damals alles noch nicht verstanden habe.

Als Du mit uns die Traumreise machtest, erlebte ich nichts, sondern fühlte mich nur als flüssiges Metall in einem unterirdischen Lavastrom. Als Du den anderen ihr Krafttier erklärt hast, war ich sehr erstaunt über Dein mythologisch-psychologisches Wissen, doch auch damals hatte ich schon eine Ahnung, was kommen wird. Da ich nichts bei dieser Reise gesehen hatte, nervte ich Dich solange, bist Du nochmals die Trommel nahmst, und mich erneut durch eine Reise führtest, ganz allein.

Wieder sah ich, nachdem ich den Tunnel im Berg verlassen hatte, nichts, sondern fand mich in einer Wüstenlandschaft wieder. Ich lief dort herum und fand nichts, bis in der Ferne ein blitzendes Licht auftauchte. Als ich darauf zulief, sah ich plötzlich in einem viereckigen Rahmen einen riesigen Löwen stehen und erschrak fürchterlich. Ich musste aber feststellen, dass der Löwe auch erschrak. Ich kratze mich am Kopf und der Löwe tat das gleiche. Da erkannte ich sofort, dass *ich der Löwe* war und mich im Spiegel sah. Ich lief darauf hin zu den Pflanzen und Bäumen und sprach mit ihnen, wie auch mit allen Tieren, denen ich begegnete, für die ich alle ein verantwortungsvolles Gefühl hatte. Ich lief sogar zum Felsen, legte mich darauf und sprach mit den Steinen.

Ich brauchte lange Zeit, um aus dieser Trance zu erwachen, nachdem Du mit dem Trommeln aufgehört hattest. Ich glaube, ich wurde sogar von Euch massiert. Als ich mein Erlebnis erzählte, hattest Du einen sehr befremdlichen Gesichtsausdruck. Du hast mich nicht angesehen, wie Du diese Reise gedeutet hast. Du sagtest, dass ein Krafttier zu treffen, schon eine Gnade ist; dass der *Löwe das stärkste Krafttier* ist, und dass, *wenn man das Krafttier selber ist,* das auf eine hohe Reifestufe hinweist. Damals waren die anderen der Gruppe sehr überrascht und verunsichert über diese Meldungen über mich, da sie mich nicht in meiner Würde ernst nahmen".

Jabrane lebt jetzt in Schweden und besucht oft Wien, wo er Tranceseminare gibt.

Arnold Keyserling war 35 Jahre lang als Professor für Religionsphilosophie an der Universität für angewandte Kunst in Wien tätig. Geboren 1922 als Sohn des Philosophen und Schriftstellers Graf Hermann Keyserling, in dessen Institut in Darmstadt Denker und Dichter der zwanziger Jahre verkehrten (C. G. Jung, Richard Wilhelm, Rabindranath Tagore), ist er bereits in früher Jugend mit einem weltweiten Denken aufgewachsen.

Seine persönliche Lehrer waren Gurdjieff und der Zwölftonmusiker Joseph Mattias Hauer. Seine Forschungen richteten sich auf die systematische Ordnung von Zahl und Sprache (Lingusistik), Sinnesdaten – Tonwelt, Farbwelt, Materie –, auf den

Zusammenhang von Mensch und Mikrokosmos, der seinen Ausdruck im „Rad", dem Urbild des ganzheitlichen Denkens fand. Er starb am 7. September 2005 in Matrei am Brenner.

Bernd Fallen, geb. 1951, ist Schriftsteller, Leser und Literaturspezialist. Er ist mir seit über 20 Jahren ein wichtiger Freund, der mir in meinem ewigen Studium eine große Hilfe mit seinem großen Wissen der Literatur, Philosophie und Pflanzenkunde ist. Leider habe ich ihn vor ca. 5 Jahren durch eine kritische Bemerkung verloren und wünsche mir seine Nähe, „wish you where here!"

Josef Beuys (Krefeld 1921 - 1986 Düsseldorf) war einer der bedeutendsten deutschen Künstler der zweiten Hälfte des 20. Jahrhunderts. Ich begegnete ihm in meiner politischen Phase auf politischen Veranstaltungen und

Kunsthappenings. Bei der Gründung der Grünen in Karlsruhe 1980 saß ich als Autonomer neben ihm. Sein Schüler Johannes Stüttgen war mit mir Gründungsmitglied der Grünen in Gelsenkirchen. Ich studierte die Philosophie und Kunst von Beuys mit Begeisterung. Mich faszinierte, dass seine Kunststudenten ein Sozialstudium machen mussten, bevor sie an seiner Kunstklasse teilnehmen durften. Seine Arbeit war sehr anthroposophisch und begeisterte durch seine Nähe zu Naturphilosophen. Auf der Documenta in Kassel ließ er hunderte Eichen, neben einem Kraftstein pflanzen. Er ist schon gestorben, doch die Bäume blühen immer noch neben den Monolithen.

Bhagwan Shree Rajneesh (alias Osho) war ein indischer Lehrer (Guru) und lebte damals in Poona, als ich sein Aschram besuchte. Ich wurde ein Sannyasin und lebte ca. 3 Monate in seiner Gemeinschaft. Seine Bücher und Vorlesungen (Darshans) waren sehr lehrreich, da er als Philosophieprofessor viele europäische Philosophen aus seinem indischen Blickwinkel betrachtete und somit ein großes Bewusstsein für die *Tantra - Lehre* und freies und lebendiges Denken entwickelte. Seine Darshans waren witzig, lehrreich und hilfreich, auch wenn ich damals nicht viel verstand.

Mellie Uyldert, Jahrgang 1908, war eine Weisheitslehrerin aus Holland und hat in über 30 Büchern und in der Monatszeitung „de Kaarsvlam" in über 50 Jahren das mystische Wissen Europas zusammengefasst. Sie hat das erste Edelstein-Buch in Europa geschrieben und gab in ihrem spirituellen Zentrum „ Oasis" in Belgien in Seminaren über Runen, Atemarbeit und europäische Tradition ihr Wissen weiter. Sie lehrte mich viele Dinge über Astrologie, Märchenkunde und Signaturlehre. Ich war eine Zeit ihr „Lehrling", Übersetzer der deutschen Ausgabe der „Kerzenflamme" und fuhr sie zu Seminaren in Deutschland, Österreich und Belgien. Mellie starb im Frühjahr 2008 mit fast 100 Jahren.

Assim, bürgerlich Gerhard Burger, leitete im Waldviertel ein Retreatzentrum. Bei ihm lernte ich viel über Heilung und spirituelle Psychologie und verwob die Ideen meiner Lebens-Werkstatt mit seiner Arbeit. Er war Filmemacher und leitete die *Friedenskulturwochen* in Allentsteig, die viele Leute aus aller Welt besuchten.

Dr. Oruc Güvenc ist Begründer des Zentrums für Ethnomusikologie und Musiktherapie an der Marmara-Universität in Istanbul. Marmara Universität Istanbul, klin. Psychologe, Musiktherapeut & Sufimeister verschiedener Derwisch-Orden (Mevlevi, Rufai, Bektashi, Kadiri).
Dr. Güvenc erforscht seit mehr als 20 Jahren die im Westen noch weitgehend unbekannten Heiltänze und Heilmusik zentralasiatischer Turkstämme. Ich studierte seine Musiktherapie und erlebte verschiedene Techniken der Sufitradition (Fastenrituale, Tanztherapie und Trancetechniken).

Pir Vilayat Inayat Khan ist einer der wichtigsten Vermittler und Verbinder europäischer und indischer Traditionen. Seine regelmäßigen Vorträge im Vogelhaus des Palais Auersperg in Wien waren Festivals der Inspiration, Einsicht und musikalischer Erleuchtung. Er war der Sohn von Hazrat Inayat Khan und Begründer einer spirituellen Bewegung in Indien, die auf der ganzen Welt Zentren unterhält.

Daisaku Ikeda ist Leiter der Soka Gakkai International. Diese japanisch buddhistische Gemeinschaft verbreitet weltweit die buddhistische Lehre Nichiren Daishonin, die mit ihrem Mantra „Nam-myo-ho-renge-kyo" eine kraftvolle Praxis lehren. Ikedas Wissen ist weltweit anerkannt und seine Dialoge mit berühmten Philosophen und Politikern ist legendär. Seine Persönlichkeit beeindruckte mich viele Jahre und seine Gemeinschaft in Wien und Europa ist eine Lebenshilfe für viele Menschen.

Irina Tweedie war eine europäische Meisterin der Naqshabandi-Tradition. Sie lernte jahrelang bei einem indischen Sufimeister und gab ihre Erfahrungen mit seiner Tradition in Büchern, Seminaren und Darshans weiter. In ihrer Nähe erlebte ich das erste Mal, was *Shaktipat* bedeutet. Von ihr ging eine Kraft aus, die mein Herz berührte und mich mit einer starken Lebendigkeit erfüllte.

Joan Camargo ist Inkaschamane aus Peru. Er bringt mit der Jachay-

Bewegung das Wissen der Inka-Tradition nach Europa und leitet Kurse und Seminare über das Wissen der Mutter Erde in ganz Österreich, Deutschland und der Schweiz. Ich begleitete ihn auf eine Pilgerfahrt nach Peru und wurde in viele traditionelle Rituale der Mystik der Inkas eingeweiht. Er verlangte von seinen Schülern, dass sie im Leben sowohl in der normalen wie auch in der anderen Welt auf festen Beinen stehen. Ich verließ ihn, um diese Aufgabe erst zu erfüllen, bis ich wieder seiner Schülerschaft würdig bin.

Joachim Roedelius ist Musiker, Komponist, Dichter und Schriftsteller. Er ist mit über 120 Musikproduktionen einer der kreativsten Elektronikmusiker Europas und gilt als Begründer der elektronischen Kunstmusik („key player at the birth of Kosmische, Krautrock, Synth Pop and Ambient", sagt sein Biograph Stephen Iliffe). Seine Musik hat mich 1979 verzaubert und bis heute nicht losgelassen. Er war mein Mentor in meinen schweren Zeiten, seine Musik hat all meine Abstürze aufgefangen. Er lehrte mich, dass es

immer auf den eigenen Zustand ankommt, wie man Kunst und Musik verstehen kann.

Wilhelm Reich, geboren am 24. März 1897 in Dobzau, einem kleinen Ort im östlichen Teil Galiziens, beginnt 1918 in Wien ein Jurastudium, das er bereits nach dem 1. Semester wieder aufgibt um zur medizinischen Fakultät überzuwechseln. Anfang 1919 bekommt er Kontakt zur Psychoanalyse. Im selben Jahr lernt er Siegmund Freud kennen.
1920 wird er Mitglied der Psychoanalytischen Gesellschaft und beginnt bereits im selben Jahr die Ausübung der Psychoanalyse. 1920 ist das Jahr, in dem Freud in "Jenseits des Lustprinzips" den hypothetischen Todestrieb benennt.
Im Jahre 1922 nach Abschluss seines Medizinstudiums und der Promotion zum Doktor der Medizin lernt er in der Wiener Universitätsklinik Neuropsychiatrie.
Reich wird der konsequenteste Vertreter der ursprünglichen Lehre Freuds der "Sexuellen Ätiologie der Neurose" und der Libidotheorie. Von 1922 an entwickelt Reich die Freudsche Libidotheorie konsequent zur Orgasmustheorie weiter. Seine weiteren Arbeiten führen ab 1926 zum Bruch mit Freud. 1951, in Einsamkeit nach dem Oranur-Experiment, schreibt Reich das Buch "Murder of Christ", eine der beeindruckendsten und missverstandensten Arbeiten. Bereits im 1. Kapitel berichtet Reich über die Falle, in die der Mensch in seiner intellektuellen Erfassung seines Seins geraten ist, und man könnte anfügen, heute noch sitzt. Christus, der für Reich das einfache Leben repräsentiert, ist von der Emotionellen Pest ausersehen, Hoffnung, Verehrung und Opfer zugleich zu sein – Licht für ihr trostloses Dasein. Da er jedoch nicht die ersehnte Befreiung für sie bringt (und auch nicht bringen kann), wird seine Existenz unerträglich. Deshalb muss er sterben! Die, die ihn umbrachten, kreieren im Nachhinein den Mythos, dass er sterben musste, um ihre Sünden auf sich zu nehmen. Tatsächlich war ihre Sünde, ihn zu ermorden. Dieses Prinzip, das Leben nicht ertragen zu können, ist für

Reich die Ursache "Christus in Form der Kleinkinder" zu ermorden. Dies geschieht in Form von unsachlicher Geburt, unnötiger Beschneidung, repressiver Erziehung und Bedrohung ihrer infantilen Sexualität, die die Grundbedingung des späteren genitalen Charakters darstellt. Später wird Reich selber Opfer des Christusmordes. Die Journalistin Mildred Brady erhofft sich von Reich Orgasmusfähigkeit durch den Orgonakkumulator und sieht Reich bei ihrem Besuch mit brennenden, flehenden Augen an. Reich muss sie enttäuschen, denn der Orgonakkumulator kann keine Neurosen kurieren, d. h. orgasmusfähig machen. Daraufhin verfasst sie einen bitterbösen Artikel gegen den Orgonakkumulator als Schwindelapparat und gegen Reich, den sie damit um seine Existenz und sein Leben bringt. Mystische Kritiker empören sich darüber, dass Reich sich angeblich mit Christus vergleicht. Dies ist aber wohl eher ihrer Angst zuzuschreiben, sich mit dem nackten Sinn, welchen Reich skizziert, auseinander zu setzen. Für Reich existiert der Christusmord und das ist für ihn unabhängig davon, ob die historische Person überhaupt existiert hat oder nicht. Doch die Geschichte hat noch einen tieferen Sinn. Der liegt darin, dass der, der sich mit den Sünden der Menschen beschäftigt, diese Sünden auf sich zieht (auf sich nimmt). Das ist der Grund, warum der Christusmord jeden ereilt, der sich ernsthaft mit der sozialen Misere auseinandersetzt, d.h. der das Genitalsthema berührt…."

Aus: Wilhelm Reich und die Orgonomie
Eine Wissenschaftsbiographie von Joachim Trettin

4. Der Photonengürtel

Die folgende Arbeit "Der Photonengürtel" stammt nicht aus meiner Feder, sondern wurde von Virgil Armstrong verfasst (erschienen in: Sedona Journal of Emergence, August 1995). Die Übersetzung leistete Frau Margarete Scheipner. Kernpunkt der Arbeit ist unsere sogenannte Klimakatastrophe, welche aber mehr eine Transformation der Erde und seiner Bewohner, denn eine Katastrophe ist! Selbstverständlich sind alle industriellen Verschmutzungen der Atmosphäre negativ zu bewerten und bedingen den sauren Regen mit all seinen schädlichen Auswirkungen. Aber die Klimakatastrophe selbst ist Ausdruck von Ereignissen auf unserer Sonne, die sich auf einer großen zyklischen Reise befindet. Lesen Sie bitte hierzu zusätzlich das hochinformative Buch „Transformation der Erde - Interkosmische Einflüsse auf das Bewußtsein" von Morpheus. Dieses Buch und der Aufsatz von Virgil Armstrong werden Ihre Denkprozesse und damit Ihr Bewusstsein erheblich erweitern.

Transformation der Erde - Interkosmische Einflüsse auf das Bewußtsein (Argo-Verlag)

Aus dem Inhalt: Unsere Sonne ist für die Entstehung des Lebens auf der Erde von elementarster Bedeutung, das dürfte allgemein bekannt sein. Dass die Sonne ebenfalls eine elementare Einflussgröße für unseren Geist, unsere Psyche und unser Bewusstsein ist, ist sicher nur sehr wenigen bekannt. Als naturwissenschaftlich gesichert gilt, dass sie ihre Informationsübertragung durch das elektromagnetische und gravitative Spektrum ausführt. Bewusstsein und Stimmungslagen stehen in direktem Einfluss ihrer Aktivitäten. Seit etwa zehn Jahren zeigt sich die Sonne von einer nie zuvor beobachteten Aktivität. An ihrem Einfluss auf das Klima und Wetter der Erde nehmen wir nur den äußeren Teil ihrer Wirkkräfte zur Kenntnis. Das ungleich bedeutungsvollere an ihren Aktivitäten bezieht sich auf unsere Bewusstseinslage. Ein sehr großer Teil dessen, was wir als "Veränderung unseres Schlafmusters", unsere aggressive - und/oder depressive Stimmung erfahren, wird durch die Sonnenstürme hervorgerufen.

Wenn uns nun die Wissenschaftler der NASA darüber warnend informieren (Reuters, 6.03.2006)), dass die Sonnenaktivitäten bereits im Jahre 2007 ihre Aktivität noch verdoppeln, und im Jahre 2012 ihren Höhepunkt erreicht haben werden, so können wir uns auf einiges gefasst machen.

Ganz offensichtlich durchläuft unsere Sonne einen ganz besonderen Zyklus, wobei sich diese Besonderheit noch durch ein zusätzliches Ereignis ausweist. Könnten wir annehmen – vieles spricht dafür –, dass die Sonne einen naturgemäßen Prozess durchmacht, der uns Menschen zu einem höheren Evolutionssprung verhilft, dann wären die Ereignisse, die sich seit etwa 10 Jahren „vor der Sonne" ereignen, von einem unbeschreiblichen Ausmaß.

Tatsächlich werden, seit der NASA-Satellit „SOHO" seine Sonnendaten zur Erde sendet, Ereignisse sichtbar, die, bei einer ersten Betrachtung, als ein makaberer Streich anmuten. Zu erkennen sind Objekte, die offensichtlich einen Konflikt untereinander auszutragen scheinen. Die eine Gruppe von Objekten beeinflusst die Sonne, indem sie beispielsweise Geschosse auf sie „abfeuert", während eine andere Gruppe von Objekten dieses zu verhindern versucht. Beide Objekte weisen sich, rein äußerlich, durch ihre unterschiedlichen Formen aus. Was auch immer dort genau geschehen mag, die Ereignisse scheinen den Rahmen unserer Vorstellungskraft zu sprengen.

Der Photonengürtel

von Virgil Armstrong
Armstrong Associates, P.O. Box 20174, Sedona, AZ 86341, USA
übersetzt von Margarete Scheipner

„Dieser Text ist mir persönlich von Virgil übergeben worden und er hat mir bei unserer letzten Begegnung die Erlaubnis gegeben, es in meinem Buch zu übernehmen. Leider ist er schon gestorben, so freue ich mich, hier Euch diese Worte weitergeben zu dürfen!"

In letzter Zeit ist viel über den Photonengürtel und die begleitende manasische Strahlung gesprochen worden. Es handelt sich dabei um wissenschaftliche Begriffe für dieses bevorstehende spektakuläre Ereignis. Vor 33 Jahren, nämlich im Jahr 1962, gab die Wissenschaft erstmals zu, über dieses Phänomen zu wissen! Wir – also die Öffentlichkeit und auch hier nur einige wenige – wurden uns erst viel später dieses Ereignisses bewusst. Als ich zum ersten Mal vom Photonengürtel hörte, neigte ich aus Unwissenheit dazu, ihm nur wenig Beachtung zu schenken. Tatsächlich war meine erste Reaktion:

„Die Angstmacher haben wieder einmal zugeschlagen. Sie haben, einen neuen Dreh erfunden, um Geld zu verdienen." Mit dieser Einstellung machte ich einen fast kolossalen Fehler, doch Spirit setzte sich durch und gab mir zu verstehen, dass der Photonengürtel wirklich ist. Spirit sagte auch, dass ich das Phänomen verstehen und

die Welt über die wahre Wirklichkeit des Photonengürtels informieren müsse.

Dann fing ich an, dieses Phänomen ernst zu nehmen und nach umfangreichen Forschungen und Studien war ich bereit, an die Öffentlichkeit zu treten und über den Photonengürtel zu sprechen. Im Oktober 1994 hielt ich erstmals einen öffentlichen Vortrag darüber und zwar in Columbus, Ohio, gefolgt von einer umfassenden Vortragsreise durch Europa. Zu meiner Überraschung wurde dieses Thema überall enthusiastisch aufgenommen. Es folgt nun eine Darlegung dieses Phänomens.

Was ist der Photonengürtel?

Der Photonengürtel und die manasische Strahlung haben einen größeren Einfluss, als gemeinhin angenommen wird. Wissenschaftlich betrachtet ist es die Bewegung unseres Sonnensystems und seiner begleitenden Planeten um die Zentralsonne, nämlich Alkyone in der Konstellation der Plejaden. Diese zyklische Bewegung gegen den Uhrzeigersinn braucht 25.860 Jahre, um Alkyone einmal ganz zu umrunden. Unsere gegenwärtige Sonne, der Mond und die Planeten müssen in dieser Zeit zwei Mal durch den Photonengürtel, und zwar einmal im Norden und einmal im Süden. (Siehe Diagramm Seite 15.)

In diesem Zyklus gibt es zwei Perioden der Dunkelheit und zwei Perioden des Lichts. Die Perioden der Dunkelheit, die den Großteil der Rotation um die Zentralsonne ausmachen, bestehen aus zwei Perioden von je 10.500 Jahren plus zusätzlichen, scheinbar fakultativen 430 Jahren für jede der 10.500-Jahr-Perioden. (D. h.: 10.500 + 430 = 10.930 Jahre, mal 2 = 21.860 Jahre.)

Nach jeder Periode von 10.500 Jahren der Dunkelheit treten wir dann in 2.000 Jahre des totalen Lichts ein, wobei es sich tatsächlich um den Photonengürtel handelt. Zusammenfassend haben wir also 21.860 Jahre der Dunkelheit und 4.000 Jahre des Lichts (21.860 + 4.000 = 25.860 Jahre oder ein ganzer Zyklus/Umlauf).

Eine andere Art der Betrachtung dieses Phänomens liegt darin, dass wir währen eines ganzen Umlaufs fünf Sechstel Dunkelheit und ungefähr ein Sechstel Licht haben, also ein Verhältnis von 5:1, wobei die Dunkelheit vorherrschend ist. Überraschenderweise bewegen wir uns jetzt als Sonnensystem und Planet wieder einmal aus diesen etwas mehr als 10.500 Jahren der Dunkelheit heraus und bereiten uns vor, in den 2.000 Jahren des Lichts aufzugehen, was wir im Jahr 2000 zu erfahren beginnen. Die vorangegangene Erklärung ist die wissenschaftliche Darlegung des Photonengürtels, doch was bedeutet das von einem spirituellen Standpunkt aus?

Spirituelle Bedeutung

Sie könnten nun fragen: „Warum herrscht Dunkelheit oder der negative Aspekt auf unserer 26.000 Jahre dauernden Reise um die Zentralsonne vor? Warum gibt es nicht mehr Licht?" Wie bei allen Dingen in den Omni-Universen des Schöpfers hat alles seinen göttlichen Zweck und seinen Sinn. Alle Aspekte befinden sich untereinander in Synchronizität: Das Hohe mit dem Niederen, das Niedere mit dem Hohen oder, um ein kabbalistisches Gesetz zu zitieren, „Wie oben so unten, wie unten so oben". Es ist wichtig zu verstehen, dass göttliches Gesetz Sinn und Zweck hat. Was ich nun spirituell erklären werde, wird zu größerem individuellem Verständnis und Annehmen dessen führen, was sonst womöglich bestrafend und unsinnig erscheint.

Der Grund, warum wir fünf Sechstel Dunkelheit auf unserer Reise um die Zentralsonne erfahren, liegt darin, dass die göttlichen Mächte mit Zustimmung jener Erwählten unter uns übereingekommen sind, eine Welt der Negativität (Dunkelheit) zu erschaffen und zu erfahren, eine Welt der Polaritäten und der Illusion, voll von Angst, Urteilen, Kontrolle, Hass, Gier, Tod und vielem mehr. Dies war ein erdachter Plan, der dem Wunsch des Schöpfers entsprach, die wahre Natur der Negativität oder seines Schattenselbst besser zu verstehen. Diese explosive und unvorhersehbare Welt, die einem wahren Minenfeld gleicht, ist angelegt herauszufinden, aus welchem Holz diejenigen geschnitzt sind, die mit diesem besonderen Planeten, dem Planeten Erde, zu tun haben, wir sind das Medium, wodurch das Göttliche sich selbst erfahren und durch unsere individuellen und kollektiven Erfahrungen die Verstrickungen und Gefahren der Dunkelheit meistern kann. Wir sind einzeln auserwählt worden, um hierher zu kommen. Viele, die dies lesen oder hören, halten es vielleicht für verrückt, und doch ist es wahr. Wir sind einzigartig und einmalig. Wir sind das ausgewählte Medium (Planet), um die gesamte Negativität für unser ganzes Sonnensystem zu sammeln, anzuhäufen und zu transformieren. Wir sind die Mülldeponie und Misthalde für das gesamte Sonnensystem. Durch unsere Gedanken, Handlungen und Reaktionen dienen wir als Umwandler der gesamten auf uns geworfenen Negativität. Welch eine Aufgabe! Sie sehen also, was vielleicht als etwas völlig Negatives oder Unerhörtes angesehen wird, ist in Wahrheit mit Spirit und seiner göttlichen Mission hier auf der Erde erfüllt. Diese Mission liegt darin, durch uns die Negativität für sich zu erfahren und in dem Prozess zu lernen, wie sie schneller und dauerhafter überflüssig gemacht werden kann, wodurch überall ein besseres Leben und bessere Arbeit möglich ist. Wir und unser Planet sind somit wirklich einzigartig und etwas Besonderes. Zweifellos muss die nächste Frage wohl lauten: „Wie passt dies alles mit dem Photonengürtel zusammen?" Das ist eine komplexe Frage und bevor wir uns im Einzelnen damit beschäftigen, möchten wir zuerst feststellen, dass der Photonengürtel und die begleitende manasische Schwingung für und in sich Fahrzeuge der Transformation und Transmutation sind. Sie dienen als Wächter und als Mittel, um zu verhindern, dass nichts von der Negativität der Erde entweicht und die höheren Bewusstseinsebenen verschmutzt. Ober all diesem steht der Christus und mit diesem Wissen können wir gleich erkennen, dass der Photonengürtel und die manasische Strahlung die Aussendung des Christus und der Christusenergien ist. Nur wenn wir uns im Einklang mit diesen Energien befinden, können wir hoffen, dass wir bei der Annäherung und dem Eintritt in den Photonengürtel Teil davon werden und den negativen Einflüssen des Planeten Erde entkommen können. Sonst müssten wir zurück in die dritte Dimension kommen und alles von vorne beginnen. Wenn es auch ironisch scheinen mag, so war sich doch jeder Einzelne von uns, als er auf den Planeten Erde kam, der innewohnenden Gefahren bewusst, die das Leben und die Erfahrung der enormen Negativität auf der Erde mit sich bringen. Wir wurden auch informiert, dass wir dem Einfluss der Negativität nur durch ihre Meisterung entkommen können, was selbstverständlich von vornherein göttliche Absicht war, denn wie kann das Göttliche lernen und sich erfahren, wenn nicht durch uns?

Leider lernen manche langsamer als andere und es sind wiederholte Umläufe auf dem Rad (Zentralsonne) erforderlich, bevor die Lektion gelernt ist. Gewöhnlich schafft es ungefähr ein Drittel der Erdbevölkerung in jeder 10.500-Jahr-Periode.

Der Wille Christi lenkt die Weltkugel

Der Photonengürtel und das Christusbewusstsein

Kehren wir nun zum Christus und seiner Beziehung zum Photonengürtel zurück. Der Christus und seine Energien werden wiederholt in alten Texten erwähnt und es wird gesagt, dass wir nur dann hoffen können, das bevorstehende Elend zu überleben und den Photonengürtel zu durchqueren, wenn wir eins mit diesen Christus-energien werden. Die Prophezeiungen der Maya signalisieren das in einer tiefgründigen Feststellung, die besagt, „...Regierungen, Wissenschaften und Religion werden zusammenbrechen, wenn sie nicht bereit sind, das Christusbewusstsein anzunehmen und zu fördern." Das ist wiederum ein indirekter Hinweis auf den Photonen-gürtel und seine Christusenergien (die manasische Strahlung).

Alle veralteten, überkommenen und negativen Dinge - das betrifft auch Sie und mich - werden angesichts der hereinkommenden Christusenergien zusammenbrechen, außer Sie nehmen diese heiligen Wahrheiten an und leben sie. Als der große Avatar Jesus auf der Erde war, machte er dies deutlich: „Ich werde die Spreu vom Weizen und die Schafe von den Ziegen trennen." Das weist darauf hin, dass die Menschheit, wenn sie sich der Endzeit und dem Photonengürtel nähert, in zwei Lager geteilt sein wird: Jene, die das einströmende Christusbewusstsein annehmen können oder wollen (der Weizen und die Schafe), und jene, die das nicht können oder wollen (die Spreu und die Ziegen). Da wir uns dem Eintritt in den Photonengürtel nähern, welcher im oder um das Jahr 2000 stattfinden wird, wird dies alles umfassend klar werden. Beachten Sie auch, dass das Jahr 2000 unseren Eintritt in die vierte Dimension als Mensch, Planet und Bewusstsein markiert. Seien Sie daran erinnert, dass es vorbestimmt ist, dass unser Planet sicher in den Photonengürtel eintritt und ihn durchquert. Die einzige Frage ist, ob Sie und ich es ebenso harmonisch schaffen werden. Die Antwort ist ja, doch nur, wenn auch wir das eintretende Christusbewusstsein annehmen, beher-bergen und danach handeln können. Ich hoffe, dass ich Ihnen in diesem kurzen Überblick vermitteln konnte, dass es sich beim Photonengürtel um etwas viel Größeres als bloß astronomische oder wissenschaftliche Postulate handelt, die darlegen, wie das Sonnensystem und seine Planeten sich um unsere Zentralsonne Alkyone bewegen und wie unser Sonnensystem und die Planeten in diesem Verlauf 21.860 Jahre Dunkelheit und 4.000 Jahre Licht erfahren. Ich vertraue darauf, Sie überzeugt zu haben, dass der gesamte Prozess eine tiefgründige aufeinanderfolgende spirituelle Erfahrung ist, die direkt mit dem Christusbewusstsein zu tun hat.

Über die Wissenschaft hinaus

Beschäftigen wir uns nun eingehender mit dieser spirituellen Erfahrung. Gleich zu Beginn: Der Photonengürtel ist nichts wirklich Neues. In alten geschichtlichen Aufzeichnungen, vor allem der Griechen und Römer, gibt es viele Hinweise auf ein Goldenes Zeitalter, wo es bloß Licht, Liebe, Friede und Ruhe gibt, einen Ort, wo Tod, Krieg, Hunger, Krankheit und Armut unbekannt sind. Diese

alten Philosophen bezogen sich offensichtlich auf den Photonengürtel, jene 2.000 Jahre des Lichts. Wieder einmal befinden wir uns jetzt an einem Punkt, wo wir kurz vor dem Eintritt in diese phänomenale Periode des Lichts stehen, dem Goldenen Zeitalter der Vergangenheit und Zukunft. Wir schälen uns aus dem einengenden Kokon der Dunkelheit heraus, und wie ein Schmetterling können wir als etwas außerordentlich Schönes hervortreten, das heißt in unserem Lichtkörper und unserer vollkommenen Gemeinschaft mit dem Christus. Dieser Kokon der Dunkelheit ist trotz seiner Last und Negativität das Medium unseres Unterrichts und Lernens gewesen, damit wir uns wieder zur Rückkehr dorthin qualifizieren konnten, woher wir gekommen sind, dem Photonengürtel. Wir haben abermals die Gelegenheit, uns von den Fesseln dieser Welt der Illusion zu befreien, den Spiegel umzudrehen und somit unsere wahre Realität wahrzunehmen. Damit werden die Zwänge der Negativität, der Illusion, der Polaritäten, der Beurteilungen, der Kontrolle, des Hasses, der Gier, der Eifersucht, des Mordens und des Krieges wegfallen. Unsere spezielle Aufgabe auf dieser Erde, nämlich die Erfahrung und Meisterschaft von Negativität und Illusion, wird erfüllt sein, und wir können nach Hause gehen, dorthin, wohin wir rechtmäßig gehören. Da wir uns dem Photonengürtel und seiner Emanation, der manasischen Strahlung, nähern, werden wir uns des Christusbewusstseins und des Rufs zu den Waffen bewusst werden. Der Ruf zu den Waffen ist eine Deklaration des Christus, dass wir bereits lange genug in der Dunkelheit gewesen sind und dass es jetzt an der Zeit ist, nach Hause ins Licht zu gehen. In letzter Konsequenz liegt die Wahl jedoch durch unseren freien Willen bei uns. Der Prozess des Heimgehens ist allerdings nicht so einfach, wie es scheinen mag, denn wir müssen zuerst eine gewaltige Transformation erfahren, wodurch wir unsere Negativität beseitigen und unseren Lichtkörper annehmen können. Das wiederum wird uns aus den versklavenden Energien der dritten in die vierte und fünfte Dimension katapultieren - den Photonengürtel.
Dieser Quantensprung in die Zukunft ist nicht herkömmlich sondern erfolgt in einer Reihenfolge von jeweils einer Dimension. Jedoch aufgrund unserer im Gegensatz zu anderen Planeten unerklärbaren Weigerung, mit den Vorschriften des göttlichen Szenarios zu wachsen und zu reifen, müssen wir nun aufholen und das Niveau der

anderen Planeten erreichen, damit das Sonnensystem mit der göttlichen Absicht und dem geplanten Aufstieg Schritt halten kann. Wir müssen letztlich auf Gleich kommen, damit die gesamte Föderation der Planeten sicher in den Photonengürtel gelangen kann. Uns bleiben bis 2000 nur noch einige Jahre, um dies zu tun. Es handelt sich hier nicht nur um den Eintritt in den Photonengürtel, sondern auch in die vierte Dimension. Bis zum Jahr 2005, nach fünf Jahren im Photonengürtel, werden wir unser ultimatives Ziel erreicht haben, die fünfte Dimension! Eine interessante Tatsache: Die Verlorenen Bücher der Bibel - das heißt, die ursprüngliche und ungekürzte Version unserer jetzigen Bibel - stellen fest, dass das Zweite Kommen Christi im Jahr 2005 stattfinden wird. Dies bedeutet also, dass wir das Zweite Kommen des Christus erst erleben und erfahren werden, wenn wir die fünfte Dimension des Bewusstseins erlangt haben. Dann werden wir bereits unsere dichten Körper lange hinter uns gelassen haben und, ebenso wie es Christus immer tut, unsere Lichtkleider tragen.
Bevor dies allerdings geschehen kann, müssen wir zuerst hier auf der Erde einen völligen Umwandlungsprozess durchmachen. Unser Planet, unser Körper und unser Bewusstsein müssen eine viel höhere und intensivere Frequenz erreichen und in ihr schwingen, um das eintretende Christusbewusstsein beherbergen zu können. Fangen wir nun mit einem Aspekt der Transformation unseres Planeten an. Es wird geschätzt, dass die gegenwärtige Geschwindigkeit, mit der wir als Planet durch den Weltraum fliegen, ungefähr 29.000 Kilometer pro Stunde beträgt. Bedenken Sie dann einmal, dass vermutet wird, dass wir beim Eintritt in den Photonengürtel eine Geschwindigkeit von 335.000 km/h erreicht haben werden, was einer Zunahme von 306.000 km/h entspricht. Man braucht hier nicht besonders lange zu tüfteln, um zu erkennen, dass diese enorme Beschleunigung Zeit und Raum in Erkenntnisbereiche zusammenpressen wird, die jetzt unfassbar sind. Was allerdings angenommen werden kann, ist, dass alle weltlichen und körperlichen Dinge eine umfassende Transformation durchmachen müssen, um sich in Harmonie mit der Verdichtung und der beschleunigten Geschwindigkeit befinden zu können. Jede Zelle unseres Körpers, jedes Molekül und Atom wird neu geordnet werden, um (hoffentlich) unsere gegenwärtig dichten und sterblichen Körper in ein Gefährt des transformatorischen

Lichts umzuwandeln und um das eintretende Christusbewusstsein und seine Unsterblichkeit leicht aufnehmen zu können. Es heißt auch, dass in diesem Umwandlungsprozess unser gegenwärtig doppelstrangiges DNS-System in ein System von 12 oder 13 Strängen neu geordnet werden wird. Unsere Chakras werden auch neu geordnet und von 7 auf 12 oder 13 anwachsen, unsere Atome werden zunehmen und neu geordnet, um das einströmende Licht (Christusbewusstsein) leichter aufnehmen zu können.

Erdveränderungen

Bei der Theorie der Transformation scheint es vernünftig, dass unser geliebter Planet, ein lebendiger Organismus, auch eine Umwandlung durchmachen muss, um das Christusbewusstsein zu empfangen. Dieser Prozess wird durch die lang angekündigten Erdveränderungen hervortreten, was einer Auflösung der alten und überkommenen illusorischen Konzepte gleichkommt. Heute wird viel über die Erdveränderungen und wie sie uns als Einzelne und als Kollektiv betreffen werden, diskutiert und gemutmaßt. Zur Information sei gesagt, dass die Erdveränderungen bereits begonnen haben, und zwar in Form von jüngsten Erdbeben, Vulkanausbrüchen und unvorhersehbaren verheerenden Wettermustern. Um ehrlich zu sein, dies ist erst der Anfang, und es wird noch intensiver und tödlicher werden, doch wie sonst kann das Alte und Überkommene, sei es nun Planet oder Körper, gereinigt werden? In diesem Prozess wird nichts – und ich wiederhole, nichts – unberührt bleiben. Wir können völliges Chaos, Auflösung, Neuordnung und totale Zerstörung erwarten. Nichts und niemand werden verschont bleiben, das nicht in Harmonie mit dem göttlichen Christusbewusstsein ist. Trauriger-weise haben die Illuminati (die geheime Regierung) und die äußeren Weltmächte zu spät erkannt, dass ihre Verlagerung zum Mond, Mars oder in die Innererde, um die kommenden Erdveränderungen zu umgehen, umsonst war, denn der Mond, der Mars und die anderen Planeten müssen sich ebenfalls verändern, um zu überleben.

Vielleicht habe ich mit meinen obigen Ausführungen bei einigen Leserinnen und Lesern Angst hervorgerufen. Das war selbstverständlich nicht meine Absicht, und doch hat es einen Sinn. Massenhaftes Chaos und Zerstörung brauchen Sie nicht persönlich zu betreffen, auch wenn das für viele so ist. Ich habe in meinen Darlegungen immer wieder festgestellt, dass all diejenigen verschont bleiben, die die einströmenden Christusenergien annehmen und danach streben, in Liebe, Licht und Ausgeglichenheit zu leben. In diesem Prozess werden Sie Ihren neuen und wundersamen Lichtkörper erschaffen. Indem Sie „Obere" Ihren Lichtkörper aufbauen, werden Sie allen physischen und überkommenen Gesetzen gegenüber widerstandsfähig und schließlich unantastbar werden. Denken Sie daran, dass Sie im Lichtkörper eins mit dem Christus und der vierten Dimension sind. Daher ist ihr physisches Wesen also nicht dicht und besteht nicht aus Materie, und wie können Sie dann verletzt werden? Angst ist Nahrung für die dunklen und negativen Kräfte, ein Mittel, mit dem sie uns seit Jahrtausenden kontrollieren. Ohne Angst können sie uns nicht mehr kontrollieren und sie sind machtlos. Denken Sie daran, wenn Sie es am meisten brauchen. Nach diesem Überblick möchte ich nun einige allgemeine Erfahrungen vorstellen, die beim Eintritt in den Photonengürtel auftreten werden. Bedenken Sie, dass dies Teil dessen ist, was erwartet werden kann. Es wird noch viel mehr kommen, dessen wir uns noch nicht bewusst sind. Einiges davon ist bereits erwähnt worden, doch alles ist gleich wichtig.

Vorbereitung auf den Photonengürtel

1. Der Photonengürtel und die manasische Schwingung sind Mittel der Transformation. Der Photonengürtel ist die Heimat des Christus; die Strahlung ist die hervortretende Emanation des Christus. Vorausgesetzt, dass wir damit arbeiten, geben uns diese spirituellen Mittel die Gelegenheit, die gegenwärtigen Einschränkungen und Bindungen zu überwinden und dorthin nach Hause zu gehen, woher wir ursprünglich kamen. Die Wahl liegt allerdings bei uns. Der freie Wille wird Vorrang haben.
2. Die Sonnenfinsternis zu Neumond am 3. November 1994 und die vorhergehende Mondfinsternis im Jahre 1991 verstärkten die Liebe unserer Muttergöttin. Gemeinsam mit allem anderen wird unser Bewusstsein in einen Zustand der Ausgeglichenheit neu geordnet, in

dem wir zu gleichen Teilen an der weiblichen und der männlichen Energie Anteil haben, ebenso wie es bei Jesus war; wir werden androgyn, das heißt zu 50 % männlich und zu 50 % weiblich. Die Betonung liegt auf dem Weiblichen, da die männlichen Energien jetzt gegensätzlich, überkommen und zu fixiert sind. Man braucht sich bloß in der Welt umsehen und den Wahnsinn des Mannes in Jugoslawien, Somalia, Ruanda, Haiti, Russland und ja sogar in den Vereinigten Staaten betrachten. Das Weibliche muss diese alten männlichen Muster transzendieren und transformieren, bevor die Christusenergien hier auf der Erde ausgeglichen sein können. Wenn wir überleben wollen, halten wir Ausschau nach den sanften Männern und den starken Frauen. Ihr Frauen, denkt daran: Eure größte und heiligste Kraft auf der Erde ist eure Weiblichkeit! Sie ist die Zukunft und der Weg. Umfasst und genießt eure neu gefundene Männlichkeit, aber haltet sie im Gleichgewicht mit eurer Weiblichkeit, denn das ist die wahre Kraft.

In diesem Transformationsprozess werden wir uns alle über Probleme mit unserer eigenen Wertschätzung, Beziehungen, Finanzen, Gesundheit, Beruf und jeder Facette unserer physischen Wirklichkeit bewusst werden. Wir können unsere alten Muster der Ablehnung nicht mehr unterdrücken und verstecken. Das Subjektive, unterordnende (Weibliche) wird heraufkommen und das Verborgene und Nutzlose freilegen, damit man sich jetzt damit auseinandersetzt; dies ist auch der Grund für die große Unzufriedenheit, die zurzeit zu bemerken ist. Die Zeit des Sich-Vormachens und der Illusion ist vorbei. Der weibliche Strahl ist ein transformierender Strahl, der Liebe und Annahme aller göttlichen Dinge bietet.

3. Zwölf größere Ereignisse werden hier auf der Erde in der Zeit ab jetzt bis zum Eintritt in den Photonengürtel geschehen. Sie sind so angelegt, dass sie die alten und überkommenen dreidimensionalen Energien - Sie und mich eingeschlossen - entweder zerstören oder reformieren. Die Logik deutet darauf hin, dass eines dieser Ereignisse der letzte und endgültige Krieg ist, höchstwahrscheinlich im Nahen und Mittleren Osten. Dieser Krieg wird zwei Ziele haben: (1) Die alten, überkommenen männlichen Energien zu zerstören, um das neue und friedfertige Männliche vorzubereiten und (2) die neuen weiblichen Energien in eine Führungsrolle zu bringen. Anschließend wird es zu einer Integration dieser beiden Energien kommen, um das neue männliche und weibliche Bewusstsein hervorzubringen, welches die einströmenden Christusenergien begleiten wird, das heißt die neue Verkörperung der Menschheit als Mann und Frau.

Das Bewusstsein reformieren

4. Um mit der Beschleunigung und der Verdichtung von Raum und Zeit fertig zu werden, muss unser physischer Körper neu geordnet und ausgerichtet werden, damit das Christusbewusstsein leichter einströmen kann. Einige dieser Neuordnungen werden mit den Schlüsselelementen des physischen und ätherischen Körpers zusammenhängen. Es wird die Neuausrichtung unseres gegenwärtigen Bewusstseins erwartet; Neuausrichtung der Chakras (zurzeit sieben) auf zwölf oder dreizehn; eine Zunahme der DNS-Stränge von zwei auf zwölf oder dreizehn; ein Ausgleich der weiblichen und männlichen Energien, um einen Zustand der Androgynität zu erreichen; und eine Beschleunigung unserer Atome entsprechend dem hereinkommenden Licht und Bewusstsein. Zusätzlich wird die Zirbeldrüse, die jetzt ungefähr erbsengroß ist, wieder ihre ursprüngliche Größe eines 25-Cent-Stückes (entspricht der Größe einer 5-Schilling-Münze, Anm. d. Ü.) annehmen. Alle Rezeptoren werden aufwachen.

Alle, die dies erfahren, werden hellsichtig, hellhörig, hellfühlend und noch mehr werden. Ebenso wie Jesus werden wir große Seher, Heiler und Propheten sein. Das wird uns in nächster Zukunft sehr nützen. Vor allem jetzt müssen wir unseren Willen dem Göttlichen überantworten. In dieser Feststellung liegt eine tiefgreifende Wahrheit, aber sie beinhaltet auch eine Gefahr. Jetzt ist es entscheidend, dass wir eindeutig unsere Absichten qualifizieren und sicherstellen, dass unser Pfeil der Absicht auch das angepeilte Ziel trifft. Das Göttliche muss mit Feststellungen wie „an den einen und einzigen Schöpfergott", „an Mutter Maria" oder „an den einen und einzigen Christus" mit Sicherheit formuliert werden. Wenn das nicht der Fall ist, dann wird jede Feststellung in Form einer Affirmation sofort von den dunkleren Mächten aufgenommen und gegen uns und die Menschheit verwendet werden. Denken Sie also daran zu qualifizieren. Lassen Sie keine Zweifel oder Unsicherheiten offen. Seien Sie sich bewusst, dass Gedanken Energie sind und wirklicher *als der physische Körper; daher müssen sie kontrolliert und besonders gerichtet sein.*

5. *Indem unser Körper und unser Bewusstsein sich ins Licht reformieren, werden Gedanken und nicht körperliche Handlungen auf der Tagesordnung stehen. In diesem neuen Modus sind „ätherische Gedanken" in der Wirklichkeit realer als physische Handlungen - was Sie denken ist in dem Augenblick das, was Sie sind. Da wir uns im Bewusstsein der vierten Dimension befinden, sind wir ätherisch und allem ausgesetzt. Jeder von uns wird wie ein Fernsehbildschirm sein und die Gedanken heraus projizieren, so dass alle sie sehen und hören können. Gier, Bosheit, Habsucht, Hass, Lüsternheit, Betrug und Unehrlichkeit können nicht mehr verborgen werden. Im Augenblick, in dem man es denkt, ist man es auch schon. Sie werden zu einem offenen Buch, nur mit den Fesseln behaftet, die Sie sich selbst für den Augenblick schaffen und die wiederum sofort mit Liebe, Licht und Vergebung wieder ins Lot gebracht werden müssen, wenn Sie nicht den innewohnenden Bestrafungen unterworfen und womöglich aus der vierdimensionalen Wirklichkeit zurück in die dritte Dimension ausgestoßen werden wollen. Dreidimensionale Schwäche wird zweifellos nicht toleriert werden. Wenn wir andererseits wahrlich und fest mit dem Licht des Christus und seinem Goldenen Zeitalter umhüllt sind, sollte keine dieser Abweichungen auftreten, und falls es doch einmal vorkommt, muss sofort alles aufgelöst werden, sonst wird es Wirklichkeit und als Folge bringt es einen sogleich in die dritte Dimension zurück. Ich frage mich, wie viele von uns jetzt auf diesem Planeten diese Erfahrung in der Vergangenheit bereits gemacht haben.*

6. *Unsere Welt der Illusion und Polaritäten wird zusammenbrechen. Wenn wir bald in die Nullzone des Photonengürtels gelangen, werden sich diese Scheinwirklichkeiten, die uns von jenen, die uns hierher gesetzt haben, auferlegt wurden, auflösen und uns nackt, verletzlich und bloß hinterlassen. Dies wird das Umdrehen des Spiegels darstellen und Sie und mich dazu bringen, die wahre Seite der Wirklichkeit anzusehen. Einen Augenblick lang sind wir vollkommen verletzlich, wehrlos und verwirrt. Trotzdem müssen wir in uns in diesem Augenblick entscheiden: Möchte ich das Alte und Überkommene aufgeben, möchte ich mutig ins Licht treten und das wiedererlangen, was rechtmäßig immer mein war, meine*

Christusschaft? Wenn wir uns dafür entscheiden, die alten und überkommenen Wege weiterzugehen, können wir wieder mehr als 10.500 Jahre der Dunkelheit erwarten.

Aufstieg in die vierte Dimension

7. In der Vergangenheit hat unser Planet seine Sonnenachse bereits mehr als 330 Mal verändert. Dies geschah nicht zufällig, sondern wurde von jenen eingerichtet, die uns als ultimative Kontrolle hierher gesetzt hatten. Trotz der Absicht der Kräfte, sich dem Photonengürtel zu nähern und in Harmonie mit dem Rest des Sonnensystems sein zu müssen, ist die Umkehrung unseres Magnetpoles ein Muss. Es taucht manchmal die Frage auf, ob wir als Planet zurückkommen werden und es wieder machen. Zweifellos haben wir das in der Vergangen-heit getan, doch diesmal werden wir besondere Dispens erhalten und nicht aufgefordert sein, es wieder zu tun, denn es scheint, dass unser Planet die Anforderungen zum Aufstieg in die höheren Bereiche mehr als erfüllt hat. Der Planet wird aufsteigen, aber werden es auch wir als Individuum? Das liegt selbstverständlich bei jedem einzelnen. Wir werden es zu gegebener Zeit wissen.

Eine weitere häufige Frage lautet: „Wenn unser Planet unser Sonnensystem verlässt, was geschieht dann mit den Seelen, die es jetzt nicht schaffen?" Für diese Unglücklichen gibt es einen anderen Planeten, einen neuen Planeten Erde, der sich zur Zeit in der vierten Dimension (Äther) befindet; zu diesem Planeten werden diese Unglücklichen körperlos gehen, um tiefen Schlaf und tiefe Ruhe zu erfahren, bevor sie vorbereitet und neu konditioniert werden, um wieder auf die Erde zu kommen und weitere 10.500 Jahre der Dunkelheit zu erfahren. Da unser gegenwärtiger Planet in die vierte Dimension aufsteigt, wird der andere Planet entsprechend in die dritte Dimension herunterkommen und uns als neuer Planet Erde ersetzen.

8. Indem all diese Phänomene, die mit dem Eintritt in den Photonengürtel zusammenhängen, auftreten und unter uns dramatische körperliche, seelische und geistige Veränderungen bewirken, halten Sie Ausschau nach Massenlandungen von freundlichen Außerirdischen, die kommen werden, um den Bedürftigen und Würdigen zu helfen, die kommenden apokalyptischen Veränderungen zu überleben. Achten Sie auf ihre erste Ankunft Ende 1995 und Anfang 1996. Es wird vorausgesagt, dass das Jahr 1996 ein entsetzliches sein wird, in welchem die Masse der Menschheit, die das hereinkommende Christusbewusstsein nicht annehmen will oder kann, ausgelöscht wird. Dieses einströmende Christusbewusstsein wird keinen Unsinn oder Widerstand dulden, denn das Alte und Überkommene muss gehen, um Platz für das Neue zu schaffen. Dies schließt Regierung, Wissenschaft und Religion mit ein. Alle Aspekte unseres dreidimensionalen Lebens müssen zum Licht und zur Göttlichkeit zurückkehren, wenn wir Überleben wollen. Ein weiterer Aspekt der Massenlandungen hat mit einer Erklärung an die Weltregierung zu tun: „Wir sind hier; wir haben die Verantwortung. Wir laden Euch ein, uns in der Bruderschaft der Menschen beizutreten. Wenn Ihr nicht wollt, müsst Ihr die letztendlichen Konsequenzen tragen." Noch eine Anmerkung zum Vorherigen: Es wird vermutet, dass bei der Annäherung des Photonengürtels enorme Strahlung auftritt. Die Strahlung in der Nähe der Nullzone wird so zerstörerisch sein, dass sie zweifellos die weltweiten Atomwaffenlager und -reaktoren ungünstig beeinflussen wird. Sollte das geschehen, würde der gesamte Planet vernichtet werden und als Folge den erfolgreichen Aufstieg unseres Planeten und Sonnensystems in die vierte Dimension zum Entgleisen bringen. Daher werden die Massenlandungen mit ihrer überragenden Intelligenz diese monumentale Bedrohung neutralisieren und/oder dematerialisiere.

9. *Halten Sie während unserer Annäherung an den Photonengürtel Ausschau nach häufigen Begegnungen mit den Engelscharen. Die Wahrnehmung dieser erhabenen Wesen wird für jene häufig werden, die sich mit dem einströmenden Christusbewusstsein im Einklang befinden. Unter diesen mächtigen Engelkräften wird Lord Michael, unser Mentor und Wächter, erscheinen. Er wird mit Entschiedenheit und Klarheit alles entfernen, was entfernt werden muss, um eine neue Weltordnung und eine neue Ordnung zu erschaffen.*

10. Die Tiere werden menschenähnliche Eigenschaften und ein ebensolches Verständnis annehmen, und das ist auch gut so, denn da wir die Bereiche unseres früheren Verständnisses verlassen und in unsere Göttlichkeit eintreten, werden die Tiere hervorkommen, um die Leere auszufüllen und sich auf eine menschennahe Ebene erheben. Gleichlaufend damit erwarten Sie auch, dass die niedrigere Welt der Elementarwesen und Naturgeister sich zum Menschsein entwickelt. Zurzeit sind sie menschenähnlich und berechtigt, ihr volles Menschsein anzunehmen.

11. Erwarten Sie massive Abnahmen in unseren Magnetfeldern (unserer Gravitation und Dichte). Da wir Licht werden, werden diese Elemente nur geringe oder gar keine Herrschaft über uns haben, denn sie werden die Qualität der Einschränkung verlieren.

12. Wie Sheldon Nidle bereits in seinem Buch "You are Becoming a Galactic Human" („Du bist dabei, ein galaktischer Mensch zu werden") feststellte, können wir erwarten, in nächster Zukunft voll bewusste Wesen zu werden, die mit interdimensionalen Energien und Wesen arbeiten. Dieses Bewusstsein wird uns nicht nur erlauben, in die vierte Dimension integriert zu werden, sondern wird uns die Möglichkeit bieten, Zugang zu parallelen Dimensionen zu erlangen, die 90 Grad von unserer gegenwärtigen Wirklichkeit entfernt sind. Wie aufregend! Vielleicht nehmen dann die Dinge, die in der Nacht holtern und poltern Form und Gestalt an.

13. Erwarten Sie, bei unserer Annäherung an den Photonengürtel avantgardistische Farben, Formen und Konfigurationen heiliger Geometrie zu sehen. Die Himmel werden wie von Feuer verzehrt aussehen. Machen Sie sich allerdings keine Sorgen, denn dieses Phänomen ist kaltes Feuer und wird Sie nicht verletzen. Es ist nur ein Zeichen dafür, dass wir uns unserem endgültigen Ziel nähern: Dem Photonengürtel und dem vollkommenen Christusbewusstsein.

14. Ebenso wie unsere persönlichen und planetaren Bereiche der Wirklichkeit und des Verständnisses transformiert werden, ist dies auch bei den höheren angrenzenden Bereichen der Fall. Denken Sie an das kabbalistische Axiom „Wie oben so unten, wie unten so *oben". Eines der spektakulärsten und angekündigten Ereignisse ist der mögliche Wechsel unserer Zentralsonne von ihrer Geburt in der Konstellation der Plejaden in die des Sirius. Es scheint, dass die Leute vom Sirius uns viel freundlicher gesinnt sind als die Plejadier. Dies bringt kolossale Veränderungen in der Zukunft unseres Sonnensystems mit sich. Zurück zu den Plejadiern und einer persönlichen Bemerkung: 1988 hatte ich die Gelegenheit, mich zurückzuführen und mir das Versinken des alten Kontinents von Atlantis anzusehen. Sehr zu meinem Missfallen entdeckte ich ein Element plejadischen Ursprungs, und sie (als damalige Herrscher von Atlantis) waren für die katastrophalen nuklearen Explosionen verantwortlich, die schließlich zum Untergang des großen Atlantis führten. Daher überrascht es mich nicht, dass Überlegungen bezüglich des Sirius als neuer Standort statt unserer derzeitigen Zentralsonne im Entstehen sind.*

Schlussfolgerungen

Die Würfel sind gefallen, und die Botschaft ist klar. Die Zeit der Unentschlossenheit ist vorüber. Sie müssen sich entscheiden, wo Sie und Ihr Bewusstsein stehen. Die Ermahnung der großen Lehrer „Ich werde die Spreu vom Weizen trennen" wird aktuell. Die Flitterwochen sind vorbei. Das Alte und Überkommene muss sich nun dem einströmenden Christusbewusstsein beugen und es fördern, sonst wird es wie ein dürrer Zweig im Wind brechen und nicht mehr sein. Die transformatorischen Veränderungen auf allen Ebenen sind unwiderruflich. Nichts kann der unaufhaltsamen und kompromisslosen Reinigung von Erde, Körper, Seele und Geist entkommen. Spirit wird seinen Weg nehmen; der Tag ist gekommen. Sie und ich sind göttlich, und daher haben wir das große Privileg zu entscheiden, wo wir sein möchten, mit oder ohne Spirit oder Christusbewusstsein.

Die Alten sprachen unermüdlich von vergangenen Tagen, als Mensch und Tier in ewiger Liebe, Licht und Frieden lebten; einem Ort, wo Krieg, Seuchen und Krankheit unbekannt waren und der Mensch in ständiger Gemeinschaft mit dem Göttlichen lebte. Wir nähern uns wieder diesem großen Zeitalter, nämlich dem Photonengürtel. Energien, die den Wandel ankündigen, sind bereits unter uns. Man betrachte bloß die Disharmonie in Beziehungen, Regierungen, Wissenschaft und Religion. Sehen Sie sich nur die ständigen Fehler und Zusammenbrüche von Finanzinstitutionen an, zuletzt einer englischen Bank, bei der sogar Mitglieder des Königshauses, vor allem die Königinmutter, über US $ 500.000 verloren. Es wird noch mehr kommen, da Spirit die Illusion in spirituelle Wirklichkeit umwandelt. Seien Sie sich auch bewusst, dass dem Planeten Erde ebenfalls dramatische und reformierende Veränderungen bevor-stehen (die kommenden Katastrophen), die alle göttliche Ordnung besitzen, um die Erde für den Aufstieg in die höheren Bewusst-seinsebenen, die vierte und fünfte Dimension, vorzubereiten.

Diejenigen unter uns, die die einströmenden Christusenergien nicht annehmen können, wird unser Planet, der lebendige Organismus, abschütteln wie ein Hund das Wasser. Eine falsche Schlussfolgerung, die ich oft in Europa und manchmal in Amerika höre, ist, dass UFOs während der Erdveränderungen die Bevölkerung vom Planeten weg in Sicherheit bringen würden. Diese Annahme ist falsch und gefährlich! Die „guten" ETs werden nicht in unseren freien Willen eingreifen und werden uns nicht vom Planeten wegbringen, außer im äußersten Notfall, und auch dann nur vorübergehend, bis die Gefahr vorbei ist und wir wieder unsere Bestimmung aufnehmen und erfüllen können. Außerdem wird nicht jeder weggebracht werden - nur diejenigen, die es verdient haben. Gehören Sie dazu?

Der Aufstieg von der dritten in die vierte und fünfte Dimension ist einfach, wenn wir den Regeln Gottes folgen: Gehen Sie in Ihrem Leben den Weg der Liebe und Vergebung, erkennen Sie das höchste Wesen des Schöpfers, der Unendlichen Intelligenz oder wie immer Sie es nennen wollen, an. Legen Sie die Angst ab, denn sie ist Nahrung für die Mächte der Dunkelheit und hält Sie gefangen. Da wir dem Photonengürtel und dem einströmenden Christusbewusstsein immer näher kommen, wird unser Körper große transformatorische Veränderungen durchmachen, und das hoffentlich „in Einklang mit uns selbst". Unser Körper wird sich von einem physischen in einen Lichtkörper umwandeln, der den Photonengürtel und das ein-strömende Christusbewusstsein fördern *kann. Die Schlüssel dazu sind Liebe und Vergebung, kein Beurteilen mehr und das Auslöschen von Angst.*

Außerirdisches Eingreifen

Für die nahe Zukunft können wir schließen, dass wir Erdbewohner Zeuge sein werden, wie die Kontrolle der Mächte der Dunkelheit, die uns in den vergangenen 10.500 Jahren regiert haben, zu einem Ende gelangt. Dies wird durch offene Konfrontationen zwischen den „guten" UFOs (Lichtkräften) und den „bösen" UFOs (Kräften der Dunkelheit) geschehen. Wir persönlich werden diesen Endkampf am Himmel beobachten. Darauf folgend werden die als UFOs auftretende Kräfte des Lichts Massenerscheinungen hier auf der Erde bewerkstelligen, gefolgt von Massenlandungen. Die enorme Geheimhaltung und Kontrolle über die Massen durch die Welt- und lokalen Regierungen wird vorbei sein, und sie und wir werden entsprechend eingeschätzt werden.
Es ist weiters interessant, dass der Zweck des Hubble-Teleskops nicht der ist, den man uns glauben machen möchte, nämlich Nuklearwaffen zu erkennen und abzuwehren oder die Strategische Verteidigungs-initiative (SDI). Stattdessen ist es ein Frühwarnsystem für außerirdisches Eindringen der schlechten Art. Weltführer haben die Welt wiederholt indirekt vor einer möglichen außerirdischen Intervention gewarnt, angefangen mit dem früheren Generalsekretär der Vereinten Nationen, Dag Hammerskjöld, über den pensionierten General Douglas MacArthur, Präsident Reagan, General Nathan Twining, der kommandierender General der U.S. Luftwaffe war, und Michael Gorbatschow. Am direktesten drückte es General MacArthur in seiner Abschiedsrede vor dem Kongress der Vereinigten Staaten aus, als er sagte: „Meine Herren, der nächste große Krieg wird nicht irdischer, sondern außerirdischer Natur sein." Was wusste der General damals in den fünfziger Jahren, was wir nicht wissen?
Bemerkenswert war auch die Äußerung Ronald Reagans vor der Generalversammlung der Vereinten Nationen (paraphrasiert): „Ich frage mich oft, ob wir als globale Gemeinschaft und eine Familie von Nationen angesichts einer außerirdischen Invasion nicht unsere Differenzen bei Seite legen und solidarisch zusammenstehen

müssten, um diese ominöse außerirdische Bedrohung abzuwehren?" Das bringt uns zurück zum Hubble-Teleskop, das, wie bereits erwähnt, ein Frühwarnsystem für die besagte außerirdische Invasion ist. Das Objekt der ET-Invasion ist der Planet Wormwood, der manchmal auch Niburnal, Nibiru, Marduk oder Phaeton genannt wird. Der Wormwood-Planet hat uns hierher gesetzt und unseren Planeten als seinen persönlichen Grund und Boden und als sein Eigentum betrachtet. Sie haben uns über Jahrtausende kontrolliert und manipuliert. Dieser sehr große Planet befindet sich bereits in unserem Sonnensystem und wird durch das Hubble-Teleskop beobachtet.

Die Weltregierung ist sich seiner Existenz selbstverständlich bewusst, doch sie wagt es nicht, uns darüber zu informieren, denn sie befürchtet eine Massenpanik. Neben unserem größten Feind, wir selbst und unsere Angst vor dem Unbekannten, ist der Wormwood-Planet unsere letzte und größte Herausforderung, bevor wir als Menschen und Planet in die höheren Bereiche aufsteigen und den Photonengürtel und das Christusbewusstsein betreten. Dieses Schicksal ereilt uns unvermeidlich ungefähr alle 3.600 Jahre, um uns zu terrorisieren und uns wieder unter Wormwood-Kontrolle zu bringen. Zu diesem Zweck haben sie in der Vergangenheit wiederholt unsere Polachse umgekehrt und uns so völlig machtlos gemacht und einen totalen, aber reparablen Gedächtnisverlust verursacht. Dies führt uns also wieder zurück zu den Massensichtungen und -landungen von UFOs, die Ende 1995 oder Anfang 1996 auftreten werden. Seien Sie sich bewusst, dass die Weltregierungen dieses Phänomen namens Wormwood-Planet und seine tödlichen Absichten kennen und sich so gut wie möglich vorbereiten, um die geplanten auslöschenden Wirkungen auf unseren Planeten abzuwehren oder zu mindern. Diese Verteidigungsmaßnahmen können allerdings nur unzureichend sein, denn die Technologie und Fähigkeit der Wormwood-Leute übersteigt unsere fortschrittlichsten technischen Erfindungen bei weitem. Es wird massive Eingriffe von freundlichen außerirdischen UFOs zu unseren Gunsten geben, da den Kräften der Dunkelheit diesmal nicht erlaubt werden wird und kann, uns zu vernichten. In einem solchen Fall würden alle Planeten unseres Sonnensystems nicht erfolgreich in den Photonengürtel eintreten können. Den Photonengürtel (Christusbewusstsein) als Planet zu

betreten ist unser einziger Zweck und unser vollkommenes Ziel. Zu bedenken ist allerdings, ob Sie und ich erfolgreich dabei sind. Unser freier Wille und unsere persönliche Entscheidungsfreiheit zählen.
Wie bereits erwähnt, wird vorhergesagt, dass nur ungefähr ein Drittel der Weltbevölkerung sich erfolgreich entscheiden wird, in die Bereiche des Photonengürtels aufzusteigen. Diese zwei Milliarden Seelen werden wieder in dem so häufig von den Alten erwähnten Goldenen Zeitalter leben und es genießen. Werden Sie dazugehören?

Anmerkungen

1. Im Jahr 2000 treten wir in den Photonengürtel und damit in die vierte Dimension ein.

2. Der Photonengürtel ist das, was die alten Griechen und Römer als Goldenes Zeitalter bezeichneten - das Zeitalter des Friedens. Es gab dort keinen Krieg, Hunger, Seuchen und so weiter, nur Licht

3. Spirituell gesehen ist der Photonengürtel die Wohnstätte des Christus, die manasische Strahlung (die Strahlung und Emanation des Christus).

4. Die Nullzone ist der Bereich vor der Transformation, wo das Alte und Überkommene transmutiert oder zerstört wird. Es ist die Trennung des Weizens von der Spreu. Die Intensität des Lichts nimmt zu.

5. Rechts oben befindet sich der Planet Erde für die Seelen, die nicht ins Licht gehen werden. Indem wir aufsteigen, steigen sie herab und werden der neue Planet Erde. Neue Lebensformen wiederholen weitere 10.500 Jahre der Negativität und Dunkelheit.

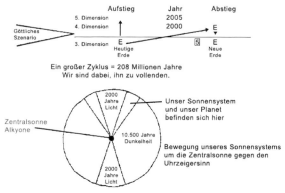

5. Biopantholos

Schule für ganzheitliches Denken, Erfahren und Be-Greifen

Ausbildungskurs :

W-erde, was Du bist! ®
Werde Energetiker!

Unser Denken:

Der Mensch ist das Verbindungsglied zwischen Himmel und Erde und findet seine Be-Stimmung in der Bewusstwerdung seiner Aufgabe. Unsere Schule ist ein Ort dafür.
„Für edle Seelen vorzuführen ist (unser) wünschenswertester Beruf" (Goethe, Vermächtnis). Wir wollen unsere Wegerfahrungen weitergeben.

Unser Glaube:

Wir glauben fest daran, dass der Mensch der Zukunft nur dann erfolgreich sein kann, wenn er ehrlich ist. Ehrlichkeit ist der Ausdruck und Verwirklichung meines Inneren. „Werde, wer Du bist!" sagt Nietzsche. „W-Erde, was du bist!" sagen wir, die Lebens-Werkstatt. Nur das, was ich bin, kann als Ausdruck im Außen verwirklicht werden. Doch das ist etwas, was ich erforschen, erleben, erarbeiten und benennen muss, bevor ich es nach außen tragen kann. „Ich glaube" heißt auf Latein „credo". Das kommt von cr = cor, cordis = das Herz, das Gemüt, das Bewusstsein und „do" heißt:

geben, handeln, also öffnen. Wer sein Herz nicht öffnet, erkennt sein Inneres nicht. Hier ist eine Schule, wo Hingabe, das Wiedererinnern, die Selbsterkenntnis und das Be-greifen gelehrt werden. Wir sehen uns als eine mystische Schule in alter Tradition, die für die jetzige Zeit im Wassermannzeitalter neue Standards setzt. Lebt der Mensch seinen Beruf seiner Berufung entsprechend, erfüllt er seine Bestimmung und erdet, was er ist.

Der Energetiker

Ein neues Zeitalter hat begonnen. Eine neue Kultur wächst heran, die das Leibliche über das Geistige stellt und damit das Verhältnis von männlichen und weiblichen Kräften in der Welt ins Gleichgewicht erhebt. Die inneren Kräfte von Leib, Gefühl und Sinnhaftigkeit werden den äußeren Kräften von Hirn, Verstand und Funktionalität entgegengesetzt. Ausdruck dieser neuen Entwick(e)lung im Gesundheitswesen ist der postpostmoderne neue Beruf des „Energetikers", der eine so große Verbreitung erlangt hat, dass diese Berufsgruppe z.Z. in Österreich die größte Gruppe in der Wirtschaftkammer bildet.

Platon, der antike Philosoph, sagte, dass es zwei Arten der Wissensgewinnung gibt. Einmal gibt es die Wissen-schaftler-ei, die auf empirischen Erkenntnissen, also auf Erfahrungen aufgebaut ist. Das passiert mit der linken Gehirnhälfte, die für die rechte, männliche Seite des Körpers zuständig ist. Die andere Art der Wissensgewinnung nach Platon ist die Anamnesis. Es ist „*die Wiedererinnerung der Seele an Wahrheiten (...), die diese vor der Geburt bei der Ideenschau aufgenommen hat*" (Zitat Wikipedia), die mit der rechten Gehirnhälfte und unserer linken Seite, wo das Herz liegt, in Verbindung steht.

Die Schulmedizin hat keine Erklärungen für Krankheiten. Sie können sie nur „wegmachen", also wegschneiden oder betäuben.

Wenn jemand Arzt werden will, dann ist das ein langwieriger Prozess. Viele Semester Grundstudium, Vordiplome, Turnuszeit, Spezialisierungen und Doktorarbeit. Wenn er dann auf den Prager Eid zum Arzt vereidigt wird, hat er schon viel Blut gesehen, viele Pillen verschrieben und unzähliges Leid erfahren. Doch dann ist er/sie Herr oder Frau Doktor und damit eine Autorität. Sein/ihr Wissen basiert auf 300 Jahre Forschung und Wissenschaft.

Wenn jemand Energetiker werden will, das ist jetzt der neue und moderne Oberbegriff für die Gruppe der Rutengänger, Geistheiler, Schamanen, Lebens-Energie-Berater und über 200 anderer Berufe einer neuen Kammergruppe, die in Österreich schon 11000 Mitglieder und 11000 unangemeldete hat, also, wenn jemand ein Energetiker werden will, dann braucht er eine Berufung, die aus seinem Inneren kommt. Er braucht ein Talent und den Zugang zu einem inneren Wissen, das mann/frau nicht so leicht erlernen kann. Dieses Wissen basiert auf eine Tradition, die schon über 6000 Jahre alt ist, also so lange, wie die Menschheit denken und schreiben kann. Dieses Wissen ist in jedem Menschen in seiner rechten Gehirnhälfte vorhanden und je nachdem, welchen Zugang er/sie dazu hat, desto mehr wird es Wirklichkeit für die betreffende Person.

Diese Tradition will keine Krankheit vertreiben, sondern verstehen und be-greifen. Diese Tradition suchte immer nach dem „Warum" und „Weshalb" und sieht Krankheiten als Folge von Schocks und Konflikten. Der Energetiker versucht mit seiner Arbeit dem Menschen zu helfen, diese Ursachen zu finden und zu verstehen, damit er sein Verhalten verändern kann, um sich (ihn) zu ent-wickeln (den Faden des Unbewusstseins um die Erkenntnis des Lichtes). Das alte Wissen wusste genau, dass, wenn die Ursache erkannt, verstanden und gelöst wird, dann die Natur (des Menschen), befreit vom falschen Denken, den Körper auf natürliche Weise heilt, ohne Chemie oder Wegschneiden.

Ausbildungsplan:

1) **Teleologische Lebensbestimmung. (Wer bin ich? Was ist meine Aufgabe und Bestimmung?)***

2) **Heil-Raum-Gestaltung - eine neue Geomantie!**
    a) Ich spüre, also bin ich! (Einführung in ganzhl. Radiästhesie)
    b) Mutter Erde und ihre Engel! (Neues Verständnis von Raum-Körper-Leben)
    c) Lebens-Wunde! (Radiästhesie als Lebenshilfe)

       d) Atmosphärische Reinigung! (Technik und Ritual)

3) Das Wasser des Lebens. (Wasserenergetisierung und -reinigung)

4) Eleuthonomie -   Befreiungsarbeit im neuen Jahrtausend!
       a) Heilige Invasion. (Öffnung des Energiekörpers)
       b) Entankerung (Gegenseitige Auflösung von Verletzungen, Ängsten und Unwissenheiten)
       c) Liebes-Werkstatt (Die Liebe zwischen Mann und Frau als Heilarbeit)

5) Märchenspiel und mythische Reisen (Lernen mit anderen Mitteln)

6) Atem, Trance und böse Geister (Umgang mit der dunklen Seite)

7) Liebe, Geld und gute Worte (Widerstände der Wertschätzung)

8) Signaturlehre im Rhythmus des Jahres (Die Sprache der Welt   seit Jahrtausenden)

9) Die Pflanzen der Götter (Aphrodisiaka aus der Natur für die Natur der Liebe)

10) Neuer Umgang mit Erziehung („Angst vor den Monstern!")

11) Große Heiler, Heil-Training und seine Folgen („Es gibt keine Krankheiten!")

12) Vergangenheit und Zukunft (Rückerinnerung, Bovismeter nach Kugel © und Übergang in eine neue Zeit)

Ausbildungsverlauf

Die Ausbildung zum Energetiker besteht aus zwei Teilen:
A. In einem Grundkurs über 24 Wochen werden die Themen des Ausbildungsplans erarbeitet.
B. Nach einer Prüfung gibt es je nach Bestimmung jedes Einzelnen* ein Vertiefungs-Seminar zur Spezialisierung zum

1. Heil-Raum-Gestalter®
2. Konflikt-Heil-Trainer , Krankheits-Konflikt-Analytiker®
3. Indigo/Kristall-Kinder Energetiker®
4. ganzheitlichen Wasser-Berater ,Wasser-Energetiker®
5. spiritueller Beziehungs-Berater , Eleuthonomist®
6. Werde-was-Du-Bist-Berater®
7. Paar-Kommunikations-Berater.®
8. Urklang- Berater®
8. Ki-pulsing-Metamorphosis- Trainer
9. Soma-Berater®,
10. Spiritueller Umstellungs- und Ernährungs-Berater
11. Holz-Naturkraft-Berater
12. Lebens-Energie-Berater

Diese Ausbildung richtet sich an Menschen, die einen Beruf erlernen wollen, der Ihrer Berufung entspricht.

Voraussetzung:

Um Energetiker werden zu wollen, muss mann/frau sich seiner Selbst und einer inneren Fähigkeit bewusst sein, z.B. Telepathie, hohe Sensibilität; radiästhetische oder kinesiologische Sensibilität; Empathie, Einfühlungsvermögen für das Leid anderer; Mitgefühl für Indigo-/Kristallkinder; spirituelles Denken; Ausbildung oder Selbststudium in einer spirituellen Schule; eine liebevolle Beziehung führen; Erfahrungen mit esoterischem Wissen; Offenheit für Veränderungsprozesse; Lebenserfahrung; Erfahrung mit positivem Denken; Meditationserfahrung, Erfahrung mit Körpertherapien wie z.B. FÜNF TIBETER, Yoga, Tai Chi, Ki Gong
Wunsch:

Wir von der Lebens-Werkstatt wünschen uns, mit diesem Angebot gerade für arbeitslose Menschen eine neue Arbeits- und Lebensperspektive zu schaffen.

„Es gibt nichts Gutes, außer man tut es!"

Erich Kästner

6. Die Medigetiker!
Krankheit, Gesundheit und Heilung im 21. Jahrhundert !

Ein neues Zeitalter hat begonnen. Eine neue Kultur wächst heran, die das Leibliche über das Geistige stellt und damit das Verhältnis von männlichen und weiblichen Kräften in der Welt ins Gleichgewicht erhebt. Die inneren Kräfte von Leib, Gefühl und Sinnhaftigkeit, werden den äußeren Kräften von Hirn, Verstand und Funktionalität entgegengesetzt. Ausdruck dieser neuen Entwick(e)lung im Gesundheitswesen ist der neue Beruf des „Energet(h)ikers", der eine so große Verbreitung erlangt hat, dass diese Berufsgruppe z.Z. in Österreich die größte Gruppe in der Wirtschaftkammer bildet.
Zeit also, sich ernsthafte (?!) Sorgen zu machen und sich dieses wassermannzeitalterliche Phänomen näher anzuschauen!

Mein Einstieg in die Energethik

Ich bin Anfang der 60iger Jahre im Ruhrgebiet in Gelsenkirchen, der Stadt der 1000 Feuer, geboren. Diese Region ist ca. so groß wie das Burgenland, aber mit ca. 5 Mio. Einwohnern. In meiner Kindheit war der Himmel am Abend gelb und die Häuser schwarz vom Ruß. Meine Mutter aber kommt aus Villach und so verbrachte ich meine Kindheit am Dobratsch, im Ossiacher See und auf den Bergen am Dreiländereck. Was für ein Gegensatz!

In Heiligengeist, unterhalb des Naturparks am Dobratsch wohnten wir öfters in einer kleinen Pension, die der Frau Zuder gehörte. Sie war eine rundliche lustige alte Frau, die oft in den Wald ging, um Kräuter zu sammeln. Dabei nahm sie mich mit und erzählte mir stundenlang von ihren kleinen Freunden. Wenn sie ein besonderes Kraut fand, brockte sie ein Blatt und zerrieb es in ihrer Hand. Dann nahm sie eine alte Pfeife aus ihrem Sackl, das sie immer unter ihrem langen Rock bei sich trug, stopfte sie mit dem zerriebenen Blatt und rauchte es an. Sie erklärte mir, dass sie auf diese Weise die Kraft der Erdwesen prüfen konnte, um heraus zu finden, ob die Pflanze schon ihre Heilwirkung erreicht hatte. In ihrem Hexenhaus, wo wir im Sommer wohnen durften, hatte sie eine" Rauchkuchl", da hangen Hunderte von Kräuterbüschel vom Balken. Ich erinnerte mich immer an ihren köstlichen Tee, den sie uns in großen Tassen servierte.

Heute weiß ich, dass sie in der langen Tradition des Alpenschamanismus steht (sie lebt noch und ist über 80 Jahre alt) und eine der vielen Kräuterhexen aus der Alpenregion war. Sie war Selbstversorgerin und lebte von den Schätzen von Mutter Erde, die sie mit Ihrem Wissen fand und kultivierte.

Das neue Zeitalter

Wie der Mond sich um die Erde, die Erde sich um die Sonne, so dreht sich das gesamte Sonnensystem um einen Zentralpunkt. Der elliptische Umlauf des Sonnensystems um sein Zentrum dauert genau 25.920 Jahre, also 12 mal 2160 Jahre. Wenn man in Europa am 21. März bei Sonnenaufgang in die Sonne schaut, so verweilt genau hinter der Sonne ein Sternzeichen 2160 Jahre lang. Nach diesem Sternzeichen wird das Zeitalter benannt, in dessen Signatur sich die Erde in dieser Zeit entwickelt. Im Jahre 1961 ist laut Arnold Keyserling, dem berühmten Wiener Astrologen und New-Age-Philosophen, astronomisch der Frühlingspunkt vom Zeichen Fisch ins Zeichen Wassermann getreten. Die Aufbruchstimmung in den 60iger Jahren war eine unmittelbare Reaktion auf die neue Zeit, die sich in der Hippie-Bewegung ausdrückte und durch das Musical „Hair" bekannt wurde. Mit dem Ende des Fischzeitalters ist aber nicht nur ein neues Zeitalter angebrochen. Mit dem Beginn des Wassermann-Zeitalters hat die Sonne einen vollständigen Umlauf beendet und der ganze Kosmos wandelt sich. Mit dem Jahre 1987 begann sich die Energie der Erde anzuheben und mit der Sonnenfinsternis am 8.9.1999 hat das Wassermann - Zeitalter energetisch begonnen. Jetzt haben wir das Ende des Maya-Kalenders erreicht, und der Anstieg der Sonnenwinde, der von Wissenschaftlern wie Dieter Broers schon seit Jahren beobachtet wird, leitet eine globale und auch kosmische Neuzeit ein.

Indigo-Kristall-Kinder

Ein neues Zeitalter hat begonnen, eine neue Welt soll geschaffen werden und das alte Zeitalter bricht in sich zusammen. Gott schickt uns zur Unterstützung die Indigo/Kristallkinder aus anderen Sternensystemen, um die Erde zu verändern. Die Indigo/Kristallkinder kommen mit einer Natürlichkeit, Lebendigkeit, Ehrlichkeit, Reinheit, Ethik und Dunkelheit zur Welt und zwingen ihre Umgebung, sich darauf einzulassen. Schon in fast jeder Familie gibt es ein solches Indigo/Kristallkind in einem kleinen Körper mit einem riesigen Geist, das alte Denk- und Lebensstrukturen zusammenbrechen lässt. Wer sich nicht auf sie einlassen will, muss leiden: Wenn sie nicht verstanden werden, machen sie sich krank oder werden hyperaktiv, um damit eingeschlafene Erwachsene aufzurütteln. Wer sich ganz und vollständig auf sie einlassen kann, öffnet ihre Eigenschaften in ihrem Wesen und wächst selbst spirituell. Sie verlangen Aufmerksamkeit und Zuhören, Respekt und Geduld und akzeptieren nur Worte, die aus dem Herzen kommen.
Sie bringen die Liebe. Nur die Erwachsenen haben die Chance ihre Sprache zu verstehen und zu beantworten, die sich (endlich) aufeinander in Liebe zwischen Mann und Frau einlassen können.
Ein Indigo/Kristallkind ist erst dann ein Indigo/Kristallkind, wenn die Eltern und Erzieher und andere Erwachsene, die an ihnen ziehen wollen, verstehen, was ein Indigo/Kristallkind will, kann und tut und was es mit uns kann, will und tut.
„Um diese Zeit kamen die Jünger zu Jesus und fragten Ihn: „Wer ist in der neuen Welt Gottes der Größte?" Da rief Jesus ein Kind herbei, stellte es in ihre Mitte und sagte: „Ich versichere euch, wenn ihr euch nicht ändert und den Kindern gleich werdet, dann könnt ihr in Gottes

neue Welt nicht hineinkommen. Wer so wenig aus sich macht wie dieses Kind, der ist in der neuen Welt Gottes der Größte. Und wer in meinem Namen solch ein Kind aufnimmt, der nimmt mich auf." Matthäus 18.1-15

Veränderung ist angesagt?!

Doch was bedeutet das für den Menschen im Hier und Jetzt? Die neue Zeit verändert alles Denken und schafft ein neues Paradigma (philosophische Grundeinstellung) in Wissenschaft und Philosophie. Sie verlangt die absolute Gleichstellung von allen männlichen und weiblichen Kräften in der Welt, damit sie sich endlich verbinden können und eins werden. Jeder wird gepuscht, beschleunigt; jeder wird nach innen geführt und aufgefordert, Yin und Yang ins Gleichgewicht zu bringen. Alles, was nicht stimmt, wird offenbar; alles, was einseitig ist, ausgeglichen; alles, was nicht will, keine Veränderungen zulässt, muss leiden. Alte Systeme brechen zusammen; Macht verliert, Herz gewinnt; Kopf wird Kind, und Kind erscheint reif und vollkommen- lebendig

Der männliche und weibliche Weg der Heilkunst

Heute lebe ich in Gföhl in der Nähe von Krems. Wenn ich mit dem Auto nach Wien fahre, nehme ich die Autobahn. Dabei habe ich vollstes Vertrauen in unsere technische Wissenschaft. Ich weiß, wenn ich mit 130km/h gegen einen LKW pralle, wird mich ein wissenschaftlich ausgebildeter Feuerwehrmann oder Sanitäter aus dem Auto „schneiden", ein nach allen technischen Errungenschaften geschulter ÖAMTC-Hubschrauberpilot wird mich ins nächste Krankenhaus fliegen und die besten Chirurgen, die mit besten medizinischen Wissen ausgebildet sind, werden mich wieder zusammenflicken, weil sie das <u>wirklich gut</u> können. Dieses absolute Vertrauen habe ich und deshalb fühle ich mich immer sicher, wenn ich die Autobahn befahre.

Doch wenn ich morgens aufwache, und eine Beule am Hals habe, die dick ist und weh tut, wenn man drauf drückt, dann hat die männliche Medizin meist keine Erklärung für die Ursache der Krankheit und versucht, mit Skalpell und Pulver, das Problem „loszuwerden". Das ist ja auch verständlich, da die Schulmedizin erst 300 Jahre alt ist und als ihre Forschungen begannen, hatten sie nur tote Körper, Mäuse und Chemie zur Verfügung, um sich Krankheiten zu nähern. Das mechanistische Weltbild, dass sich seit dem 16. Jahrhundert durch Descartes, Giordano Bruno oder Galileo Galilei in der Abkehr von der katholischen Macht der Kirche entwickelt hat, sieht den Menschen als „halbwegs" funktionierende Maschine, die von einer „bösen" Umwelt beeinflusst wird, von einer manipulierbaren Seele beherrscht wird und nach wissenschaftlichen Erkenntnissen funktioniert.

Platon, der antike Philosoph, sagte, dass es zwei Arten der Wissensgewinnung gibt. Einmal gibt es die Wissen-schaftler-ei, die auf empirischen Erkenntnissen, induktiv, also auf Erfahrungen aufgebaut ist, das passiert mit der linken Gehirnhälfte, die für die rechte, männliche Seite des Körpers zuständig ist. Die andere Art der Wissensgewinnung nach Platon ist die Anamnesis. Es ist „die Wiedererinnerung der Seele an Wahrheiten (..), die diese vor der Geburt bei der Ideenschau aufgenommen hat (Zitat Wikipedia), sie arbeitet deduktiv und steht mit der rechten Gehirnhälfte und unsere linken Seite, wo das Herz liegt, in Verbindung .

Die Schulmedizin hat eine mechanistische Erklärungen für Krankheiten, sie können , wenn etwas kaputt ist, „wegmachen", also wegschneiden oder betäuben.

Wenn jemand Arzt werden will, dann ist das ein langwieriger Prozess. Viele Semester Grundstudium, Vordiplome, Turnuszeit, Spezialisierungen und Doktorarbeit. Wenn er dann auf den Prager Eid zum Arzt vereidigt wird, hat er schon viel Blut gesehen, viele Pillen verschrieben und unzähliges Leid erfahren. Doch dann ist er/sie Herr oder Frau Doktor und damit eine Autorität. Sein/ihr Wissen basiert auf 300 Jahre Forschung und Wissenschaft.

Wenn jemand Energethiker werden will, das ist jetzt der neuer und moderner Oberbegriff für die Gruppe der Rutengänger, Geistheiler, Schamanen, Lebens-Energie-Berater und über 200 andere Berufe einer neuen Kammergruppe, die in Österreich schon 12000 (?) Mitglieder und 12000 (?) unangemeldete hat, also wenn jemand ein Energethiker werden will, dann braucht er eine <u>Berufung, die aus seinem Inneren kommt</u>. Er braucht ein <u>Talent</u> und <u>den Zugang zu einem inneren Wissen</u>, das man/frau nicht so leicht erlernen kann.

Dieses Wissen basiert auf eine Tradition, die schon über 6000 Jahre alt ist, also so lange, wie die Menschheit denken und schreiben kann. Dieses Wissen ist in jedem Menschen in seiner rechten Gehirnhälfe vorhanden und je nachdem, was er/sie für einen Zugang dazu hat, desto mehr wird es Wirklichkeit für die betreffende Person.

Diese Tradition will keine Krankheit vertreiben, sondern verstehen und be-greifen. Diese Tradition suchte immer nach dem „Warum" und „Weshalb" und sieht Krankheiten als Ursache von Schocks und Konflikten und als Folge und Wirkung eines Verhaltens, dass die Krankheit als Ausdruck von falschen Denken und Fühlen versteht. Der Energethiker versucht mit seiner Arbeit dem Menschen zu helfen, diese Ursachen zu finden und zu verstehen, damit er sein Verhalten verändern kann, um sich (ihn) zu ent-wickeln (den Faden des Unbewußtseins um die Erkenntnis des Lichtes). Das alte Wissen wusste genau, dass, wenn die Ursache erkannt, verstanden und gelöst wird, dass dann die Natur (des Menschen), befreit vom falschen Denken, den Körper auf natürliche Weise heilt, ohne Chemie oder Wegschneiden.

Jetzt verändert sich die Zeit, das Wassermannzeitalter hat in den 60iger Jahren mit der Antibewegung begonnen, dann kam die Frauenbewegung, aus der die Wiederbelebung der Esoterik entstand, dann die Ökobewegung, die Friedensbewegung, die Genderbewegung, und den Umweltschutz. Jeder kann jetzt im Internet alles Wissen über Wahrheit und Wirklichkeit abrufen Und jetzt ist die Zeit da, wo die Heilkunst wieder vollständig werden kann und vertrauenswürdig ist. Mediziner und Energethiker sind „wie Auge und Hand in einer wahren Ehe!" (Prentice Mulford). Das ist die Zukunft der Heilkunst, befreit von Abgrenzung, Besserwisserei, Neid und Ablehnung, zum Vorteil des Kranken, der **„ganz xsund"** werden will.

Jetzt gibt es…
…..auch schon so Begriffe wie CSR, Corperate Sozial Responsebility, ein wassermannzeitliches erfolgsorientiertes Wirtschaftskonzept, das die Verantwortlichkeit von Arbeit und Umwelt, von Mensch und Natur, Arbeitsplatz und Kundenvertrauen ins Arbeitsleben integriert.

…..und unser ehemalige „Lebens-Minister", einst Vizekanzler „radlt" mit seinem Fahrrad ins Bundesamt."

Da ca. 80% aller Energethiker in Österreich Frauen sind, wird der weibliche Weg der Heilkunst von Frauen erfüllt, die Ihrer inneren Stimme folgen und „this world to a better place" machen. Das Weibliche beim Mann ist sein Leib, der neu erfahren und erlebt werden möchte, frei von Einstellung, Vorstellungen und Fundamentalismen

7. Der Mutteratem: 7-1-7
nach Reshad Feild

([„Ich ging den Weg des Derwisch, Rowolt tb 2004)](#)
Atem ist Leben. Er ist der ruhende Pol in einer wartenden Welt! Dies ist eine Übung, die Ihnen helfen soll, der Schönheit Gottes gewahr zu werden und Ihr eigenes Leben in Schönheit zu leben. Sie können sie mehrmals täglich, jedoch nie länger als zehn Minuten ausführen.
Beim 7-1-7-1-7-Atem handelt es sich um einen ursprünglich aus dem alten Ägypten stammenden, auch auf Hieroglyphen gezeigten heiligen Rhythmus. Reshad Feild lehrt ihn bereits sehr lange. Wenn Sie noch nicht gewohnt sind, bewusst zu atmen, wird Ihnen diese Art zu Beginn vielleicht schwierig erscheinen. Es geht aber lediglich darum, sieben Takte in den Solarplexus einzuatmen und nach einem Takt Pause den Atem wieder sieben Schläge lang aus dem Herzzentrum auszustrahlen. Dieser Rhythmus entspricht der Oktave; und wie in der Musik, zählt auch hier die Rhythmik und nicht das Tempo. Sie können Ihre Atemgeschwindigkeit frei wählen.

Setzen Sie sich mit geradem Rücken auf einen Stuhl, so dass die Energie frei fließen kann. Beide Fußsohlen halten Kontakt zum Boden, die Fersen stehen zusammen, die Fußspitzen zeigen leicht nach außen. Legen Sie die Hände mit entspannten Armen auf die Knie. Die Augen können Sie offen oder geschlossen halten. Bevor Sie beginnen, visualisieren Sie sich in etwa zweieinhalb Meter

Entfernung eine für Sie schöne Naturszene: eine Blume, einen Baum, das Meer oder was immer Ihnen wirklich etwas bedeutet. Wir wollen aber nicht über einen Gegenstand oder ein Bild meditieren, sondern uns auf den Atem konzentrieren!

. . . Sie beginnen, indem Sie sich einen Augenblick auf die beiden Punkte Solarplexus und Herzzentrum in der Brustmitte konzentrieren. Dann atmen Sie sieben Takte lang in den Solarplexus ein. Sie können die vier Elemente einatmen, alle Mineralien, ja sogar Vitamine: alles, was Ihr Körper und dessen feinstoffliche Entsprechungen gerade brauchen. Fragen Sie sich, was Ihnen fehlt, um dem Leben besser dienen zu können. Und was immer es ist, nehmen Sie es sich ohne Scheu. Alles ist da und steht Ihnen zur Verfügung. Nachdem Sie sieben Takte eingeatmet haben, machen Sie einen Takt Pause, während der Sie die Aufmerksamkeit auf das Herzzentrum lenken. Von dort aus atmen Sie anschließend sieben Takte lang Liebe und guten Willen für die gesamte Menschheit aus, und zwar nach oben, unten und in alle vier Himmelsrichtungen. Versuchen Sie in diesem Moment, das Staunen und die Dankbarkeit zu spüren; erkennen Sie, dass Sie wirklich in der Lage sind, Ihren Mitmenschen und dem Planeten zu dienen.

. . . Wenn Sie die Übung abschließen möchten, werden Sie sich Ihrer Sinne bewusst und kehren langsam zurück. Spüren Sie Ihren Körper und übernehmen Sie wieder Verantwortung für ihn. Werden Sie wach für den Raum und Ihre Umgebung, und erkennen Sie sich dafür an, dass Sie die Übung ausgeführt haben.

Je länger Sie mit der Übung arbeiten, desto besser wird es Ihnen gelingen, die Qualität der Luft zu wählen, die Sie einatmen wollen. Mit richtiger Visualisierung können Sie die Luft heiliger Plätze atmen, die Luft von Jerusalem oder Glastonbury. Sie können überall auf der Erde sein, ohne Ihren Stuhl zu verlassen. In ihrer vollkommensten Ausprägung ist diese Übung bereits ein alchemistischer Prozess. Sie brauchen Ihren Atem dann nicht mehr zu forcieren; er fließt mühelos und leicht wie der Flügelschlag eines Schmetterlings. Sie werden nur noch so viel Atem nehmen, wie Sie brauchen und erhalten. Im Grunde atmen nicht mehr Sie selbst – Sie werden geatmet."

Ich stelle mir beim Mutteratem immer vor, dass meine Wirbelsäule ein Aufzug in einem Hotel ist. Beim Einatmen fahre ich in den obersten Stock, beim Ausatmen in den Keller, wo ja gewöhnlich die Schmutzwäsche gereinigt wird.

8. Der Beginn einer neuen Zeit

Wer fühlt, sagt es!

Die junge, blonde Frau im Zug hatte dieses gewisse Etwas. Ich war lange durch die Waggons gelaufen, um einen guten Platz zu finden. Ich hatte mich höflich fragend, ob noch frei wäre, an ihren Doppeltisch gesetzt, um meine Angst vor Klaustrophobie zu beruhigen und einen Platz für den Laptop und meinen langen Beinen zu finden. Da für mich nur Doppeltische in Frage kommen, war ich glücklich, endlich etwas gefunden zu haben.
Ich erzählte ihr von meinen Ängsten und sie hörte freundlich und offen zu. Da ich fast zwei Meter lang bin, brauch ich immer Fußfreiheit, da ich sonst bei langen Zugreisen seekrank werde. Es war Anfang Januar 2004 und ich war im Zug von Heidelberg nach Wien. Ich war nach einem Wochenende auf einer Esoterikmesse auf dem Weg nach Hause
Da lag ein Buch auf ihrem Tisch. Ein Partnerschaftsbuch über Verzeihen. Da wir uns schon begrüßt hatten, sprach ich sie auf ihre Literatur an. Ich stellte mich vor. Ich habe seit über 18 Jahren eine Firma, die sich mit dem Leben im neuen Zeitalter befasst. Ich arbeite als zertifizierter Energetiker, als energetischer Tischler und Lebensenergieberater, als ganzheitlicher Radiästhesist, Geomant und Erziehungsberater, bin Erfinder eines Heil-Wasser-Systems für Trink- und Brauchwasser und habe ein Konzept entwickelt, wie man Menschen hilft, das neue Zeitalter des Wassermannes zu verstehen, zu erfahren und zu erfüllen. Ich kam gerade von einer Wellness-Messe in Mannheim, wo ich mit einem deutschen Partner einen Stand geteilt hatte.

Nachdem wir die üblichen Kennenlernrituale (woher kommen Sie, wohin fahren sie) hinter uns gebracht hatten, kam sie auf meine erneute Frage wieder auf das Buch zu sprechen.
Partnerschaft, was für ein Thema! Ich hatte meine ganzes Leben darüber schon nachgedacht. Mein erster Kuss, meine erste Annäherung an ein weibliches Wesen, meine erstes Liebeserlebnis, mein erster Streit mit einer Frau (neben den unendlichen und unzähligen mit meiner Mutter). Alles Mysterien, die ich nicht verstand. Ich war immer so gut mit meinem Verstand, doch das Weibliche war mir ein Rätsel. War aber das nicht das Wichtigste, was ich zu lösen hatte? War nicht das Geheimnis der Partnerschaft, war nicht die Lösung dieses Problems das Wichtigste, was ICH zu lernen habe auf dieser Welt, in diesem Leben?
Ja, das war der Sinn meines Lebens! Das war meine Aufgabe, meine Auf-gabe! Ich wusste schon als Pubertierender, dass alle anderen Themen und Fragen meines Lebens dem untergeordnet waren. Doch ich wusste auch intuitiv, tief in mir drinnen, dass ich dafür etwas aufgeben musste, damit ich diese Aufgabe erfüllen konnte.
Und ich stellte mein Leben unter diese Aufgabe. Meine Suche begann Mitte der Siebzigerjahre in der Bibliothek meines Vaters. Er hatte die wichtigsten Bücher der Psychologie, Anthropologie, Erziehungswissenschaft und Sexualforschung der letzten 50 Jahre in seiner Sammlung. Schon bald fand ich das Grundproblem von Partnerschaft. Es war das Problem der Kommunikation, das Problem der richtigen Sprache zwischen den Geschlechtern.
Das Problem kannte ich sehr gut und die Wissenschaft konnte es nur beschreiben, aber nicht lösen. Doch dann fand ich die Lösung, eine Übung, die in einem Partnerschaftsbuch zu lesen war. Ich praktizierte diese Übung, die „Vulkanübung" genannt wurde, als ich sie entdeckt hatte, viele Male mit meiner ersten Frau und eine neue Welt tat sich auf. Seitdem ist es mein wichtigstes Startwerkzeug meiner Arbeit.
Als ich das Suchen in den Augen der jungen Frau erkannte, wusste ich sofort, was ich zu sagen hatte. Ich erzählte ihr von der Vulkanübung und dass diese Übung zwischen Partnern ein sehr starkes Werkzeug ist, um Kommunikation in Partnerschaften zu verbessern Ich hatte die Vulkanübung in einem amerikanischen

Sexberaterbuch gefunden, und war überrascht, als ich begriff, dass die Amerikaner auf dem alternativen Sektor weiter waren als wir.
Wenn wir früher von den Amis sprachen, dann ging es darum, ob wir ihre Rinder oder die Romantiker meinten. Die Amerikaner sind in vielen Bereichen noch in der Pubertät, weil sie mit allem neu anfangen mussten, als sie ins Indianerland kamen,. Doch sie haben auch eine gute Romantik geschaffen, die gerade ihren Zenit überstieg. Das ESO, so hieß das Buch, in dem die Vulkanübung gestanden hatte, gab den Menschen nicht Sex-Tipps, wie das die meisten Sexberaterbuchautoren taten, die den Mist schreiben, den wir seit den Siebzigerjahren gewohnt waren. In diesen männerorientierten Büchern wurden und werden wir Männer immer gezwungen, Frauen zu erniedrigen, damit sie uns endlich richtig lieben. Die Anleitungstipps waren nicht mehr als anale Anleitungen zum Öffnen einer Katzenfutterdose. Die „Vulkanübung" war etwas anderes. Da ging es um das richtige Verständnis in der zwischenmenschlichen Kommunikation.

Der Vulkan

„Der Vulkan ist ein allgemeines Dampfablassen. Diese Übung ist eine Urform der psychologischen Reinigung. Es ist Psychologie ohne Psychologen und im wahrsten Sinne des Wortes eine Psychohygiene. Unser Gehirn arbeitet wie ein Computer. Bekommen wir irgend-welche Spannungen oder Emotionen ab, so reagiert es mit Ge-danken, die uns einreden, unsere eigenen zu sein. So kommen wir nach Hause mit einem Rauschen im Kopf, das nicht auf unseren Mist gewachsen ist. Das muss befreit werden.
Dazu ist diese Übung gedacht.
Zwei Menschen treffen sich in ungezwungener Atmosphäre. Der Rauslasser - der Durchlasser; es wird ein Zeit-Limit ausgemacht – eine Minute, zwei Minuten, drei Minuten.
Der Rauslasser hat in dieser Zeit und in diesem Rahmen die Möglichkeit, vollkommen loszulassen, seine Gefühle, „seine" Gedanken, seine Trauer, seine Wut, alles, was ihm auf dem Herzen liegt, auszusprechen und he-rauszulassen.
Wie bei „Rumpelstilzchen"; sobald der Dämon beim Namen genannt ist, zerreißt er sich selber.

Der Durchlasser ist einfach da, er schenkt dem Gegenüber liebevolle Aufmerksamkeit, ohne einzugreifen, ohne etwas zu sagen oder zu kommentieren. Er ist ein Kanal, um die Belastungen des Rauslassers durch zu lassen, und damit zu transformieren und aufzulösen. Da er nicht eingreift, ist der Fluss der Reinigung möglich."

Mit immer größerer Aufmerksamkeit hörte sie mir zu und ich fuhr fort: „Bei dieser Übung können Sie ihren Gefühlen freien Lauf lassen. Wenn Sie fertig sind, sagt der Partner bloß „Danke" in neutralem Ton und ohne weitere Diskussion (zugegeben, in einer Beziehung am Anfang ein bisschen schwierig, kann mann/frau aber lernen!) und dann werden die Rollen getauscht. Dann hat der anderer die Möglichkeit sich mit dieser Übung zu befreien. Man sollte sich bemühen, diese Übung als Heilprozess zu sehen, sich also nicht mit irgendetwas, auch nicht gedanklich, zu identifizieren („Du hast ja so Recht!"), sich nicht mit dem anderen zu sozialisieren („Du bist ja so oarm!") oder den anderen durch eine Äußerung („Du Oarschloch!") zu restimulieren. Damit kann der andere durch eine Äußerung, wie z. B. eine Zustimmung oder durch einen Vorwurf, nicht in seine Gefühle fallen und sich verstricken.

Frei und erweitert aus: Alan P. Brauer/Donna J. Brauer: Extensiver Super Orgasmus, München 1992 Heyne Ratgeber 9404

Ich spürte, dass ich ihren Nerv getroffen hatte. Sie legte das Buch auf die Seite und wurde neugieriger.

Moderne Probleme

„Doch was ist, wenn der andere nicht kommunizieren will?", fragte sie mich mit einer Herzensoffenheit, die mich erwärmte. Diese Frage wurde mir schon so oft gestellt und ich musste mich an die Messe erinnern, an die Gesichter der Frauen, die mir damit ihre alltägliche Verzweiflung ihres Ehelebens offenbarten.
„Wir sind jetzt im Wassermannzeitalter. Jeder Mensch wird jetzt gezwungen, nach innen zu gehen und sein Ungleichgewicht von

Weiblichkeit und Männlichkeit auszugleichen. Wenn zwei Menschen zusammen kommen, dann ist der Ausdruck ihrer Zuwendung und Liebe ein Gleichstand ihrer Reife. Der Durchschnitt ihrer Energieebenen ist annähernd gleich, was ihr Verliebt sein ausmacht, in der Bibel heißt es, „ und sie erkannten sich." Wenn sich aber ein Partner verändert, sich durch eine innere Erfahrung auf den Weg zu sich Selber macht, sich von Einfluss, Manipulation, Angst und Schwäche befreien will, somit spirituell wächst, dann muss der andere Partner mitziehen. Tut er das nicht, wird der Mutige geschwächt, der Freudige gekränkt und der Offene verleumdet.
Ich habe diesen Frauen sagen müssen, dass es nur zwei Möglichkeiten gibt. Entweder bringt Ihr die Männer zum Leiden, nur so können Sie Euch nachfolgen oder ihr schleppt sie wie festklebender Hundemist an Euren Schuhen mit, werdet schnell alt und werdet nichts erreichen. Feste spitze, stahlverstärkte Schuhe sind oft die Lösung. Der tägliche Tritt in das männliche Hinterteil schafft Veränderung, sonst habt ihr Zeitlebens nur kleine Jungs an Eurer Seite, die Ihre Pubertät nicht verlassen wollen, nie selbständig, ewig raunzig und vor allem keine Ehepartner sind!"
Die junge Frau schaute mich an, und ein Blitzen erschien in Ihren Augen. Sie wusste wahrscheinlich nicht, ob sie lachen sollte oder nicht. Ich vermutete, dass sie mit ihren jungen Jahren dieses weit verbreitete Leiden vieler Mütter und Ehefrauen gut kannte.
„Es gibt aber eine Lösung!", sagte ich gedankenverloren.
„Erzählen sie mir etwas über das neue Zeitalter, von dem ich schon so viel gehört habe", bat sie mich nach einer Gedankenminute, wo ihre Augen nach innen gerichtet waren und ich einen Augenblick aus dem Fenster schaute, an dem ein kaltes, verfrorenes Deutschland vorbeisauste.

Der Beginn des Wassermannzeitalters

Langsam begann ich mit meinen Ausführungen, wie ich es in der letzten Zeit schon so oft gemacht hatte.
„Wie der Mond sich um die Erde und die Erde sich um die Sonne, so dreht sich das gesamte Sonnensystem um einen Zentralpunkt. Der elliptische Umlauf des Sonnensystems um sein Zentrum dauert genau 25.920 Jahre, also 12 mal 2160 Jahre. Wenn man in Europa am 21. März bei Sonnenaufgang in die Sonne schaut, so verweilt genau hinter der Sonne ein Sternzeichen 2160 Jahre lang. Nach diesem Sternzeichen wird das Zeitalter benannt, in dessen Signatur sich die Erde in dieser Zeit entwickelt. Im Jahre 1962 ist laut Arnold Keyserling, dem berühmten Wiener Astrologen und New-Age-Philosophen, astronomisch der Frühlingspunkt vom Zeichen Fisch ins Zeichen Wassermann getreten. („*Alle 2160 Jahre wechselt das kosmische Leitbild und Koordinatensystem und dieser Wechsel drückt sich sowohl im Stil der Religion und der Kunst als auch des Denkens und des Lebens aus.*"
Aus: Arnold Keyserling, Geschichte der Denkstile, Wien 1972, Seite 48)
   Die Aufbruchstimmung in den Sechzigerjahren war eine unmittelbare Reaktion auf die neue Zeit, die sich in der Hippie-Bewegung ausdrückte und durch das Musical „Hair" bekannt geworden ist. Mit dem Ende des Fischzeitalters ist aber nicht nur ein neues Zeitalter angebrochen. Mit dem Beginn des Wassermannzeitalters hat die Sonne einen vollständigen Umlauf beendet und der ganze Kosmos wandelt sich. Das ist eine astronomisch wissenschaftliche Tatsache."

Gschichtln

„Was ich jetzt dazu sage, ist meine subjektive Meinung und Erfahrung. In Österreich sagt man, „a Gschichtl". Alles, was Sie in der Zeitung lesen, im Hausaltar Fernseher oder im Internet surfend sehen, ist ein Gschichtl. Erst wenn Sie es mit Ihren eigenen, selbst gemachten Erfahrungen verbinden können, dann wird es Ihre Wahrheit. Ob jetzt die Türme zusammengefallen sind, weil die obersten Stockwerke voller Dynamit waren, da sonst die Flugzeuge nicht genügend Hitze geschaffen hätten, um Stahl und Beton zum Schmelzen zu bringen, ist genauso ein Gschichtl, wie dass das Erdbeben im Indischen Ozean Folge eines amerikanischen Atombombenversuches war, der die indische Regierung einschüchtern sollte, die gerade mit den Chinesen, Russen und Brasilianer ein Atombündnis gegen die westliche Welt schließen wollte. Es gibt eben nur eine Wahrheit, und das ist die eigene. Daneben existieren viele andere Meinungen." Ich wusste, dass ich ihr junges Herz

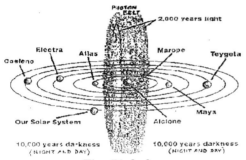

verwirren würde, doch ihre Augen wollten Wahrheit sehen und funkelten mich neugierig an.
Ich machte mit meinem Gschichtl weiter: „Mit dem Jahre 1987 begann sich die Energie der Erde anzuheben, da sich unser Sonnensystem in einen Photonenring bewegt (siehe Artikel im Anhang) und mit der Sonnenfinsternis am 11.8.1999 hat das Wassermannzeitalter energetisch begonnen." Ich merkte, dass mein Gegenüber aufwachte und ihr Herz und Kopf ziemlich durcheinander waren. Ich gönnte ihr eine Pause und ging auf die Zugtoilette. Als ich wieder zurückkehrte, sah ich Erleichterung in Ihren Zügen und ich fühlte Ähnliches im Leistenbereich.
Doch bevor ich wieder richtig saß, stellte sie mir schon die nächste Frage: „Doch was bedeutet das für den Menschen im Hier und Jetzt?"

Veränderungen

„Die neue Zeit verändert alles Denken und schafft ein neues Paradigma in Wissenschaft und Philosophie. Das bedeutet, dass es eine neue philosophische Grundeinstellung gibt. Das Fischezeitalter war geprägt von der Mystik, von der Suche nach Gott über die Vermittlung des Priesters, Meisters und von Gottes Gnaden stammenden Herrschern. Als in den letzten dreihundert Jahren der Wissenschaftler diese Rolle übernahmen, degenerierte sich der Glaube an Gott zum Glauben an die Herren in Weiß, die nur IHRE Meinung gelten lassen und mit der Waffe der exakten Wissenschaft alle Weisheitslehrer, Philosophen und Schamanen in den Untergrund schickten. Nach dem Debakel der Weltkriege übernahmen Medien, Geldwirtschaft und Pharmaindustrie die Wahrheit von Leben und Sterben. Da man bewusst alle Verbindung zur alten Tradition durch verschiedene regionale Kulturrevolutionen zerstörte, glauben die Menschen nur noch an die Wahrheit, die ihnen vom Fernseher aus suggeriert wird. Krankheiten werden bekämpft, Bildung durch Gehirnwäsche diktiert und Politik von „demokratischen" Systemen geschaffen, die wiederum von den Medien bestimmt werden. Doch das hat jetzt ein Ende. Das Wassermannzeitalter ist geprägt vom Menschen, der im Wasser steht, das alles verbindet, was Jahrhunderte lang getrennt war.

Jetzt hat der westliche Mensch die Möglichkeit, die Erkenntnisse des Orients im Buchladen oder Internet anzuschauen, *connecting people*, und der Orientale erfreut sich der westlichen Technik. Wenn Sie heute den Menschen suchen, der nach spiritueller Wahrheit sucht, dann ist das der deutsch sprechende Mensch. Wenn sie heute einen Chinesen fragen, was er sich im Leben wünscht, dann ist es ein CD-Player oder eine neue Waschmaschine. Das Wassermannzeitalter rückt alle Einseitigkeiten ins Gleichgewicht und verbindet Welten. Das wichtigste Gleichgewicht, das die Menschheit noch nicht wirklich erreicht hat, die Liebe zwischen Mann und Frau, ist das Gebot der Stunde.

Jeder wird jetzt gepuscht und beschleunigt. Jeder wird nach innen geführt und aufgefordert, Yin und Yang ins Gleichgewicht zu bringen. Alles, was nicht stimmt, wird offenbar; alles, was einseitig ist, ausgeglichen; alles, was nicht will, keine Veränderung zulässt, muss leiden. Alte Systeme brechen zusammen, Macht verliert und Herz gewinnt. Alle Menschen kommen in einen spirituellen Strudel und ihr Leben wird spirituell, oft ohne zu wissen, was mit ihnen passiert!"

Mein Gegenüber machte ein besorgtes Gesicht, als sie fragte: „Ich habe gehört, dass die neue Zeit schrecklich sein soll und viele Katastrophen schaffen wird, ist das richtig?"

„Das ist wohl richtig! Doch vor allem für alle Systeme, die einseitig funktionieren, d.h. alles, was bis jetzt einseitig männlich orientiert war, bricht zusammen. Der Kommunismus, der ein artefaktes System war, künstlich hergestellt von einer kleinen Gruppe von Menschen, die ein Manipulationsexperiment mit einer großen versucht hat, wird nach etwa 70 Jahren aufgelöst, die Apartheid wird abgeschafft und ein Mann, der 26 Jahre im Kampf dagegen im Gefängnis saß, wird entlassen und zum Präsident gewählt. Die Mauer „mitten" in Deutschland wird eingerissen und alte Machtbündnisse zerstört. Selbst unsere deutsche Sprache hat diese Einseitigkeit. Seit Jahrhunderten verletzt, verleumdet, vergewaltigt und beutet sie die Würde des Weiblichen aus.

Mittelalter

Achtung, wieder ein Gschichtl!
Als beim ersten ökumenischem Konzil von Nicäa im Jahr 325 Kaiser Konstantin, ein Römer, aufgewachsen im heidnischen Mithras-Kult, durch einen Trick statt der 1800 Bischöfe, die es damals im 4. Jahrhundert schon gab, nur wenige eingeladen hatte, versuchte er eine Einheitsreligion für sein Vielvölkerreich zu schaffen, das damals von Spanien bis tief in den Orient reichte. Hinblickend auf den Hinduismus und Buddhismus, die Religionen, die Grundlagen von vielen

unterschiedlichsten Völkern waren, brauchte er eine Einheitsreligion, die frei von irgendeinem heidnischen Schnickschnack war und sich leicht mit seinem Mithras-Kult vereinbaren ließ. Also beauftragte er „Correctores", das waren Schriftgelehrte, die der Sprache des biblischen Codex mächtig waren, alles, was esoterisch, gnostisch, kabbalistisch oder mystisch war, aus der Bibel heraus zu streichen. Von Jesus ließ er entfernen, dass er nicht nur das Vaterunser, sondern auch das Mutterunser entwickelt hatte (Jesus wusste von der Macht des Wortes), das er als Essener-Meister verkündet hat und mit dem Lebensbaum eine Methode entwickelt hatte, womit man sich mit den Engeln und Schutzwesen vereinigen kann, um sein Potential zu entwickeln.

Dass Jesus sich mit psychoaktiven Pflanzen auskannte und sein Auferstehungsritual einem alten schamanischen Todesritual entsprach, das jeder „Christos" in seiner Ausbildung in den Pyramiden Ptaoteps bestehen musste. Dass Jesus verheiratet war, dass er eine körperliche Liebesmagie aus dem Orient mitgebracht hat, dass er als Rabbi seine Frau öffentlich geküsst hat und dass er mit ihr und anderen Frauen Kinder gezeugt hat.

Dass er Heilmethoden entwickelt hat, die jeder selber anwenden kann, um sich von Dämonen zu befreien usw. usw.! All das musste aus den offiziellen Codex der Bibel verschwinden. Es wurden nur noch Texte zugelassen, die Jesus als Sohn Gottes bezeichneten, sodass selbst die Christen sich an seiner Heiligkeit orientieren mussten und alles Unheilige damit verdammt werden konnte.

Damit wurde alles weibliche Wissen aus der Bibel entfernt und verbannt und einer einseitigen katholischen Kultur geopfert. Diese neue Kultur ließ sich nun leicht mit dem Kult des vorchristlichen Gottes Mithras, der an einem 25. 12. geboren wurde, vereinen.

Im Buch von Dan Brown, Sakrileg, Hardcoverausgabe S. 345, wird diese Umwandlung Jesu vom sterblichen Menschen zum Sohn Gottes wie folgt beschrieben:

»Bis zum Konzil von Nicäa, meine Liebe, wurde Jesus von seinen Anhängern als sterblicher Prophet betrachtet, als ein großer und mächtiger Mensch, aber eben als Mensch – ein sterblicher Mensch«
»Nicht als Sohn Gottes?«
»Nein. Zum Sohn Gottes wurde Jesus erst nach einer entsprechenden Abstimmung auf dem Konzil von Nicäa erklärt«, sagte Teabing.

»Moment mal. Soll das heißen, die Göttlichkeit Jesu ist das Ergebnis einer Abstimmung?« »Mit einer ziemlich knappen Mehrheit obendrein«, fügte Teabing hinzu. »Gleichwohl war die Göttlichkeit Christi für den Fortbestand der Einheit des Römischen Reiches und die Machtbasis der neuen katholischen Kirche von entscheidender Bedeutung. Durch die offizielle Einsetzung Jesu zum Sohn Gottes hatte Konstantin einen Gott geschaffen, der über der Welt der Menschen schwebte und dessen Macht nicht mehr zur Diskussion stand. Damit war nicht nur allen heidnischen Angriffen auf das Christentum ein Riegel vorgeschoben, auch die Christen selbst konnten den Weg des Heils von nun an nur noch innerhalb der römisch-katholischen Kirche beschreiten.«

Sophie schaute Langdon an, der bestätigend nickte.

»Im Grunde ging es nur um die Macht«, fuhr Teabing fort.» Christus weiterhin als Messias gelten zu lassen war für Kirche und Staat zu bedenklich. Viele Kenner dieser Materie sind der Ansicht, dass die angehende römisch-katholische Staatskirche den Urchristen Jesus gleichsam geraubt hat, indem sie über seine diesseitige Botschaft der Nächstenliebe und Menschlichkeit den undurchdringlichen Mantel einer jenseitigen Göttlichkeit breitete, um auf diese Weise ungestört ihren weltlichen Machenschaften nachgehen zu können.«

Dann sorgte man dafür, dass die Bibliothek von Alexandria, die damals ein Wissen von über 600.000 Büchern besaß, zweimal „abgefackelt" wurde. Das dunkle Mittelalter konnte somit beginnen. Wenn dann irgendwo ein weibliches Wissen durch irgendwelche Schwammerl-Erfahrungen auftauchte, oder ein Nachkomme Jesu, so wurde, wie bei den Albigensern oder Karthagern (Ketzern) ganze Arbeit geleistet und ein ganzer Landstrich an Menschen entsorgt oder ein heiliger Nachfahre mit dem heiligen Blut (Sangreal = Saint-Gral), wie Dagobert, durch einen Verrat umgebracht. Hexenmord und Heidentod galten immer nur dem einen Ziel, die Einseitigkeit der kirchlichen Macht zu festigen. Nochmals auf die deutsche Sprache eingehend hier ein schönes Beispiel männlich linguistischer Polarisierung: Herr und Dame, herrlich und dämlich!"

Die Essener

Ich wusste, dass das jetzt harter Tobak war, vielleicht ein zu harter. Ihr Gesicht war nach innen gerichtet und zeigte nun die Wahrnehmungen von alten Erinnerungen, die ich mit meinen Worten hervorgerufen hatte. Sie wachte ein bisschen benommen aus ihrer Anamnesis (Wiedererinnerung) auf und funkelte mich mit-wissend an: „Liebesmagie? Was meinen Sie damit?"

Ich wusste, dass das die wichtigste Frage war, und lehnte mich zurück. „Jesus war ein Essenermönch. Die Essener waren eine esoterische Bruderschaft, die schon seit Jahrhunderten vor Jesus existierte. Anfang des zwanzigsten Jahrhunderts hat der Philologe und Arzt Dr. E. Bordeaux Szekely im königlichen Archiv der Habsburger, das heute im Besitz der österreichischen Regierung ist, einen Text in Altslawisch gefunden, den er als „das Friedens Evangelium der Essener" benannte. Das Original, von dem der Habsburgertext eine Übersetzung war, befand sich in den Archiven des Vatikans und zwar in Altarimäisch. Das waren originale Reden Jesu als Essener-Meister. In diesen Texten, die teilweise durch die

Funden bei *Chirbet Qumran* (ab 1947) in den Höhlen am Westufer des Toten Meeres bestätigt wurden, wird offenbar, dass Jesus, der Essener, die Wirkung der Kräfte des Kosmos zur Heilung des Menschen kannte: die Kräfte der Natur, des Lichtes, der Erde und des Wassers und auch die Heilkraft der Liebe, geistig wie körperlich, lehrte und anwendete. All die Heil- und Ernährungsweisen auf biologischer Grundlage, wie Heilfasten, Kneippkuren, Bäder- und Moortherapie, Kräuter-heilkunde und vegetarische Ernährung beruhen zum großen Teil auf der direkten oder indirekten Überlieferung der Erfahrungen der Essener-Bruderschaft vom Toten Meer. Diese Texte zeigen auf, dass Jesus mehr war als nur ein Erlöser und dass er in einer Jahrtausend alten Tradition stand, die durch die Essener nach Europa kam. Das Denken der Essener war geprägt von einem Dualismus, der sowohl die Kräfte des himmlischen Vaters als auch die Kräfte der Mutter Erde einbezog. Diese Kräfte wurden in der Lehre des Lebensbaumes vermittelt, eine Meditationstechnik, die dem praktizierenden Essener die Möglichkeit gab, die Engel der Mutter Erde und des himmlischen Vaters in sich und der Welt zu realisieren. Jesus gab uns, wie ich schon sagte, in den Essener Evangelium nicht nur das Vaterunser, sondern auch das Mutterunser, was natürlich dann wieder aus dem Codex der Bibel gestrichen wurde."

„Bitte", unterbrach sie mich mit einem Flehen in den Augen, „können Sie mir das Mutterunser sagen, bitte?"

„Gerne, ich habe es schon so oft wiederholt, dass ich es auswendig kann."

„Unsere Mutter,

die Du bist auf Erden,

geheiligt sei Dein Name.

Dein Reich komme,

und Dein Wille geschehe in uns wie in dir.

Da Du jeden Tag Deine Engel sendest,

so sende sie auch zu uns.

Vergib uns unsere Sünden,

wie wir alle unsere Sünden gegen Dich sühnen.

Und führe uns nicht in die Krankheit,

sondern erlöse uns von allen Übel,

denn Dein ist die Erde, der Körper und die Gesundheit. Amen."

(Dr. E. Bordeaux Szekely: Das Friedens Evangelium der Essener, Schriften der Essener-Buch 1, S.63, Saarbrücken 2001, Neue Erde Verlag)."

Liebensmagie

Ich wusste, dass ich jetzt still sein musste, ihr Gemüt wurde weit und verband sich mit den Engeln des Himmlischen Vaters und der Mutter Erde. Ihre Augen hatten dieses gewisse Etwas, dass ich schon so oft gesehen habe, wenn ich meinen Gegenübern wahre Gschichtln geschenkt habe.
„Und was haben die Essener mit Liebesmagie zu tun? Das hat doch wohl nichts mit Magie zu tun, oder?"
„Magie ist nur ein Sammelbegriff für die Geheimnisse der Natur, die der Mensch in seinem Körper reflektiert. Die Essener hatten Jahrhunderte lang die Weisheiten des Orients und Ostens studiert und zusammengetragen. Moses sowie Zarathustra gehörten der Bruderschaft an und ihr Wissen floss in die geheime Lehre ein. Die Essener waren nach außen Mönche und Nonnen. Sie trugen ein Gewand aus hellen Linnen und waren die „Therapeuten", also die Ärzte und Sanitäter im Zweistromland. Sie waren auch die „Engel", die das Grab Jesu bewachten und ihn mit ihrem Wissen betreuten. Und sie kannten sich auch mit der Liebesmagie des Orients aus, die wir heute

über die Lehre des Tantra durch die Öffnung des Wassermannzeitalters erhalten.

Im Lukasevangelium Kap.8, 2 heißt es: *„Die zwölf Jünger begleiteten ihn, außerdem folgten ihm einige Frauen, die er von bösen Geistern befreit und von anderen Leiden geheilt hatte. Es waren Maria aus Magdala, <u>aus</u> der er sieben böse Geister ausgetrieben hatte."* Im Johannesevangelium Kap.12, 2 heißt es: *„Man hatte ein Festessen für Jesus vorbereitet....Da nahm Maria eine Flasche mit reinem, kostbarem Nardenöl, goss es Jesus über die Füße und trocknete sie mit ihrem Haar. Das ganze Haus duftete nach dem Öl."*

Seine Jünger regen sich dann auf, dass das Öl doch so teuer ist und das Geld doch besser den Armen gegeben werden sollte. Jesus sagt nur cool drauf: *„Lass sie in Ruhe! Sie hat es für den Tag meines Begräbnisses getan"*. Joh 12.7.

Diese Passagen sind zusammen geschnitten und „correriert" worden, weil sie eine der wichtigsten Botschaften Jesu beinhaltet. Jesus wusste von den 7 Dämonen. Jeder Mensch hat sieben Energiezentren, das, was die östliche Mystik Chakren nennt. Alle Ereignisse, die ich in meinem Leben erleide, sind von mir geschaffen, um durch das Leid zu lernen und geläutert zu werden. Auf Grund der Einstellungen, die man aus früheren Zeiten mitgebracht hat, schafft mann/frau sich im Leben Situationen, wo diese Vor-stellungen überprüft werden, um sie auf-zu-geben und frei zu werden.

Die in der esoterischen Welt vorhandene Vorstellung von den Chakren ist leider ungenau. Man muss sich das wie eine Trompete vorstellen. Das, was die Lichtarbeiter putzen, ist das ausgehende Horn. Alle Ereignisse lassen im Körper eine Spur zurück und zwar im Genitalbereich. Das ist das Mundstück der Trompete. Es gibt dort sowohl beim Mann wie auch bei der Frau 7 Punkte, die mit der Zeit mit den Spuren unseres Leidens belastet wurden.

Wenn wir in ein spirituelles Energiefeld treten, wie es uns die neues Kinder jetzt schaffen, so werden die Punkte offenbar und belasten unser Liebesleben. Die Frauen haben nur noch Schmerzen und die Männer keine Kräfte mehr in der körperlichen Erfahrung des Liebens. Jeder Vater und jede Mutter eines neues Kindes erzählt mir von diesem Phänomen, und Alkohol oder Psychopharmaka sind schnell „the mothers little helper!". Ich habe entdeckt, dass es eine

Heilarbeit gibt, wie man die Verspannungen und Belastungen des Genitalbereiches heilen kann, und zwar nur der Mann an der Frau und die Frau am Mann. Kein Heiler, Therapeut, Meister oder Guru hat das Recht dazu, sondern nur der geliebte Partner. Diese Heilarbeit führt dazu, dass die Frau beginnt und der Mann aufhört zu ejakulieren. Es gibt ein Buch des berühmten persischen Dichters namens Nizami. Er lebte 1141 bis 1209 in Ganca und verließ seinen Heimatort nur für kurze Reisen. Er hat die bedeutendsten Werke des persischen Mittelalters verfasst, darunter auch das Werk *Haft Peykar* (هفت پیکر), „Die sieben Geschichten der sieben Prinzessinnen", das es in Deutsch im Menasse-Verlag übersetzt gibt. In dieser Novellen-sammlung, die sehr willkürlich erscheint, beschreibt er die sieben Verletzungen der Liebe und klassifiziert somit die sieben Punkte.

Maria, die ja nachweislich, wie das Dan Brown in seinem Bestseller Sakrileg beschrieben hat, seine Ehefrau war, schüttete Jesus das Nardenöl über die Füße. Nardenöl, ein vorderorientalisches Lemongrassöl, war im Nahen Osten das Aphrodisiakum der kleinen Leute. Es ist jedoch zu zähflüssig, als dass mann/frau es schütten kann. Was sie über den Körper des Meisters schüttete, war ihr „Saft", vermischt mit dem Öl, das sie im Heilprozess als Entspannungsmittel benutzten. Sie wollte damit demonstrieren, dass Jesus sie von allen 7 Dämonen befreit, also alle verletzten Punkte gelöscht hat. Das war ein heiliges Ritual der Isis, in deren Kult Maria eingeweiht war (siehe: Tom Kenyon & Judi Sion: *Das Manuskript der Magdalena*, die Alchemie des Horus & die Sexualmagie der Isis, Burgrain, 2002). Damit wurde er von einer Frau, die er von all ihren Dämonen befreit hatte, gesalbt. Das heißt auf Griechisch: χρίστός (Christus) der Gesalbte von χρίω = bestreichen, salben, stechen, peinigen – der Beweis, dass er das Examen an der Schule von Ptahhotep bestanden hatte. Wie Johannes der Täufer oder Melchisedek, die seine Kommilitonen im Eso-Seminar für „Göttersöhne" waren. "

Die junge Frau schaute mich an wie einen Lastwagen und wusste nicht, was sie sagen sollte.

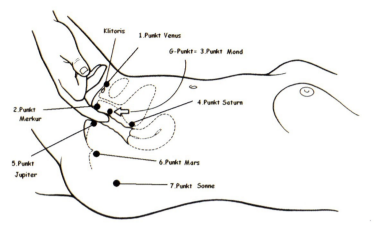

Die Position der 7 heiligen Punkte bei der Frau

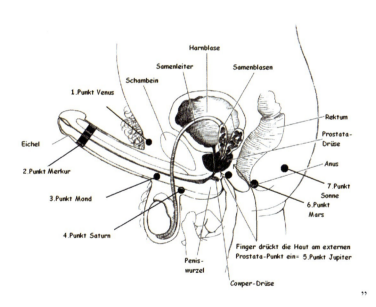

Ich arbeite schon seit zwanzig Jahren an diesem Thema und meine ganze Arbeit der Lebens-Werkstatt schafft mit all seinen Werkzeugen die Voraussetzung für jede Frau und jeden Mann, diese Arbeit selbst zu erleben und weiter zu geben. Angesicht dessen, dass Sexualforscher bestätigen, dass weltweit nur 6% der Frauen ejakulieren, gibt es also nur 6% befreite Frauen. Also Leute, es gibt viel zu tun!"

Ich kannte ihren Blick so gut. Er erinnerte mich an den meiner Frau, die mir immer sagte, dass das, was ich ihr erzähle oder das, was sie mit mir erlebt, ihr wohl neu, aber nicht fremd ist.

Das Ende der Verleumdung des Weiblichen!

Wenn man heute das Verhalten von jungen Leuten beobachtet, wie junge Männer mit ihren Frauen umgehen, dann weiß man, das „die Frauenverarschung" ENDLICH ein Ende hat.
Seit dem Konzil von Nicäa wird also das Weibliche, also „ alles, was esoterisch, gnostisch, kabbalistisch oder mystisch war", zerstört, vergewaltigt, entehrt, verleumdet, geschändet, mit Gottes Namen getötet, benutzt, ausgebeutet und verherrlicht. Das Weibliche beim Mann ist sein „Leib".
„Was muss mann alles tun, damit mann als männlicher Sch...-Träger als Mann anerkannt wird. Da musstes´se Fussball spielen können, d.h. Foulen und in die Hacken treten; da musstes´se mindestens Judo können, „damitte`nich immer nur blutig nach Hause komms!"; da musste´se mindestens 20 Bräute flachgelegt haben, bevor Du mal bei ner Alten länger als nur ne Nacht bleiben könntest. Und wenne dat alles nicht wolltest, und auch kein Macho-Arschloch sein wolltest wie ich, dann haben Dich die Weiber nich voll genommen, dann warse der Softi, mit demse stundenlang über die doofen Freier gesprochen haben, um dann sich liebevoll von Dir zu verabschieden, um wieder zu den doofen Freien zu gehen, und sich f..... zu lassen. Sch.... das, wat habe ich für Minderwertigkeitsperioden in meinem Lebens durchgemacht!" Zitat Böller.

Diese Ablehnung des Weiblichen erzeugte eine Leibfeindlichkeit, die ja jetzt endlich von den Indigo-Kindern geheilt wurde. Aber zur Zeit Jesu gab es noch andere Verhältnisse:

Wenn eine junge Frau hier in Österreich in der Zeit der römischen Belagerung am Anfang unserer Zeitrechnung älter als 30 Jahre werden wollte, dann musste sie nach Rom pilgern. Nicht um den Papst zu sehen, den gab es damals noch nicht als Nachfolger Jesus und Gottes auf Erden, musste sie in die heilige Stadt, nein, sondern um sich von einem Patrizier als Sklavin schwängern zu lassen. Hatte sie dann einen gesunden österreichisch-römischen Sohn, bekam das Kind und dann auch die Mutter römisches Recht, was für sie beide eine Existenz- und Überlebens-Chance darstellte. Dabei ging es aber meist nicht um Liebe oder Zärtlichkeit, wie uns Hollywood über das *Rom von Caligula* eindeutig ein Zeugnis gab.

Als also Abraham sein Kind opfern wollte, also sein Ego töten ließ; Jesus von der Liebe sprach, und Mohammed das Harem zum Schutz der Frauen erbauen ließ und Bab die Gleichheit von Mann und Frau forderte, so ging es dabei immer um da Heilen und Schützen und Bewahren der Weiblichkeit in der Welt. Doch die Realität sah ganz anders aus, und als das Konzil von Nicäa das Weibliche verunglimpfte, begann ein 2000 Jahre langer Krieg, bei der die Hälfte der westlichen Welt seitdem litt, verschmachtete, zerstört und verfolgt wurde. Und alle Männer, die ihre Frau lieben wollten, wurden als Softies und Weicheier abgetan. Als dann die Templer im 12. Jahrhundert die Bundeslade fanden mit all ihren „weiblich, dunklen und spirituellen Wissen und Erkenntnissen", wurde das Weibliche im Verborgenen wieder gehuldigt; da man immer in Gefahr war, als Ketzer verbrannt zu werden, wenn man die Kraft der Weiblichkeit verehrt, beschützt oder *Ihr mehr als der Kirche* vertraut hat.

Alle Märchen der Gebrüder Grimm, alle Geschichten von 1001 Nacht einer **Scheherazade** (*auch Schahrsad, von persisch* شهرزاد *šahrzād ist eine der Hauptfiguren aus der Rahmenhandlung der persischen Geschichten von Tausendundeiner Nacht. Sie ist die Tochter des Wesirs des persischen Königs Schahrayâr, der von seiner Frau mit einem schwarzen Sklaven betrogen wurde. Davon überzeugt, dass es keine treue Frau auf Erden gibt, fasst Schahrayâr den Entschluss, sich nie wieder von einer Frau betrügen zu lassen. Deshalb heiratet er jeden Tag eine neue Frau, die er am nächsten*

Morgen töten lässt, laut Wiki) ‚alle Dramen Shakepeare, oder alle Dichtungen Goethes haben den Kampf um die Wiederauferstehung des Weiblichen als Thema und natürlich auch das Thema Nr.1: die Liebe, als **Coincidentia oppositorum** *(lateinisch; „Zusammenfall der Gegensätze" ist ein zentraler Begriff im Denken des Philosophen und Theologen Nikolaus von Kues (Cusanus),* laut Wiki*),* also nicht Gegensatz, sondern als Zusammenfallen, also Verschmelzung der Gegensätze von Männlich und Weiblich, war ein fernes Ziel, das es mathematisch, also wissenschaftlich (auf Dialektik aufgebaut, Aktio= Reaktio) aber nicht geben kann, und somit mit aller Macht bekämpft wurde: „Gott ist die Liebe, aber nicht die körperliche!"

Als mit den Templern *die „heilige Konsekration!" der sieben Leuchten,* die sie jungen Leuten zeigten, damit sie ohne Beischlaf die Ekstase der Liebe erleben konnten, auf den brennenden Scheiterhaufen des 13ten Jahrhunderts verschwand, tauchte nicht lange danach eines der schändlichsten, unethischsten und menschenfeindlichsten Praktiken des Mittelalters auf, das es nicht nur in der christlichen Welt, sondern auch in der islamischen und jüdischen Welt gab: „ Das Recht der ersten Nacht!"

(*Mit* **ius primae noctis** *lateinisch „Recht der ersten Nacht"; auch Jus primae Noctis; auf französisch droit de seigneur wird das Recht eines Gerichtsherren bezeichnet, bei der Heirat von Personen, die seiner Herrschaft unterstehen, die erste Nacht mit der Braut zu verbringen,* laut Wiki*).*

Dieses absolut menschenrechtsverletzende Recht auf sexuellen Missbrauch wurde von Marquis de Sade in seinen Romanen so übertrieben dargestellt (z.B. *Juliette und Justine*), dass ihn Jean Cocteau, der berühmte französische Schriftseller, Philosoph und zeitweiliger Großmeister des Prieuré de Sion als *ersten Moralisten der Literaturgeschichte* bezeichnet hat, weil er mit seiner Art des Schwarzen Humors (siehe Andre Breton) die Vergewaltigung des Weiblichen in der ius primae noctis anklagen wollte. Auch ich war entsetzt, als ich *Juliette und Justine* gelesen habe, (als 18jähriger), doch ich erkannte bald sein Genie.

Diese Wunden dieser unethischen „Frauenverarschung", die den Frauen über Jahrhunderte angetan wurden, werden von Generation zu Generation weitervererbt und haben in der „Klitorisbeschneidung"

in Afrika immer noch ihre Wirklichkeit und Gewalt noch nicht verloren.
Wie sage ich immer: „ Ein Junge wird zum Manne, wenn er die Wut seiner Frau befreien und fressen will!"
Ich habe in alten Zeiten jahrhundertelang als Mönch dieses Treiben weder bekämpft, noch in Zeiten der Inquisition verhindern können, ich habe es mit meiner monastischen Kultur sogar gefördert und unterstützt und muss jetzt meiner Frau helfen, diese Wunden für immer zu heilen. So gehen meine Söhne einen Schritt weiter, indem sie sich lieber in die Einsamkeit begeben, als in die Gefahr zu kommen, einem weiblichen Wesen weh zu tun.

Erinnerungen

Apropos: *Ich dachte daran, wie meine Frau einmal auf mir lag. Es war in der Früh. Ich berührte mit den Fingern ihren 7. Punkt, den Sonnenpunkt. Das ist der letzte Punkt, da wo das Steißbein endet und die Pobacken beginnen. Dort zwischen dem Analpunkt und dem 7. Punkt ist die Frau sehr weich und offen. Ich massierte diesen befreiten Punkt sanft und sie hatte nach wenigen Sekunden ca. 15 Minuten lang einen Ekstaseanfall, ohne dass ich ihrem primären Geschlechtsorgan in irgendeiner Weise nahe kam.*

Starke Jungfrauen

„Ich freue mich, dass Sie mir das sagen, weil ich jetzt einiges verstehe, das mir schon seit Jahren unklar ist", unterbrach sie mich sanft und gab mir wieder Zeit zum Nachdenken.
Ich wusste, warum diese junge Frau so neugierig war. Ihr Gemüt war rein und ihre Natürlichkeit enthusiastisch, von Gott getragen. Hier war mal ein Mann vor ihr, der nichts (von ihr) wollte, der sie nicht gleich als Objekt sah, sondern wie ein Vater antwortete. Sie hatte einen Lehrer vor sich, der ihr endlich helfen konnte, ihre vielen inneren Fragen, Jahrhunderte lang in ihrem Herzen verwahrt, zu stellen.
Diese heimliche Frage an den „alten" Mann, die mir so oft von herzoffenen Frauen gestellt wurde, wenn sie merkten, dass ich sie nicht ausnutzen wollte. Seit Jahren kenne ich schon das gewisse

Etwas in den Augen der jungen Frauen, wenn sie diese Frage im Herzen tragen (nicht jeder Mann versteht, dass die Antwort leichter ist als seine Gier): „Warum bin ich jetzt eine Frau? Was habe ich hier zu lernen?" Ihre Fragen stellten sie immer mit einer herzoffenen Naivität, dass nur die Väter geschützt sind, die sich bald klar sind, dass das „Menscherl", das da vor ihnen steht, nicht nur ihre Tochter, sondern auch ihre Enkelin sein könnte. Diese freien, klaren und geschützten Wesen sind jetzt die Ersten, die kapieren, dass da etwas nicht stimmt, das da an Energie in ihre jungen Herzen und Unterleiber hineinfließt. Das kann doch nicht alles sein! Die Erkenntnisse der Kulturen sollten doch die körperliche Liebe noch interessanter machen als das, was Oma erlebt hat.

Aber da jede alte Dame heute durchschnittlich 10 mal in ihrem Leben unter dem Messer liegt, sich dem Glauben an die weißen Götter hingibt und sich von der Medizin „heilen" lässt, und sich immer noch vergewaltigen, schänden, ermorden, ausbeuten und ausnutzen lässt, so wollen das die „Enthusiastischen" endlich nicht mehr. Sie wollen nicht mehr den Dreck der Männer aufnehmen, die unverdauten Gefühle der Herren der Welt, die sich nur über das Heiligtum der Schönen entleeren, weil sie dann erst loslassen können. Ich frage mich nur, wozu sind denn die Bidets, Klos und schöne Badewannen entwickelt worden?

Wasser als Heilmittel

Ihre nächste Frage riss mich aus meinen Gedanken und holte mich aus meinen Untiefen der Wut und Schuld. „ Sie sprachen davon, dass Sie sich mit Wasser befassen. Was hat das Wasser mit dem Wassermannzeitalter zu tun?" fragte sie mich jetzt mit neugieriger, aber fester Stimme. Ihr Gemüt war jetzt nicht mehr so schüchtern wie beim Anfang unseres Gespräches. „Wasser ist die Glyphe, also das mythische Symbol des Wassermannzeitalters, das selber ein weibliches Zeitalter mit luftigem Gemüt ist. Mit der Qualität des Wassers wächst und stirbt eine Kultur. Da der Mensch zu ca. 70 % aus Wasser besteht, das durch 90.000 km Flüssigkeitsbahnen durch unseren Körper fließt, sollte man sich für Wasser interessieren, vor allem für seine Qualität, wenn man die neue Zeit verstehen will. Alle Stoffwechseltätigkeiten in unserem Körper werden vom Wasser gesteuert. Ohne Wasser können wir nicht lebendig sein und die Qualität des Wassers in unserem Kopf bestimmt unsere Fähigkeit zum Denken, Handeln und Verstehen. In unserem Kopf haben wir tausende von Aquarien, in denen die Denkfische leben. Je besser das Wasser, desto glücklicher sind unsere Denkfische, die unsere Spiritualität bestimmen. Jede Kultur, die ihre Menschen kontrollieren will, weiß, dass sie das am besten über die Qualität des Wassers machen kann. Mit den Atomversuchen in den 50er-Jahren, mit der Luft- und Umweltverschmutzung der 70er- und 80er-Jahre, mit Tschernobyl und der Rücksichtslosigkeit gegenüber der Erde im Kommunismus wurde das Wasser weltweit geschädigt. Fast drei Viertel der Erdoberfläche besteht aus Wasser. Der menschliche Körper ist ein verkleinertes Abbild unseres Planeten, denn er enthält im gleichen Verhältnis Wasser. 99 Prozent aller Stoffwechselvorgänge in unserem Organismus sind an das Vorhandensein von Wasser gebunden. Warum? Weil Wasser der beste Informationsträger ist, den es überhaupt gibt. Das ist sein großes Geheimnis und deshalb wäre ohne Wasser kein physisches Leben möglich. Wir müssen uns endlich vom Gedanken lösen, dass die Chemie die Basis allen Lebens sei. Nein, es ist die Physik auf feinstofflicher Ebene. Es sind allein die Schwingungen, die Energien und die Informationen, die zählen. Sie werden nach dem Gesetz der Resonanz übertragen. Wir essen nicht nur Nahrungsmittel, weil wir ihre physischen Inhaltsstoffe für Entschlackungsprozesse benötigen, sondern viel mehr, weil wir die Informationen, die Lebenskraft und die Lebensenergie brauchen, die sie im Wasser der Speise tragen. Der Körper schafft mit dieser Energie in alchemistischen Prozessen die Materie selbst, die er braucht. Der Träger der lebensnotwendigen Informationen ist das Wasser, das in allen Nahrungsmitteln vorhanden ist.

Wasser ist ein einzigartiger Stoff, der einige außergewöhnliche Eigenschaften aufweist, die sonst keiner hat. Es gibt nicht nur feste, flüssige und gasförmige Formen, sondern im ganzen 18 verschiedene Formen und Mischformen von Wasser. Das feste Aggregat ist beim Wasser leichter als das flüssige. So schwimmt das Eis auf dem Wasser und bildet einen wirksamen Kälteschutz, so dass Leben im Winter unter dem Eis möglich ist und nicht alle Fische eingefroren werden. Eigentlich dürfte Wasser bei normalen Außentemperaturen gar nicht existieren, sondern müsste sich als Gas verflüchtigen, da es aus zwei Gasen besteht. Das Wasser bildet aber auf Grund seiner elektrischen Struktur lange Molekülketten, die man Cluster nennt. Jede dieser geometrischen Clusterstrukturen birgt eine bestimmte energetische Information. Aus diesem Grund kann das Wasser Träger vieler Informationen sein. Somit gibt ein Apfel von einem gesunden Boden mit Hilfe seines in Clustern strukturierten Wassergehaltes unmittelbar Informationen von Mutter Erde an die Flüssigkeiten in unserem Körper weiter, wenn wir den Apfel essen. Dass Wasser tatsächlich elektromagnetische Schwingungen, also Informationen, aufnehmen kann, ist längst mehrfach bewiesen. Wasser besteht aus zwei Teilen Wasserstoff und einem Teil Sauerstoff, die bipolar in einem Winkel von 108 Grad im Sinne des goldenen Schnittes verbunden sind. Wenn Wasser belastet ist, verändert sich der Winkel und somit verliert das Wasser die Möglichkeit der Clusterbildung. Je näher sich die Brückenbildung dem Wert von 108 Grad nähert (drei mal 36 Grad, der Winkel im Pentagramm), desto wertvoller ist das Wasser als Träger von Information oder auch von Weisheit.

Wasser nimmt aber auch negative Energien auf durch Verschmutzung. Auch wenn schwermetallverseuchtes Wasser gründlich chemisch aufbereitet wurde, bleibt die Schadstoffinformation der Schwermetalle im Wasser und wird beim Trinken an den menschlichen Organismus übermittelt. Eine Wasserenergetisierung, so wie ich eine erfunden oder vielmehr medial empfangen habe, löscht alle groben Energien im Wasser und lässt eine natürliche Ordnung gleich einem Quellwasser zurück.

Das Wasser hat weltweit seine Transformationskraft verloren. Als 1958 in der Antarktis in einer verdeckten Operation drei Nuklearsprengköpfe gezündet wurden, ist dem Wasser in seiner Wiege global geschadet worden. Bis zu diesem Zeitpunkt konnte man zum Beispiel dem Wasser des Flusses alle Ausscheidungen des Hauses anvertrauen. "Nach sieben Steinen" war aller Unrat im Wasser verwandelt. Das <u>war</u> die Kraft des Elementes Wasser und seine Aufgabe im Plan der Natur. Doch heute geht das nicht mehr. Seit Anfang der 60er-Jahre sind technische Kläranlagen notwendig, die mit hohem Energieaufwand versuchen, Sauerstoff im Klärbecken zu binden, um damit die Klärflüssigkeit zu reinigen; mit stetig fallendem Erfolg.

Heute kann der Bauer nicht mehr bedenkenlos die Gülle aufs Feld führen, weil das Wasser nicht mehr die Kraft hat, die Gülle in Naturnitrat zu verwandeln. Zu viel Ammoniak zerstört die Pflanzen und Lachgas entweicht dem geschundenen Erdboden. Nachweislich sind schwindende Ozonschichten die Folge. (Das ist auch der Grund, warum Bush den Klimaschutz – Bündnis - Vertrag von Kyoto nicht unterschreiben konnte, angesichts dessen, wie viele Rinder westlich von Chicago die Wirtschaft der Amis sichern, meilenweit Hunderttausende, wie ich es auf meiner Reise 1981 in der USA erlebt und gerochen habe).

Seit den 60er-Jahren entstehen neue Krankheiten (Neurodermitis, Asthma, Allergien) als Volksseuchen, da der Körper durch unnötige Impfungen vergiftet wird und der Mensch sich nicht mehr auf natürliche Weise entgiften kann.

Mit Hilfe der Wasserenergetisierung wird dem Wasser seine Transformationskraft zurückgegeben. Johann Grander war der Erste, der ein System der "Wasserbelebung" erfunden hat."

Das Helle Wasser System

„Sie sagten am Anfang unseres Gesprächs, dass Sie ein Heil-Wasser erfunden haben! Wie machen Sie das?"

„Ich habe vor Jahren durch Grander, einem Tiroler Wasserbeleber, von der Thematik gehört. Er war Tankwart und hat sich mit der Verbesserung von Treibstoffen beschäftigt. Dabei hat er die Arbeit von Wilhelm Reich entdeckt und angewendet. Nur zufällig kam er darauf, dass man mit der Orgontechnik auch Wasser „beleben" kann. Als er Leitungswasser durch eine Kartusche führte, in die er orgonaufgeladenes Quellwasser eingefüllt hatte, wies das normale Leitungswasser nachher eine andere Qualität auf. Ich habe damals eine bestimmte Struktur im Granderwasser entdeckt, als ich es mit dem Biometer nach Bovis bemessen hatte. Ich entdeckte, dass diese Struktur einer Grundnatürlichkeit allen Lebens entsprach, und erklärte das den Grander-Mitarbeitern, die dankbar waren, da Grander selber nicht wusste, was er da macht. Ich forschte weiter, und erkannte bald, dass die Orgonarbeit nur eine bestimmte Stärke der Energieebenen abdeckt, in der Natur aber noch stärkere vorhanden sind. Mit Hilfe meiner inneren Führer, mit denen ich schon

Zeit meines Lebens kommuniziere, entdeckte ich bald, dass das Grandersystem, wie viele andere auch, plötzlich manipuliert wurde und beschloss, ein eigenes System zu entwickeln. Jetzt nach ca. 15 Jahren Forschungsarbeit, nach Investitionen von hunderttausenden Schillingen, nach Zusammenbruch, Absturz und Wiederauferstehung, nach Verlust und Verzweiflung habe ich mein Glück gefunden und das Geheimnis von Heilwasser für jedermann entschlüsselt. Dieses von meiner Arbeit aufbereitete Wasser ist so stark, dass es bei meiner Heilarbeit als Entgiftungsmittel ganze Arbeit leistet.

Wir arbeiten, wie das Jahrhunderte lang die alten Völker gemacht haben. Wir geben den Menschen die modernsten Filteranlagen, die schon sehr klein und erschwinglich sind, zur Trinkwasserherstellung für zu Hause. Wir schaffen einen Heilraum, sorgen mit meiner Technologie dafür, dass das Wasser von allen Informationen und Störenergien befreit wird und laden es dann, wie in alten Brunnenanlagen wieder auf.

In unserem Verfahren fällt zunächst der pH-Wert auf 5,4 - 6,5, wenn das Wasser vollentsalzt und somit „leer" ist. Dann wird es durch meine „Technologie" von allen Informationen, von allen Clusterstrukturen befreit, wie eine Entmagnetisierung, und ist somit „tot". Nach 7 Stunden auf der Fensterbank im Energiefeld von Erde und Sonne „quellt" es heran und hat dann einen leichtsauren pH-Wert von 6,8, einen höheren K-Wert, eine größere Oberflächenspannung und einen größeren Sauerstoffgehalt. In diesem Zustand ist es dann sehr süß, hat einen leicht öligen Charakter auf der Zunge und ist nach unseren Erkenntnissen 12 Monate ohne Chemie oder Kühlung haltbar.

Ich wende seit einiger Zeit diese Arbeit schon bei vielen Menschen an und werde immer wieder bestätigt. Wenn die Kunden bereit sind, machen wir sie zu Wasserhütern, die mit der Kombination von Wasserenergetisierung, Wasserreinigung, Heilraumgestaltung und Lebens-Energie-Beratung für sich eine Grundlage für Gesundheit, Veränderung, Spiritualität und Familienentwicklung schaffen.

Als dann in der letzten Zeit das Thema neues Kinder immer wichtiger wurde, erkannte ich bald, dass unsere Arbeit eine gute Grundlage ist, Eltern bei der Entwicklung ihrer Kinder zu helfen. Dazu war aber ein ganzheitliches Denken notwendig, das, eingebettet in den Zeitalter-wechsel, die Forderungen der Kinder nach Natürlichkeit, Lebendig-keit und Dunkelheit erklärt.

Somit bekam das Wasser, wie wir es hier jetzt anbieten, einen Gesamtzusammenhang und ist nicht einfach nur eine Technologie, die über ihren technischen Stellenwert verständlich ist. Nur wenn die Kunden diesen Zusammenhang verstehen, kann das Wasser so genutzt werden, wie es angeboten ist – als ganzheitliches Werkzeug zur Unterstützung eines neuen Bewusstseins. Sie werden mit unserer Arbeit zu Wasserhütern gemacht, die sich ihres Wassers im Körper bewusst sind, denen klar ist, was es heißt, sich vom Wasser läutern und reinigen zu lassen, um in sich die Offenheit und Freiheit für eine neue Zeit zu etablieren. Wir wollen das Bewusstsein der Menschen zum Thema „alle Menschen brauchen gutes Wasser" schärfen. Daher endet unsere Verantwortung nicht mit dem Verkauf unserer Technologie. Wir betreuen unsere Kunden weiter, weil wir sicher sein wollen, dass sie die Thematik verstehen und nachvollziehen können und vor allem, dass sie die Wirkung spüren und somit überprüfen können.

Ich habe Hunderte von Wassergeräten verschiedenster Firmen gesehen. Sie werden teuer verkauft, weil sie ein Bedürfnis und den unbewussten Wunsch nach innerer Reinigung erfüllen sollten. Aber diese Geräte können ihre Arbeit heute nicht mehr zur Gänze vollziehen, weil die Leute die oben beschriebenen Zusammenhänge nicht wissen und somit die Wirkung nicht an ihrem eigenen Körper überprüfen können. Das Element Wasser ist uns von der Natur gegeben worden, damit wir uns damit von Giftstoffen als Träger von Dummheit, Ärger und Gier, wie uns der Buddhismus lehrt, befreien können. Wenn wir uns nicht auf das Wasser einlassen und seine spirituelle Reinigungskraft im Körper nicht zulassen, dann verliert es seine Aufgabe und die Rohre im Haus verkalken genauso wie die Gefäße in unserem Körper. Wenn wir aber das Element Wasser als Bote eines neuen Wassermannzeitalters sehen und das Werkzeug Wasser wieder hüten, dann kann eine neue Zeit beginnen, die Veränderung zulässt und sich an Lebendigkeit und Natürlichkeit erfreut."

„Na, möchten Sie mal kosten, ich habe etwas da", beendete ich meine Ausführungen und rief den jungen Mann mit dem Getränke-

wägelchen, der gerade an uns vorbeigefahren war und bat um einen sauberen Becher.
Sie war leicht verdutzt, als ich meine Wasserflasche aus dem Koffer nahm und ihr einen schnell gefüllten Becher reichte.
„Vorsicht!", sagte ich. „Das Wasser ist so rein, dass es gleich beim ersten Schluck alle Ablagerung in Ihrem Mund löst! Erst beim dritten Schluck wird es immer süßer!" Sie nahm einen zaghaften Schluck und ihr Gesicht verzog sich. „Das schmeckt ja metallen!" „Haben Sie Amalgamplomben im Mund?" fragte ich sie und wurde von ihrem Kopfnicken bestätigt. „Das sind die Ablagerungen auf Ihren Zähnen, die sich bei dieser Wasserqualität in Ihren Mund sofort lösen. Das schmeckt bald anders, trinken Sie nur weiter!" machte ich ihr Mut, und hatte ihr Vertrauen bald wieder gewonnen. "Das wird ja wirklich immer süßer, das Wasser, faszinierend!" kam es von ihren Lippen, die eine Erfahrung gemacht hatten und aus meinen Gschichtln eine Wahrheit, ihre Wahrheit!
„Sie haben gerade von den neues Kindern gesprochen. Können Sie mir bitte sagen, wer das ist?", fragte sie mich, als wir gerade über einen Fluss fuhren.

Abschied

Doch sie schaute mich plötzlich traurig an, und sagte:" Oh, wir sind ja schon in Salzburg. Leider muss ich hier jetzt aussteigen!"
Ich antwortete ihr: „Ich bin gerade dabei, ein Buch über neues Kinder und ihre Botschaft für die Welt zu schreiben. Wenn es fertig ist, bekommen Sie dann dort noch mehr Antworten". Darauf fragte sie mich nach meinem Namen. „Ich bin Hafiz, der Geschichtenerzähler", sagte ich, holte meine Geldbörse heraus und gab ihr meine Karte. „Sie stehen jetzt unter meinem Schutz. Ich habe Ihnen jetzt sehr viele *Gschichtln* erzählt, da muss ich als moderner Rutengänger natürlich sicher gehen, dass sie in nächster Zeit gut schlafen können." Sie schenkte mir mit ihren strahlend weißen Zähnen ein Lächeln, das ich auf Zugreisen schon oft dankbar entgegen genommen hatte. „Wenn Sie noch Fragen haben, schicken Sie mir ein Mail. Ich bin jederzeit bereit, Ihnen alle Antworten zu geben, die Sie möchten. Schicken Sie mir einfach ein Mail!" Sie nahm meine Karte wie ein kleines Tier in die Hand und steckte sie dann hastig

mit ihrem Buch in ihre Handtasche. Ich gab sie frei und übernahm Verantwortung, wahrscheinlich die ursprünglichste Form von Ver-Antwort-ung.

Sie stand auf und zog sich an. Erst jetzt erblickte ich die Schönheit Ihrer Jugend. Sie war groß, schlank und hatte eine schöne Figur, frei, unabhängig, anmutig. Als sie mir ihre Hand gab, war diese fest und selbstsicher. Sie bedankte sich für meine „Gschichtln", wie sie es mit ihrem Dialekt betonte und ging mit nach innen gewandten Augen zur Waggontür, während der Zug langsam in Salzburg einrollte. Ich dachte mir, dass Laura, meine Tochter, die jetzt 18 Jahre alt ist, wahrscheinlich in 5 Jahren auch diesen Anmut haben wird, und freute mich, dass ich Vater, Lehrer und Mentor sein kann und solche Geschenke der Aufmerksamkeit erhalten durfte.

Ich war dankbar für dieses Erlebnis und fühlte wieder diese Dankbarkeit in mir. Ich war dankbar, dass ich alles in meinem Leben erleben durfte, um damit einen Sinn zu haben. Mir fiel wieder dieser althochdeutsche Begriff ein: sinnan, was so viel, wie auf Wanderschaft gehen, bedeutet. Erst wenn Du suchst, findest Du. Und ich hatte so viele Fragen in meinem Leben gestellt. „Warum, wieso, weshalb, wohin, und überhaupt….??????" Doch ich hatte als Dummling, der auf Wanderschaft in den Wald geht, viele Drachen und Goliate und Glasberge gesehen und meine Fragen gestellt und auch Antworten erhalten, um jetzt die Menschen dazu zu bringen, auch Fragen zu stellen, um dann Ver-antwort-ung zu übernehmen. Ich wusste, dass ich jetzt soweit bin und der verlorene Sohn nach Hause kommt, um endlich erwachsen zu werden. Als der Zug den Bahnhof von Salzburg verließ, startete ich meinen Laptop, schaltete den Mp3-Player an, stöpselte die Kopfhörer ein und begann mit der Aufgabe, die ich mir für diese Fahrt vorgenommen hatte.

9. Epilog und Teaser auf den nächsten Teil meines Werkes:

Eleuthonomie,
die Liebe zwischen Mann und Frau als spiritueller Heilprozess im Wassermannzeitalter

„Das Zipfi

Die Kerzen am Altar schafften ein diffuses Licht im Raum. Als ich die Augen öffnete, lag die Geliebte entspannt und glücklich atmend neben mir. Auf meinem Gesicht strahlte ein Lächeln und Staunen. Was war das gerade? Es übertraf alle Vorstellungen von Sexualität, die ich vorher hatte. „Männlicher Schambein-Orgasmus!???!", wie soll mann das Mann erklären? Ich musste fast lachen. Es war jetzt eine Sonnenstunde und die Geliebte schmiegte sich mit ihrem heißen, feuchten Körper an meine Seite. Ich spürte, wie die Energie zu fließen begann. Als ich den heiligen Muskel aktivierte, ging ein leichter Schauder durch ihren Körper. Ich lächelte wieder. Wie konnte das geschehen? Wir hatten uns nur berührt. In der Marsstunde lag sie nur auf mir. Wir waren nicht verbunden miteinander. Mein klassisches Geschlechtsteil war vollkommen unbeteiligt, irgendwo zwischen meinen Beinen geparkt und doch war die Entspannung stärker als jeder Koitus, den ich jemals vorher hatte. Die Energie erreichte jetzt einen Ringkreiseffekt und ich begann zu schweben. Plötzlich sagte die Geliebte: „Gehst Du mit mir Highdy?" „Oh, ja Liebling, gerne", sagte ich und wir standen auf. Erst jetzt war mir wieder bewusst, wie wach ich wieder bin. Einfach unglaublich. Ich hatte heute und gestern den ganzen Tag – also doppelten Dienst im Cafehaus – über zwölf Stunden. Jetzt ist es fast Mitternacht und ich bin hellwach. Wenn ich jetzt vielleicht zwanzig Jahre jünger wäre, würde ich in einen Tanztempel fahren und die ganze Nacht durchtanzen.
Ich ging ins Bad, nachdem ich die Kerzen am Altar ausgeblasen und die Musik abgedreht hatte. Ich machte Abendtoilette, um mich aufs

Bett vorzubereiten und wusste, dass jetzt das Schönste des „Tages"
kommen wird. Unser Einschlafritual:
Unser Schafzimmerbett stand mitten im Raum an der rechten Wand. Meine Seite war die Fensterseite, ihre zur Tür hin. Bei Ihr stand der Wecker auf einer langen Kommode. Ich öffnete das Fenster und ein milder Oktoberwind strich durch die Vorhänge. Es war schon dunkel im Raum, als ich ihn betrat und so nahm ich nur wenig vom Bett wahr. Doch dieses Ritual hatte nichts für die Augen übrig. Ihr Körper lag wie ein großes S in der Mitte des ganzen Bettes. Wir hatten jeweils zwei Tuchenten zur Verfügung. Ihre untere war die federnde und lag zwischen ihren Beinen. Sie hielt sie mit dem einem Polster an Kinn und Brust gedrückt. Auf dem zweiten Kissen, das für meinen müden Arm bis an den Bettrand gedrückt war, lag ihr „Zipfi". Oh ja, das „Zipfi". Jedes Kind hatte eines und obwohl das schon bald ausgewachsene Männer waren, kamen immer sehr archaische Gefühle auf, wenn es um das „Zipfi" ging. Also, das „Zipfi" ist ein kleines, 30 mal 30 cm großes Kissen, das mit den feinsten Damaststoff bezogen ist, das der Vater der Geliebten, ein erfolgreicher Tuchhändler der Nachkriegszeit, in den 60er-Jahren in seinem Laden hatte.
Es lag, wie gesagt, auf dem zweiten Kissen und darauf war ihr Kopf gebettet. Vom Kopf abwärts lag ihr ganzer nackter Körper, von den Schultern über den Rücken, vom Po bis zu den Fersen nackt, offen und frei für den Kontakt bereit. Ich brachte das genaue Gegenstück in Position. Mein linker Arm, der schon seit Monaten leichte Lähmerscheinungen hatte, lag auf ihrem zweiten Kissen und mein Kopf mit Kissen auf meiner linken Schulter. Ihre Haare waren in meinem Gesicht, doch ich spürte sie nie als Problem. Es war mir schon so vertraut, dass ich mich nicht mehr erinnern konnte, dass mir Haare im Gesicht immer ein Graus waren. Ich berührte mit meinem S-geformten Körper ihre Rückseite vom Kopf bis zu ihren Beinen. In Position griff ich nach ihrer Tuchent zwischen ihren Beinen und zog daran. Was zur Verfügung war, legte ich fedrig zwischen meine Beine und somit die Geliebte näher an mich heran. Meine beiden Tuchenten kamen über uns wie ein Dach über nackte Leiber, ganz über mich und halb über ihre Blöße. Zuletzt legte sie ihre zweite Decke über meine Schultern und deckte noch alles ab. Unsere nackten Körper bildeten eine kosmische Einheit, ein vollständiges

Yin-Yang. Und das seit über zwei Jahren, fast jeden Tag oder vielmehr jede Nacht. Die Geliebte gab mir noch einen Kuss, der nicht mehr vollständig sein konnte, doch unsere Lippen berührten sich seitlich. „ Schlaf gut!" sagte sie und eine tiefe Dankbarkeit für die Freuden der letzten Stunden klang in ihrer Stimme mit. „Du auch!", antwortete ich. "Ich liebe Dich!" kam es leise, wie ein Schuldbekenntnis mit hoher Stimme. Naja, dieses Bekenntnis einer ehemaligen Männerhasserin und Hexenemanze zu hören, erschreckte auch ihr Gemüt und ich lächle geräuschvoll. Sie stößt mich mit einem Bein begleitet von einem liebevollen Wutton und ich vermeide es „Du auch?!" zu sagen, weil dieser Witz schon zu alt ist. „Ich Dich auch!" kam es leise aus meiner Brust und sie stößt sich leicht ab, um für die Haut eine bessere Position zu finden.

Die Sonnenstunde wirkt immer noch und der Energieeffekt lässt mich sanft einschlummern. Welch ein Tag war das wieder?! Was für Gefühle!?!

Was hat sich alles verändert in meinem Leben!? Es begann alles so schrecklich, so abenteuerlich........"

(siehe Vorsetzung im nächsten Band!)

Danke für Eure Aufmerksamkeit!
Gebt allen, die es hören wollen, diese Informationen weiter.

Z., August 2015
Kontaktadresse: office@lebens-werkstatt.com

Die Lebens-Werkstatt, Workshop for life

Hafiz, Jahrgang 1960, Vater einer Tochter und vier anderen Kindern, ist energetischer Tischlermeister h.c. (seit 2009), zertifizierter Energetiker (seit 1990), Philosoph, ganzheitlicher Rutengänger, Geomant, Erziehungs- und Lebens-Energie-Berater und hat im Zuge seiner Arbeit das Wasser als universelles Heilmittel und Energieträger wieder entdeckt.

Er bemüht sich um das ganzheitliche, im europäischen Raum öffentlich in Vergessenheit geratene Denken und Wissen. Er erforschte Lebenszusammenhänge wie etwa der Korrespondenz von Umwelt-Raum und Mensch, Pflanze-Tier und Mensch, die biopsychischen Beziehungen zwischen Mann und Frau, Eltern und Kindern. Mit einem neuen, alten Wissen im Sinne des Wassermannzeitalters, gründete er die „LEBENS-WERKSTATT". Sie ist seit über 20 Jahren tätig und arbeitet mit verschiedenen „Werkzeugen"

- ganzheitlicher Radiästhesie,
- Heil-Raum-Gestaltung,
- Eleuthonomie,
- europäische Geomantie,
- Umgang mit neues Kindern,
- mentorische Erziehungsberatung,
- Beratungen im Bereich zwischenmenschlicher Beziehungen und verschiedener Heilmethoden, die als Selbstheilungstechniken für Paare und Partner vermittelt werden.

Vor 3 Jahren vollendete er seine Forschung mit der Entwicklung der Eleuthonomie.

Arbeitserfolge

Die LEBENS-WERKSTATT hat mit der Verbindung von Heil-Raum-Gestaltung, Wasserenergetisierung, Wasserreinigung, Erziehungs- und Lebensenergieberatung viele Erfolge aufzuweisen:
z.B. Gesundung chronischer Krankheiten, Aktivierung von gefährdeten Beziehungen, Entspannung von Lebenssituationen und Behinderungen, Kinderreaktionen, Schulproblemen, Erfolgs- und Lebenskrisen, Verständnis für Befreiungsarbeit, Lebenswege und Selbstbestimmung.

Die LEBENS-WERKSTATT hat durch jahrelange Beobachtung und Erfahrung den Zusammenhang von chronischen Krankheiten, Entgiftung, Heilmitteln und Wasser erkannt und die Liebe zwischen Mann und Frau als spirituellen Weg entdeckt. Mit der Eleuthonomie ist ein universales Heilmittel entwickelt worden, womit jeder Mann und jede Frau sich gegenseitig vollständig ihre Verletzungen, Behinderungen und psychischen Belastungen auflösen können, in Weiterführung der alten Tradition der Liebesmagie Jesu Christi.

Die LEBENS-WERKSTATT bietet Verständnis und Hilfe für Menschen im aufkommenden Wassermannzeitalter.

Literaturverzeichnis

Johannes Holey: Jesus2000, Ama Deus Verlag, 1997; Fernand und Simonde Delarue: Impfungen – der unglaubliche Irrtum, Hirthammer Verlag, 2004; Flavio M. Cabobianco: Ich komme aus der Sonne, ch.falk – Verlag, 1994;

Dan Brown: Sakrileg - The Da Vinci Code, Bastei Verlag, 2.Auflage 2011

Helmar Rudolph und Franz Glanz: Das Master Key System (mit DVD, CD und 24-wöchigem Studienbegleitservice): Erreiche all das, was du dir im Leben wünschst! Verlag Master Key Media Ltd. & Co. KG, 2009;

Morpheus(Dieter Broers): Transformation der Erde - Interkosmische Einflüsse auf das Bewußtsein, Trinity Verlag, 2011;

Tom Kenyon & Judi Sion: Das Manuskript der Magdalena, die Alchemie des Horus & die Sexualmagie der Isis, Burgrain, 2002

Dr. E. Bordeaux Szekely: Das Friedens Evangelium der Essener, Schriften der Essener-Buch 1, Neue Erde Verlag, 2001;

Nizami: Die sieben Geschichten der sieben Prinzessinnen, Menasse-Verlag, 1959;

Carolina Herenkamp: KINDER EINER NEUEN ZEIT, das Indigo Phänomen, das Geschenk der Indigo Kinder, Schirner Verlag, 2001;

Jan van Helsing: Die Kinder des neuen Jahrtausends, Amadeus-Verlag, 2001;

Jack Herer: Die Wiederentdeckung der Nutzpflanze Cannabis Marihuana Hanf, Verlag Zweitausendeins, 1993;

Robert Bly: Eisenhans, Verlag Knaur, 1991;

G. Spelsberg: Essen aus dem Genlabor, Verlag Die Werkstatt, 1993;

Michael Murphy: der Quanten Mensch, ein Blick in die Entfaltung des menschlichen Potentials im 21. Jahrhundert, Integral Verlag, 1994;

Christian Nürnberger: Der Erziehungsnotstand: Wie wir die Zukunft unserer Kinder retten, Verlag rororo, 2003;

G.I. Gurdjieff: Beelzebubs Erzählungen für seinen Enkel. Kreuzlingen München Hugendubel, 2000;

Alle Bücher, auch die, die es nur im Antiquariat gibt, bekommen Sie mit der Post per Erlagschein zugeschickt von „Würchepedie": http://www.buchhandlung777.at

Ein neues Zeitalter hat begonnen, eine neue Welt soll geschaffen werden und das alte Zeitalter bricht in sich zusammen. Gott schickt uns zur Unterstützung die neuen Kinder aus anderen Sternensystemen, um die Erde zu verändern. Diese neuen Kinder kommen mit einer Natürlichkeit, Lebendigkeit, Ehrlichkeit, Reinheit, Ethik und Dunkelheit zur Welt und zwingen ihre Umgebung, sich darauf einzulassen. Schon in fast jeder Familie gibt es ein solches Kind in einem kleinen Körper mit einem riesigen Geist, das alte Denk- und Lebensstrukturen zusammenbrechen lässt. Wer sich nicht auf sie einlassen will, muss leiden: Wenn sie nicht verstanden werden, machen sie sich krank oder werden hyperaktiv, um damit eingeschlafene Erwachsene aufzurütteln. Wer sich ganz und vollständig auf sie einlassen kann, öffnet ihre Eigenschaften in seinem Wesen und wächst selbst spirituell. Sie verlangen Aufmerksamkeit und Zuhören, Respekt und Geduld und akzeptieren nur Worte, die aus dem Herzen kommen.
Sie bringen die Liebe. Nur die Erwachsenen haben die Chance, ihre Sprache zu verstehen und zu beantworten, die sich (endlich) aufeinander in Liebe zwischen Mann und Frau einlassen können.
Ein neues Kind / oder auch Kristallkind, so wird es von der geistigen Welt genannt, ist erst dann ein neues Kind/Kristallkind, wenn die Eltern und Erzieher und andere Erwachsene, die an ihnen ziehen wollen, verstehen, was ein neues Kind/Kristallkind will, kann und tut und was es mit uns kann, will und tut.
Sie leiten einen Prozess des harmonischen Aufstiegs ein, doch dafür brauchen wir Wissen, Bewusstsein, Anleitung und Begleitung, hier finden Sie alle Werkzeuge dafür, willkommen in der Lebens-Werkstatt!

Um diese Zeit kamen die Jünger zu Jesus und fragten Ihn: „Wer ist in der neuen Welt Gottes der Größte?" Da rief Jesus ein Kind herbei, stellte es in ihre Mitte und sagte: „Ich versichere euch, wenn ihr euch nicht ändert und den Kindern gleich werdet, dann könnt ihr in Gottes neue Welt nicht hineinkommen. Wer so wenig aus sich macht wie dieses Kind, der ist in der neuen Welt Gottes der Größte. Und wer in meinem Namen solch ein Kind aufnimmt, der nimmt mich auf." Matthäus 18.1-15